Über dieses Buch

Das Nibelungenlied ist wie wenige andere Texte von deutscher National-Pädagogik zum literarischen »Urbild reiner echter Deutschheit« erhoben worden. Als Hohes Lied der Treue diente es Anfang des 19. Jahrhunderts zur Befriedigung patriotischer Affekte, nach der gescheiterten Revolution von 1848 half es dem Bürgertum, seine Ohnmacht gegenüber dem Staat zu kompensieren, und unter dem Nationalsozialismus wurde es schließlich zur Stützung eines blinden Gefolgschaftskultes verwertet. Helmut Brackert, ordentlicher Professor für deutsche Philologie an der Universität Frankfurt und durch verschiedene Arbeiten als einer der besten Kenner des Nibelungenliedes ausgewiesen, setzt sich im Nachwort und Anhang dieser Ausgabe ideologiekritisch mit der Rezeption des Nibelungenliedes auseinander. Was er als Legitimation für eine neue, um Texttreue bemühte und alle Nachdichtung vermeidende Übersetzung anführt, gibt zugleich Hinweise auf neue Verständnisweisen des Nibelungenliedes: es bietet »als Modell einer Literatur, die noch ganz und gar gesellschaftlich funktional, noch nicht durch eine absolut gesetzte Ästhetik vermittelt ist, die Chance, die Geschichtlichkeit des eigenen Standorts am Gegenbild zu erkennen«. Seinen historischen Aussagewert erhält das Nibelungenlied erst, wenn die Figuren nicht primär als Individuen aufgefaßt werden, sondern als Verkörperungen von Rollen. In ihren Handlungen und Entscheidungen, ihrem Wünschen und Denken, sind sie durch die Position geprägt, die ihnen im Gesamtgefüge des Gesellschaftszustandes um 1200 zukommt.

Ein umfangreicher Anhang mit Anmerkungen, Worterklärungen, bibliographischen Hinweisen etc. ergänzt diese Ausgabe.

Das Nibelungenlied

1. Teil

Mittelhochdeutscher Text
und Übertragung

Herausgegeben, übersetzt
und mit einem Anhang versehen
von Helmut Brackert

Fischer
Taschenbuch
Verlag

Wissenschaftliche Beratung der Reihe
Professor Dr. Peter Wapnewski

Den Freunden in New York
Margret und Volkmar,
Ann und James,
Roberta
und R. P. Becker

83.–86. Tausend: Oktober 1987

Originalausgabe
Veröffentlicht im Fischer Taschenbuch Verlag GmbH,
Frankfurt am Main, Dezember 1970

© Fischer Bücherei GmbH, Frankfurt am Main, 1970
Umschlaggestaltung: Jan Buchholz / Reni Hinsch
unter Verwendung einer Abbildung aus dem Hundeshagenschen Kodex
Druck und Bindung: Clausen & Bosse
Printed in Germany
ISBN-3-596-26038-8

Inhalt

1. Âventiure

1 Uns ist in alten mæren   wunders vil geseit   *1*
   von helden lobebæren,   von grôzer arebeit,   *(1)*
   von freuden, hôchgezîten,   von weinen und von klagen,
   von küener recken strîten   muget ír nu wunder hœren sagen.

2 Ez wuohs in Búrgónden   ein vil édel magedîn,   *2*
   daz in allen landen   niht schœners mohte sîn,   *(2)*
   Kríemhílt geheizen: si wart ein schœne wîp.
   dar umbe muosen degene   vil verlíesén den lîp.

3 Der minneclîchen meide   triuten wol gezam.   *3*
   ir muoten küene recken,   niemen was ir gram.
   âne mâzen schœne   sô was ir edel lîp:
   der júncfróuwen tugende   zierten ándériu wîp.

4 Ir pflâgen drî künege   edel unde rîch: *4*
   Gunther unde Gêrnôt,   die recken lobelîch,   *(3)*
   und Gîselher der junge,   ein ûz erwelter degen.
   diu frouwe was ir swester.   die fürsten hetens in ir pflegen.

5 Die herren wâren milte,   von arte hôch erborn,   *5*
   mit kraft unmâzen küene,   die recken ûz erkorn.   *(5)*
   dâ zen Búrgónden   sô was ir lant genant.
   si frumten starkiu wunder   sît in Étzélen lant.

6 Ze Wormez bî dem Rîne   si wonten mit ir kraft.   *6*
   in diente von ir landen   vil stolziu ritterschaft   *(6)*
   mit lobelîchen êren   unz an ir endes zît.
   si stúrben sît jǽmerlîche   von zweier edelen frouwen nît.

7 Ein rîchiu küneginne,   frou Uotę ir muoter hiez.   *7*
   ir vater der hiez Dancrât,   der in diu erbe liez   *(4)*
   sît nâch sîme lebene,   ein ellens rîcher man,
   der ouch in sîner jugende   grôzer êren vil gewan.

8 Die drî künege wâren,   als ich gesaget hân,   *8*
   von vil hôhem ellen.   in wâren undertân   *(7)*
   ouch die besten recken,   von den man hât gesaget,
   stárc únd vil küene,   in scharpfen strîten unverzaget.

9 Daz was von Tronege Hagene   und ouch der bruoder sîn,   *9*
   Dancwart der vil snelle,   von Metzen Ortwin,   *(8)*
   die zwêne marcgrâven   Gêrę und Ekkewart,
   Volkêr von Alzeye,   mit ganzem ellen wol bewart.

1. Aventiure

1 In alten Geschichten wird uns vieles Wunderbare berichtet: von ruhmreichen Helden, von hartem Streit, von glücklichen Tagen und Festen, von Schmerz und Klage, vom Kampf tapferer Rekken: Davon könnt auch Ihr jetzt Wunderbares berichten hören.

2 Im Land der Burgunden wuchs ein edles Mädchen heran, das war so schön, daß in keinem Land der Welt ein schöneres hätte sein können. Ihr Name war Kriemhild. Später wurde sie eine schöne Frau. Um ihretwillen mußten viele Helden ihr Leben verlieren.

3 Das liebliche Mädchen verdiente es, geliebt zu werden. Tapfere Recken bemühten sich um ihre Gunst: niemand konnte ihr feindlich gesinnt sein; denn die Edle war unbeschreiblich schön. Die Gaben, die ihr Natur und Stand verliehen hatten, wären auch für andere Frauen eine Zierde gewesen.

4 Für sie sorgten drei edle, mächtige Könige, die beiden ruhmreichen Recken Gunther und Gernot und der junge Giselher, ein hervorragender Held. Das Mädchen war ihre Schwester, und die Fürsten hatten sie in ihrer Obhut.

5 Die Herren, die auserlesenen Recken, waren freigebig, von hoher Abstammung, sehr kraftvoll und tapfer. Ihr Land hieß Burgund. Im Lande Etzels vollbrachten sie später wunderbare Taten.

6 In Worms am Rhein hielten sie machtvoll hof. Die herrliche Ritterschaft des Landes diente ihnen bis zu ihrem Tod und erwarb sich und ihnen Ruhm und Ehre. Sie starben später elendiglich, weil zwei edle Frauen einander feind waren.

7 Ihre Mutter, eine mächtige Königin, hieß Ute; ihr Vater, der ihnen nach seinem Tode die Länder und Schätze als Erbe hinterlassen hatte, war Dankrat, ein kraftvoller Mann; auch er hatte sich in seinen früheren Jahren bedeutendes Ansehen erworben.

8 Wie ich erzählt habe, waren die drei Könige sehr kraftvoll. Ihnen dienten die hervorragendsten Recken, von denen man berichtet hat, starke und tapfere Kämpfer, die im harten Streit ihren Mann standen.

9 Da war Hagen von Tronje und auch sein Bruder, der tapfere Dankwart; da waren Ortwin von Metz, die beiden Markgrafen Gere und Eckewart und Volker von Alzey, kraftvoll wie es ein Mann nur sein konnte.

10 Rŭmolt der kúchenmeister,   ein ûz erwelter degen,   *10*
   Sindolt und Hûnolt,   dise hérren muosen pflegen   *(9)*
   des hoves unt der êren,   der dríer künege man.
   si heten noch manegen recken,   des ich genennen niene kan.

11 Dancwart der was marschalc;   dô was der neve sîn   *11*
   trûhsæze des küneges,   von Metzen Ortwîn.   *(10)*
   Sindolt der was schenke,   ein ûz erwelter degen.
   Hŭnolt was kámerære: si kunden hôher êren pflegen.

12 Von des hoves krefte   und von ir wîten kraft,   *12*
   von ir vil hôhen werdekeit   und von ir ritterschaft,   *(11)*
   der die hérren pflâgen   mit freuden al ir leben,
   des enkúndę iu ze wâre   niemen gar ein ende geben.

13 In disen hôhen êren   tróumte Kríemhíldè,   *13*
   wie si züge einen valken,   stárc schœnę und wíldè,   *(12)*
   den ir zwênę arn erkrummen.   daz si daz muoste sehen!
   ir enkúndę in dirre werlde   leider nímmér geschehen.

14 Den troum si dô sagete   ir muoter Úotèn.   *14*
   sine kúndes niht bescheiden   baz der gúotèn: *(13)*
   »den valken den du ziuhest,   daz ist ein edel man.
   in enwelle got behüeten,   du muost in schiere verlóren hân.«

15 »Waz saget ir mir von manne,   vil liebiu muoter mîn?   *15*
   âne recken mínne   sô wil ich immer sîn.   *(14)*
   sus schœne wil ich belîben   unz an mînen tôt,
   daz ich von mannes minne   sol gewinnen nimmer nôt.«

16 »Nu versprích ez niht ze sêre«,   sprach aber ir muoter dô. *16*
   »soltu ímmer herzenlîche   zer werlde werden vrô,   *(15)*
   daz geschíht von mannes minne.   du wirst ein schœne wîp,
   ob dir noch got gefüeget   eins rehte guoten ritters lîp.«

17 »Die rede lât belîben«,   sprach si, »frouwe mîn!   *17*
   ez ist an manegen wîben   vil dicke worden schîn   *(16)*
   wie liebé mit leide   ze jungest lônen kan.
   ich sol si mîden beide,   sone kán mir nimmer missegân.«

18 Kriemhilt in ir muote   sich minne gar bewac.   *18*
   sît lebte diu vil guote   vil manegen lieben tac,   *(17)*
   daz sine wesse niemen   den minnen woldę ir lîp.
   sît wart si mit êren   eins vil küenen recken wîp.

19 Der was der selbe valke,   den sị in ir troume sach,   *19*
   den ir beschiet ir muoter.   wie sêre si daz rach   *(18)*
   an ir næhsten mâgen,   die in sluogen sint!
   durch sîn eines sterben   starp vil maneger muoter kint.

10 Der Hofkoch Rumold, ein hervorragender Held, und Sindold sowie Hunold, die Dienstleute der drei Könige, hatten für eine angemessene Hofhaltung zu sorgen. Sie besaßen noch viele andere Recken, die ich aber nicht alle mit Namen aufführen kann.

11 Dankwart war Stallmeister, sein Verwandter Ortwin von Metz Truchseß des Königs. Sindold wiederum, ein hervorragender Held, war Schenke, Hunold schließlich Kämmerer. Sie alle verstanden sich auf angemessene höfische Formen.

12 Von der Bedeutung ihres Hofes und ihrer weitreichenden Macht, von ihrer Würde und dem herrlichen, ritterlichen Leben, wie es die Fürsten allezeit in ungetrübtem Glück führten, könnte Euch wirklich niemand einen vollständigen Bericht geben!

13 In solch einer herrlichen Umgebung wuchs Kriemhild auf. Eines Nachts träumte ihr, sie zöge einen starken, prächtigen und wilden Falken auf, den ihr zwei Adler zerfleischten. Daß sie das mitansehen mußte! Niemals hätte ihr auf dieser Welt etwas Schmerzlicheres geschehen können.

14 Den Traum erzählte sie ihrer Mutter Ute. Die hätte ihrer lieben Tochter den Traum nicht besser auslegen können: »Der Falke, den Du aufziehst, das ist ein edler Mann. Wenn Gott ihn nicht in seinen Schutz nimmt, dann mußt Du ihn bald wieder verlieren.«

15 »Was erzählt Ihr mir von einem Mann, liebe Mutter? Ich will für immer auf die Liebe eines Recken verzichten! So schön und unberührt will ich bis an mein Lebensende bleiben, damit ich niemals durch die Liebe zu einem Mann Leid erfahre.«

16 »Nun widersprich doch nicht so heftig!« sagte wiederum ihre Mutter. »Wenn Du jemals in dieser Welt tiefes Glück erlangen willst, dann durch die Liebe eines Mannes. Wenn Dir Gott einen wirklich trefflichen Ritter zum Manne gibt, dann wirst Du eine schöne Frau.«

17 »Sprecht bitte nicht davon, Herrin!« sagte Kriemhild. »Oftmals hat es sich an vielen Frauen gezeigt, wie schließlich Freude mit Leid bezahlt wird. Beidem werde ich aus dem Weg gehen: dann kann mir niemals etwas Schlimmes widerfahren.«

18 In ihrer kindlichen Vorstellung wollte Kriemhild ganz auf die Minne verzichten. Danach lebte das edle Mädchen noch lange Jahre, ohne jemanden kennenzulernen, den sie hätte lieben wollen. Später jedoch wurde sie in allen Ehren die Gemahlin eines tapferen Recken.

19 Das war der Falke. In dem Traum, den ihre Mutter ihr deutete, hatte sie ihn gesehen. An ihren nächsten Verwandten, die ihn später erschlugen, nahm sie die blutigste Rache! Weil ein einziger ermordet wurde, starben unzählige andere.

2. Âventiure
Von Sîfride

20 Dô wuohs in Niderlanden   eins edelen küneges kint,   *20*
  des vater der hiez Sigemunt,   sîn muoter Sigelint,   *(19)*
  in einer rîchen bürge,   wîten wol bekant,
  nidene bî dem Rîne: diu was ze Sántén genant.

21 Sîvrit was geheizen   der snelle degen guot.   *22*
  er versúochte vil der rîche   durch ellenthaften muot.   *(20)*
  durch sînes lîbes sterke   er reit in menegiu lant.
  hey waz er sneller degene   sît zen Búrgónden vant!

22 In sînen besten zîten,   bî sînen jungen tagen,   *23*
  man mohte michel wunder   von Sîvride sagen: *(22)*
  waz êren an ihm wüehse   und wie schœne was sîn lîp.
  sît heten in ze minne   diu vil wætlîchen wîp.

23 Man zôch in mit dem vlîze   als im daz wol gezam.   *24*
  von sîn selbes muote   waz túgendę er án sich nam!   *(23)*
  des wurden sît gezieret   sînes vater lant,
  daz man in zę allen dingen   sô rehte hễrlîchen vant.

24 Er was nu sô gewahsen   daz er ze hove reit.   *25*
  die liutę in sâhen gerne.   manec fróuwę und manec meit
  im wunschten daz sîn wille   in immer trüege dar.
  holt wurden im genuoge,   des wart der herre wol gewar.

25 Vil selten âne huote   man rîten lie daz kint.   *26*
  in hiez mit kleidern zieren   Sigmunt und Siglint.   *(24)*
  sîn pflâgen ouch die wîsen,   den êre was bekant.
  des mohtę er wol gewinnen   beide liutę unde lant.

26 Nu was er in der sterke   daz er wol wâfen truoc.   *27*
  swes er dar zuo bedorfte,   des lag an im genuoc.   *(25)*
  er begúndé mit sinnen   werben schœniu wîp;
  die trûten wol mit êren   des küenen Sîvrides lîp.

27 Dô hiez sîn vater Sigmunt   künden sînen man,   *28*
  er wolde hôchgezîte   mit lieben friunden hân.   *(26)*
  diu mære man dô fuorte   in ander künege lant.
  den vremden und den kunden   gap er róss únd gewant.

28 Swâ man vant deheinen   der ritter solde sîn   *29*
  von art der sînen mâge,   diu edelen kindelîn   *(27)*
  diu ladete man zuo dem lande   durch die hôchgezît.
  mit dem jungen künege   swert genãmén si sît.

2. Aventiure
Über Siegfried

20 Es wuchs in den Niederlanden, in einer weithin berühmten, mächtigen Burg, die am Niederrhein lag und Xanten hieß, der Sohn eines edlen Königs heran, dessen Vater Siegmund und dessen Mutter Sieglinde hießen.

21 Siegfried hieß der tapfere, treffliche Held. Er durchstreifte viele Reiche, um sich kämpferisch zu erproben. Um seine Kraft zu beweisen, ritt er in zahllose Länder. Wie viele tapfere Helden sah er später erst bei den Burgunden!

22 In der Blüte seiner Jahre, in seiner Jugend konnte man wunderbare Dinge von Siegfried berichten: wie sich sein Ansehen von Tag zu Tag mehrte, und wie schön er war. Die schönen Damen fanden ihn später sehr anziehend.

23 Man erzog ihn so sorgfältig, wie es seinem Stand zukam. Doch wirklich vorbildlich wurde er aus eigener Veranlagung. Später breitete sich sein Ruhm über das Land seines königlichen Vaters so sehr aus, daß man in ihm in jeder Hinsicht den vollkommenen Herrn erblickte.

24 Er war nun so weit herangewachsen, daß er sich öffentlich bei Hofe zeigen durfte. Die Leute drängten sich danach, ihn zu sehen. Viele Männer und Frauen wünschten sich, daß auch sein eigenes Verlangen ihn immer wieder in ihre Gesellschaft führen möchte. Es gab viele, die ihm gewogen wurden. Das erkannte der Herr bald.

25 Niemals ließ man den Jungen ohne Aufsicht ausreiten. Siegmund und Sieglinde gaben den Auftrag, ihn prächtig zu kleiden. Auch umgaben ihn erfahrene Männer, die sich auf feine höfische Sitte verstanden. So konnte er sich auf die Herrschaft über Land und Leute vorbereiten.

26 Nun war er so stark geworden, daß er Waffen führen konnte. Die Kraft, die dafür nötig war, besaß er in hohem Maße. Gewandt diente er schönen Frauen. Und auch für sie wäre es ehrenvoll gewesen, auf das Werben des tapferen Siegfried einzugehen.

27 Da ließ sein Vater Siegmund seinen Leuten sagen, er wünsche mit seinen lieben Freunden ein Fest zu feiern. Diese Nachrichten sendete man in die Reiche anderer Könige. Den Fremden und den Einheimischen schenkte er Pferde und Ausrüstungen.

28 Wo immer man einen edlen Jüngling fand, der der Abstammung seiner Verwandten nach Ritter werden sollte, den lud man in das Land, an dem Fest teilzunehmen. Gemeinsam mit dem jungen König erhielten sie später das Ritterschwert.

29 Von der hôchgezîte   man möhte wunder sagen.   *30*
   Sigmunt unde Siglint   die mohten wol bejagen   *(28)*
   mit guote michel êre;   des teilte vil ir hant.
   des sach man vil der vremden   zuo ze in rîten in daz lant.

30 Vier hundert swertdegene   die solden tragen kleit   *31*
   mit sámt Sîvrîde.   vil manec schœniu meit   *(29)*
   von werke was unmüezec,   wan si im wâren holt.
   vil der edelen steine   die frouwen leiten in daz golt,

31 Die si mit porten wolten   wurken ûf ir wât   *32*
   den jungen stolzen recken;   des newas niht rât.   *(30)*
   der wirt der hiez dô sidelen   vil manegen küenen man,
   ze einen sunewenden,   dâ sîn sun Sívrit ritters namen gewan.

32 Dô gie ze einem münster   vil manec rîcher kneht   *33*
   und manec edel ritter.   die wîsen heten reht   *(31)*
   daz si den tumben dienten,   als in was ê getân.
   si heten kurzwîle   und ouch vil maneger freuden wân.

33 Got man dô zen êren   eine messe sanc.   *34*
   dô huop sich von den liuten   vil michel der gedranc,   *(32)*
   dâ si ze ritter wurden   nâch ritterlîcher ê
   mit alsô grôzen êren,   daz wætlîch immer mêr ergê.

34 Si liefen dâ si funden   gesatelt manec marc   *35*
   in hove Sigmundes.   der bûhurt wart sô starc,   *(33)*
   daz man erdiezen hôrte   palas unde sal.
   die hôchgemuoten degene   die heten grœzlîchen schal.

35 Von wîsen und von tumben   man hôrte manegen stôz,   *36*
   daz der schefte brechen   gein den lüften dôz.   *(34)*
   trunzûne sach man fliegen   für den palas dan
   von maneges recken hende;   daz wart mit vlîzé getân.

36 Der wirt der bat ez lâzen;   dô zôch man dan diu marc.   *37*
   man sach ouch dâ zebrochen   vil manege buckel starc,   *(35)*
   vil der edelen steine   gevellet ûf daz gras
   ab liehten schildes spangen: von hurten daz geschehen was.

37 Dô gíengen des wírtes geste   dâ man in sitzen riet.   *38*
   vil der edelen spîse   si von ir müede schiet   *(36)*
   unt wîn der aller beste   des man in vil getruoc.
   den vremden und den kunden   bôt man êren dâ genuoc.

38 Swie vil si kúrzwîle   pflâgen al den tac   *39*
   vil der varender diete   ruowe sich bewac.   *(37)*
   si dienten nâch der gâbe   die man dâ rîche vant.
   des wart mit lobe gezieret   allez Sigmundes lant.

29 Von diesem Fest könnte man Wunderbares berichten. Siegmund und Sieglinde wußten, wie sie mit ihrem Besitz großes Ansehen erwerben konnten: davon verschenkten sie viel. Kein Wunder, daß viele Fremde zu ihnen in ihr Land ritten.

30 Vierhundert Knappen sollten zusammen mit Siegfried als Ritter eingekleidet werden. Da sie ihm gewogen waren, machten sich viele schöne junge Mädchen ans Werk. Auf gold-brokatene Gewänder setzten sie Edelstein auf Edelstein,

31 die sie, wie es sich gehörte, den jungen stolzen Recken an kostbaren Bändern auf dem Kleid befestigten. Zu jener Sonnwendzeit, an der sein Sohn Siegfried in den Ritterstand aufgenommen wurde, ließ der König für viele tapfere Männer Sitze aufstellen.

32 Da gingen zahllose prächtig gekleidete Knappen und viele edle Ritter zum Münster, und es war richtig, daß die Alterfahrenen den ungeübten Neulingen zur Hand gingen, so wie es auch bei ihnen selbst gewesen war. Sie unterhielten sich gut und durften immer noch mehr Freuden erwarten.

33 Zu Ehren Gottes sang man eine Messe. Danach entstand auf dem Platz, auf dem sie unter glanzvollem Gepränge, nach altem ständischem Zeremoniell, in den Ritterstand aufgenommen wurden, unter den Zuschauern ein heftiges Gedränge.

34 Die Ritter liefen zu den vielen bereits gesattelten Pferden. Auf dem Hofe Siegmunds prallten die Scharen so heftig zusammen, daß die gesamte Burg erdröhnte. In ihrer freudigen Stimmung machten die Helden ungeheuren Lärm.

35 Alte und Junge hörte man so heftig zusammenstoßen, daß das Krachen der Lanzen zum Himmel erscholl. Von mancher Reckenhand zerbrochen, flogen Lanzensplitter weithin am Palast entlang. So stürmisch setzten sie einander zu.

36 Der Landesherr gab schließlich das Zeichen aufzuhören. Da brachte man die Pferde fort. Viele feste Schildbuckel sah man zerbrochen, und zahllose Edelsteine, die beim Zusammenprall von den strahlenden Schilden abgesprungen waren, lagen über den Rasen verstreut.

37 Die Gäste des Landesherrn setzten sich, wo man ihnen ihren Platz anwies. Ein reiches Angebot an edlen Speisen und der köstlichste Wein, den man in Fülle kredenzte, machte sie nach den Strapazen des Turniers wieder munter. Gäste wie Einheimische wurden da mit Ehren überschüttet.

38 Während sie sich so den ganzen Tag über vergnügten, kamen die vielen Fahrenden nicht zur Ruhe. Da man freigebig Geschenke verteilte, strengten sie sich bei ihren Darbietungen besonders an. Dadurch erntete Siegmunds ganzes Land reichen Ruhm.

39 Der hérré hiez líhen   Sívrit den jungen man   40
    lánt únde bürge,   als er hetẹ ê getân.   (38)
    sînen swertgenôzen   den gap dô vil sîn hant.
    dô líebtẹ ín diu reise,   daz si kômen in daz lant.

40 Diu hôchgezît werte   unz an den sibenden tac.   41
    Siglint diu rîche   nâch alten siten pflac   (39)
    durch ir sunes liebe   teilen rôtez golt.
    si kundez wol gedienen   daz im die liute wâren holt.

41 Vil lützel man der varnder   ármén dâ vant.   42
    róss únde kleider   daz stoup in von der hant,   (40)
    sam si ze lebene hêten   niht mêr deheinen tac.
    ich wænẹ ie ingesinde   sô grôzer míltế gepflac.

42 Mit lobelîchen êren   schiet sich diu hôchgezît.   43
    von den rîchen herren   hôrte man wol sît   (41)
    daz si den jungen wolden   zẹ eime herren hân.
    des engérte niht her Sîvrit,   der vil wǽtlîche man.

43 Sît daz noch beide lebten,   Sigmunt und Siglint,   44
    niht wolde tragen krône   ir beider liebez kint;   (42)
    doch woldẹ er wesen herre   für allen den gewalt
    des in den landen vorhte   der degen küenẹ únde balt.

3. Âventiure
Wie Sîfrit ze Wormze kom

44 Den herren muoten selten   deheiniu herzen leit.   45
    er hôrte sagen mære   wie ein schœniu meit   (44)
    wǽrẹ in Búrgónden,   ze wunsche wol getân;
    von der er sît vil freuden   únd ouch árbéit gewan.

45 Diu ir unmâzen schœne   was vil wîten kunt,   46
    und ir hôchgemüete   zuo der selben stunt   (45)
    an der juncfrouwen   sô manec helt ervant.
    ez ladete vil der geste   in daz Gúnthéres lant.

46 Swaz man der wérbénden   nâch ir minne sach,   47
    Kriemhilt in ir sinne   ir selber nie verjach,   (46)
    daz sie deheinen wolde   zẹ eime trûte hân.
    er was ir noch vil vremde,   dem si wart sider undertân.

39 Der Landesherr trug dem jungen Helden auf, Länder und Burgen als Lehen zu verteilen, so wie er es bei seiner eigenen Schwertleite auch getan hatte. Siegfried bedachte seine ritterlichen Gefährten mit offener Hand. Da freuten sie sich, in das Land Siegmunds gereist zu sein.

40 Das Fest dauerte bis zum siebten Tag. Die mächtige Königin Sieglinde handelte nach altem Herkommen und verteilte aus Liebe zu Siegfried rotes Gold. Sie verstand es, ihm die Zuneigung der Leute zu gewinnen.

41 Kein einziger der Fahrenden ging da leer aus. Verschwenderisch gaben die Könige Pferde und Kleider aus ihren Händen, als ob sie danach nicht einen Tag mehr zu leben hätten. Ich glaube, niemals zuvor hat sich eine königliche Hofhaltung so freigebig erwiesen.

42 Mit Ruhm und Ehren gingen die Teilnehmer des Festes auseinander. Die mächtigen Herren des Landes hörte man später mit Überzeugung sagen, daß sie den jungen Siegfried zum Herrn haben wollten. Doch Herr Siegfried, der schöne Held, wollte davon nichts wissen.

43 Solange seine beiden Eltern, Siegmund und Sieglinde, noch am Leben waren, wollte ihr geliebter Sohn die Krone nicht tragen. Seinen Herrschaftsanspruch wollte der tapfere und kühne Held nur wahrnehmen, um alle gewalttätigen Übergriffe, von denen er eine Bedrohung des Landes befürchtete, abzuwehren.

3. Aventiure
Wie Siegfried nach Worms kam

44 Den jungen Herrn konnte so gut wie gar nichts bekümmern. Eines Tages hörte er davon berichten, daß im Land der Burgunden ein schönes Mädchen, ein Inbild der Vollkommenheit, aufwüchse. Durch sie sollte er später viel Glück, aber auch Leid erlangen.

45 Ihre unbeschreibliche Schönheit war weithin bekannt, zugleich aber blieb keinem Helden der hohe Adel ihrer Gesinnung verborgen. Viele Fremde wurden dadurch angelockt, in das Land Gunthers zu reiten.

46 Wie viele Männer auch um ihre Liebe werben mochten, Kriemhild selbst schreckte in ihrem Innern davor zurück, einen Mann lieb zu gewinnen. Der, dem sie später gehören sollte, war ihr noch unbekannt.

47 Do gedãhtẹ ûf hôhe minne   daz Siglinde kint.   *48*
   ez was ir aller werben   wider in ein wint.   *(47)*
   er mohte wol verdienen   schœner frouwen lîp.
   sît wart diu edele Kriemhilt   des küenen Sîvrides wîp.

48 Im rieten sîne mâge   und genúoge sîne man,   *49*
   sît er ûf stæte minne   tragen wolde wân,   *(48)*
   daz er dan eine wurbe   diu im möhte zemen.
   dô sprach der küene Sîvrit :   »sô wil ich Kriemhilden nemen,

49 Die schœnen júncfróuwen   von Burgonden lant   *50*
   durch ir unmâzen schœne.   daz ist mir wol bekant,   *(49)*
   nie keiser wart sô rîche,   der wolde haben wîp,
   im zæme wol ze minnen   der rîchen küneginne lîp.«

50 Disiu selben mære   gehôrte Sigmunt.   *51*
   ez reiten sîne liute ;   dâ von wart im kunt   *(50)*
   der wille sînes kindes   was im harte leit,
   daz er werben wolde   die vil hêrlîchen meit.

51 Ez gevriesch ouch Siglint,   des edelen küneges wîp.   *52*
   si hete grôze sorge   umbẹ ir kindes lîp,   *(51)*
   wan si wol erkande   Gúnthern und sîne man.
   den gewérp mán dem degene   sêre léidén began.

52 Dô sprach der küene Sîvrit :   »vil lieber vater mîn,   *53*
   ânẹ edeler frouwen minne   woldẹ ich immer sîn,   *(52)*
   ich enwúrbe, dar mín herze   vil grôze liebe hât.
   swaz iemen reden kunde,   des ist deheiner slahte rât.«

53 »Unt wil du niht erwinden«,   sprach der künec dô,   *54*
   »so bin ich dînes willen   wærlîchen vrô,   *(53)*
   und wil dirz helfen enden   so ich áller beste kan.
   doch hât der künec Gunther   vil manegen hôchfértegen man.

54 Ob ez ánder niemen wære   wan Hagene der degen :   *55*
   der kan mit übermüete   der hôchverte pflegen,   *(54)*
   daz ich des sêre fürhte,   ez mügẹ uns werden leit,
   ob wir werben wellen   die vil hêrlîchen meit.«

55 »Waz mac uns daz gewerren ?«   sprach dô Sîvrit.   *56*
   »swaz ich friuntlîche   niht ab in erbit,   *(55)*
   daz mac sus erwerben   mit ellen dâ mîn hant.
   ich trouwẹ an in ertwingen   beide líut únde lant.«

56 Dô sprach der fürste Sigmunt :   »dîn réde diu íst mir leit :   *57*
   wan wurden disiu mære   ze Rîné geseit,   *(56)*
   dune dörftest nimmer   gerîten in daz lant.
   Gunther unde Gêrnôt   die sínt mir lángé bekant.

47 Da richtete der Sohn Sieglindes seine Gedanken auf Hohe Minne. Im Vergleich mit ihm verblaßten alle anderen Bewerber. Denn er wußte die Gunst schöner Damen zu gewinnen. Später wurde die edle Kriemhild die Frau des tapferen Siegfried.

48 Da er daran dachte, sich endgültig zu binden, rieten seine Verwandten und viele seiner Gefolgsleute, er möge sich standesgemäß verheiraten. Da sagte der tapfere Siegfried: »So will ich Kriemhild,

49 die schöne Jungfrau aus dem Land der Burgunden, zur Frau nehmen, weil sie so unbeschreiblich schön ist. Ich weiß genau: Selbst wenn der mächtigste Kaiser freien wollte, dann wäre es eine Ehre für ihn, um die Gunst der mächtigen Prinzessin zu werben.«

50 Das kam seinem Vater Siegmund zu Ohren. Denn die Hofleute redeten darüber. So erfuhr er, was sein Sohn vorhatte: es verdroß ihn sehr, daß Siegfried gerade um diese herrliche Jungfrau werben wollte.

51 Auch Sieglinde, die Gemahlin des edlen Königs, erfuhr davon. Sie machte sich um ihren Sohn große Sorgen, denn sie kannte Gunther und seine Gefolgsleute genau. Mit allen möglichen Einwänden versuchte man dem Helden seine Absicht zu verleiden.

52 Da sagte der tapfere Siegfried: »Lieber Vater, ich würde für immer darauf verzichten, eine edle Frau zu lieben, wenn ich meine Werbung nicht dorthin richten dürfte, wohin meine Neigung zielt. Was auch immer jemand einwenden könnte, ich werde von meinem Vorhaben nicht ablassen.«

53 »Wenn Du nicht davon ablassen willst«, sagte da der König, »dann freue ich mich aufrichtig über Deine Zielstrebigkeit und will Dir, so gut ich es irgend vermag, dabei helfen, das Vorhaben zu einem guten Ende zu führen. Dennoch warne ich Dich: König Gunther hat viele stolze Gefolgsleute.

54 Selbst wenn es sich um niemanden anderen als Hagen, den Helden, handelte – der allein ist bereits so verwegen und stolz, daß ich schon aus diesem Grunde große Angst habe, es könnte für uns schlimm ausgehen, wenn wir uns aufmachen, um die schöne Jungfrau zu werben.«

55 »Wie kann uns das stören?« sagte da Siegfried. »Was ich von ihnen nicht im Guten bekomme, das werde ich durch Tapferkeit erlangen. Ich traue es mir zu, ihnen Herrschaft und Land mit Gewalt abzunehmen.«

56 Da sagte der Fürst Siegmund: »Deine Worte verdrießen mich. Denn wenn man am Rhein davon erführe, dann würde man Dich erst gar nicht in das Land hineinlassen. Ich kenne Gunther und Gernot nämlich schon lange.«

57 Mit gewalte niemen   erwerben mac die meit«,   58
 sô sprach der künec Sigmunt;   »daz ist mir wol geseit.   (57)
 wilt aber du mit recken   rîten in daz lant,
 ob wir iht haben friunde,   die werdent schíeré besant.«

58 »Des eníst mir niht ze muote«,   sprach aber Sîvrit,   59
 »daz mir sulen recken   ze Rîne volgen mit   (58)
 durch deheine hervart   (daz wære mir vil leit),
 dâ mit ich sold̄e ertwingen   die vil wætlîchen meit.

59 Si mac wol sus erwerben   dâ mîn eines hant.   60
 ich wil selbe zwelfte   in Gúnthéres lant.   (59)
 dar sult ir mir helfen,   vater Sigmunt!«
 dô gap man sînen degenen   ze kleidern grâ unde bunt.

60 Do vernám ouch disiu mære   sîn muoter Siglint.   61
 si begunde trûren   umb̄e ir liebez kint,   (60)
 daż vorhte si verliesen   von Guntheres man.
 diu edele küneginne   vil sêre wéinén began.

61 Sîvrit der herre   gie dâ er si sach.   62
 wider sîne muoter   er güetlîchen sprach: (61)
 »frouw̄e, ir sult niht weinen   durch den willen mîn.
 jâ wil ich âne sorge   vor allen wîganden sîn.

62 Und helfet mir der reise   in Burgonden lant,   63
 daz ich und mîne recken   haben solch gewant,   (62)
 daz alsô stolze helde   mit êren mugen tragen.
 des wil ich iu genâde   mit triuwen wærlîchen sagen.«

63 »Sît du niht wil erwinden«,   sprach frou Siglint,   64
 »sô hilf̄e ich dir der reise,   mîn éinégez kint,   (63)
 mit der besten wæte,   die ritter ie getruoc,
 dir und dînen gesellen: ir sult ir füerén genuoc.«

64 Dô neic der küneginne   Sîvrit der júnge man.   65
 er sprach:»ich wíl ze der vérte   niemen mêre hân   (64)
 niwan zwelf recken: den sol man prüeven wât.
 ich wil daz sehen gerne   wiez umbe Kriemhilde stât.«

65 Dô sâzen schœne frouwen   nâht únde tac,   66
 daz lützel ir deheiniu   rúow̄é gepflac,   (65)
 unze man geworhte   die Sîvrides wât.
 er wolde sîner reise   haben deheiner slahte rât.

66 Sîn vater hiez im zieren   sîn ritterlîch gewant,   67
 dâ mit er wolde rûmen   daz Sigmundes lant,   (66)
 und ir vil liehten brünne   die wurden ouch bereit
 und ir vesten helme,   ir schilde schœn̄e únde breit.

18

57 »Niemand vermag ihre Schwester mit Gewalt zu erlangen«, sagte der König Siegmund; »das weiß ich aus sicherer Quelle. Falls Du jedoch wünschst, mit einer Schar von Recken ins Land der Burgunden zu reiten: wir könnten die Freunde, die wir haben, sehr schnell aufbieten.«

58 »Ich habe nicht vor«, sagte wiederum Siegfried, »Recken an den Rhein auf einen Kriegszug mitzunehmen, um – was mir doch sehr verdrießlich wäre – das schöne Mädchen mit Gewalt zu gewinnen.

59 Ich traue es mir nämlich zu, sie auf eigene Faust zu erlangen. Nur zu zwölft wollen wir in Gunthers Land reiten. Helft mir, Vater Siegmund, bei den Vorbereitungen für die Reise!« Da schenkte man den Begleitern Kleider aus grauem und buntem Tuch.

60 Da hörte auch seine Mutter Sieglinde von den Reisevorbereitungen. Schwere Sorgen um ihren lieben Sohn quälten sie. Denn sie fürchtete, Gefolgsleute Gunthers könnten ihn töten. So brach die edle Königin in heftiges Weinen aus.

61 Der Herr Siegfried ging zu seiner Mutter und sagte mit freundlichen Worten zu ihr: »Herrin, Ihr sollt um meinetwillen nicht weinen. Glaubt mir, ich habe mich vor keinem Kämpfer zu fürchten.

62 Helft mir doch bei meinen Vorbereitungen für die Reise ins Burgundenland, damit ich und meine Recken Kleider haben, die so stolze Helden ehrenvoll tragen können. Dafür will ich Euch aufrichtig danken.«

63 »Da Du nun nicht davon ablassen willst«, sagte Frau Sieglinde, »so rüste ich Dich, mein einziges Kind, mit der schönsten Kleidung aus, die jemals ein Ritter trug, Dich und Deine Begleiter: es soll Euch nicht daran fehlen.«

64 Da neigte sich Siegfried, der junge Held, vor der Königin und sagte: »Nur zwölf Recken will ich auf die Reise mitnehmen, keinen einzigen mehr. Denen soll man die Kleider zuschneiden. Ich möchte doch gern wissen, was es mit Kriemhild auf sich hat.«

65 Da saßen schöne Damen Tag und Nacht, so daß keine von ihnen mehr zur Ruhe kam, bis man Siegfrieds Ausrüstung fertig hatte. Denn er wollte auf die geplante Reise auf keinen Fall verzichten.

66 Sein Vater ließ ihm die ritterliche Ausrüstung, die er bei seinem Aufbruch aus dem Land Siegmunds mit sich führen wollte, auf das schönste schmücken; er ließ den Helden schimmernde Brustpanzer, feste Helme und strahlende, mächtige Schilde anfertigen.

67 Dô nâhetẹ in ir reise   zen Búrgónden dan.   68
　　umbe si begunde sorgen   wîp únde man,   (67)
　　ob si ímmer komen solden   heim wider in daz lant.
　　die helde in hiezen soumen   beide wâfen und gewant.

68 Ir ross diu wâren schœne,   ir geréite goldes rôt.   69
　　lebtẹ iemen übermüeter,   des enwas niht nôt,   (68)
　　denne wære Sîvrit   und die sîne man.
　　úrloubes ér dô gerte   zuo den Burgonden dan.

69 In werten trûreclîchen   der künec und sîn wîp.   70
　　er trôste minneclîchen   dô ir beider lîp   (69)
　　er sprach: »ir sult niht weinen   durch den willen mîn!
　　immer âne sorge   sult ir mînes lîbes sîn.«

70 Ez was leit den recken,   ez weintẹ ouch manec meit.   71
　　ich wænẹ in het ir herze   rehte daz geseit,   (70)
　　daz in sô vil der friunde   dâ von gelæge tôt.
　　von schulden si dô klageten: des gie in wærlîche nôt.

71 An dem sibenden morgen   ze Wormez ûf den sant   72
　　riten die vil küenen.   allez ir gewant   (71)
　　was von rôtem golde,   ir geréite wol getân.
　　ir ross in giengen ebene,   des küenen Sîvrides man.

72 Ir schilde wâren niuwe,   líeht únde breit,   73
　　und vil schœnẹ ir helme,   dâ ze hove reit   (72)
　　Sîvrit der vil küene   in Gúnthéres lant.
　　man gesach an helden   nie sô hêrlîch gewant.

73 Diu ort ir swerte giengen   nider ûf die sporn.   74
　　ez fuorten scharpfe gêren   die ritter ûz erkorn.   (73)
　　Sîvrit der fúortẹ ir einen   wol zweier spannen breit,
　　der ze sînen ecken   vil harte vreislîchen sneit.

74 Die goltvarwen zoume   fuortens an der hant,   75
　　sîdîniu fúrbüege: sus kômens in daz lant.   (74)
　　daz volc si allenthalben   kapfen an began.
　　dô liefen in engegene   vil der Gúnthéres man.

75 Die hôchgemuoten recken,   ritter unde kneht,   76
　　die giengen zuo den herren   (daz was michel reht)   (75)
　　und empfîengen dise geste   in ir herren lant
　　und nâmen in die mœre   mit den schilden von der hant.

67 Da kam für sie der Tag heran, an dem sie in das Land der Burgunden aufbrechen wollten. Jeder fragte sich besorgt, ob sie wohl wieder in ihr Heimatland zurückkehren würden. Doch die Helden ließen sich unbesorgt ihre Waffen und ihre Ausrüstung auf die Saumtiere laden.

68 Ihre Pferde waren prächtig, ihr Sattelzeug rot von Gold. Niemand hatte mehr Anlaß, stolz zu sein als Siegfried und seine Gefolgsleute. Da nahm er nun Abschied, um ins Land der Burgunden zu reiten.

69 Der König und die Königin gewährten ihm den Abschied unter Tränen. Da tröstete er die beiden sehr liebevoll. Er sagte: »Ich möchte nicht, daß Ihr traurig seid! Ihr braucht niemals eine Gefahr für mich zu befürchten.«

70 Den Recken wurde schwer ums Herz, viele junge Damen weinten sogar. Wie ich meine, sagte ihnen ihr Herz bereits, daß dieses Unternehmen vielen ihrer Verwandten und Freunde am Ende den Tod bringen sollte. Mit Recht klagten sie da; sie hatten wirklich allen Grund dazu.

71 Am siebten Tag danach gelangten die tapferen Helden auf ihrem Ritt an das Ufer bei Worms. Ihre ganze Ausrüstung leuchtete weithin von rotem Gold, ihr Sattelzeug war von erlesener Qualität. Die Pferde, auf denen die Gefolgsleute des tapferen Siegfried ritten, liefen wunderbar ruhig.

72 Sie trugen neue, schimmernde, breite Schilde und strahlende Helme. So ritt der tapfere Siegfried in das Land Gunthers ein. Niemals vorher hatte man an Helden so prächtige Kleider gesehen.

73 Die Spitzen ihrer Schwerter reichten ihnen bis an die Sporen. Die auserlesenen Ritter trugen scharfe Speere in den Händen: Siegfried trug einen, der vorn an seinem Blatt fast zwei ausgespannte Hände breit und an seinen Schneiden von schrecklicher Schärfe war.

74 Die goldfarbenen Zügel hielten sie in der Hand, die Brustriemen der Pferde waren von kostbarer Seide. So ritten sie in Gunthers Land ein. Von allen Seiten kamen Leute und starrten sie an. Da liefen ihnen auch viele vom Gefolge Gunthers entgegen.

75 Nach gutem alten Brauch traten die stolzen Recken Gunthers, Ritter wie Knappen, an die fremden Herren heran, begrüßten sie im Lande ihres Herrn und nahmen Schilde und Pferde in ihre Obhut.

76 Diu ross si wolden dannen   ziehen an gemach.   77
   Sîvrit der vil küene,   wie snellę er dô sprach: (76)
   »lât uns stên die mœre,   mir und mînen man!
   wir wellen schiere hinnen,   des ich guoten willen hân.

77 Swem sîn kunt diu mære,   der sol mich niht verdagen,   78
   wâ ich den künec vinde,   daz sol man mir sagen,   (77)
   Gunthern den vil rîchen   ûz Burgonden lant.«
   dô sagtez im ir einer   dem ez rehte was bekant.

78 »Welt ir den herren vinden?   daz mac vil wol geschehen.   79
   in jenem sale wîten   dâ hân ich in gesehen   (78)
   bî den sînen helden.   dâ sult ir hine gân!
   dâ mugt ir bî im vinden   manegen hêrlîchen man.«

79 Nu wắrén dem künege   diu mắré geseit   80
   daz dâ komen wæren   ritter vil gemeit,   (79)
   die fuorten wîze brünne   und hêrlîch gewant.
   sin erkande niemen   in der Burgonden lant.

80 Den künec des hete wunder,   von wannen kœmen dar   81
   die hêrlîchen recken   in wæte lieht gevar   (80)
   und mit sô guoten schilden,   niuwe unde breit.
   daz im daz sagte niemen,   daz was Gúnthére leit.

81 Des ántwúrte dem künege   von Metzen Ortwín   82
   (rîch únde küene   móhtę ér wol sîn):   (81)
   »sît wir ir niht erkennen,   nu sult ir heizen gân
   nâch mînem œheim Hagenen: den sult ir si sehen lân!

82 Dem sint kunt diu rîche   und ouch diu vremden lant.   83
   sint im die herren künde,   daz tuot er uns bekant.«   (82)
   der künec bat in bringen   und die sînen man.
   man sach in hêrlîche   mit recken hin ze hove gân.

83 Waz sîn der künec wolde,   des vrâgte Hagene.   84
   »ez sint in mîme hûse   unkunde degene,   (83)
   die niemen hie bekennet.   habt ir si ie gesehen?
   des sult ir mir, Hagene,   der rehten wârheite jehen!«

84 »Daz túon ich«, sprach Hagene.   zeinem vénster er dô gie;   85
   sîn ougen er dô wenken   zuo den gesten lie.   (84)
   wol behágtę im ir geverte   und ouch ir gewant:
   si wâren im vil vremde   in der Burgonden lant.

85 Er sprach, von swannen kœmen   die recken an den Rîn,   86
   ez möhten selbe fürsten   oder fürsten boten sîn.   (85)
   »ir ross diu sint schœne,   ir kleider harte guot.«
   von swannen daz si füeren,   »si sint hôhe gemuot.«

22

76 Sie wollten die Pferde in den Stall bringen, damit sie sich aus-
ruhen könnten. Doch da sagte der tapfere Siegfried sogleich:
»Laßt mir und meinen Gefolgsleuten nur ja die Pferde stehen!
Wir wollen nämlich bald wieder fort von hier. Jedenfalls ist das
meine feste Absicht.

77 Wer darüber Bescheid weiß, wo ich den König, den mächtigen
Gunther aus dem Land der Burgunden, treffen kann, der soll es
mir nicht verheimlichen, sondern sagen.« Da gab ihm einer von
ihnen, der es genau wußte, die gewünschte Auskunft.

78 »Sucht Ihr den König? Den könnt Ihr treffen! In jenem weiten
Saal habe ich ihn zusammen mit seinen Helden gesehen. Geht
nur dorthin! Viele herrliche Gefolgsleute werdet Ihr dort bei
ihm finden.«

79 Nun war dem König gemeldet worden, es seien stolze Ritter
angekommen, die helle Brustpanzer und herrliche Kleider trü-
gen. Doch niemand im Land der Burgunden kannte die An-
kömmlinge.

80 Der König fragte sich verwundert, woher die strahlenden Recken
in ihren schimmernden Gewändern und mit ihren prachtvollen,
neuen, riesigen Schilden wohl kommen möchten. Es stimmte
Gunther verdrießlich, daß niemand es ihm sagen konnte.

81 Ortwin von Metz, der übrigens mit Recht das Ansehen genoß,
mächtig und tapfer zu sein, gab daraufhin dem König zur Ant-
wort: »Da wir keinen von ihnen kennen, so schickt doch nach
Hagen, meinem Oheim, und laßt ihn einen Blick auf die Frem-
den werfen!

82 Dem sind nämlich die Reiche und alle fernen Länder bekannt.
Wenn er etwas über die Herren weiß, dann wird er uns das sagen.«
Der König ließ ihn und seine Leute herbeiholen. In prächtigem
Zuge kam er mit seinen Recken vor den König.

83 Auf Hagens Frage, was denn der König von ihm wolle, antwortete
Gunther: »Es sind fremde Helden in meiner Burg, die niemand
hier kennt. Habt Ihr sie vielleicht schon einmal gesehen? Hagen,
gebt mir offen darüber Bescheid!«

84 »Gewiß!«, sagte Hagen. Er trat an ein Fenster und wendete seinen
Blick den Ankömmlingen zu. Ihre ganze Erscheinung und ihre
Ausrüstung gefielen ihm sehr gut. Aber auch für ihn waren sie
fremd im Lande der Burgunden.

85 Er sagte, daß die Recken, aus welchem Lande sie auch immer an
den Rhein geritten sein mochten, selbst Fürsten oder die Boten
eines Fürsten sein dürften. »Ihre Pferde sind hervorragend, ihre
Kleider prächtig.« Woher sie auch immer kommen möchten, »es
sind vorbildliche Helden.«

86 Alsô sprach dô Hagene. »ich wil des wol verjehen,   *87*
   swie ich Sîvrîden   nimmer habe gesehen,   *(86)*
   sô wil ich wol gelouben,   swie ez dar umbe stât,
   daz ez sî der recke,   der dort sô hêrlîchen gât.

87 Er bringet niuwemære   her in ditze lant.   *88*
   die küenen Nibelunge   sluoc des heldes hant,   *(87)*
   Schílbunc und Níbelungen,   diu rîchen küneges kint.
   er frumte starkiu wunder   mit sîner grôzen krefte sint.

88 Dâ der helt al eine   âne alle helfe reit,   *89*
   er vant vor einem berge,   daz ist mir wol geseit,   *(88)*
   bî Nibelunges horde   vil manegen küenen man;
   die wâren im ê vremde,   unz er ir künde dâ gewan.

89 Hort der Nibelunges   der was gar getragen   *90*
   ûz einem holen berge.   nu hœret wunder sagen,   *(89)*
   wie in wolden teilen   der Nibelunge man.
   daz sach der degen Sîvrit;   den helt es wúndérn began.

90 Er kom zuo zin sô nâhen   daz er die helde sach   *91*
   und ouch in die degene.   ir einer drunder sprach: *(90)*
   »hie kumt der starke Sîvrit,   der helt von Niderlant!«
   vil seltsæniu mære   er an den Nibelungen vant.

91 Den recken wol empfiengen   Schílbunc und Níbelunc.   *92*
   mit gemeinem râte   die edelen fürsten junc   *(91)*
   den schaz in bâten teilen,   den wætlîchen man,
   und gerten des mit vlîze.   der herre loben inz began.

92 Er sach sô vil gesteines   (sô wir hœren sagen)   *93*
   hundert kanzwägene   ez möhten niht getragen;   *(92)*
   noch mê des rôten goldes   von Nibelunge lant.
   daz solde in allez teilen   des küenen Sîvrides hant.

93 Dô gâben sį im ze miete   daz Nibelunges swert.   *94*
   si wâren mit dem dienste   vil übele gewert,   *(93)*
   den in dâ leisten solde   Sîvrit der hélt gúot.
   ern kundez niht verenden: si wâren zórnéc gemuot.

94 Si heten dâ ir friunde   zwélf kúene man,   *95*
   daz starke risen wâren.   waz kundez si vervân?   *(95)*
   die sluoc sît mit zorne   diu Sîvrides hant,
   und recken siben hundert   twanc er von Nibelunge lant

95 Mit dem guoten swerte,   daz hiez Balmunc.   *96*
   durch die starken vorhte   vil manec recke junc,
   die si zem swerte héten   und an den küenen man,
   daz lánt zúo den bürgen   si im tâten undertân.

86 Da sagte Hagen: »Ich möchte dies behaupten: Zwar habe ich Siegfried niemals zu Gesicht bekommen, aber ich nehme doch – was immer seine Ankunft bedeuten mag – als sicher an, daß er der Recke ist, der dort so herrlich herankommt.

87 Er bringt Neuigkeiten zu uns in unser Land. Die tapferen Nibelungen, Schilbung und Nibelung, Söhne eines mächtigen Königs, hat er mit eigener Hand erschlagen. Aber auch später noch hat er mit seiner großen Kraft Wundertaten vollbracht.

88 Wie ich ganz sicher weiß, traf der Held vor einem Berg, an dem er ohne jede Begleitung ganz allein vorbeiritt, viele tapfere Männer beim Schatz der Nibelungen. Die waren ihm, bevor er sie dort kennenlernte, unbekannt gewesen.

89 Der ganze Nibelungenhort war aus einer Berghöhle herausgeschafft worden. Und nun laßt Euch Wunderbares berichten, auf welch seltsame Weise ihn die Nibelungen zu teilen gedachten! Das alles nahm der Held Siegfried wahr, und es verwunderte ihn.

90 Er ritt so nahe an sie heran, daß er die Helden und sie ihn sehen konnten. Einer von ihnen sagte: »Hier kommt der starke Siegfried, der Held aus Niederland.« Es waren sehr merkwürdige Dinge, die Siegfried bei den Nibelungen wahrnahm.

91 Schilbung und Nibelung empfingen Siegfried sehr zuvorkommend. Auf allgemeinen Beschluß hin forderten die jungen, edlen Fürsten ihn auf, den Schatz unter ihnen aufzuteilen. Sie drangen heftig in ihn, und schließlich willigte der Herr ein.

92 Wie es heißt, bekam er so viele Edelsteine zu sehen und sogar noch mehr rotschimmerndes Gold aus dem Land Nibelungs, daß hundert Wagen es nicht hätten befördern können. Alles dies sollte der tapfere Siegfried unter ihnen verteilen.

93 Da gaben sie ihm das Schwert Nibelungs zum Lohn. Mit der Hilfe, um die sie Siegfried, den trefflichen Helden, gebeten hatten, waren sie jedoch sehr schlecht beraten. Denn er konnte es ihnen nicht recht machen, und darüber waren sie sehr aufgebracht.

94 Unter ihren Gefolgsleuten waren zwölf tapfere Männer, das waren starke Riesen. Aber was konnten selbst sie den Königen nützen? Wütend erschlug Siegfried alle zwölf, und weitere siebenhundert Recken aus dem Nibelungenland

95 bezwang er mit dem wunderbaren Schwert, das Balmung hieß. Weil sie vor dem Schwert und vor dem tapferen Helden sehr große Angst hatten, unterwarfen sich ihm viele junge Recken und übergaben ihm Land und Burgen.

96 Dar zuo die rîchen künege   die sluoc er beide tôt.   *97*
er kom von Albrîche   sît in grôze nôt.   *(96)*
der wânde sîne herren   rechen dâ zehant,
unz er die grôzen sterke   sît an Sîvride vant.

97 Done kúndę im niht gestrîten   daz stárké getwerc.   *98*
alsam die lewen wilde   si liefen an den berc,   *(97)*
da er die tarnkappen   sît Álbrîchę án gewan.
dô was des hordes herre   Sîvrit der vréislîche man.

98 Die dâ torsten vehten,   die lâgen allę erslagen.   *99*
den schaz den hiez er balde   füeren unde tragen   *(98)*
da in dâ vor dâ nâmen   die Nibelunges man.
Albrîch der vil starke   dô die kameren gewan.

99 Er muosę im sweren eide,   er dientę im sô sîn kneht.   *100*
aller hande dinge   was er im gereht.«   *(99)*
sô sprach von Tronege Hagene.   »daz hât er getân.
alsô grôzer krefte   níe mêr récké gewan.

100 Noch weiz ich an im mêre   daz mir ist bekant: *101*
einen lintrachen   den sluoc des heldes hant.   *(100)*
er bádete sich ín dem bluote;   sîn hût wart húrnîn.
des snîdet in kein wâfen.   daz ist dicke worden schîn.

101 Wír súln den herren   empfâhen deste baz,   *102*
daz wir iht verdienen   des jungen recken haz.   *(101)*
sîn lîp der ist sô küene,   man sol in holden hân.
er hât mit sîner krefte   sô menegiu wúndér getân.«

102 Dô sprach der künec rîche: »du maht wol haben wâr.   *(102)*
nu sich, wie degenlîche   er stêt in strîtes vâr,
er und die sînen degene,   der vil küene man!
wir sulen im engegene   hin nider zuo dem recken gân.«

103 »Daz mugt ir«, sprach dô Hagene,   »wol mit êren
tuon.   *(103)*
er ist von edelem künne,   eines rîchen küneges sun.
er stêt in der gebære,   mich dunket, wizze Krist,
ez ensîn niht kleiniu mære   dar umbę er her geriten ist.«

104 Dô sprach der künec des landes: »nu sî uns wille-
komen!   *103*
er ist édel unde küene,   daz hân ich wol vernomen.   *(104)*
des sol ouch er geniezen   in Burgonden lant.«
dô gie der herre Gunther   dâ er Sîvriden vant.

96 Auch die beiden mächtigen Könige erschlug er, aber Alberich brachte ihn dann doch noch in gefahrvolle Bedrängnis. Dieser glaubte nämlich immer noch, seine Herren auf der Stelle rächen zu können, bis er dann merkte, wie stark Siegfried wirklich war.

97 Da konnte der kraftvolle Zwerg es nicht mit Siegfried aufnehmen. Wie die wilden Löwen liefen die beiden Kämpfer auf den Berg zu, wo Siegfried gleich darauf dem Zwerg Alberich im Kampf den Tarnmantel abzwang. Da war Siegfried, der furchterregende Mann, zum Herrn des Schatzes geworden.

98 Alle, die den Mut zur Gegenwehr aufgebracht hatten, lagen tot am Boden. Siegfried gab nun Befehl, den Schatz auf dem schnellsten Wege wieder dorthin zu bringen, woher die Gefolgsleute Nibelungs ihn vorher geholt hatten. Hernach wurde der starke Alberich von Siegfried zum Hüter des Hortes bestimmt.

99 Aber vorher mußte er dem Sieger einen Eid schwören, daß er ihm treu und unterwürfig dienen wolle. Alberich war zu jeder Art von Unterwürfigkeit bereit.« So sagte Hagen von Tronje. »Das sind seine Taten! Niemals vorher hat es einen kraftvolleren Recken gegeben.

100 Übrigens weiß ich noch mehr von Siegfried: Er hat mit eigner Hand einen Drachen erschlagen, in dessen Blut er badete, so daß seine Haut von Horn überzogen wurde. Aus diesem Grunde – und das hat sich schon oft erwiesen – kann keine Waffe ihn verletzen.

101 Wir müssen den jungen Herren möglichst zuvorkommend aufnehmen, damit wir uns nicht etwa die Feindschaft des jungen Recken zuziehen. Er ist so tapfer, daß es dringend geboten scheint, ihn zum Freund zu haben. So viele wunderbare Taten hat er mit kraftvoller Hand vollbracht!«

102 Da sagte der mächtige König: »Du magst recht haben. Sieh nur, wie verwegen und streitlüstern der tapfere Held und seine Gefolgsleute da unten stehen. Mir scheint es angebracht, hinunterzugehen und den Recken zu begrüßen.«

103 »Das«, sagte da Hagen, »könnt Ihr tun, ohne Euch etwas zu vergeben. Als Sohn eines mächtigen Königs entstammt Siegfried edlem Geschlecht. Weiß Gott: wie er so dasteht, will es mir scheinen, ein wichtiger Anlaß habe ihn dazu bewogen, hierherzureiten.«

104 Da sagte der König des Landes: »Nun, er sei uns willkommen! Wie ich verläßlich gehört habe, ist er edel und tapfer. Daher hat er Anspruch darauf, im Lande der Burgunden geachtet zu werden.« Nach diesen Worten schritt der Herr Gunther Siegfried entgegen.

105 Der wirt und sîne recken   empfiengen sô den gast   *104*
   daz in an ir zühten   vil wênec iht gebrast   *(105)*
   des begundę in nîgen   der wætlîche man,
   daz sị im heten grüezen   sô rehte schôné getân.

106 »Mich wundert dirre mære«,   sprach der künec zehant,   *105*
   »von wánnen ir, édel Sîvrit,   sît komen in ditze lant   *(106)*
   oder wâz ir wellet werben   ze Wormez an den Rîn.«
   dô sprach der gast ze dem künege: »daz sol iuch unver-
                                                    daget sîn.

107 Mir wart gesaget mære   in mînes vater lant,   *106*
   daz hie bî iu wæren   (daz het ich gernę erkant)   *(107)*
   die kűenésten recken   (des hân ich vil vernomen)
   die ie künec gewunne;   dar umbe bin ich her bekomen.

108 Ouch hœrę ich iu selben   der degenheite jehen,   *107*
   daz man künec deheinen   küener habe gesehen.   *(108)*
   des redent vil die liute   über élliu disiu lant.
   nune wil ich niht erwinden   unz ez mir wérdé bekant.

109 Ich bin ouch ein recke   und solde krône tragen.   *108*
   ich wil daz gerne füegen   daz si von mir sagen   *(109)*
   daz ich habe von rehte   liutę unde lant.
   dar umbe sol mîn êre   und ouch mîn houbet wesen pfant.

110 Nu ir sît sô küene,   als mir ist geseit,   *109*
   sone rúochę ich, ist daz iemen   líep óder leit;   *(110)*
   ich wil an iu ertwingen   swaz ir muget hân:
   lánt únde bürge,   daz sol mir werden undertân.«

111 Den künec hete wunder   und sîne man alsam   *110*
   umbe disiu mære   diu er hie vernam,   *(111)*
   daz er des hete willen,   er næme im sîniu lant.
   daz hôrten sîne degene;   dô wart in zűrnén bekant.

112 »Wie het ich daz verdienet«,   sprach Gunther der degen,   *111*
   »des mîn vater lange   mit êren hât gepflegen,   *(112)*
   daz wir daz sólden verlíesen   von íemánnes kraft?
   wir liezen übele schînen   daz wir ouch pflegen ritterschaft.«

113 »Ine wil es niht erwinden«,   sprach aber der küene man.   *112*
   »ez enmüge von dînen ellen   dîn lant den fride hân,   *(113)*
   ich wil es alles walten.   und ouch diu erbe mîn,
   erwirbest dus mit sterke,   diu sulen dir undertænec sîn.

114 Dîn erbę und ouch daz mîne   sulen gelîche ligen.   *113*
   sweder unser einer   am andern mac gesigen,   *(114)*
   dem sol ez allez dienen,   die liutę und ouch diu lant.«
   daz widerredete Hagene   unde Gêrnôt zehant.

105 Der Landesherr und seine Recken bereiteten dem Ankömmling einen solchen Empfang, daß jede Regel höfischer Etikette erfüllt wurde. Siegfried, der stattliche Held, verbeugte sich zum Dank dafür, daß sie ihn so höflich begrüßt hatten.

106 »Ich möchte doch gerne wissen, edler Siegfried«, sagte Gunther sogleich, »woher Ihr in dies Land gekommen seid oder was Ihr hier in Worms am Rhein vorhabt.« Da sagte der Fremde zum König: »Daraus will ich vor Euch kein Geheimnis machen.

107 Nach den vielen Berichten, die ich im Lande meines Vaters erhielt, soll es hier an Eurem Hofe die tapfersten Recken geben, die jemals ein König hatte – und das möchte ich gerne nachprüfen. Aus diesem Grunde bin ich hierhergekommen.

108 Auch Euch wird eine solche Kühnheit zugesprochen, daß es heißt, man habe niemals einen tapfereren Herrscher gefunden. Ringsum im Land reden die Leute viel davon. Nun will ich nicht eher aufhören, bis ich herausgefunden habe, wie es sich damit verhält.

109 Ich bin auch ein Recke und sollte schon die Krone tragen. Mein höchster Wunsch ist es, zu erreichen, daß die Leute von mir sagen, ich hätte Land und Herrschaft zu Recht. Mein ganzes Ansehen und auch meinen Kopf setze ich dafür aufs Spiel.

110 Da Ihr so überaus tapfer seid – jedenfalls hat man mir das berichtet –, so kümmere ich mich nicht darum, ob es jemand angenehm ist oder ob es ihn stört: Alles was Ihr in Eurem Besitz habt, Reiche und Burgen, will ich Euch mit Gewalt abnehmen. Alles werde ich in meine Hände bekommen.«

111 Der König und seine Leute waren höchst verwundert über die Worte, die an ihr Ohr drangen: daß Siegfried offenbar die Absicht hatte, ihm seine Länder streitig zu machen. Als seine Helden es hörten, da wurden sie sehr zornig.

112 »Womit hätte ich es verschuldet«, sagte Gunther, der Held, »das Reich, das mein Vater in hohem Ansehen lange Jahre regiert hat, jetzt durch die Gewalt eines anderen zu verlieren? Wir würden damit ja zugeben, daß wir keine wahren Ritter sind.«

113 »Ich gehe aber nicht davon ab!« sagte wiederum der tapfere Held. »Wenn Deine Kraft nicht ausreicht, Deinem Land den Frieden zu erhalten, dann nehme ich alles in meinen Besitz. Dasselbe gilt auch für meine Erbländer: wenn Du sie mit Deiner Kraft erringst, dann sollen sie Dir auch anheimfallen.

114 Dein Erbe und meines sollen gleich viel gelten. Wer von uns beiden den anderen zu überwinden vermag, dem sollen die Leute und auch die Länder zu Gebote stehen.« Dem widersprachen Hagen und Gernot sofort.

115 »Wir hân des niht gedingen«,   sprach dô Gêrnôt,   *114*
   »daz wir iht landę ertwingen,   daz íemen darúmbe tôt   *(115)*
   gelíge vor héldes handen.   wir haben rîchiu lant;
   diu dienent uns von rehte,   ze niemen sint si baz bewant.«

116 Mit grímmégem muote   dâ stuonden friunde sîn.   *115*
   dô was ouch dar under   von Metzen Ortwîn.   *(116)*
   der sprach: »disiu suone   ist mir harte leit.
   iu hât der starke Sîvrit   unverdienet widerseit.

117 Ob ir und iuwer bruoder   hetet niht die wer,   *116*
   und ob er danne fuorte   ein ganzez küneges her,   *(117)*
   ich trûte wol erstrîten   daz der küene man
   diz starkez übermüeten   von wâren schulden müese lân.«

118 Daz zurnde harte sêre   der helt von Niderlant.   *117*
   er sprach: »sich sol vermezzen   niht wider mich dîn   *(118)*
                                              hant.
   ich bin ein künec rîche,   sô bistu küneges man.
   jane dörften mich dîn zwelve   mit strîte nímmér bestân.«

119 Nâch swerten rief dô sêre   von Metzen Ortwîn.   *118*
   er mohte Hágenen swéster sun   von Tronege vil wol sîn. *(119)*
   daz der sô lange dagete,   daz was dem künege leit.
   dô understuond ez Gêrnôt,   ein ritter kűene únt gemeit.

120 Er sprach zę Ortwîne: »lât iuwer zürnen stân!   *119*
   uns enhât der herre Sîvrit   solhes niht getân,   *(120)*
   wir enmugenz noch wol scheiden   mit zühten, deist mîn rât,
   und haben in ze friunde: daz uns noch lobelîcher stât.«

121 Dô sprach der starke Hagene: »uns mac wol wesen leit, *120*
   allen dînen degenen,   daz er ie gereit   *(121)*
   durch strîten her ze Rîne.   er soltez haben lân.
   im heten mîne herren   solher leide niht getân.«

122 Des ántwúrte Sîvrit,   der kréftége man: *121*
   »müet iuch daz, her Hagene,   daz ich gesprochen hân,   *(122)*
   sô sol ich lâzen kiesen   daz die hende mîn
   wellent vil gewaltec   hie zen Burgonden sîn.«

123 »Daz sol ich eine wenden«,   sprach aber Gêrnôt.   *122*
   allen sînen degenen   reden er verbôt   *(123)*
   iht mit übermüete   des im wære leit.
   dô gedâhtę ouch Sîvrit   an die hêrlîchen meit.

115 »Wir haben keineswegs die Absicht«, sagte da Gernot, »dadurch irgendwelche Länder in unsere Gewalt zu bringen, daß jemand deshalb erschlagen wird. Wir besitzen selbst mächtige Reiche; die stehen nach gutem altem Recht unter unserer Herrschaft, keiner hätte ein größeres Recht auf sie als wir.«

116 Seine Gefolgsleute standen da in grimmiger Empörung. Da war unter ihnen auch Ortwin von Metz. Der sagte: »Wenn man die Sache so beilegt, dann empfinde ich das als eine Beleidigung. Der starke Siegfried hat Euch ohne Eure Schuld herausgefordert.

117 Und wenn Ihr und Eure Brüder nicht zur Gegenwehr imstande wäret, er dagegen ein ganzes königliches Heer mit sich brächte, ich wüßte den Kampf durchzusetzen, daß der tapfere Held eine so maßlose Herausforderung, wie es nur recht und billig ist, zu unterlassen hat.«

118 Diese Worte versetzten den Helden aus Niederland in heftigsten Zorn. Er sagte: »Du solltest es wagen, an mich Hand zu legen! Ich bin ein mächtiger Herrscher, Du aber nur der Lehnsträger eines Königs. Zwölf Deinesgleichen könnten mich im Kampf nicht überwinden.«

119 Da schrie Ortwin von Metz laut nach Waffen; ja, er war wirklich der Neffe Hagens von Tronje. Daß dieser jedoch so lange schwieg, verdroß den König. Da aber trat Gernot, dieser tapfere, stolze Ritter, als Vermittler zwischen die Streitenden.

120 Er sagte zu Ortwin: »Hört auf mit Eurem Zorn! Der Herr Siegfried hat uns nichts getan, was sich nicht, folgt man meinem Rat, mit höfischem Takt aus der Welt schaffen und ihn uns zum Freunde gewinnen ließe. Ein solches Verhalten schickt sich besser für uns.«

121 Da sagte jedoch der starke Hagen: »Wir – und ich spreche hier für alle Deine Gefolgsleute – haben allen Grund, darüber verdrossen zu sein, daß er überhaupt hierher an den Rhein kam, und offenbar nur, um Streit anzufangen. Er hätte es bleiben lassen sollen. Meine Gefolgsherren hätten sich ihm gegenüber niemals so ins Unrecht gesetzt.«

122 Darauf antwortete Siegfried, der tapfere Held: »Wenn Euch das kränkt, was ich gesagt habe, Herr Hagen, dann werde ich Euch eben zeigen müssen, daß ich tatsächlich vorhabe, hier bei Euch im Burgundenland große Taten zu vollbringen.«

123 »Ganz allein werde ich das zu verhindern wissen!« sagte wiederum Gernot. Er verbot seinen Helden alle anmaßenden Reden, die für Siegfried eine Beleidigung hätten bedeuten können. Da dachte aber Siegfried wieder an das schöne Mädchen.

124 »Wie zæme uns mit iu strîten?« sprach aber Gêrnôt. *123*
   »swaz helde nu dar under müese ligen tôt, *(124)*
   wir hetens lützel êre und ir vil kleinen frum.«
   des antwurte im dô Sîvrit, des künec Sigmundes sun:

125 »War umbe bîtet Hagene und ouch Ortwîn, *124*
   daz er niht gâhet strîten mit den friunden sîn, *(125)*
   der er hie sô manegen zen Burgonden hât?«
   si muosen rede vermîden: daz was Gêrnôtes rât.

126 »Ir sult wesen wíllekómen«, sô sprach daz Uoten kint, *125*
   »mit iuwern hergesellen, die mit iu komen sint! *(126)*
   wir sulen iu gerne dienen, ich und die mâge mîn.«
   dô hiez man den gesten schénken den Gúnthéres wîn.

127 Dô sprach der wirt des landes: »allez daz wir hân, *126*
   geruochet irs nâch êren, daz sî iu undertân, *(127)*
   und sî mit iu geteilet lîp únde guot.«
   dô wart der herre Sîvrit ein lützel sánftér gemuot.

128 Dô hiez man in behalten allez ir gewant. *127*
   man suochte herberge, die besten die man vant, *(128)*
   Sívrídes knehten. man schuof in guot gemach.
   den gast man sît vil gerne dâ zen Burgonden sach.

129 Man bôt im michel êre dar nâch ze manegen tagen, *128*
   tûsent stunden mêre dannę ich iu kan gesagen. *(129)*
   daz hete versolt sîn ellen, ir sult gelouben daz.
   in sach vil lützel iemen der im wǽré gehaz.

130 Sich vlizzen kurzwîle die künege und óuch ir man *129*
   sô was er ie der beste; swes man dâ began, *(130)*
   des enkúnde im gevólgen niemen, sô michel was sîn kraft,
   sô si den stéin wúrfen oder schúzzén den schaft.

131 Swâ sô bî den frouwen durch ir hövescheit *130*
   kurzwîle pflâgen die riter vil gemeit, *(131)*
   dâ sah man ie vil gerne den helt von Niderlant.
   er het ûf hôhe minne sîne sínné gewant.

132 Swes man ie begunde, des was sîn lîp bereit. *131*
   er truoc in sîme sinne ein minneclîche meit, *(133)*
   und ouch in ein diu frouwe die er noch nie gesach,
   diu im in heimlîche vil dicke güetlîchen sprach.

124 »Warum sollten wir mit Euch kämpfen?« sagte nun Gernot. »Wie viele Helden dabei auch den Tod fänden, unser Ansehen würde sich nicht vermehren, und auch Euch würde es nichts nützen.« Da antwortete ihm Siegfried, der Sohn des Königs Siegmund:

125 »Weshalb zögert Hagen eigentlich so lange? Von Ortwin ganz zu schweigen! Warum stürzt er sich denn nicht mit seinen Freunden in den Kampf, wo er doch so viele hier im Burgundenland auf seiner Seite hat.« Es fiel ihnen sehr schwer, die Herausforderung stillschweigend hinzunehmen. Das aber hatte Gernot ihnen befohlen.

126 »Ihr und Eure Begleiter, Ihr sollt uns herzlich willkommen sein!« So sagte der Sohn Utes. »Meinen Verwandten und mir wird es ein Vergnügen sein, Euch jeden Wunsch zu erfüllen.« Da gab man den Auftrag, den Gästen einen Begrüßungstrunk zu reichen.

127 Da sagte der Herr des Landes: »Alles, was wir haben, steht zu Eurer Verfügung, sofern Ihr davon angemessenen Gebrauch macht. Gut und Leben wollen wir mit Euch teilen.« Da wurde der Herr Siegfried schon etwas besänftigt.

128 Da gab man Befehl, ihre Ausrüstung in guten Gewahrsam zu bringen, und suchte für die Knappen Siegfrieds die beste Unterkunft, die man finden konnte. Man richtete es ihnen sehr bequem ein. Später wurde Siegfried ein gern gesehener Gast bei den Burgunden.

129 In den Tagen danach ehrte man Siegfried, ganz unter dem Eindruck seiner Tapferkeit, noch tausendmal mehr, als ich es sagen könnte. Ich lege meine Hand dafür ins Feuer: es gab niemanden, der ihn sehen und ihm danach noch hätte feind sein können.

130 Wenn die Könige und ihre Gefolgsleute sich bei ritterlichem Spiel vergnügten, dann war Siegfried immer der Beste. Was man auch unternahm, niemand konnte es ihm gleichtun – so groß war seine Kraft – wenn sie den Stein warfen oder mit dem Speer schossen.

131 Wo immer stolze Ritter bei den Damen ihre Zeit verbrachten und ihre feine Gesittung bewiesen, da hatte man auch den Wunsch, den Helden aus Niederland dabei zu haben. Er wendete alle seine Gedanken auf die edle höfische Liebe.

132 Was man auch unternahm, er war dabei. Er trug in seinem Herzen das Bild des lieblichen Mädchens, und auch Kriemhild, die er noch nie zu Gesicht bekommen hatte, richtete ihre Gedanken auf Siegfried, und öfters sprach sie im Kreis ihrer Vertrauten sehr freundlich von ihm.

133 Swennę ûf dem hove wolden   spilen dâ diu kint,   *132*
   ritter unde knehte,   daz sach vil dicke sint   *(134)*
   Kriemhilt durch diu venster,   diu küneginne hêr.
   deheiner kurzwîle   bedorftes in den zîten mêr.

134 Wesser daz in sæhe   die er in herzen truoc,   *133*
   dâ het er kurzwîle   immer von genuoc.   *(135)*
   sæhen sie sîniu ougen,   ich wil wol wizzen daz,
   daz im in dirre werlde   kunde nimmer werden baz.

135 Swenner bî den helden   ûf dem hove stuont,   *134*
   alsô noch die liute   durch kurzwîle tuont,   *(136)*
   sô stuont sô minneclîche   daz Siglinde kint,
   daz in durch herzen liebe   trûte manec frouwe sint.

136 Er gedâhtę ouch manege zîte: »wie sol daz geschehen   *135*
   daz ich die maget edele   mit ougen müge sehen?   *(137)*
   die ich von herzen minne   und lange hân getân,
   diu ist mir noch vil vremde: des muoz ich trûréc gestân.«

137 Sô ie die künege rîche   riten in ir lant,   *136*
   sô muosen ouch die recken   mit in al zehant.   *(138)*
   dâ mite muosę ouch Sîvrit,   daz was der frouwen leit.
   er leit ouch von ir minne   dicke michel arebeit.

138 Sus wontę er bî den herren,   daz ist alwâr,   *137*
   in Guntheres lande   vollęclîch ein jâr,   *(139)*
   daz er die minneclîchen   die zîte niene gesach,
   dâ von im sît vil liebe   und ouch léidé geschach.

4. Âventiure
Wie er mit den Sahsen streit

139 Nu nâhten vremdiu mære   in Gúnthéres lant,   *138*
   von boten die in verre   wurden dar gesant   *(140)*
   von únkúnden recken   die in truogen haz.
   dô si die rede vernâmen,   leit was in wærlîche daz.

140 Die wil ich iu nennen: ez was Liudegêr,   *139*
   ûzer Sahsen lande,   ein rîcher fürste hêr,   *(141)*
   und ouch von Tenemarke   der künec Liudegast.
   die brâhten in ir reise   vil manegen hêrlîchen gast.

141 Ir boten komen wâren   in Gúnthéres lant,   *140*
   die sîne widerwinnen   heten dar gesant.   *(142)*
   dô vrâgte man der mære   die únkúnden man.
   man hiez die boten balde   ze hove für den künec gân.

133 Immer wenn die jungen Leute, Ritter und Knappen, auf dem Hof ihre Ritterspiele trieben, schaute Kriemhild, die edle Königin, durch die Fenster hindurch zu: einen anderen Zeitvertreib brauchte sie von da an nicht mehr.

134 Hätte Siegfried gewußt, daß das geliebte Mädchen ihm zusah, er hätte sich grenzenlos gefreut. Wäre ihm sogar vergönnt gewesen, sie mit eignen Augen zu sehen, dann hätte ihm auf der ganzen Welt – das darf man wohl ohne Übertreibung sagen – nichts Schöneres zuteil werden können.

135 Immer wenn er unten auf dem Hof bei den anderen Helden war, um sich bei ritterlichem Spiel zu unterhalten (wie es die Männer auch heute noch tun), dann stand der Sohn Sieglindes in seiner ganzen Schönheit unter ihnen, so daß ihm unzählige Frauen ihre Zuneigung schenkten.

136 Oftmals dachte er wohl: »Wie kann es nur geschehen, daß ich dieses edle Mädchen, das ich von Herzen gern habe und seit langem schon liebe, mit eigenen Augen sehe? Immer noch ist sie mir völlig unbekannt, und darüber bin ich sehr traurig.«

137 Sooft die mächtigen Könige in ihr Land hinausritten, war es die Pflicht der Recken, sie dabei zu begleiten. Zu Kriemhilds großem Verdruß war dann auch Siegfried unter ihnen. Aber auch er litt unter heftigem Liebesschmerz.

138 Und das ist die volle Wahrheit: er lebte bei den Königen im Lande Gunthers ein ganzes Jahr, ohne die liebliche Kriemhild, von der ihm später soviel Freude und soviel Leid widerfahren sollte, auch nur ein einziges Mal zu sehen.

4. Aventiure
Wie er mit den Sachsen kämpfte

139 Nun gelangten durch Boten, die unbekannte feindliche Recken von weither zu ihnen gesandt hatten, seltsame Nachrichten in das Land Gunthers. Als die Burgunden sie vernahmen, empfanden sie sie als eine starke Beleidigung.

140 Die will ich Euch jetzt nennen: es waren Liudeger aus dem Sachsenland, ein edler, mächtiger König, und König Liudegast von Dänemark. Die führten eine Unzahl tapferer Krieger mit sich auf ihrem Kriegszug.

141 Ihre Boten waren in Gunthers Land gekommen; seine Feinde hatten sie dorthin geschickt. Da fragte man die unbekannten Männer nach ihrer Botschaft und forderte sie auf, sogleich an den Hof vor den König zu kommen.

142 Der künec si gruozte schône; er sprach: »sît willekomen!
    wer iuch her habe gesendet, des enhân ich niht vernomen,
    daz sult ir lâzen hœren«, sprach der künec guot.   *141*
    dô vorhten si vil sêre den grimmen Gúnthéres muot. *(143)*

143 »Welt ir, künec, erlouben, daz wir iu mære sagen,   *142*
    diu wir iu dâ bringen, sone sul wir niht verdagen,   *(144)*
    wir nennen iu die herren die uns her habent gesant:
    Liudegast und Liudegêr die wéllent iuch súochen her enlant.

144 Ir habt ir zorn verdienet. jâ hôrten wir wol daz,   *143*
    daz iu die herren beide tragent grôzen haz.   *(145)*
    si wellent herverten ze Wormez an den Rîn;
    in hilfet vil der degene, daz wizzet ûf die triuwe mîn.

145 Inre zwelf wochen diu reise muoz geschehen.   *144*
    habt ir iht guoter friunde, daz lâzet balde sehen,   *(146)*
    die iu vriden helfen die bürge und iuwer lant.
    hie wirt von in verhouwen vil manec hélm únde rant.

146 Oder wélt ir mit in dingen, so enbietet ez in dar,   *145*
    sone rîtent iu sô nâhen niht die manegen schar   *(147)*
    der iuwer starken viende ûf herzenlichiu leit,
    dâ von verderben müezen vil guote ríttér gemeit.«

147 »Nu bîtet eine wîle«, sprach der künec guot,   *146*
    »unz ich mich baz versinne! ich künde iu mînen muot. *(148)*
    hân ich getriuwer iemen, dine sól ich niht verdagen
    disiu starken mære sol ich mînen friunden klagen.«

148 Gúntheré dem rîchen wart léidé genuoc.   *147*
    die redę er tougenlîchen in sîme herzen truoc.   *(149)*
    er hiez gewinnen Hagenen und ander sîne man
    und bat ouch harte balde ze hóve nâch Gḗrnṍte gân.

149 Dô kṍmén die besten swaz man der dâ vant.   *148*
    er sprach: »man wil uns suochen her in unser lant   *(150)*
    mit starken herverten; daz lât iu wesen leit.«
    des antwurte Gêrnôt, ein ritter küne únt gemeit:

142 Der König begrüßte sie freundlich. Er sagte: »Seid willkommen! Wer Euch hierher geschickt hat, ist mir noch nicht bekannt. Laßt es uns doch erfahren!« So sagte der edle König. Da fürchteten sie sich sehr vor seinem schrecklichen Zorn.

143 »Wenn Ihr, Herr König, es gestattet, die Botschaft, die wir Euch übermitteln sollen, vor Euer gnädiges Ohr zu bringen, dann werden wir nicht schweigen. Wir nennen Euch zunächst die Herren, die uns hierher entsandt haben: Es sind Liudegast und Liudeger, und sie haben vor, Euch hier in diesem Land heimzusuchen.

144 Ihr habt ihren Zorn auf Euch gezogen. Ja, wirklich, sie haben uns gesagt, daß sie Euch gegenüber die heftigste Feindschaft empfinden. Sie wollen nach Worms an den Rhein eine Heerfahrt unternehmen, und daß Ihr es nur genau wißt: eine Unzahl von Helden stehen ihnen zur Seite.

145 Innerhalb von zwölf Wochen wird der Kriegszug stattfinden. Seht nur bald zu, ob Ihr überhaupt irgendwelche Verbündeten habt, die Euch helfen, Euer Land und Eure Burgen zu beschützen. Die Helden Liudegers und Liudegasts jedenfalls werden hier so manchen Helm und Schild zerschlagen.

146 Oder wollt Ihr lieber gleich mit ihnen verhandeln? In diesem Falle schickt ihnen eine Meldung in ihr Land. Dann stoßen die vielen Heerscharen Eurer starken Feinde nicht so tief vor, um Euch schmähliche Verluste beizubringen, und unzählige treffliche, stolze Ritter verlören nicht ihr Leben.«

147 »Gebt mir eine kleine Bedenkzeit«, sagte der edle König, »bis ich es mir überlegt habe. Dann werde ich Euch meinen Entschluß verkünden. Meinen treuen Gefolgsleuten – vorausgesetzt, ich habe welche – darf ich diese gefährlichen Nachrichten nicht vorenthalten: es ist meine Pflicht, sie ihnen mitzuteilen.«

148 Gunther, der mächtige König, war von der Ankündigung der Boten sehr niedergeschlagen, doch er behielt die Kriegserklärung zunächst bei sich. Er gab Befehl, Hagen und seine anderen Gefolgsleute herbeizuholen, und schickte auch in aller Eile nach Gernot.

149 Da erschienen die vornehmsten Männer des Landes, soweit man sie in der Eile zusammenrufen konnte. Da sagte der König: »Mit starken Heereszügen will man uns hier in unserem Lande heimsuchen. Das sollte Euren Unwillen erregen.« Da antwortete Gernot, der tapfere und stolze Ritter:

150 »Daz wer et wir mit swerten«,   sô sprach Gêrnôt.   *149*
    »dâ sterbent wan die veigen: die lâzen ligen tôt.   *(151)*
    dar umbe ich niht vergezzen   mac der êren mîn.
    die unsern vîánde   suln uns willekomen sîn.«

151 Dô sprach von Tronege Hagene: »daz endúnket mich niht
                                        guot.   *150*
    Liudegast unt Liudegêr   die tragent übermuot.   *(152)*
    wir mugen uns niht besenden   in sô kurzen tagen.«
    sô sprach der küene recke.   »wan múget irz Sîvríde sagen?«

152 Die boten herbergen   hiez man in die stat.   *151*
    swie vient man in wære,   vil schône ir pflegen bat   *(153)*
    Gunther der rîche   (daz was wol getân),
    unz er ervant an friunden   wer im dâ wóldé gestân.

153 Dem künege in sînen sorgen   was iedoch vil leit.   *152*
    dô sach in trûrénde   ein ritter vil gemeit,   *(154)*
    der niht mohte wizzen   waz im was geschehen.
    dô bat er im der mære   den künec Gúnthér verjehen.

154 »Mich nimt des michel wunder«,   sprach dô Sîvrit: *153*
    »wie ir so habet verkêret   die vrœlîchen sit   *(155)*
    der ir mit uns nu lange   habt alher gepflegen?«
    des antwurte im dô Gunther,   der vil zierlîche degen:

155 »Jane mác ich allen liuten   die swære niht gesagen,   *154*
    die ich muoz tougenlîche   in mîme herzen tragen.   *(156)*
    man sol stæten friunden   klagen herzen nôt.«
    diu Sîvrides varwe   wart dô bleich unde rôt.

156 Er sprach zuo dem künege: »ine hân iu niht verseit.   *155*
    ich sol iu helfen wenden   elliu iuwer leit.   *(157)*
    wélt ir fríunt súochen,   der sol ich einer sîn
    unt trouwe ez wol volbringen   mit êren an daz ende mîn.«

157 »Nu lône iu got, her Sîvrit!   diu réde mich dúnket guot.   *156*
    und ob mir nimmer helfe   iuwer éllén getuot,   *(158)*
    ich freu mich doch der mære,   daz ir mir sît sô holt.
    lebe ich deheine wîle,   ez wirdet umbe iuch wol versolt.

158 Ich wil iuch lâzen hœren,   war umbe ich trûrec stân,   *157*
    von boten mîner vîende   ich daz vernomen hân,   *(159)*
    daz si mich wellen suochen   mit herverten hie.
    daz getâten uns noch degene   her zuo disen landen nie.«

150 »Mit unseren Schwertern werden wir sie zurückweisen!« So sagte Gernot. »Sterben wird nur, wer ohnehin dem Tode verfallen ist, und den wollen wir auch ruhig sterben lassen. Nur um dem Tod zu entgehen, will ich meine Ehre nicht verlieren. Unsere Feinde sollen sich über ihren Willkommengruß nicht zu beklagen haben!«

151 Da sagte Hagen von Tronje: »Ich bin damit nicht einverstanden. Liudegast und Liudeger handeln mutwillig; in so kurzer Zeit können wir unser Heer nicht sammeln.« So sagte der tapfere Recke: »Warum sagt Ihr es nicht Siegfried?«

152 Man ließ die Boten in der Stadt Herberge nehmen, und es war richtig, daß der mächtige König trotz der allgemeinen Feindseligkeit strengen Befehl gab, sie zuvorkommend als Gäste zu versorgen, bis er in Erfahrung gebracht habe, welcher seiner Freunde ihm Beistand leisten wollte.

153 In seiner schweren Bedrängnis war der König sehr niedergeschlagen. Da sah ein stolzer Ritter, daß er Kummer hatte. Er konnte sich nicht erklären, was ihm widerfahren war. Da bat er den König Gunther, ihm zu sagen, was geschehen sei.

154 »Es ist mir ein Rätsel«, sagte Siegfried, »weshalb die Fröhlichkeit, die Ihr uns gegenüber solange gezeigt habt, auf einmal verflogen ist?« Auf diese Frage antwortete ihm Gunther, der schöne Held:

155 »Von der schweren Last, die mein Herz heimlich bedrückt, darf ich nicht allen Menschen etwas sagen: nur wahren Freunden soll man ein schweres Leid anvertrauen.« Siegfried wurde bleich, aber gleich darauf schoß das Blut ihm ins Gesicht.

156 Er sagte zum König: »Ich habe Euch doch nichts abgeschlagen! Ich werde Euch helfen, alles Schlimme von Euch abzuwenden. Wenn Ihr Freunde sucht, so laßt mich einer von ihnen sein, und ich glaube fest, Euer Vertrauen bis an mein Lebensende zu rechtfertigen.«

157 »Gott möge Euch lohnen, Herr Siegfried, denn ich höre diese Worte sehr gern. Selbst wenn Ihr Eure Tapferkeit nicht in meinen Dienst stellt, bleibt mir doch die Freude, daß Ihr es so gut mit mir meint. Wenn ich noch eine Weile am Leben bleibe, dann werde ich Euch dafür meinen Dank erweisen.

158 Ich will Euch sagen, weshalb ich so bekümmert bin. Von Boten, die meine Feinde mir geschickt haben, mußte ich hören, daß sie mich mit ihren Kriegsheeren hier in meinem Lande heimsuchen wollen. Bisher haben es noch niemals feindliche Helden gewagt, in unser Land einzufallen.«

159 »Daz lât iuch ahten ringe«,   sprach dô Sîvrit,   *158*
  »unt senftet iuwerem múote.   tuot des ich iuch bit!   *(160)*
  lât mich iu erwerben   êrę unde frumen
  und bitet iuwer degene   daz si iu ouch ze helfe kumen.

160 Swennę iuwer starken viende   zir helfe möhten hân   *159*
  drîzec tûsent degene,   sô woldę ich si bestân,   *(161)*
  und het ich niwan tûsent.   des lât iuch an mich!«
  dô sprach der künec Gunther: »daz dienę ich immer umbe
                                                                dich.«

161 »Sô heizet mir gewinnen   tûsent iuwer man,   *160*
  sît daz ich der mînen   bî mir niht enhân   *(162)*
  níwan zwélf recken.   sô wer ich iuwer lant.
  iu sol mit triuwen dienen   immer Sîvrides hant.

162 Des sol uns helfen Hagene   und ouch Ortwîn,   *161*
  Dáncwárt und Sindolt,   die lieben recken dîn.   *(163)*
  ouch sol dâmít rîten   Vólkêr der kűene man.
  der sol den vanen füeren;   baz ichs níemán engan.

163 Unt lât die boten rîten   heim in ir herren lant!   *162*
  daz si uns sehen schiere,   daz tuo man in bekant,   *(164)*
  sô daz unser bürge   müezen vride hân.«
  dô hiez der künec besenden   beide mâgę unde man.

164 Die boten Liudegêres   ze hove giengen dô.   *163*
  daz si ze lande solden,   des wâren si vil vrô.   *(165)*
  dô bôt in rîche gâbe   Gúnther der kűnec guot
  und schuof in sîn geleite;   des stuont in hőhé der muot.

165 »Nu saget«, sprach dô Gunther,   »den vîenden mîn,   *164*
  si mugen mit ir reise   wol dâ heime sîn.   *(166)*
  wellen áber si mich suochen   her in mîniu lant,
  mirn zerínne mîner friunde   in wirt arbeit erkant.«

166 Den boten rîche gâbe   man dô fűr trúoc,   *165*
  der het in ze gebene   Gúnthér genuoc.   *(167)*
  dine tórsten niht versprechen   die Liudegêres man.
  dô si úrlóup genâmen,   si schieden vrœlîche dan.

167 Dô die boten wâren   ze Tenemarke komen,   *166*
  unt der künec Liudegast   hete daz vernomen,   *(168)*
  wie si von Rîne kômen,   als im daz wart geseit,
  ir starkez übermüeten   daz was im wærlîchen leit.

168 Si sagten daz si hêten   vil manegen küenen man;   *167*
  ouch sâhen si dar under   einen recken stân,   *(169)*
  der was geheizen Sîvrit,   ein helt ûz Niderlant.
  ez leidete Liudegaste,   als ér daz mære rehtę ervant.

159 »Nehmt das nicht so schwer«, sagte da Siegfried, »und beruhigt Euch! Tut, was ich Euch sage: Laßt nur mich für Euer Ansehen und Euren Besitz einstehen und bittet Eure Helden, den schuldigen Vasallendienst zu leisten!

160 Auch wenn Eure mächtigen Feinde dreißigtausend Helden zur Verfügung haben sollten, würde ich sie angreifen, und hätte ich selbst nur tausend Mann. Verlaßt Euch da nur ganz auf mich!« Da sagte der König Gunther: »Solange ich lebe, werde ich Dir dafür meine Dankbarkeit erweisen.«

161 »So laßt mir tausend Eurer Gefolgsleute bereitstellen, da ich selbst nur zwölf Recken bei mir habe. Damit verteidige ich Euer Land. Solange Siegfried lebt, wird er Euch treue Dienste leisten.

162 Hagen soll uns helfen und auch Ortwin, weiter Dankwart und Sindolt, Deine teuren Recken. Selbstverständlich soll auch der tapfere Volker mit uns reiten; er soll die Fahne tragen; keinem vertraue ich sie lieber an als ihm.

163 Und laßt die Boten nach Hause reiten, in das Land ihrer Herren. Man soll ihnen jedoch sagen, daß sie uns schon bald wiedersehen dürften, so daß unsere Burgen vor ihnen Frieden haben.« Da ließ der König nach seinen Verwandten und seinen Gefolgsleuten ausschicken.

164 Die Boten Liudegers kamen vor den König, froh darüber, endlich wieder nach Hause zu dürfen. Da gab ihnen Gunther, der edle König, kostbare Geschenke und sicherte ihnen freies Geleit zu. Darüber waren sie hocherfreut.

165 »Meldet meinen Feinden«, sagte da Gunther, »sie sollen ihren Kriegszug aufgeben und zu Hause bleiben. Falls sie jedoch darauf bestehen, mich in meinem Lande anzugreifen, dann wird es ihnen, wenn meine Bundesgenossen mich nicht im Stich lassen, sehr schlecht ergehen.«

166 Nun brachte man für die Boten kostbare Geschenke herbei. Daran litt Gunther keinen Mangel. Die Boten Liudegers wagten nicht, die Geschenke zurückzuweisen. So ritten sie denn, nachdem sie Abschied genommen hatten, fröhlich von dannen.

167 Als die Boten nach Dänemark zurückgekommen waren, und der König Liudegast aus ihrem Bericht entnommen hatte, mit welchem Bescheid sie vom Rhein zurückkehrten, da geriet er außer sich über soviel unerschütterliches Selbstvertrauen.

168 Sie berichteten dem König, die Burgunden hätten viele tapfere Gefolgsleute. Außerdem war ihnen unter den Feinden ein Recke besonders aufgefallen, der Siegfried hieß, der Held aus Niederland. Als Liudegast das hörte, da verdroß ihn das noch mehr.

169 Dô die von Tenemarke ditze hôrten sagen,
dô îlten si der friunde deste mêr bejagen,
únz dáz her Liudegast sîner küenen man
zweinzec tûsent degene zuo sîner réisé gewan.

168
(170)

170 Do besántę ouch sich von Sahsen der künec Liudegêr,
unz si vierzec tûsent heten unde mêr,
mit den si wolden rîten in Burgonden lant.
dô het ouch sich hie heime der künec Gúnthér besant

169
(171)

171 Mit den sînen mâgen und sîner bruoder man,
die si wolden füeren durch urliuge dan,
und ouch die Hagenen recken, des gie den helden nôt.
dar umbe muosen degene sider kíesén den tôt.

170
(172)

172 Si vlizzen sich der reise. dô si wolden dan,
den vanen muose leiten Vólkêr der kűene man,
alsô si wolden rîten von Wormez über Rîn.
Hagene von Tronege der muose scharmeister sîn.

171
(173)

173 Dâ mite reit ouch Sindolt unde Hûnolt,
die wol gedienen kunden daz Guntheres golt.
Dancwart Hagenen bruoder und ouch Ortwîn,
die mohten wol mit êren in der herverte sîn.

172
(174)

174 »Her künec, sît hie heime!« sprach dô Sîvrit.
»sît daz iuwer recken mir wellent volgen mit.
belîbet bî den frouwen und traget hôhen muot.
ich trouwę iu wol behüeten beidiu êrę unde guot.

173
(175)

175 Die iuch dâ wolden suochen ze Wormez an den Rîn,
daz wil ich wol behüeten, si mugen dâ heime sîn.
wir sulen in gerîten sô nâhen in ir lant,
daz in ir übermüeten werdę in sórgén erwant.«

174
(176)

176 Von Rîne si durch Hessen mit ir helden riten
gegen Sahsen lande. dâ wart sît gestriten.
mit roubę und ouch mit brande wuosten si daz lant,
daz ez den fürsten beiden wart mit arbeit bekant.

175
(177)

177 Si kômen ûf die marke; die knehte zogten dan.
Sîvrit der vil starke vrâgen des began:
»wer sol des gesindes uns nu hüeten hie?«
jâne wart den Sahsen geriten schedelîcher nie.

176
(178)

178 Si sprâchen: »lât der tumben hüeten ûf den wegen
den küenen Dancwarten; der ist ein sneller degen.
wir verliesen deste minre von Liudegêres man.
lât ín und Ortwînen hie die nâchhuote hân.«

177
(179)

169 Als die Dänen diese Botschaft vernommen hatten, da beeilten sie sich, noch mehr Bundesgenossen auf die Beine zu bringen, und schließlich hatte König Liudegast für seinen Kriegszug zwanzigtausend seiner tapferen Helden beisammen.

170 Da sammelte auch der König Liudeger von Sachsen sein Heer, bis beide Könige zusammen vierzigtausend Mann hatten oder sogar noch mehr, und mit dieser Streitmacht gedachten sie in das Land der Burgunden einzufallen. Auf der anderen Seite hatte inzwischen der König Gunther in seinem Reich,

171 wie es die bedrohliche Lage erforderte, seine Verwandten, die Gefolgsleute seiner Brüder und vor allem Hagens Recken zusammengezogen, die alle mit in den Krieg ziehen sollten. Deshalb fanden viele von ihnen später den Tod.

172 Sie bereiteten sich auf den Feldzug vor, und als sie von Worms aus den Rhein überquerten, da mußte der tapfere Volker die Fahne tragen, Hagen von Tronje aber war Führer der Truppenabteilung.

173 Sindolt und Hunolt zogen auch mit und wußten wohl, wie man sich das Gold Gunthers verdienen konnte. Hagens Bruder Dankwart und besonders auch Ortwin nahmen einen ehrenvollen Platz im Zuge ein.

174 »Herr König, bleibt Ihr nur ruhig hier zu Hause!« sagte da Siegfried. »Da Eure Recken ja mit mir ziehen, bleibt Ihr nur bei den Damen und seid recht zuversichtlich! Denn ich weiß Euer Ansehen und Euren Besitz schon zu verteidigen.

175 Ich werde dafür sorgen, daß Eure Feinde, die Euch hier in Worms am Rhein heimsuchen wollten, zu Hause bleiben; denn wir reiten jetzt so tief in ihr Land hinein, daß ihre Vermessenheit in Furcht umschlagen wird.«

176 Vom Rhein aus ritten sie mit ihrer Streitmacht durch Hessen hindurch auf Sachsen zu. Dort wurde dann später auch gekämpft. Zunächst einmal überzogen sie das Gebiet mit Raub und Brand, was die beiden Könige, als sie davon hörten, doch heftig beunruhigte.

177 Sie erreichten die Landesgrenze. Die Troßknechte blieben nun zurück. Siegfried, der starke Held, stellte da die Frage: »Wer soll den Oberbefehl über die Nachhut übernehmen?« Niemals vorher hatten die Sachsen bei einem Angriff größere Verluste zu beklagen.

178 Sie sagten: »Gebt dem tapferen Dankwart die Aufsicht über das Gesinde. Er ist ein trefflicher Held. Um so weniger Verluste werden wir durch Liudegers Gefolgsleute haben. Laßt ihn und Ortwin die Nachhut führen.«

179 »Sô wil ich selbe rîten«,   sprach Sîvrit der degen,   *178*
    »unde wil der warte   gégen den vîenden pflegen,   *(180)*
    unz ich rehte ervinde   wâ die recken sint.«
    dô wart gewâfent schiere   der schœnen Siglinden kint.

180 Daz volc bevalh er Hagenen,   dô er wolde dan,   *179*
    unde Gêrnôte   dem vil küenen man;   *(181)*
    dô reit er eine dannen   in der Sahsen lant.
    des wart von im verhouwen   des tages manec helmbant.

181 Dôsach er her daz grôze   daz ûf dem velde lac,   *180*
    daz wider sîner helfe   mit únfúoge wac :   *(182)*
    des was wol vierzec tûsent   oder dannoch baz.
    Sîvrit in hôhem muote   sach vil vrœlîchen daz.

182 Dô het ouch sich ein recke   gein den vîenden dar   *181*
    erhaben ûf die warte;   der was ze vlîze gar.   *(183)*
    den sach der herre Sîvrit   und in der küene man.
    ietweder dô des andern   mit nîde hûetén began.

183 Ich sage iu wer der wære,   der der warte pflac.   *182*
    ein liehter schilt von golde   im vor der hende lac.   *(184)*
    ez was der künec Liudegast;   der huote sîner schar.
    dirre gast vil edele   spráncte vil hêrlîchen dar.

184 Nu het ouch in her Liudegast   vîentlîch erkorn.   *183*
    ir ross si nâmen beide   zen sîten mit den sporn;   *(185)*
    si neigten ûf die schilde   die schefte mit ir kraft.
    des wart der künec rîche   mit grôzen sórgén behaft.

185 Diu ross nâch stiche truogen   diu rîchen küneges kint   *184*
    beide für ein ander,   sam si wætę ein wint.   *(186)*
    mit zoumen wart gewendet   vil ritterlîche dan.
    mit swerten ez versuochten   die zwêne grímmége man.

186 Dô sluoc der herre Sîvrit   daz al daz velt erdôz.   *185*
    dô stoup ûz dem helme   sam von brenden grôz   *(187)*
    die viuwerrôten vanken   von des heldes hant.
    ir íetwéder den sînen   an dem ándéren vant.

187 Ouch sluoc im her Liudegast   vil manegen grimmen slac.
    ir ietwéders ellen   ûf schilden vaste lac.   *186*
    dô heten dar gehüetet   wol drîzec sîner man.   *(188)*
    ê daz im die kœmen,   den sic doch Sîvrít gewan

188 Mit drîen starken wunden   die er dem künege sluoc   *187*
    durch eine wîze brünne,   diu was guot genuoc.   *(189)*
    daz swert an sînen ecken   brâhtę ûz wunden bluot.
    des muose der künec Liudegast   haben trûrégen muot.

44

179 »Ich selbst«, sagte Siegfried, der Held, »will auf einen Patrouille-ritt reiten, bis ich herausgefunden habe, wo die Recken stehen.« Da ließ sich der Sohn der schönen Sieglinde sogleich waffnen.

180 Bevor er losritt, übergab er den Oberbefehl an Hagen und an Gernot, den tapferen Helden. Da ritt er selbst ganz allein in das Land der Sachsen. So kam es, daß er an diesem Tage noch viele Kinnriemen zerschlug.

181 Schon bald sah er das große Heer in der Ebene lagern, das sei-ner kleinen Schar zahlenmäßig weit überlegen war: Es waren sicherlich vierzigtausend Mann, eher noch mehr. In seiner selbstsicheren Gelassenheit war Siegfried bei diesem Anblick nicht beunruhigt.

182 Da hatte sich zur selben Zeit auf der anderen Seite ein sorgfältig gewappneter Held gleichfalls auf einen Erkundigungsritt be-geben. Als er und Siegfried einander erblickten, beobachteten sie sich mit feindseliger Aufmerksamkeit.

183 Ich will Euch sagen, wer dieser Späher war. Einen strahlenden goldenen Schild trug er kampfbereit vor sich her. Es war der Kö-nig Liudegast selbst, der auf diese Weise sein Heer bewachte. Der edle Fremde sprengte auf einem prächtigen Roß heran.

184 Unterdessen hatte Liudegast erkannt, daß er einen Feind vor sich hatte; beide gaben ihren Pferden die Sporen, senkten ihre Lanzen, und jeder zielte verbissen auf den Schild des anderen. Liudegast, der mächtige König der Sachsen, sollte dadurch bald in Bedrängnis geraten.

185 Nach dem erfolglosen Lanzenstechen rasten die Söhne mächti-ger Könige wie der Sturmwind aneinander vorbei, rissen dann die Pferde zu neuem ritterlichen Ansturm herum. Die beiden grimmigen Kämpfer griffen nun zu den Schwertern.

186 Da versetzte der Herr Siegfried seinem Gegner einen Schlag, daß es weit über das Gefilde erklang. Da sprangen wie bei Brän-den die feuerroten Funken aus dem Helm. Ja, sie waren wirklich ebenbürtige Kämpfer.

187 Auch Herr Liudegast schlug heftig auf Siegfried ein, so daß beide vor der Wucht der Schläge ihre Schilde kaum halten konn-ten. Währenddessen kamen auf einem Erkundigungsritt zufällig etwa dreißig Leute Liudegasts vorbei, doch ehe sie dem be-drängten König zu Hilfe eilen konnten, hatte Siegfried

188 dem König, obwohl der doch einen strahlenden, trefflichen Panzer trug, mit seinem scharfen Schwert drei schwere, schlimm blutende Wunden geschlagen, so daß dem König Liudegast der Todesschreck in die Glieder fuhr.

189 Er bat sich leben lâzen   und bôt im sîniu lant   *188*
   und sagtę im daz er wære   Liudegast genant.   *(190)*
   dô kômen sîne recken,   die heten wol gesehen
   waz dâ von in beiden   ûf der warte was geschehen.

190 Er woldę in füeren dannen,   dô wart er an gerant   *189*
   von drîzec sînen mannen.   dô wérte des héldes hant   *(191)*
   sînen rîchen gîsel   mit ungefüegen slegen.
   sît tet schaden mêre   der vil zierlîche degen.

191 Die drîzec er ze tôde   vil werlîche sluoc.   *190*
   er liez ir leben einen.   baldę er reit genuoc   *(192)*
   und sagtę hin diu mære,   waz hie was geschehen.
   ouch mohte mans die wârheit   an sîme rôtem helme sehen.

192 Den von Tenemarke   was vil grimme leit,   *191*
   ir herre was gevangen,   dô in daz wart geseit.   *(193)*
   man sagtę ez sînem bruoder;   toben er began
   von ungefüegem zorne,   wandę im was léidé getân.

193 Liudegast der recke   was gefüeret dan   *192*
   von Sîvrídes gewálte   zuo Gúnthéres man.   *(194)*
   er bevalh in Hagenen.   do in daz wart geseit,
   daz er der künec wære,   dô was in mæzlîche leit.

194 Man hiez den Burgonden   ir vanen binden an.   *193*
   »wol ûf«, sprách Sîvrit,   »hie wirt mêr getân!   *(195)*
   ê sich der tac verende,   sol ich haben den lîp,
   daz müet in Sahsen lande   vil manec wætlîchez wîp.

195 Ir helde von dem Rîne,   ir sult mîn nemen war.   *194*
   ich kan iuch wol geleiten   in Liudegêres schar,   *(196)*
   sô seht ir helme houwen   von guoter helde hant.
   ê daz wir wider wenden,   in wirdet sórgé bekant.«

196 Zen rossen gâhte Gêrnôt   unde sîne man.   *195*
   den vanen zuhte balde   der starke spileman,   *(197)*
   Vólkếr der herre;   dô reit er vor der schar.
   dô was ouch daz gesinde   ze strîte hêrlîchen gar.

197 Si fuorten doch niht mêre   niwan tûsent man,   *196*
   dar über zwelf recken.   stieben dô began   *(198)*
   die molten von den strâzen.   si riten über lant.
   dô sach man von in schînen   vil manegen hêrlîchen rant.

198 Dô wâren ouch die Sahsen   mit ir schárn kómen   *197*
   mit swerten wol gewahsen,   daz hân ich sît vernomen.   *(199)*
   diu swert diu sniten sêre   den helden an der hant;
   dô wolden si den gesten   weren bürgę unde lant.

189 Er bat um sein Leben, bot Siegfried seine Länder an und sagte ihm, er sei Liudegast. Da kamen seine Recken heran und hatten alles, was sich zwischen den beiden auf dem Patrouilleritt zugetragen hatte, genau verfolgt.

190 Er wollte seinen Gefangenen nun schnell mit sich fortführen. Da griffen ihn dreißig von Liudegasts Leuten zu Pferde an. Da verteidigte er seine wertvolle Geisel mit mächtigen Schlägen, ja, der schöne Held tat sogar noch mehr:

191 Kampfkräftig wie er war, schlug er sie alle dreißig tot, nur einen einzigen ließ er leben. Der war allerdings davon wie der Blitz und meldete im Lager, was geschehen war. An seinem blutigen Helm konnte man sehen, daß er nicht log.

192 Den Dänen versetzte die Nachricht, daß ihr Herr gefangen sei, einen furchtbaren Schlag. Man sagte es seinem Bruder. Der geriet vor Zorn außer sich, so heftig erregte ihn die Schmach.

193 Unterdessen brachte Siegfried seinen Gefangenen, den Recken Liudegast, mit Gewalt zu den Leuten Gunthers. Er übergab ihn Hagen. Als sie erfuhren, daß es der König selbst sei, waren sie wahrhaftig nicht traurig.

194 Man gab den Burgunden den Befehl, die Fahnen festzubinden. »Vorwärts«, sagte Siegfried, »jetzt wollen wir unseren Vorteil auch ausnutzen! Und das wird, vorausgesetzt ich bin vor Sonnenuntergang noch am Leben, für viele schöne Frauen im Sachsenland sehr schmerzliche Folgen haben.

195 Ihr Helden vom Rhein, achtet immer auf mich! Denn ich verstehe mich darauf, Euch gegen Liudeger zu führen, und Ihr werdet schon sehen, wie tapfere Helden ihre Helme zerhauen werden. Wir kehren jedenfalls nicht eher um, als bis wir sie in die äußerste Bedrängnis gebracht haben.«

196 Gernot und seine Leute eilten zu ihren Pferden. Herr Volker, der starke Spielmann, ergriff eilig die Fahne. Da setzte er sich an die Spitze des prächtigen Zuges der Gefolgsleute, die für den bevorstehenden Kampf vortrefflich gerüstet waren.

197 Mehr als tausend Mann waren es nicht, hinzu kamen nur noch die zwölf Recken. Als sie durch das Land ritten, da wirbelten auf den Straßen die Staubwolken auf, durch die hindurch man viele herrliche Schilde funkeln sehen konnte.

198 Da waren auch die Sachsen in verschiedenen Trupps aufgezogen. Wie ich später gehört habe, trugen sie sehr scharfe Schwerter, und mit ihnen wußten die Helden blutige Wunden zu schlagen. Da wollten sie Land und Städte gegen die Fremden verteidigen.

199 Der herren scharmeister   daz volc dô fuorten dan.   *198*
    dô was ouch komen Sîvrit   mit den sînen man,   *(200)*
    die er mit im brâhte   ûzer Niderlant.
    des tages wart in sturme   vil manec blúotigiu hant.

200 Síndólt und Hûnolt   und ouch Gêrnôt   *199*
    die sluogen in dem strîte   vil manegen helt tôt,   *(201)*
    ê si daz rehtę erfunden   wie küene was ir lîp.
    daz muose sît beweinen   víl mánec edel wîp.

201 Vólkęr und Hagene   und ouch Ortwîn,   *200*
    die laschten ime strîte   vil maneges helmes schîn   *(202)*
    mit vlíezéndem bluote,   die sturmküene man.
    dâ wart von Dancwarte   vil michel wúndér getân.

202 Die von Tenemarke   versuochten wol ir hant.   *201*
    dô hôrte man von hurte   erdiezen manegen rant   *(203)*
    und ouch von scharpfen swerten,   der man dâ vil gesluoc.
    die strîtküenen Sahsen   tâten schaden dâ genuoc.

203 Dô die von Burgonden   drungen in den strît,   *202*
    von in wart erhouwen   vil manec wunde wît.   *(204)*
    dô sach man über sätele   flíezén daz bluot.
    sus wurben nâch den êren   die ritter kűenę únde guot.

204 Man hôrte dâ lûtę erhellen   den helden an der hant   *203*
    diu vil scharpfen wâfen,   dô die von Niderlant   *(205)*
    drungen nâch ir herren   in die herten schar.
    si kômen degenlîche   mit samt Sîvríde dar.

205 Volgen der von Rîne   niemen man im sach   *204*
    man mohte kiesen vliezen   den blúotégen bach   *(206)*
    durch die liehten helme   von Sîvrides hant,
    unz er Liudegêren   vor sînen hergesellen vant.

206 Drî widerkêre   het er nu genomen   *205*
    durch daz her anz ende.   nu was Hagene komen,   *(207)*
    der half im wol ervollen   in sturme sînen muot.
    des tages muosę ersterben   vor in manec ritter guot.

207 Dô der starke Liudegêr   Sîvriden vant,   *206*
    und daz er alsô hôhe   truoc an sîner hant   *(208)*
    den guoten Balmungen   und ir sô manegen sluoc,
    des wart der herre zornec   únde grímméc genuoc.

208 Dô wart michel dringen   und grôzer swerte klanc,   *207*
    dâ ir ingesinde   zuo zę ein ander dranc.   *(209)*
    do versúochten sich die recken   beide deste baz.
    die schar begunden wîchen.   sich huop dâ grœzlîcher haz.

199 An der Spitze des Kriegsvolkes standen die Hauptleute der beiden Könige. Unterdessen war auch Siegfried zusammen mit seinen Helden, die er aus den Niederlanden mitgebracht hatte, auf dem Schlachtfeld angekommen, auf dem an diesem Tage viele Hände vom Kampf blutig wurden.

200 Sindold, Hunold und besonders Gernot erschlugen im Kampf zahllose Feinde, bevor die überhaupt merkten, was für tapfere Gegner sie hatten. Manch edle Frau vergoß deshalb später heiße Tränen.

201 Volker, Hagen und Ortwin, die kampfgewaltigen Männer, löschten den Feuerschein unzähliger Helme durch Ströme von Blut, und auch Dankwart vollbrachte wunderbare Taten.

202 Aber auch die Dänen schlugen sich tapfer. Da dröhnten vom Zusammenprall und unter den unaufhörlichen Schlägen der scharfen Schwerter die Schilde. Zur gleichen Zeit brachten auch die kampfstarken Sachsen ihren Gegnern große Verluste bei.

203 Als die Burgunden nun im Kampf vordrangen, da schlugen sie Wunde auf Wunde. Da sah man in breiten Bahnen Blut über die Sättel der Pferde fließen. Die tapferen, trefflichen Ritter wußten, wie man Waffenruhm erlangt.

204 Weithin hörte man da die scharfgeschliffenen Waffen erklingen, die die Helden von Niederland schwangen, als sie sich hinter ihrem Herrn in das Kampfgewühl stürzten. Heldenhaft drangen sie zusammen mit Siegfried vor.

205 Keiner von den Wormsern konnte Siegfried folgen, aber man konnte sehen, wie unter seinen Schlägen strahlende Helme zerbarsten und Bäche von Blut ihnen entquollen, bis er schließlich auf Liudeger stieß, der an der Spitze seiner Leute kämpfte.

206 Zu diesem Zeitpunkt, als gerade auch Hagen zu ihm gestoßen war und ihm half, seinen Kampfesdurst zu stillen, hatte er sich schon dreimal durch die feindlichen Reihen den Weg gebahnt, hin und zurück. An diesem Tage fielen die feindlichen Ritter unter ihrer beider Schwerthieben zu Scharen.

207 Als der starke Liudeger Siegfried erblickte, und er sehen mußte, daß er den scharfen Balmung so siegessicher durch die Lüfte schwang und so viele seiner Leute erschlug, da erfaßte den Fürsten ein maßloser grimmiger Zorn.

208 Da wurde das Kampfgedränge dichter und der Waffenlärm lauter; denn ihre Gefolgsleute gerieten ins Handgemenge. Doch um so schärfer schlugen die beiden Recken darauflos. Schließlich wichen die Scharen der Sachsen zurück. Die Feindschaft zwischen den Gegnern wurde dadurch nur noch verstärkt.

209 Dem vogte von Sahsen   was daz wol geseit,
    sîn bruoder was gevangen: daz was im harte leit.
    wol wesser daz ez tæte   daz Siglinde kint.
    man zêh es Gêrnôten: vil wol ervánt ér ez sint.

208
(210)

210 Die slege Liudegêres   die wâren alsô starc
    daz im under satele   strûchté daz marc.
    dô sich daz ross erholte,   der küene Sîvrit
    der gewán ín deme sturme   einen vreislîchen sit.

209
(211)

211 Des half im wol Hagene   und ouch Gêrnôt,
    Dancwart und Volkêr;   des lag ir vil dâ tôt.
    Sindolt und Hûnolt   und Ortwîn der degen,
    die kunden in dem strîte   zem tôde manegen nider legen.

210
(212)

212 In sturme ungescheiden   wâren die fürsten hêr.
    dô sach man über helme   vliegen manegen gêr
    durch die liehten schilde   von der helde hant.
    man sach dâ var nâch bluote   vil manegen hêrlîchen rant.

211
(213)

213 In dem starken sturme   erbeizte manec man
    nider von den rossen.   ein ander liefen an
    Sîvrit der küene   und ouch Liudegêr.
    man sach dâ schefte vliegen   unde manegen scharpfen gêr.

212
(214)

214 Dô flouc daz schiltgespenge   von Sîvrides hant.
    den sic gedâhtę erwerben   der helt von Niderlant
    an den küenen Sahsen,   der man vil wunder sach.
    hei waz dâ liehter ringe   der küene Dancwart zerbrach!

213
(215)

215 Dô het der herre Liudegêr   ûf eime schildę erkant
    gemâlet eine krône   vor Sîvrides hant.
    wol wesser daz ez wære   dei kréftége man.
    der helt zuo sînen friunden   dô lûte rúofén began:

214
(216)

216 »Geloubet iuch des sturmes,   alle mîne man!
    sun den Sigmundes   ich hie gesehen hân,
    Sîvríden den starken   hân ich hie bekant.
    in hât der übele tiuvel   her zen Sáhsén gesant.«

215
(217)

217 Die vanen hiez er lâzen   in dem sturme nider.
    vrides er dô gerte,   des werte man in sider,
    doch muoser werden gîsel   in Gúnthéres lant.
    daz het an im betwungen   des küenen Sîvrides hant.

216
(218)

218 Mit gemeinem râte   sô liezen si den strît.
    dürkel vil der helme   und ouch der schilde wît
    si leiten von den handen;   swaz sô man der vant,
    die truogen bluotes varwe   von der Burgonden hant.

217
(219)

209 Der König der Sachsen war wohl davon unterrichtet, daß sein Bruder gefangengenommen war. Er empfand es als eine starke Beleidigung. Er ahnte, daß es Siegfried gewesen war. Doch man schrieb es Gernot zu. Später wurde er vom tatsächlichen Sachverhalt unterrichtet.

210 Liudegers Schwertstreiche waren so gewaltig, daß das Pferd unter Siegfried zu straucheln begann. Als es sich wieder aufrappelte, wurde der tapfere Siegfried von einer schrecklichen Kampfeswut ergriffen.

211 Hagen und Gernot, Dankwart und Volker sprangen ihm bei, und daher mußten nun viele Gegner ihr Leben lassen. Sindolt und Hunold und vor allem auch der Held Ortwin verstanden sich darauf, im Kampf viele Gegner niederzustrecken.

212 Die edlen Fürsten hielten im Kampf unverbrüchlich zusammen. Da konnte man unzählige Speere über die Helme hinfliegen und durch die strahlenden Schilde dringen sehen. Auch sah man viele prächtige Schilde blutbespritzt.

213 Viele Kämpfer stiegen in der Härte des Kampfes vom Pferde; auch der tapfere Siegfried und Liudeger griffen einander zu Fuß an. Da sah man zahllose Schäfte und scharfe Speere durch die Lüfte fliegen.

214 Siegfried gelang es, die Spangen von Liudegers Schild aufzusprengen. Der Held aus Niederland war nun sicher, den Sieg über die tapferen Sachsen zu erringen, die zuhauf verwundet am Boden lagen. Eine unglaubliche Zahl von Kettenpanzern zerschlug der kühne Dankwart.

215 Da hatte der König Liudeger auf dem Schild, den Siegfried in der Hand trug, eine Krone bemerkt und erkannte nun, daß er den tapferen Helden vor sich hatte. Da rief der Held sogleich mit lauter Stimme seinen Leuten zu:

216 »Laßt ab vom Kampf, alle meine Gefolgsleute! Ich sehe den Sohn Siegmunds hier vor mir. Den starken Siegfried habe ich erkannt; der Teufel selbst hat ihn hierher nach Sachsen geschickt.«

217 Der König gab den Befehl, die Fahnen zu senken. Da bat Liudeger um Frieden. Man erfüllte ihm sogleich die Bitte, doch stellte man ihm die Bedingung, er müsse als Geisel mit in das Land Gunthers kommen. Das hatte der tapfere Siegfried erzwungen.

218 Auf allgemeinen Beschluß beendeten sie den Streit; sie legten die Helme und die breiten Schilde ab, die zumeist stark durchlöchert waren. Wohin man auch sah, alle Waffen trugen die blutigen Spuren, die der Kampf mit den Burgunden auf ihnen hinterlassen hatte.

219 Si viengen swen si wolden,   des heten si gewalt.   *218*
   Gêrnôt und Hagene,   die réckén vil balt,   *(220)*
   die wunden hiezen bâren.   si fuorten mit in dan
   gevangen zuo dem Rîne   fünf hundert wætlîcher man.

220 Die sigelôsen recken   ze Tenemarke riten.   *219*
   done héten ouch die Sahsen   sô hôhe niht gestriten   *(221)*
   daz man in lobes jæhe;   daz was den helden leit.
   dô wurden ouch die veigen   von friunden sếré gekleit.

221 Si hiezen daz gewæfen   wider sóumen an den Rîn.   *220*
   ez hete wol geworben   mit den helden sîn   *(222)*
   Sívrít der recke,   der het ez guot getân,
   des im jehen muosen   alle Guntheres man.

222 Gegen Wormez sande   der herre Gêrnôt.   *221*
   heim zuo sîme lande   den friunden er enbôt,   *(223)*
   wie gelungen wære   im und sînen man.
   ez heten die vil küenen   wol nâch ếrén getân.

223 Die garzûne liefen;   von den wart ez geseit.   *222*
   dâ freuten sich vor liebe,   die ê dâ heten leit,   *(224)*
   dirre lieben mære   die in dâ wâren komen.
   dâ wart von edelen frouwen   michel vrấgén vernomen,

224 Wie gelungen wære   des rîchen kúneges man.   *223*
   man hiez der boten einen   für Kríemhílde gân.   *(225)*
   daz geschach vil tougen;   jane tórste si über lût,
   wan si hete dar under   ír líebez herzen trût.

225 Dô si den boten komende   zir kemenâten sach,   *224*
   Kriemhilt diu schœne   vil güetlíchen sprach: *(226)*
   »nu sagẹ an liebiu mære;   jâ gibẹ ich dir mîn golt.
   tuost duz âne liegen,   ich wil dir immer wesen holt.

226 Wie schíet ûz dem strîte   mîn bruoder Gêrnôt   *225*
   und ander mîne friunde?   ist uns iht maneger tôt?   *(227)*
   oder wér tet dâ daz beste?   daz solt du mir sagen.«
   dô sprach der bote schiere: »wir heten ninder keinen zagen.

227 Zẹ ernste und ze strîte   reit niemen alsô wol,   *226*
   vil edeliu küneginne,   sît ichz iu sagen sol,   *(228)*
   sô der gast vil edele   ûzer Niderlant.
   dâ worhte michel wunder   des küenen Sîvrides hant.

219 Willkürlich ergriffen die Burgunden, wen immer sie wollten. Sie hatten ja nun die Gewalt. Gernot und Hagen, die kühnen Recken, ordneten an, daß die Verwundeten auf Bahren gelegt wurden, und nahmen fünfhundert stattliche Männer als Gefangene mit an den Rhein.

220 Besiegt kehrten die dänischen Recken in ihre Heimat zurück, aber auch die Sachsen hatten zu ihrem großen Betrüben nicht so erfolgreich gekämpft, daß man sie hätte rühmen dürfen. Darüber waren sie sehr traurig. Da wurden viele Tote lange und heftig von ihren Freunden beklagt.

221 Sie ließen die schweren Waffen auf Saumtiere verpacken und an den Rhein schicken. Zusammen mit seinen Helden hatte Siegfried, der Recke, einen ungeheuren Erfolg errungen. Alle Gefolgsleute Gunthers mußten ihm den Kampfpreis zugestehen.

222 Gernot, der fürstliche Herr, sandte Boten nach Worms und teilte den Freunden daheim mit, wie der Kampf für ihn und seine Leute ausgegangen sei. Die tapferen Helden hatten sich zu ihrem Ruhm selbst übertroffen.

223 Die Pagen machten sich auf den Weg. Von ihnen wurde die Meldung gebracht. Da freuten sich alle, die bis dahin bekümmert gewesen waren, von Herzen über die günstige Nachricht, die sie erhalten hatten. Die edlen Damen des Hofes konnten gar nicht aufhören zu fragen,

224 wie es denn den Leuten des mächtigen Königs ergangen sei. Einer der Boten wurde auch zu Kriemhild gebeten, aber nur heimlich, öffentlich wagte sie es nicht; denn unter den Kämpfern war der Mann, den sie von Herzen liebte.

225 Als sie den Boten ihr Gemach betreten sah, da sagte die schöne Kriemhild freundlich: »Nun berichte auch mir die gute Botschaft. Ich werde Dich dafür mit Gold belohnen, und wenn Du mir die Wahrheit sagst, dann bleibe ich Dir auf immer gewogen.

226 Wie ging mein Bruder Gernot, wie gingen meine anderen Verwandten aus dem Kampf hervor? Es sind doch nicht etwa viele gefallen? Oder wer hat sich am meisten hervorgetan? Das alles sollst Du mir sagen!« Da sagte der Bote: »Es gab überhaupt keinen Feigling auf unserer Seite.

227 Da Ihr mich darum bittet, edle Prinzessin, will ich Euch einen genauen Bericht geben: in diesem harten Kampf hat sich niemand so bewährt wie unser edler niederländischer Gast: Der kühne Siegfried hat wahre Wundertaten verrichtet.

228 Swaz die recken alle   in strîte hânt getân,   *227*
     Dancwart und Hagene   und ánder des küneges man,   *(229)*
     swaz si strîten nâch ȇren,   daz ist gar ein wint
     unz einę an Sîvrîden,   des künec Sigmundes kint.

229 Si frumten in dem sturme   der helde vil erslagen,   *228*
     doch möhtę iu daz wunder   niemen vol gesagen   *(230)*
     waz dâ worhte Sîvrit,   swennę er ze strîte reit.
     den frouwen an ir mâgen   tet er diu grœzlîchen leit.

230 Ouch muoste dâ belîben   maneger frouwen trût.   *229*
     sîne slege man hôrte   ûf helmen alsô lût,   *(231)*
     daz si von wunden brâhten   daz flîezénde bluot.
     er ist an allen tugenden   ein ritter küenę unde guot.

231 Swaz dâ hât begangen   von Metzen Ortwîn   *230*
     (swaz er ir mohtę erlangen   mit dem swerte sîn,   *(232)*
     die muosen wunt belîben   oder meistec tôt),
     dâ tet iuwer bruoder   die aller grœzesten nôt

232 Diu immer in den stürmen   kunde sîn geschehen.   *231*
     man muoz der wârheite   den ûz erwelten jehen: *(233)*
     die stolzen Burgonden   habent sô gevarn
     daz si vor allen schanden   ir êre kunnen wol bewarn.

233 Man sach dâ vor ir handen   vil manegen satel blôz,   *232*
     dâ von liehten swerten   daz velt sô lûtę erdôz.   *(234)*
     die recken von dem Rîne   die habent sô geriten
     daz ez ir vîánden   wære bézzér vermiten.

234 Die küenen Tronegære   die frumten grôziu leit,   *233*
     dâ mit volkes kreften   daz her zesamne reit.   *(235)*
     dâ frumte manegen tôten   des küenen Hagenen hant,
     des vil ze sagene wære   her ze Búrgónden lant.

235 Sindolt und Hûnolt,   die Gêrnôtes man,   *234*
     und Rûmolt der küene, die hânt sô vil getân   *(236)*
     daz ez Liudegêre   mac immer wesen leit,
     daz er den dînen mâgen   ze Rîne hete widerseit.

236 Strît den aller hœhsten,   der inder dâ geschach   *235*
     ze jungest und zem êrsten,   den íe mán gesach,   *(237)*
     den tet vil willeclîche   diu Sîvrides hant.
     er bringet rîche gîsel   in daz Guntheres lant.

228 Was andere Recken wie Dankwart, Hagen und die übrigen Gefolgsleute des Königs im Kampfe auch getan, was sie zu ihrem Kampfruhm auf dem Schlachtfeld auch alles geleistet haben, im Vergleich mit dem, was Siegfried, der Sohn des Königs Siegmund, ganz allein vollbracht hat, wird es zu Nichts.

229 Zwar haben auch die anderen zahllose Helden erschlagen; doch die wunderbaren Siege, die Siegfried bei jedem seiner Ausritte errang, die könnte kein Bote vollständig schildern. Edlen Damen hat er zu ihrem Schmerz ihre Verwandten erschlagen.

230 Da verloren viele Frauen ihre geliebten Männer. Man hörte ihn so laut auf die Helme schlagen, daß heißes Blut aus den Wunden schoß. Wie kein anderer vereinigt Siegfried in sich alle Qualitäten, die einen tapferen und tüchtigen Ritter ausmachen.

231 Wie großartig Ortwin von Metz auch kämpfte – wer auch nur in die Nähe seines Schwertes kam, der blieb verwundet oder meist sogar tot am Boden liegen – erst Euer Bruder brachte die Feinde in die allergrößte Bedrängnis,

232 die in diesem Kampf überhaupt hätte entstehen können. Das muß man den hervorragenden Helden lassen: die stolzen Burgunden haben sich so geschlagen, daß sie ihre Ehre vor jedem Makel bewahrt haben.

233 Auf dem Schlachtfeld, das vom Klang der Schwerter laut erhallte, sah man vor den Kämpfenden eine Unmenge von Pferden herumlaufen, die reiterlos geworden waren. So ungestüm haben die Recken vom Rhein im Reiterkampf angegriffen, daß ihre Gegner im Nachhinein wohl wünschten, sie hätten den Kampf gar nicht erst angezettelt.

234 Wo die beiden Heerscharen mit ihrer geballten Macht aufeinander trafen, da richteten die tapferen Leute Hagens ein Blutbad an; da brachte besonders Hagen selbst unzähligen Feinden den Tod. Davon könnte man hier im Land der Burgunden lange Loblieder singen.

235 Gernots Leute, Sindold, Hunold und der tapfere Rumold, haben so heldenhaft gekämpft, daß es Liudeger auf immer verleidet sein wird, Deinen Verwandten hier am Rhein den Krieg angesagt zu haben.

236 Es bleibt indessen Siegfrieds Verdienst, vom Anfang bis zum Ende des Feldzuges ganz aus eigenem Antrieb die größten Kriegstaten vollbracht zu haben, die irgendwo in der Welt geschehen sind und jemals von einem Augenzeugen beobachtet wurden. Mächtige Männer bringt er als Geiseln mit in das Land Gunthers.

237 Die twanc mit sînen ellen   der wætlîche man,   *236*
     des ouch der künec Liudegast   muoz den schaden hân,   *(238)*
     und ouch von Sahsen lande   sîn bruoder Liudegêr.
     nu hœret mîniu mære,   edeliu küneginne hêr!

238 Si hât gevangen beide   diu Sîvrides hant.   *237*
     nie sô manegen gîsel   man brâhtẹ in ditze lant   *(239)*
     sô von sînen schulden   nu kumt an den Rîn.«
     ir kunden disiu mære   nimmer líebér gesîn.

239 »Man bringet der gesunden   fünf hundert oder baz,   *238*
     unt der vérchwúnden   (frouwe, wizzet daz)   *(240)*
     wol ahzec rôte bâre   her in unser lant,
     die meistec hât verhouwen   des kûenen Sîvrídes hant.

240 Die durch übermüeten   widerságten an den Rîn,   *239*
     die müezen nu gevangen   die Guntheres sîn.   *(241)*
     die bringet man mit freuden   her in ditze lant.«
     do erblüetẹ ir liehtiu varwe,   dô si diu mære rehtẹ ervant.

241 Ir schœnez antlütze   daz wart rôsenrôt,   *240*
     do mit líebe was gescheiden   ûz der grôzen nôt   *(242)*
     der wætlîche recke   Sîvrit der júnge man.
     si freutẹ ouch sich ir friunde;   daz was von schúldén getân.

242 Dô sprach diu minneclîche: »du hâst mir wol geseit.   *241*
     du solt haben dar umbe   ze miete rîchiu kleit   *(243)*
     und zehen marc von golde,   die heizẹ ich dir tragen.«
     des mac man solhiu mære   rîchen frouwen gerne sagen.

243 Man gap im sîne miete,   daz golt und ouch diu kleit.   *242*
     dô gie an diu venster   vil manec schœniu meit.   *(244)*
     si warten ûf die strâze;   rîten man dô vant
     vil der hôchgemuoten   in der Burgonden lant.

244 Dâ kômen die gesunden,   die wunden tâten sam.   *243*
     si mohten grüezen hœren   von friunden âne scham.   *(245)*
     der wirt gein sînen gesten   vil vrœlîchen reit,
     mit freuden was verendet   daz sîn vil grœzlîche leit.

245 Do empfîe er wol die sîne,   die vremden tet er sam,   *244*
     wan dem rîchen künege   anders niht gezam   *(246)*
     wan danken güetlîche   den die im wâren komen,
     daz si den sic nâch êren   in sturme hễtén genomen.

237 Die hat der stattliche Held in seine Gewalt gebracht, und von seiner Verwegenheit weiß der König Liudegast zu seinem eigenen Schaden ein Lied zu singen, übrigens auch dessen Bruder, Liudeger von Sachsen. Aber, hört nur weiter, edle Prinzessin, was ich zu erzählen habe:

238 Diese beiden hat Siegfried gefangengenommen, und durch sein Verdienst kommen so viele Geiseln hierher an den Rhein wie niemals zuvor.« Eine angenehmere Nachricht hätte Kriemhild gar nicht hören können.

239 »Hört weiter, Herrin, man bringt fünfhundert oder sogar noch mehr unverletzte Geiseln in unser Land und, auf blutbedeckten Bahren, achtzig Verwundete, von denen der tapfere Siegfried die meisten niedergestreckt hat.

240 Die uns noch vor kurzem in ihrem übermütigen Leichtsinn hier am Rhein den Krieg erklärt haben, die hat man jetzt zu Gefangenen Gunthers gemacht und bringt sie zu unserer Genugtuung hierher nach Worms.« Als Kriemhild die Nachrichten genau verstanden hatte, da blühte sie auf.

241 Ein rosiger Schimmer breitete sich über ihr schönes Gesicht, als sie hörte, daß der junge Siegfried, der stattliche Recke, die harte Auseinandersetzung mit den Feinden glücklich überstanden hatte. Wie es recht und billig war, freute sie sich aber auch über die guten Nachrichten von ihren Verwandten.

242 Da sagte das liebliche Mädchen: »Du hast mir gute Neuigkeiten gemeldet. Als Belohnung sollst Du dafür kostbare Kleider und zehn Mark Gold erhalten, die ich Dir sogleich holen lasse.« Wegen des Lohnes wird man mächtigen Damen solche Kunde mit Freuden bringen.

243 Man gab dem Boten seine Belohnung, Gold und Kleider. Sehr viele schöne Mädchen stellten sich schon jetzt an die Fenster und schauten zur Straße hinab. Bald schon sah man viele der hochgemuten Helden in das Burgundenland zurückreiten.

244 Da kamen die Unverletzten und auch die Verwundeten. Von den daheimgebliebenen Freunden durften sie sich begrüßen lassen, ohne sich schämen zu müssen. Voller Freude ritt der Landesherr den Ankömmlingen entgegen, denn nun hatte seine Besorgnis ein Ende, und er durfte sich wieder freuen.

245 Da empfing er seine Leute ehrenvoll und ebenso die Verbündeten: denn dem mächtigen König geziemte es, denen, die ihm zur Hilfe gekommen waren, freundlich dafür zu danken, daß sie einen ruhmreichen Kampf siegreich bestanden hatten.

246 Gunther bat im mære   von sînen friunden sagen,   *245*
    wer im an der reise   ze tôde wære erslagen.   *(247)*
    dô het ér verlóren niemen   niwan sehzec man.
    verklagen man die muose   sô sît nâch helden ist getân.

247 Die gesunden brâhten   zerhouwen manegen rant   *246*
    und helme vil verschrôten   in Guntheres lant.   *(248)*
    daz volc erbeizte nidere   für des küneges sal;
    ze liebem ántpfánge   man hôrte vrœlichen schal.

248 Dô hiez man herbergen   die recken in die stat.
    der künec sîner geste   vil schône pflegen bat.   *247*
    er hiez der wunden hüeten   und schaffen guot gemach.   *(249)*
    wol man sîne tugende   an sînen vîánden sach.

249 Er sprach ze Liudegaste: »nu sît mir willekomen!   *248*
    ich hân von iuwern schulden   vil grôzen schaden genomen,
    der wirt mir nu vergolten,   ob ich gelücke hân.   *(250)*
    got lône mînen friunden: si hânt mir liebé getân.«

250 »Ir mugt in gerne danken«,   sprach dô Liudegêr,   *249*
    »alsô hôher gîsel   gewan nie künec mêr.   *(251)*
    umbe schœne huote   wir geben michel guot,
    daz ir genædeclîche   an iuwern vîánden tuot.«

251 »Ich wil iuch beide lâzen«,   sprach er, »ledec gên,   *250*
    daz mîne vîánde   hie bî mir bestên.   *(252)*
    des wil ich haben bürgen,   daz si mîniu lant
    iht rûmen âne hulde.«   des bôt Liudegêr die hant.

252 Man brâhte sie ze ruowe   und schuof in ir gemach.   *251*
    den wunden man gebettet   vil güetlíchen sach.   *(253)*
    man schancte den gesunden   met und guoten wîn.
    dô kunde daz gesinde   nimmer vrœlîcher sîn.

253 Ir zerhouwen schilde   behalten man dô truoc.   *252*
    vil blúotéger sätele   (der was dâ genuoc)   *(254)*
    die hiez man verbergen,   daz weinten niht diu wîp.
    dâ kom hermüede   maneges guoten ritters lîp.

254 Der künec pflac sînér geste   vil grœzlîche wol.   *253*
    der vremden und der kunden   diu lánt wâren vol.   *(255)*
    er bat der sêre wunden   vil güetlîche pflegen.
    dô was ir übermüeten   vil harte ríngé gelegen.

246 Gunther ließ sich sagen, wer von seinen Leuten auf dem Feldzug gefallen sei. Da hatte man den Verlust von sechzig Mann zu beklagen, und man mußte sich damit abfinden, wie man es danach bis auf den heutigen Tag getan hat, wenn Helden gefallen sind.

247 Auch die Unverletzten brachten viele zerhauene Schilde und zerschlagene Helme in das Land Gunthers zurück. Unmittelbar vor dem Königssaal, wo jetzt herzliche Willkommensgrüße gewechselt wurden, saß das gesamte Kriegsvolk ab.

248 Da gab der König Befehl, die Recken in der Stadt einzuquartieren, seine Gäste auf das schönste zu versorgen, vor allem die Verwundeten in Pflege zu nehmen und bequem zu betten. Besonders vorbildlich war jedoch sein Verhalten gegenüber den gefangenen Feinden.

249 Er sagte zu Liudegast: »Seid mir willkommen! Mir ist zwar von Euch übel mitgespielt worden, doch, wenn mir das Glück gewogen bleibt, kann das jetzt wiedergutgemacht werden. Gott möge meinen Freunden dafür danken, daß sie mir diese Genugtuung verschafft haben.«

250 »Ihr habt allen Grund, ihnen dankbar zu sein«, sagte da Liudeger, »denn niemals vorher hat ein König so viele Männer von Rang als Geisel besessen. Für eine anständige Versorgung und eine angemessene Behandlung Eurer Feinde würden wir Euch teuer bezahlen.«

251 »Euch beiden«, sagte er, »gewähre ich sogar persönliche Freiheit. Ich muß allerdings dafür Bürgschaften haben, daß meine Feinde hierbleiben und nicht ohne meine Erlaubnis das Land verlassen.« Das versprach Liudeger ihm in die Hand.

252 Man geleitete sie in ihre Schlafräume und ließ es sich bequem machen. Den Verwundeten hatte man inzwischen sehr behutsam ihre Betten bereitet, während man den Unverletzten köstlichen Met und Wein kredenzte. Da herrschte bald unter dem Kriegsvolk die ausgelassenste Stimmung.

253 Die Schilde, die zerhauen worden waren, brachte man zur Aufbewahrung, und die zahllosen blutigen Sättel ließ man verstecken, damit die Frauen keinen Anlaß hatten, Tränen zu vergießen. Währenddessen kamen immer noch viele tapfere Ritter todmüde aus dem Kampf.

254 Obwohl das Land voll war von Fremden und Einheimischen, machte es sich der König zur Pflicht, seine Gäste vortrefflich zu versorgen. Er ließ die Schwerverwundeten, deren frühere Leichtfertigkeit jetzt tiefer Niedergeschlagenheit gewichen war, in gute Obhut nehmen.

255 Die erzenîe kunden   den bôt man rîchen solt,
    silber âne wâge,   dar zuo daz liehte golt,
    daz si die helde nerten   nâch der strîtes nôt.
    dar zuo der künec den gesten   gâbe grœzlîchen bôt.

254
(256)

256 Die wider heim ze hûse   heten reise muot,
    die bat man noch belîben   alsô man friunden tuot.
    der künec gie ze râte   wie er lônte sînen man.
    si heten sînen willen   nâch grôzen êrén getân.

255
(257)

257 Dô sprach der herre Gêrnôt: »man sol si rîten lân.
    über sehs wochen,   sî in daz kunt getân,
    daz si komen widere   zę einer hôchgezît:
    so ist máneger geheilet   der nu vil sêre wunder lît.«

256
(258)

258 Dô gértę ouch urloubes   Sîvrit von Niderlant.
    dô der künec Gunther   den willen sîn ervant,
    er bat in minneclîche   noch bî im bestân.
    niwan durch sîne swester,   sone wǽrez nímmér getân.

257
(259)

259 Dar zuo was er ze rîche,   daz er iht næme solt.
    er het daz wol verdienet,   der künec was im holt.
    sam wâren sîne mâge   die heten daz gesehen,
    waz von sînen kreften   in dem strîte was geschehen.

258
(260)

260 Durch der schœnen willen   gedâhtę er noch bestân,
    ob er sî gesehen möhte.   sît wart ez getân:
    wol nâch sînem willen   wart im diu maget bekant.
    sît reit er vrœlîche   ín Sîgmundes lant.

259
(261)

261 Der wirt hiez zę allen zîten   ritterschefte pflegen.
    daz tet dô willeclîchen   vil manec junger degen.
    die wîle hiez er sidelen   vor Wormez ûf den sant
    den die im komen solden   zuo der Burgonden lant.

260
(262)

262 In den selben zîten,   dô si nu solden komen,
    dô het diu schœne Kriemhilt   diu mære wol vernomen,
    er wolde hôchgezîte   durch liebe friunde hân.
    dô wart vil michel vlîzen   von schœnen fróuwén getân

261

(263)

263 Mit wæte und mit gebende,   daz si solden tragen.
    Uote diu vil rîche   diu mære hôrte sagen
    von den stolzen recken,   die dâ solden komen.
    dô wart ûz der valde   vil rîcher kléidér genomen.

262
(264)

255 Hohe Summen zahlte man denen, die sich auf die Kunst der Arznei verstanden, ungewogenes Silber und überdies noch leuchtendes Gold, damit sie nur ja die Helden nach diesem harten Kampf am Leben erhielten. Aber auch sonst beschenkte der König die Gäste mit reichlicher Gabe.

256 Wer etwa die Absicht hatte, schon wieder nach Hause zu reisen, den bat man noch zu verweilen, wie man es sonst nur Verwandten gegenüber zu tun pflegt. Der König überlegte mit seinen Ratgebern, wie er seine Leute, die seine Wünsche so ruhmreich erfüllt hatten, für ihre Dienste belohnen könnte.

257 Da sagte der Herr Gernot: »Laßt sie nur erst nach Hause reiten! Aber ladet sie schon heute ein, in sechs Wochen auf ein Fest zu kommen. Viele von denen, die jetzt noch schwer verwundet daniederliegen, sind dann wieder geheilt.«

258 Da wollte sich auch Siegfried von Niederland verabschieden. Als aber der König Gunther von seiner Absicht hörte, da bat er ihn sehr herzlich, noch bei ihnen zu bleiben, was Siegfried sicherlich niemals getan hätte, wenn nicht Kriemhild gewesen wäre.

259 Daß der König ihm freundschaftlich gesinnt war und ebenso dessen Verwandte, die seine kraftvollen Taten im Sachsenkrieg als Augenzeugen erlebt hatten, hatte Siegfried zweifellos verdient. Dafür sich belohnen zu lassen, war er indessen selbst zu mächtig.

260 So faßte er seinen Beschluß dazubleiben nur um der schönen Kriemhild willen und hoffte, mit ihr einmal zusammentreffen zu dürfen. Und wirklich, diese Hoffnung erfüllte sich später. Ganz wie er es wünschte, lernte er sie kennen. Anschließend ritt er mit großen Freuden in das Land Siegmunds zurück.

261 Der Landesherr drang ständig darauf, daß man sich im ritterlichen Turnier übte, und viele junge Ritter kamen dem bereitwillig nach. Während dieser Zeit ließ Gunther für die Gäste, die er im Lande der Burgunden erwartete, am Ufer von Worms Sitzbänke aufstellen.

262 Als nun die Zeit herannahte, daß die Gäste kommen sollten, und die schöne Kriemhild davon hörte, daß ihr Bruder für seine lieben Freunde ein Fest geben wollte, da machten sich die schönen Damen fleißig ans Werk,

263 die Kleider und die Hauben, die sie tragen wollten, herzurichten. Auch Ute, die mächtige Königin, hörte von der baldigen Ankunft der stolzen Helden. Da wurden die vielen kostbaren Kleider aus den Umschlagtüchern herausgenommen.

264 Durch ir kinde liebe   hiez si bereiten kleit,   *263*
    dâ mite wart gezieret   vil mánec fróuwę und meit   *(265)*
    und vil der jungen recken   ûz Burgonden lant.
    ouch hiez si vil den vremden   prüeven hêrlîch gewant.

5. Âventiure
Wie Sîfrit Kriemhilde aller erste ersach

265 Man sach si tägelîchen   nu rîten an den Rîn,   *264*
    die zer hôchgezîte   gerne wolden sîn.   *(266)*
    die durch küneges liebe   kômen in daz lant,
    den bôt man sumelîchen   ross und hêrlîch gewant.

266 In was ir gesidele   allen wol bereit,   *265*
    den hœchsten und den besten,   als uns daz ist geseit,   *(267)*
    zwein und drîzec fürsten   dâ zer hôchgezît.
    dâ zierten sich engegene   die schœnen frouwen wider strît.

267 Ez was dâ vil unmüezec   Gîselher daz kint.   *266*
    die geste mit den kunden   vil güetlîche sint   *(268)*
    die ęmpfienc ér und Gêrnôt   und ouch ir beider man.
    jâ gruozten si die degene,   als ez nâch êren was getân.

268 Vil goltrôter sätele   si fuorten in daz lant,   *267*
    zierlîche schilde   und hêrlîch gewant   *(269)*
    brâhten si ze Rîne   zuo der hôchgezît.
    manegen ungesunden   sach man vrœlîchen sît.

269 Die in den beien lâgen   und heten wunden nôt,   *268*
    die muosen des vergezzen,   wie herte was der tôt.   *(270)*
    die siechen ungesunden   muosen si verklagen.
    si freuten sich der mære   gein der hôchgezîte tagen,

270 Wie si leben wolden   dâ zer wirtschaft.   *269*
    wunnę âne mâze,   mit freuden überkraft,   *(271)*
    heten al die liute,   swaz man ir dâ vant.
    des huop sich michel freude   über ál daz Gúnthéres lant.

271 An einem pfinxtmorgeṇ   sách man fũr gân   *270*
    gekleidet wünneclîche   vil manegen küenen man,   *(272)*
    fũnf tûsent oder mêre   dâ zer hôchgezît.
    sich huop diu kurzewîle   an manegem ende wider strît.

272 Der wirt der hete die sinne,   im was daz wol erkant,   *271*
    wie rehte herzenlîche   der helt von Niderlant   *(273)*
    sîne swester trûte,   swie ér si níene gesách,
    der man sô grôzer schœne   vor allen júncfróuwen jach.

264 Aus Liebe zu ihren Kindern ließ sie die Kleider, mit denen sich
die vielen Damen und Mädchen und jungen Ritter aus dem Land
der Burgunden schmücken wollten, für das Fest vorbereiten.
Doch auch für viele Fremde gab sie herrliche Kleider in Auftrag.

5. Aventiure
Wie Siegfried Kriemhild zum ersten Mal erblickte

265 Täglich sah man sie nun alle an den Rhein reiten, die das Ver-
langen hatten, am Fest teilzunehmen und dem König zu Ehren
in das Land kamen. Sie alle beschenkte man mit Pferden und
herrlichen Ausrüstungen.

266 Für alle Gäste waren zum Fest die Sitze gerichtet, besonders,
wie man mir berichtet hat, für die edelsten und hervorragend-
sten, für zweiunddreißig Fürsten. Die schönen Damen aber
wetteiferten darin, sich für das Fest zu schmücken.

267 Der junge Giselher war sehr geschäftig. Er, Gernot und alle
ihre Gefolgsleute bereiteten den fremden wie den bereits be-
kannten Gästen ein freundliches Willkommen und begrüßten
die ankommenden Helden, wie es ihrem Rang entsprach.

268 Unzählige mit rotem Gold verzierte Sättel, prächtige Schilde
und erlesene Ausrüstung brachten sie mit sich auf das Fest an
den Rhein, auf dem man später auch viele der Verwundeten
wieder fröhlich sah.

269 Die, die noch in den Fensternischen lagen und an ihren schweren
Wunden litten, die konnten für eine Zeitlang die Gedanken an
den bitteren Tod vergessen. Die Burgunden mußten jetzt damit
aufhören, um die Schwerverwundeten zu klagen. Denn sie
freuten sich über das,

270 was man von der Bewirtung beim Fest erzählte. Alle, wie sie
da waren, empfanden unermeßliche Vorfreude; und diese
Freude kannte keine Grenzen und verbreitete sich über das
ganze Land Gunthers.

271 Am Morgen des Pfingstfestes konnte man viele tapfere Helden
in wunderbaren Kleidern zum Fest kommen sehen. Es waren
wohl fünftausend oder sogar noch mehr. Sie begannen unter-
einander zu wetteifern, wer sich am besten unterhielt.

272 Der Landesherr war so aufmerksam, daß er noch immer wußte,
wie herzlich der Held von Niederland seiner Schwester zugetan
war, obwohl er die Prinzessin, die an Schönheit über alle anderen
Jungfrauen gestellt wurde, noch nie gesehen hatte.

273 Dô sprach zuo dem künege   der degen Ortwin: *272*
»welt ir mit vollen êren   zer hôchgezîte sîn,   *(275)*
sô sult ir lâzen schouwen   diu wünneclîchen kint,
die mit sô grôzen êren   hie zen Búrgónden sint.

274 Waz wære mannes wünne,   des freute sich sîn lîp,   *273*
ez entǽten schœne mägede   und hêrlîchiu wîp?   *(276)*
lâzet iuwer swester   für iuwer geste gân.«
der rât was ze liebe   vil manegem héldé getân.

275 »Des wil ich gerne volgen«,   sprach der künec dô.   *274*
alle die ęz erfunden,   die wârens harte vrô.   *(277)*
er enbôt ez frouwen Uoten   und ir tóhter wol getân,
daz si mit ir mageden   hin ze hove solde gân.

276 Dô wart ûz den schrînen   gesuochet guot gewant.   *275*
swaz man in der valde   der edelen wæte vant,   *(278)*
die bouge mit den porten,   des was in vil bereit.
sich zierte flîzeclîche   manec wætlîchiu meit.

277 Vil manec recke tumber   des tages hete muot,   *276*
daz er an ze sehene   den frouwen wære guot,   *(279)*
daz er dâ für niht næme   eins rîchen küneges lant.
si sâhen die vil gerne,   die si nie hétén bekant.

278 Dô hiez der künec rîche   mit sîner swester gân,   *277*
die ir dienen solden,   wol hundert sîner man,   *(280)*
ir und sîner mâge: die truogen swert enhant.
daz was daz hofgesinde   von der Búrgónden lant.

279 Uoten die vil rîchen   die sach man mit ir komen.   *278*
diu hete schœne frouwen   geselleclîch genomen   *(281)*
wol hundert oder mêre: die truogen rîchiu kleit.
ouch gie dâ nâch ir tohter   vil manec wætlîchiu meit.

280 Von einer kemenâten   sach man si alle gân.   *279*
dô wart vil michel dringen   von helden dar getân,   *(282)*
die des gedingen hêten,   ob kunde daz geschehen,
daz si die maget edele   solden vrœlîche sehen.

281 Nu gie diu minneclîche   alsô der morgenrôt   *280*
tuot ûz den trüeben wolken.   dâ schiet von maneger
nôt   *(283)*
der si dâ truoc in herzen   und lange het getân.
er sach die minneclîchen   nu vil hêrlîchen stân.

282 Jâ lûhtę ir von ir wæte   vil manec edel stein.   *281*
ir rôsenrôtiu varwe   vil minneclîchen schein.   *(284)*
ob iemen wünschen solde,   der kunde niht gejehen
daz er ze dirre werlde   hetę iht schœners gesehen.

273 Da sagte der Held Ortwin zum König: »Wenn Ihr auf dem Fest den vollen Glanz Eurer Herrschaft zeigen wollt, dann dürft Ihr den Gästen den Anblick der schönen Mädchen, den Stolz des Burgundenlandes, nicht vorenthalten.

274 Was könnte einen Mann glücklich machen, was ihn erfreuen, wenn nicht die Schönheit der Mädchen und der Glanz der Damen? Laßt auch Eure Schwester vor den Gästen erscheinen.« Dieser Rat entsprach genau den Wünschen zahlreicher Helden.

275 »Ich will es gerne veranlassen!« sagte da der König, und die es hörten, freuten sich sehr. Er ließ es der Herrin Ute und ihrer schönen Tochter ausrichten, daß sie in Begleitung ihrer Jungfrauen bei Hofe erscheinen möchten.

276 Da suchte man aus den Schränken die kostbarsten Kleider hervor. Die erlesensten Stücke, die man in den Umschlagtüchern fand, Armringe und Seidenbänder, lagen bereit, und viele schöne Jungfrauen schmückten sich mit großem Eifer.

277 Viele jugendliche Recken hegten an diesem Tage die Hoffnung, wohlgefällige Blicke der Damen auf sich zu ziehen, und hätten solche Aussicht nicht für ein mächtiges Königreich eingetauscht. Denn sie waren begierig, die Damen zu sehen, obwohl sie ihnen doch noch gar nicht bekannt waren.

278 Da gab der mächtige König an vielleicht hundert seiner Gefolgsleute, die alle mit ihm und seiner Schwester verwandt waren, den Befehl, mit dem Schwert in der Hand Kriemhild zu eskortieren und ihr zu dienen. Das war der engere Kreis der burgundischen Hofleute.

279 Zusammen mit Kriemhild sah man auch die vornehme Ute kommen, die sich wohl hundert oder mehr schöne Damen zu ihrer Begleitung ausgesucht hatte, alle in erlesenen Kleidern. Aber auch ihrer Tochter folgten viele schöne Jungfrauen.

280 Von den Kemenaten her sah man den Zug herannahen. Da drängten die Helden sogleich heftig nach vorn; denn sie hofften, wenn irgend möglich, sich am Anblick der edlen Jungfrau zu erfreuen.

281 Wie das Morgenrot aus den trüben Wolken hervortritt, so schritt das liebliche Mädchen nun einher, und alsbald lösten sich in Siegfried, der ihr Bild heimlich im Herzen trug und nun schon lange getragen hatte, alle Liebesqualen. In allem Glanz sah er das liebliche Mädchen vor sich stehen.

282 An ihrem Kleid erstrahlten viele Edelsteine, die rosige Farbe ihrer Haut schimmerte lieblich. Selbst ein Mann, der sich irgend etwas hätte wünschen dürfen, hätte nicht sagen können, daß er auf dieser Welt irgend etwas Schöneres erblickt hätte.

283 Sam der liehte mâne   vor den sternen stât,   *282*
   des schîn sô lûterlîche   ab den wolken gât,   *(285)*
   dem stuont si nu gelîche   vor maneger frouwen guot.
   des wart dâ wol gehœhet   den zieren héldén der muot.

284 Die rîchen kamerære   sach man vor ir gân.   *283*
   die hôchgemuoten degene   diene wolden des niht lân,   *(286)*
   sine drúngen dâ si sâhen   die minneclîchen meit.
   Sîvrídẹ dem hérren   wart beide liep unde leit.

285 Er dâhtẹ in sînem muote: »wie kunde daz ergân   *284*
   daz ich dich minnen solde?   daz ist ein tumber wân.   *(287)*
   sol aber ich dich vremeden,   sô wærẹ ich sanfter tôt.«
   er wart von den gedanken   vil dicke bleich unde rôt.

286 Dô stuont sô minneclîche   daz Sigmundes kint,   *285*
   sam er entworfen wære   an ein pérmínt   *(288)*
   von guotes meisters listen,   áls mán im jach,
   daz man helt deheinen   nie sô schœnén gesach.

287 Die mit den frouwen giengen,   die hiezen von den
                                                    wegen   *286*
   wîchen allenthalben.   daz leiste manec degen.   *(289)*
   diu hôhe tragenden herzen   freuten manegen lîp.
   man sach in hôhen zühten   manec hêrlîchez wîp.

288 Dô sprach von Burgonden   der herre Gêrnôt: *287*
   »der iu sînen dienest   sô güetlîchen bôt,   *(290)*
   Gúnthér, vil lieber bruoder,   dem sult ir tuon alsam
   vor allen disen recken;   des râtes ich nímmer mich gescham.

289 Ir heizet Sîvrîden   zuo mîner swester kumen,   *288*
   daz in diu maget grüeze,   des haben wir immer
                                                    frumen.   *(291)*
   diu nie gegruozte recken,   diu sol in grüezen pflegen,
   dâ mit wir haben gewunnen   dén zíerlîchen degen.«

290 Dô giengen des wirtes mâge   dâ man den helt vant.   *289*
   si sprâchen zuo dem recken   ûzer Niderlant: *(292)*
   »iu hât der künec erloubet,   ir sult ze hove gân,
   sîn swester sol iuch grüezen;   daz ist zen êren iu getân.«

291 Der herrẹ in sînem muote   was des vil gemeit.   *290*
   dôtruoc er ime herzen   líep âne leit,   *(293)*
   daz er sehen solde   der schœnen Uoten kint.
   mit minneclîchen tugenden   si gruozte Sîvriden sint.

66

283 So wie der helle Mond, der so rein aus den Wolken heraus-
leuchtet, die Sterne überstrahlt, so stand sie nun vor den vielen
anderen trefflichen Frauen. Den stattlichen Helden schlug bei
ihrem Anblick das Herz höher.

284 Prächtige Kämmerer schritten ihr voran, doch die freudig er-
regten Helden ließen nicht davon ab, dorthin zu drängen, wo
sie die liebliche Jungfrau erblickten. Dem Herrn Siegfried
wurde abwechselnd warm und kalt ums Herz.

285 Er dachte bei sich: »Wie könnte ich nur Deine Liebe gewinnen?
Ich glaube, das ist eine törichte Erwartung! Wenn ich Dich je-
doch meiden sollte, dann wäre es besser, ich wäre tot!« Bei die-
sen Überlegungen wechselte immer wieder seine Gesichtsfarbe.

286 Da stand Siegmunds Sohn so lieblich da, als wenn ein kunst-
reicher Meister ihn auf Pergament gemalt hätte, wie man denn
auch allenthalben sagte, daß man nie zuvor einen schöneren
Helden gesehen habe.

287 Die Männer, die den Damen das Geleit gaben, hießen die Leute
überall an den Wegen zurücktreten, und viele Helden kamen
der Aufforderung nach; denn die vielen hochherzigen Frauen
waren für sie eine Augenweide. Man sah viele strahlende Frauen
in edlem Anstand einherschreiten.

288 Da sagte der Herr Gernot von Burgund: »Gunther, lieber Bru-
der, dem Mann, der sich so bereitwillig für Euch eingesetzt hat,
dem solltet Ihr Euch in Gegenwart aller hier versammelten
Männer für seine Dienste erkenntlich erweisen. Ich glaube, ich
brauche mich niemals zu schämen, einen solchen Vorschlag ge-
macht zu haben.

289 Laßt Siegfried vor meine Schwester treten, damit die Jungfrau
ihn begrüßen kann. Für immer werden wir davon den Nutzen
haben. Sie hat bisher noch niemals einen Recken angesprochen,
aber jetzt soll sie es tun. Durch eine solche Geste werden wir
den schönen Helden an uns binden.«

290 Da gingen die Verwandten des Landesherrn hinüber zu Sieg-
fried. Sie sagten zu dem Recken aus Niederland: »Der König hat
es Euch gestattet, Ihr dürft vor ihm und den Damen des Hofes
erscheinen, seine Schwester soll Euch ihren Gruß entbieten und
Euch damit eine Ehre erweisen.«

291 Darüber war Herr Siegfried sehr froh, und es lachte ihm das
Herz in ungetrübter Freude bei dem Gedanken, daß er die schö-
ne Tochter Utes sehen dürfe. Bald darauf grüßte sie ihn mit ge-
winnender Freundlichkeit.

292 Dô si den hôchgemuoten   vor ir stênde sach,   291
    do erzunde sich sîn varwe.   diu schœne maget sprach: (294)
    »sît willekomen, her Sîvrit,   ein edel ritter guot!«
    dô wart im von dem gruoze   vil wol gehœhét der muot.

293 Er neic ir flîzeclîche;   bi der hénde si in vie.   292
    wie rehte minneclîche   er bî der frouwen gie!   (295)
    mit lieben ougen blicken   ein ander sâhen an
    der herre und ouch diu frouwe: daz wart vil tougenlîch
                                                    getân.

294 Wart iht dâ friuntlîche   getwungen wîziu hant   293
    von herzen lieber minne?   daz ist mir niht bekant.   (296)
    doch enkan ich niht gelouben   daz ez wurde lân.
    si het im holden willen   kunt vil schíeré getân.

295 Bî der sumerzîte   und gein des meien tagen   294
    dorfte er in sîme herzen   nimmer mêr getragen   (297)
    sô vil der hôhen freude   denne er dâ gewan,
    dô im diu gie enhende,   die er ze trûte wolde hân.

296 Do gedâhte manec recke: »hei wære mir sam
                                            geschehen,   295
    daz ich ir giengе enebene,   sam ich in hân gesehen,   (298)
    oder bî ze ligene!   daz liezе ich âne haz.«
    ez gedíente noch nie recke   nâch einer küneginne baz.

297 Von swelher künege lande   die geste kômen dar,   296
    die nâmen al gelîche   niwan ir zweier war.   (299)
    ir wart erloubet küssen   den wætlîchen man.
    im wart in dirre werlde   nie sô líebé getân.

298 Der künec von Tenemarke   der sprach sâ zestunt: 297
    »dises vil hôhen gruozes   lît maneger ungesunt   (300)
    (des ich vil wol empfinde)   von Sîvrides hant.
    got enlâzе in nimmer mêre   komen in mîniu küneges lant.«

299 Man hiez dô allenthalben   wîchen von den wegen   298
    der schœnen Kriemhilde.   manegen küenen degen   (301)
    sach man gezogenlîche   ze kirchen mit ir gân.
    sît wart von ir gescheiden   der vil wætlîche man.

300 Dô gie si zuo dem münster,   ir volgete manec wîp.   299
    dô was ouch sô gezieret   der küneginne lîp   (302)
    daz dâ hôher wünsche   vil maneger wart verlorn.
    si was dâ zе ougenweide   vilmanegem réckén erkorn.

292 Als sie den hochherzigen Mann vor sich stehen sah, da übergoß blühende Röte sein Antlitz. Die schöne Jungfrau sagte: »Seid willkommen, Herr Siegfried, edler, trefflicher Ritter!« Da ließ der Gruß sein Herz noch höher schlagen.

293 Mit Hingabe verneigte er sich vor ihr, sie aber ergriff seine Hand und, ach, wie lieblich er doch an der Seite Kriemhilds einherging! Mit freundlichen Blicken sahen der Ritter und die Dame einander an, doch immer nur heimlich und verstohlen.

294 Ob da etwa aus inniger Liebe weiße Hände zärtlich gedrückt wurden? Erzählt hat man es mir nicht. Aber ich kann auch nicht glauben, daß es unterblieb. Denn sie hatte ihm auf den ersten Blick ihre Zuneigung verraten.

295 Weder der Sommer noch der Frühling hätten ihn so von Herzen glücklich machen können, wie es da geschah: als das geliebte Mädchen, das er heimzuführen hoffte, mit ihm Hand in Hand ging.

296 Da dachte mancher Recke: »Ach, wäre doch mir das Glück zuteil geworden, so wie ich ihn gesehen habe, an ihrer Seite zu gehen oder gar bei ihr zu liegen! Ich würde mich darüber nicht beklagen!« So formvollendet wie Siegfried warb niemals vorher ein Recke um eine Königin.

297 Aus welchem Königreich auch immer die Fremden auf das Fest gekommen waren, sie alle hatten nur für die beiden ein Auge. Kriemhild erhielt die Erlaubnis, dem schönen Mann einen Kuß zu geben, und das erfüllte ihn mit einem Glücksgefühl wie niemals zuvor.

298 Der König von Dänemark sagte daraufhin: »Um dieser hohen Auszeichnung willen mußten viele Helden von Siegfrieds Hand sterben, und auch ich habe das zu spüren bekommen. Gott möge verhüten, daß er jemals wieder in mein Königreich kommt.«

299 Man gab Befehl, daß man überall auf den Wegen der schönen Kriemhild Platz machen sollte, und dann sah man, daß viele tapfere Helden sie ehrerbietig zur Kirche geleiteten. Dort mußte sich der schöne Mann allerdings von ihr trennen.

300 Als sie nun zum Münster schritt, folgten ihr viele Frauen. Die Königin bot einen so schönen Anblick, daß sie manchen hochfliegenden, aber unerfüllbaren Wunsch erregte. Viele Recken erfreuten sich an ihrem Anblick.

301 Vil kûmę erbeite Sîvrit   daz man dâ gesanc. *300*
    er mohte sînen sælden   des immer sagen danc, *(303)*
    daz im diu was sô wæge,   die er in herzen truoc.
    ouch was er der schœnen   holt von schúldén genuoc.

302 Dô si kom ûz dem münster   sam er het ê getân, *301*
    man bat den degen küenen   wider zuo zir gân. *(304)*
    alrêst begundę im danken   diu minneclîche meit,
    daz er vor ir mâgen   sô rehte hêrlîchen streit.

303 »Nu lônę iu got, her Sîvrit«,   sprach daz vil schœne

                                        kint, *302*
    »daz ir daz habt verdienet,   daz iu die recken sint *(305)*
    sô holt mit rehten triuwen   als ich si hœre jehen.«
    do begúndę er minneclîche   an froun Kriemhilden sehen.

304 »Ich sol in immer dienen«,   alsô sprach der degen, *303*
    »und enwil mîn houbet   nimmer ê gelegen, *(306)*
    ich enwérbe nâch ir willen,   sol ich mîn leben hân.
    daz ist nâch iuwern hulden,   mîn frou Kriemhilt, getân.«

305 Inre tagen zwelven,   der tagę al ieslîch, *304*
    sach man bî dem degene   die maget lobelîch, *(307)*
    sô si ze hove solde   vor ir friunden gân.
    der dienst wart dem recken   durch grôze líebé getân.

306 Freudę unde wunne,   vil grœzlichen schal *305*
    sach man aller tägelich   vor Guntheres sal, *(308)*
    dar ûz und ouch dar inne,   von manegem küenen man.
    Ortwîn unde Hagene   vil grôzer wúndér began.

307 Swes iemen pflegen solde,   des wâren si bereit *306*
    mit volleclîcher mâze,   die helde vil gemeit. *(309)*
    des wurden von den gesten   die recken wol bekant.
    dâ von sô was gezieret   allez Guntheres lant.

308 Die dâ wunde lâgen,   die sach man fúr gân. *307*
    si wolden kurzwîle   mit dem gesinde hân, *(310)*
    schirmen mit den schilden   und schiezen manegen schaft.
    des hulfen in genuoge: si heten grœzlîche kraft.

309 In der hôchgezîte   der wirt der hiez ir pflegen *308*
    mit der besten spîse.   er hete sich bewegen *(311)*
    aller slahte schande,   die ie künec gewan.
    man sach in friuntlîche   zuo den sînen gesten gân.

301 Kaum konnte Siegfried erwarten, daß man den Meßgesang be-
endete. Seinem günstigen Geschick war er auf immer dankbar,
daß ihm die Jungfrau, deren Bild er in seinem Herzen trug, so
gewogen war. Aber auch er hatte allen Grund, der schönen
Kriemhild seine Zuneigung zu schenken.

302 Als sie nun aus dem Münster heraustrat, wie Siegfried schon vor
ihr getan hatte, da forderte man den tapferen Helden auf, wie-
der an ihre Seite zu treten, und erst jetzt kam die liebliche Jung-
frau dazu, ihm auch in Worten dafür zu danken, daß er an der
Spitze ihrer Verwandten so glänzend gekämpft habe.

303 »Herr Siegfried«, sagte das schöne Mädchen, »möge Gott Euch
dafür belohnen, daß Ihr Euch durch Eure großen Verdienste
unseren Recken so geneigt gemacht und so verbunden habt,
wie ich es von ihnen höre.« Da blickte er die schöne Kriemhild
liebevoll an.

304 »Immer werde ich zu ihren Diensten stehen«, so sagte der Held,
»und will mich, solange ich lebe, niemals zur Ruhe legen, bevor
ich nicht alle ihre Wünsche erfüllt habe; doch dies alles, Frau
Kriemhild, tue ich nur, um Eure Huld zu erlangen.«

305 Zwölf Tage lang konnte man nun die weithin gerühmte Jung-
frau, immer wenn sie an der Spitze ihrer Verwandten bei Hof zu
erscheinen hatte, in der Begleitung des Helden sehen, ein Dienst,
den man dem Recken gestattete, um ihm eine Freude zu bereiten.

306 Und täglich konnte man nun beobachten, wie viele tapfere Hel-
den vor Gunthers Königspalast, außen und auch innen, große
Lustbarkeit und lauten Trubel veranstalteten. Ortwin und Ha-
gen taten sich dabei besonders hervor.

307 Was auch immer jemand vorhatte, dafür setzten sich die beiden
stolzen Helden mit vollen Kräften ein. Daher wurden sie bei
den Gästen sehr bekannt, und Gunthers ganzes Land trug den
Ruhm davon.

308 Auch die Männer, die noch verwundet gelegen hatten, erschie-
nen jetzt und suchten zusammen mit den anderen Leuten des
Hofes gesellige Unterhaltung: sie übten, sich mit den Schilden
zu decken oder den Speer nach einem Ziel zu schießen, und viele
kraftvolle Helden standen ihnen dabei zur Seite.

309 Während des Festes ließ der Landesherr alle Gäste mit so guter
Speise bewirten, daß er auch dem geringsten Vorwurf entging,
der jemals einem König gemacht worden war. Man konnte
sehen, wie freundlich er mit seinen Gästen verkehrte.

310 Er sprach: »ir guoten recken, ê daz ir scheidet hin,   309
sô nemt ir mîne gâbe: alsô stêt mîn sin   (312)
daz ichz immer diene, versmâht iu niht mîn guot.
daz wil ich mit iu teilen, des hân ich wíllégen muot.«

311 Die von Tenemarke die sprâchen sâ zehant: 310
»ê daz wir wider rîten heim in unser lant,   (313)
wir gern stæter suone. des ist uns recken nôt.
wir hân von iuwern degenen manegen lieben friunt tôt.«

312 Liudegast geheilet sîner wunden was.   311
der vogt von den Sahsen nâch strîte wol genas.   (314)
etelîche tôten si liezen dar enlant.
dô gie der künec Gunther dâ er Sîvriden vant.

313 Er sprach zuo dem recken: »nu râte wie ich tuo!   312
die unsern widerwinnen die wellent rîten fruo   (315)
und gerent stæter suone an mich und mîne man.
nu râtâ, degen Sîvrit, waz dich des dunke guot getân!

314 Waz mir die herren bieten, daz wil ich dir sagen.   313
swaz fünf hundert mœre goldes möhten tragen,   (316)
daz gæben si mir gerne, woldę ich si ledec lân.«
dô sprach der starke Sîvrit: »daz wære vil übele getân.

315 Ir sult si ledeclîchen hinnen lâzen varn,   314
und daz die recken edele mêre wol bewarn   (317)
vîentlîchez rîten her in iuwer lant,
des lât iu geben sicherheit hie der beider herren hant.«

316 »Des râtes wil ich volgen.« dâ mit si giengen dan.   315
den sînen vîanden wart daz kunt getân,   (318)
ir goldes gerte niemen, daz si dâ buten ê.
dâ heime ir lieben friunden was nâch den hermüeden wê.

317 Manege schilde volle man dar schatzes truoc.   316
er teiltę es âne wâge den friunden sîn genuoc,   (319)
bî fünf hundert marken und etslîchen baz.
Gêrnôt der vil küene der riet Gunthere daz.

318 Úrloup si álle nâmen, alsô si wolden dan.   317
dô sach man die geste für Kriemhilde gân   (320)
und ouch dâ frou Uote diu küneginne saz.
ez enwart nie degenen noch mêre geúrloúbet baz.

319 Die hérberge wúrden lære dô si von dannen riten.   318
noch bestuont dâ heime mit hêrlîchen siten   (321)
der künec mit sînen mâgen, vil manec edel man.
die sach man tägelîche zuo frouwen Kriemhilde gân.

310 Er sagte: »Ihr trefflichen Recken, ehe Ihr wieder aufbrecht, nehmt meine Geschenke an! Wenn Ihr sie nicht zurückweist, so will ich mich immer dafür erkenntlich zeigen. Mit großer Freude bin ich bereit, mein Gut mit Euch zu teilen.«

311 Die Dänen sagten daraufhin sofort: »Bevor wir wieder in unser Heimatland zurückkreiten, möchten wir mit Euch einen dauerhaften Frieden schließen. Wir haben allen Grund dazu; denn wir haben durch Eure Helden viele liebe Freunde verloren.«

312 Zwar war Liudegast nun von seinen Wunden genesen, und auch der König der Sachsen hatte sich von den Folgen des Kampfes erholt, aber trotzdem ließen sie nicht wenige Tote im Land der Burgunden zurück. Da ging König Gunther zu Siegfried.

313 Er sagte zu dem Recken: »Nun rate mir, wie ich mich verhalten soll. Unsere Feinde wollen morgen früh nach Hause reiten und wünschen, mit mir und meinen Gefolgsleuten einen dauerhaften Frieden zu schließen. Nun rate mir, Held Siegfried, was Du in dieser Lage für das beste hältst!

314 Ich will Dir sagen, was mir die Herren als Entschädigung anbieten. Was fünfhundert Pferde an Gold tragen können, das wollen sie mir bereitwillig geben, wenn ich sie freilasse.« Da sagte der starke Siegfried: »Das hielte ich für falsch!

315 Ihr sollt sie vielmehr ohne jegliche Auflagen von hier fortziehen lassen. Laßt Euch lediglich durch den Handschlag der beiden Herren die Garantie geben, daß die edlen Recken in Zukunft davon absehen, Euer Land feindlich anzugreifen.«

316 »Diesem Rat werde ich folgen.« Damit gingen sie von dannen. Den Feinden Gunthers wurde mitgeteilt, niemand wolle das Gold haben, das sie zuvor als Lösegeld angeboten hatten. Zu Hause aber sehnten sich ihre lieben Verwandten schon lange nach den kriegsmüden Männern.

317 Viele Schilde trug man herbei, die mit Schätzen gefüllt waren. Ohne abzuwiegen, teilte Gunther freigebig davon an seine Freunde aus, etwa fünfhundert Mark oder sogar noch mehr. Der tapfere Gernot hatte es ihm so geraten.

318 Als sie fortreiten wollten, nahmen alle Abschied. Da sah man die Gäste zu Kriemhild gehen und auch zur Königin Ute. Niemals vorher wurden Helden ehrenvoller verabschiedet.

319 Als sie davonritten, wurden die Herbergen leer. Doch der König und seine Verwandten, viele edle Männer, blieben daheim an ihrem herrlichen Hof. Tag für Tag sah man sie nun zur Herrin Kriemhild gehen, um ihr mit einem Besuch aufzuwarten.

320 Úrloup dô nemen wolde   Sîvrit der hélt guot.   *319*
     er trouwete niht erwerben   des er dâ hete muot.   *(322)*
     der künec daz sagen hôrte   daz er wolde dan.
     Gîselher der junge   in von der reise gar gewan.

321 »War woldet ir nu rîten,   vil edel Sîvrit?   *320*
     belîbet bî den recken,   tuot des ich iuch bit,   *(323)*
     bî Gunthere dem künege   und bî sînen man.
     hie ist vil schœner frouwen,   die sól man iuch gérne sehen lân.«

322 Dô sprach der starke Sîvrit: »diu ross diu lâzet stân!   *321*
     ich wolde hinnen rîten,   des wil ich abe gân.   *(324)*
     und traget ouch hin die schilde!   jâ woldę ich in mîn lant.
     des hât mich her Gîselher   mit grôzen tríuwén erwant.«

323 Sus beleip der küene   durch friunde liebe dâ.   *322*
     jâ wærę er in den landen   ninder anderswâ   *(325)*
     gewesen alsô sanfte.   dâ von daz geschach,
     daz er nu tägelîche   die schœnen Kriemhilden sach.

324 Durch ir unmâzen schœne   der herre dâ beleip.   *323*
     mit maneger kurzewîle   man nu die zît vertreip,   *(326)*
     wan daz in twanc ir minne: diu gap im dicke nôt.
     dar umbe sît der küene   lac vil jæmerlîche tôt.

6. Âventiure
Wie Gunther gên Îslande nâch Prünhilde fuor

325 Iteniuwe mære   sich huoben über Rîn.   *324*
     man sagte daz dâ wære   manec schœne magedîn.   *(327)*
     der gedâhtę im einę erwerben   Gúnther der kűnec guot:
     dâ von begunde dem recken   vil sêre hôhén der muot.

326 Ez was ein küneginne   gesezzen über sê,   *325*
     ir gelîchę enheine   man wesse ninder mê.   *(329)*
     diu was unmâzen schœne,   vil michel was ir kraft.
     si schôz mit snellen degenen   umbe mínné den schaft.

327 Den stein warf si verre,   dar nâch si wîten spranc.   *326*
     swer ir minne gerte,   der muosę âne wanc   *(330)*
     driu spil an gewinnen   der frouwen wol geborn.
     gebrast im an dem einen,   er hete daz houbet sîn verlorn.

320 Da bat auch Siegfried, der treffliche Held, um Erlaubnis, nach
Hause zu reiten. Er hatte keine Hoffnung mehr, seine Absicht zu
erreichen. Das kam dem König zu Ohren. Der junge Giselher
aber brachte Siegfried von seiner Reise ab.

321 »Wohin wollt Ihr denn nun, edler Siegfried? Bleibt doch hier
bei den Recken, bei König Gunther und seinen Gefolgsleuten!
Ich bitte Euch darum! Hier gibt es viele schöne Damen, und es
soll uns eine Ehre sein, sie mit Euch bekannt zu machen.«

322 Da sagte der starke Siegfried: »Laßt die Pferde im Stall! Zwar
hatte ich vor fortzureiten, doch das lasse ich jetzt. Tragt auch
die Schilde wieder hinweg! Es war eigentlich mein Plan, in
mein Heimatland zurückzukehren, davon hat mich der getreue
Herr Giselher jedoch abgebracht.«

323 So blieb der tapfere Siegfried aus Zuneigung zu seinen Freunden
dort. Nirgendwo sonst hätte er sich so wohl gefühlt wie gerade
in diesem Land. Daher kam es, daß er nun Tag für Tag die schöne
Kriemhild sah.

324 Ihrer unbeschreiblichen Schönheit wegen blieb Herr Siegfried
am Ort und vertrieb sich mit den andern durch Unterhaltungen
aller Art die Zeit, wenn nur nicht die Liebe zu Kriemhild gewe-
sen wäre, die ihn immer wieder heftig quälte. Um ihretwillen
sollte der Tapfere später auf elende Weise den Tod finden.

6. Aventiure
Wie Gunther nach Island fuhr und um Brünhild warb

325 Ganz neue Kunde drang zu ihnen über den Rhein. Man erzählte
davon, es gäbe dort irgendwo viele schöne Jungfrauen. Gunther,
der treffliche König, faßte den Plan, eine von ihnen zur Gemah-
lin zu gewinnen. Bei diesem Gedanken schlug dem Recken das
Herz vor Freude höher.

326 Jenseits des Meeres hatte eine Königin ihre Burg, der – jeden-
falls soweit man wußte – überhaupt keine andere gleichkam:
sie war unermeßlich schön, aber außerdem besaß sie noch un-
geheure Stärke. Wenn ein tapferer Held ihre Liebe gewinnen
wollte, dann maß sie sich mit ihm im Speerwurf.

327 Sie konnte den Stein weit schleudern und sprang ihm dann in
ungeheurem Sprunge nach. Wer immer um ihre Liebe warb, der
mußte in drei Wettkämpfen über die edle Frau siegen. Versagte
er auch nur in einem, dann hatte er sein Leben verwirkt.

328 Des het diu juncfrouwe   unmâzen vil getân.   *327*
    daz gehôrte bî dem Rîne   ein ritter wol getân,   *(331)*
    der wande sîne sinne   an daz schœne wîp.
    dar umbe muosen helde   sît verlíesén den lîp.

329 Dô sprach der vogt von Rîne: »ich wil níder an den sê   *328*
    hin ze Prünhilde,   swie ez mir ergê.   *(333)*
    ich wil durch ir minne   wâgen mînen lîp;
    den wil ich verliesen,   sine wérdé mîn wîp.«

330 »Daz wil ich widerrâten«,   sprach dô Sîvrit.   *329*
    »jâ hât diu küneginne   sô vreislîche sit,   *(334)*
    swer umbę ir minne wirbet,   daz ez im hôhe stât.
    des muget ir der reise   haben wærlîchen rât.«

331 »Sô wil ich iu daz râten«,   sprach dô Hagene,   *330*
    »ir bittet Sîvrîde   mit iu ze tragene   *(337)*
    die vil starken swære: daz ist nu mîn rât,
    sît im daz ist sô kündec   wie ez um Prünhilde stât.«

332 Er sprach: »wil du mir helfen,   edel Sîvrit,   *331*
    wérben die mínneclîchen?   tuostu des ich dich bit,   *(338)*
    und wirt mir zę eime trûte   daz minneclîche wîp,
    ich wil durch dînen willen   wâgen êrę unde lîp.«

333 Des antwurte Sîvrit,   Sigmundes sun: *332*
    »gîstu mir dîne swester,   sô wil ich ez tuon,   *(339)*
    die schœnen Kriemhilde,   ein küneginne hêr.
    sô gér ich dehéines lônes   nâch mînen arbeiten mêr.«

334 »Daz lobę ich«, sprach Gunther,   »Sîvrit, an dîne hant: *333*
    und kumt diu schœne Prünhilt   her in ditze lant,   *(340)*
    sô wil ich dir ze wîbe   mîne swester geben;
    sô mahtu mit der schœnen   immer vrœlîche leben.«

335 Des swuoren si dô eide,   die réckén vil hêr.   *334*
    des wart ir arebeiten   verre deste mêr,   *(341)*
    ê daz si die frouwen   brâhten an den Rîn.
    des muosen die vil küenen   sît in grôzen sorgen sîn.

336 Sîvrit der muose füeren   die kappen mit im dan,   *335*
    die der helt küene   mit sórgén gewan   *(344)*
    ab éimé getwerge,   daz hiez Albrîch.
    sich beréiten zuo der verte   die recken küenę unde rîch.

337 Alsô der starke Sîvrit   die tarnkappen truoc,   *336*
    sô het er dar inne   kréfté genuoc,   *(345)*
    zwélf mánne sterke   zuo sîn selbes lîp.
    er warp mit grôzen listen   daz vil hêrlîche wîp.

328 Die Jungfrau hatte bereits unzählige solcher Kampfspiele bestanden; davon erfuhr ein edler Ritter am Rhein, der nun alle seine Gedanken auf die schöne Frau richtete. Aus diesem Grund mußten später Helden in den Tod gehen.

329 Da sagte der König vom Rhein: »Was auch immer mir geschehen mag, ich will den Fluß hinab bis ans Meer zu Brünhild segeln und aus Liebe zu ihr mein Leben aufs Spiel setzen. Wenn sie nicht meine Frau wird, will ich es verlieren.«

330 »Davon möchte ich abraten«, sagte da Siegfried. »Die Königin stellt so schreckliche Bedingungen, daß es den, der um ihre Liebe wirbt, teuer zu stehen kommt. Deshalb solltet Ihr Euch die Reise ein für allemal aus dem Kopf schlagen.«

331 »In diesem Falle«, sagte da Hagen, »rate ich Euch, Siegfried zu bitten, mit Euch zusammen die beschwerlichen Gefahren zu bestehen. Ja, das rate ich Euch in allem Ernst, da er so genau über Brünhild Bescheid weiß.«

332 Gunther sagte: »Willst Du mir helfen, edler Siegfried, die liebliche Jungfrau zu gewinnen? Wenn Du meine Bitte erfüllst und die liebliche Frau meine Liebste wird, dann werde ich auch für Dich Ansehen und Leben einsetzen, wenn Du es verlangst.«

333 Da antwortete Siegfried, der Sohn Siegmunds: »Gibst Du mir Deine Schwester, die schöne Kriemhild, die edle Königin, zur Frau, dann willige ich ein und will außerdem keinen Lohn für meine schwierige Aufgabe.«

334 »Siegfried«, sagte Gunther, »das verspreche ich Dir in Deine Hand: wenn die schöne Brünhild hierher in dieses Land kommt, so werde ich Dir meine Schwester zur Frau geben. Dann kannst Du mit der Schönen für alle Zeit in großer Freude leben.«

335 Die edlen Recken beschworen das durch Eide; doch schon in der Zeit, bevor sie Brünhild an den Rhein bringen konnten, wurden ihre Schwierigkeiten dadurch nur größer. Später sahen sich die Tapferen sogar den allergrößten Fährnissen ausgesetzt.

336 Siegfried mußte den Tarnmantel mitnehmen, den der tapfere Held unter großen Gefahren einem Zwerg mit Namen Alberich abgenommen hatte. Die tapferen, mächtigen Recken bereiteten sich auf die Reise vor.

337 Sobald der starke Siegfried den Tarnmantel anzog, besaß er gewaltige Kraft: die Stärke von zwölf Männern kam zu seiner eigenen noch hinzu. Durch zauberische List wußte er später die schöne Frau zu erlangen.

338 Ouch was diu selbe tarnhût   álsô getân   *337*
     daz dar inne worhte   ein ieslîcher man   *(346)*
     swaz er selbe wolde,   daz in doch niemen sach.
     sus gewán er Prünhilde,   dâ von im léidé geschach.

339 »Nu ságe mir, dégen Sîvrit,   ê daz mîn vart ergê,   *338*
     daz wir mit vollen êren   komen an den sê,   *(347)*
     suln wir iht recken füeren   in Prünhilde lant?
     drízec tûsent degene   die werdent schíeré besant.«

340 »Swie vil wir volkes füeren«,   sprach aber Sîvrit,   *(348)*
     »ez pfliget diu küneginne   sô vreislîcher sit,
     die müesen doch dersterben   von ir übermuot.
     ich sol iuch baz bewîsen,   degen küenę unde guot.

341 Wir suln in recken wîse   varn ze tal den Rîn.   *(349)*
     die wil ich dir nennen,   die daz sulen sîn.
     selbe vierde degene   varn wir an den sê.
     so erwerben wir die frouwen,   swie ez uns dar nâch ergê.

342 Der geséllen bin ich einer,   daz ander soltu wesen,   *339*
     der dritte daz sî Hagene   (wir mugen wol genesen),   *(350)*
     der vierde daz sî Dancwart,   der vil küene man.
     uns endúrfen ander tûsent   mit strîte nimmér bestân.«

343 »Diu mære wessę ich gerne«,   sprach der künec dô,   *340*
     »ê daz wir hinnen füeren   (des wære ich harte vrô),   *(351)*
     waz wir kleider solden   vor Prünhilde tragen,
     diu uns dâ wol gezæmen: daz sult ir Gunthere sagen.«

344 »Wât die aller besten   die ie man bevant,   *341*
     die treit man zallen zîten   in Prünhilde lant.   *(352)*
     des sulen wir rîchiu kleider   vor der frouwen tragen,
     daz wirs iht haben schande,   sô man diu mære hœre sagen.«

345 Dô sprach der degen guoter: »sô wil ich selbe gân   *(353)*
     zuo mîner lieben muoter,   ob ich erbiten kan
     daz uns ir schœnen mägede   helfen prüeven kleit,
     diu wir tragen mit êren   für die hêrlîchen meit.«

346 Dô sprach von Tronege Hagene   mit hêrlîchen siten: *(354)*
     »waz welt ir iuwer muoter   solher dienste biten?
     lât iuwer swester hœren   wes ir habet muot:
     sô wirdet iu ir dienest   zuo dirre hovereise guot.«

347 Do ęnbôt er sîner swester   daz er si wolde sehen   *342*
     und ouch der degen Sîvrit.   ê daz was geschehen,   *(355)*
     dô het sich diu schœne   ze wunsche wol gekleit.
     daz komen der vil küenen   daz was ir mæzlîche leit.

338 Der Tarnmantel war überdies so beschaffen, daß jeder in ihm ausführen konnte, was er wollte, ohne gesehen zu werden. Auf diese Weise gewann er Brünhild, aber es sollte ihm teuer zu stehen kommen.

339 »Siegfried, Du Held, sage mir doch, ehe ich nun die Segel setze: Sollen wir nicht doch lieber noch irgendwelche anderen Rekken in das Land der Brünhilde mitnehmen, damit wir volle Ehre einlegen, wenn wir an das Meer kommen? Dreißigtausend Helden können sehr schnell gesammelt werden.«

340 »Wie viele Truppen wir auch immer mit uns nehmen«, dagegen Siegfried, »die Königin verbreitet so viel Schrecken, daß sie in ihrer stolzen Selbstsicherheit doch alle töten läßt. Nein, Ihr tapferen, trefflichen Helden, ich will Euch etwas Besseres vorschlagen.

341 Wie die alten Recken werden wir den Rhein hinabfahren, und ich will Dir auch sagen, wer: zu viert werden wir zum Meer segeln und auf diese Weise die Herrin für uns gewinnen, was auch immer danach auf uns zukommen mag.

342 Ich bin einer der Gefährten, der andere wirst Du sein, der dritte Hagen und der vierte der tapfere Dankwart. Schon das garantiert, daß wir mit dem Leben davonkommen; denn selbst tausend Männer dürften nicht wagen, uns auch nur anzugreifen.«

343 Da sagte der König: »Bevor wir wegfahren, hätte ich noch gerne gewußt und würde mich über eine Auskunft sehr freuen, welcher Art Kleider wir denn wohl, um richtig angezogen zu sein, am Hofe Brünhilds tragen sollten. Bitte, sagt es mir doch!«

344 »Die schönsten Kleider, die man jemals gesehen hat, die pflegt man im Lande Brünhilds zu tragen. Damit man nun nicht schlecht über uns spricht, wenn man später davon erzählt, ist es unsere Pflicht, vor der Herrin prächtige Kleider zu tragen.«

345 Da sagte der treffliche Held: »Dann will ich selbst zu meiner lieben Mutter gehen und sie darum bitten, ob ihre schönen Mädchen uns nicht helfen, Kleider zu nähen, in denen wir vor der schönen Jungfrau Ehre einlegen können.«

346 Da sagte Hagen von Tronje in seiner überlegenen Art: »Warum wollt Ihr Eure Mutter um einen solchen Dienst bitten? Erzählt doch Eurer Schwester, was Ihr vorhabt! Dann wird sie Euch bei der Vorbereitung der wichtigen Hofreise behilflich sein.«

347 Da ließ Gunther seiner Schwester ausrichten, er und auch der Held Siegfried wünschten sie aufzusuchen. Bevor es jedoch dazu kam, hatte sich die Schöne in das erlesenste Gewand gekleidet; denn sie sah dem Kommen der tapferen Männer mit großer Freude entgegen.

348 Nu was ouch ir gesinde   gezieret als im zam.   *343*
   die fürsten kômen beide,   dô si daz vernam,   *(356)*
   dô stuont si von dem sedele,   mit zühten si dô gie
   dâ si den gast vil edele   und ouch ir brúodér enpfie.

349 »Willekómen sî mîn bruoder   und der geselle sîn!   *344*
   diu mærę ich wéste gerne«,   sprach daz magedîn,   *(357)*
   »waz ir herren woldet,   sît ir ze hove gât.
   daz lâzet ir mich hœren   wie ez iu édelen recken stât.«

350 Dô sprach der künec Gunther: »frouwę, ich wilz iu sagen.
   wir müezen michel sorgen   bî hôhem muote tragen.   *345*
   wir wellen höfschen rîten   verrę in vremdiu lant;   *(358)*
   wir solten zuo der reise   haben zierlîch gewant.«

351 »Nu sitzet, lieber bruoder«,   sprach daz küneges kint,   *346*
   »und lât mich rehte hœren   wer die frouwen sint,   *(359)*
   der ir dâ gert mit minnen   in ander künege lant.«
   die ûz erwelten beide   nam diu frouwe bî der hant.

352 Dô gie si mit in beiden   dâ si ê dâ saz,   *347*
   ûf matraz diu rîchen,   ich wil wol wizzen daz,   *(360)*
   geworht von guoten bilden,   mit golde wol erhaben.
   si mohten bî den frouwen   guote kurzwîle haben.

353 Fríuntlîche blicke   und güetlîchez sehen,   *348*
   des mohte dâ in beiden   harte vil geschehen.   *(361)*
   er truoc si ime herzen,   si was im sô der lîp.
   sît wart diu schœne Kriemhilt   des starken Sîvrides wîp.

354 Dô sprach der künec rîche: »vil liebiu swester mîn,   *(362)*
   âne dîne helfe   kundez niht gesîn.
   wir wellen kurzwîlen   in Prünhilde lant:
   da bedórften wir ze habene   vor frouwen hêrlîch gewant.«

355 Dô sprách diu juncfrouwe: »vil lieber bruoder mîn,   *(363)*
   swaz der mînen helfe   dar an kan gesîn,
   des bringę ich iuch wol innen,   daz ich iu bin bereit.
   versagt iu ander iemen,   daz wære Kriemhilde leit.

356 Ir sult mich, ritter edele,   niht sórgénde biten,   *(364)*
   ir sult mir gebieten   mit hêrlîchen siten.
   swaz iu von mir gevalle,   des bin ich iu bereit,
   unt tuon ez willeclîche«,   sprach diu wünneclîche meit.

348 Auch ihr Gefolge war geschmückt, wie es ihm zukam. Als Kriemhild hörte, daß die beiden Fürsten den Raum betraten, erhob sie sich von ihrem Sitz und schritt hoheitsvoll auf den edlen Gast und auf ihren Bruder zu, um sie zu begrüßen.

349 »Seid mir willkommen, Bruder!« sagte die Jungfrau, »und auch Ihr, sein Gefährte! Dürfte ich wohl wissen, was Ihr Herren mit diesem Besuch bezweckt? Sagt mir bitte, womit ich Euch edlen Recken dienen kann!«

350 Da sagte der König Gunther: »Herrin, ich will es Euch mitteilen. Wir sind durchaus hochgemut und unbeschwert, machen uns jedoch zur Zeit einige sorgenvolle Gedanken. Wir haben vor, in ferne Länder zu reiten, um höfische Abenteuer zu erleben. Für diese Reise brauchen wir schöne Kleidung.«

351 »Nun setzt Euch erst einmal, lieber Bruder«, sagte die Tochter des Königs, »und laßt mich genau erfahren, welche Damen es denn sind, deren Minne zu erlangen Ihr in andere Königreiche aufbrechen wollt!« Die Herrin nahm die beiden hervorragenden Helden bei der Hand.

352 Da ging sie mit ihnen zu dem kostbaren Ruhebett, auf dem sie vorher gesessen hatte; es war – wofür ich mich verbürge – aus einem Stoff gefertigt, der mit Bildern aus erhabenem Gold bestickt war. Es machte beiden Vergnügen, ihre Zeit in der Gesellschaft der Damen zu verbringen.

353 Kriemhild und Siegfried hatten gute Gelegenheit, einander freundlich und innig in die Augen zu sehen. Denn er trug sie, die er wie sein Leben liebte, in seinem Herzen. Später wurde die schöne Kriemhild die Gemahlin des starken Siegfried.

354 Da sagte der mächtige König: »Meine liebe Schwester, ohne Deine Mithilfe kann nichts zustande kommen. Wir wollen uns im Lande Brünhilds etwas umtun, und da brauchen wir, wenn wir vor den Frauen erscheinen, schöne Kleidung.«

355 Da sagte die Jungfrau: »Mein lieber Bruder, wie ich Euch zeigen werde, bin ich zur Mithilfe bereit, was immer ich dazu tun kann, und wenn irgend jemand Euch etwas abschlagen würde, dann wäre ich darüber sehr traurig.

356 Edle Ritter, Ihr sollt mich nicht ängstlich darum bitten, sondern sollt es mir in vollem Selbstbewußtsein auftragen. Was immer Ihr von mir erwartet, ich werde es erfüllen und tue es sogar mit freudiger Bereitschaft«, so sagte die schöne Jungfrau.

357 »Wir wellen, liebiu swester,   tragen guot gewant.   *(365)*
    daz sol helfen prüeven   iuwer edeliu hant.
    des volziehen iuwer mägede,   daz ez uns rehte stât,
    wande wir der verte   hân deheiner slahte rât.«

358 Dô sprach diu juncfrouwe: »nu merket waz ich sage!   *349*
    ich hân selbe sîden: nu schaffet daz man trage   *(366)*
    gesteinę uns ûf den schilden,   sô wurken wir diu kleit!«
    des willen was dô Gunther   und ouch Sîvrit bereit.

359 »Wer sint die gesellen«,   sprach diu künegîn,   *350*
    die mit iu gekleidet   ze hove sulen sîn?«   *(367)*
    er sprach: »ich selbe vierde: zwêne mîne man,
    Dancwart unde Hagene,   suln ze hove mit mir gân.

360 Ir sult vil rehte merken   waz ich iu, frouwe, sage: *351*
    daz ich selbe vierde   ze vier tagen trage   *(368)*
    ie drîer hande kleider   und alsô guot gewant,
    daz wir âne schande   rûmen Prünhilde lant.«

361 Mit guotem urloube   die herren schieden dan.   *352*
    dô hiez ir juncfrouwen   drîzec meide gân   *(369)*
    ûz ir kemenâten   Kriemhilt diu künegin,
    die zuo solhem werke   heten grœzlîchen sin.

362 Die árâbischen sîden   wîz alsô der snê   *353*
    unt von Zázamanc der guoten   grüenę alsam der klê,   *(370)*
    dar in si leiten steine;   des wurden guotiu kleit.
    selbe sneit si Kriemhilt,   diu vil hêrlîche meit.

363 Von vremder vische hiuten   bezóc wól getân   *354*
    ze sehene vremden liuten,   swaz man der gewan,   *(371)*
    die dahten si mit sîden,   sô si si solden tragen.
    nu hœret michel wunder   von der liehten wæte sagen!

364 Von Márroch ûz dem lande   und ouch von Lybîân   *355*
    die aller besten sîden   die ie mêr gewan   *(372)*
    deheines küneges künne,   der heten si genuoc.
    wol lie daz schînen Kriemhilt   daz sị in holden willen truoc.

365 Sit si der hôhen verte   heten nu gegert,   *356*
    hârmîne vederen   die dûhten si únwért.   *(373)*
    pféllel daróbe lâgen   swarz alsam ein kol,
    daz noch snellen helden   stüendę in hôchgezîten wol.

357 »Liebe Schwester, wir legen Wert darauf, treffliche Kleidung zu tragen, und Ihr sollt uns mit Eurer edlen Hand dabei helfen, sie zu entwerfen. Eure Mädchen sollen dann die Ausführung übernehmen, so daß es uns nachher richtig paßt. Denn daran, daß wir reisen, wollen wir jetzt nichts mehr ändern.«

358 Da sagte die Jungfrau: »Nun hört mir gut zu! Seide habe ich selbst zur Hand; Eure Aufgabe ist es, dafür zu sorgen, daß man uns auf den Schilden Edelsteine herbeibringt, dann fertigen wir die Kleider an.« Gunther und Siegfried erklärten sich sofort dazu bereit.

359 »Und wer sind die Gefährten«, sagte die Königin, »die zusammen mit Euch für die Hofreise gekleidet werden sollen?« Gunther sagte: »Wir fahren zu viert: zwei weitere Gefolgsleute, Dankwart und Hagen, kommen außerdem noch mit.

360 Hört, Herrin, was ich Euch sage: wir vier brauchen immer vier Tage lang je drei verschiedene Gewänder und ebensolche Ausrüstungen, damit wir Brünhilds Land wieder verlassen können, ohne unser Ansehen eingebüßt zu haben.«

361 Nach diesen Worten nahmen die beiden Fürsten freundlichen Abschied und schritten von dannen. Da gab die Prinzessin Kriemhild Anweisung, daß dreißig Mädchen aus dem Kreis ihrer Hoffräulein, die für eine solche Arbeit eine besondere Begabung hatten, aus ihrer Kemenate herauskommen sollten.

362 Arabische Seide, die weiß war wie der Schnee, und feine Seide aus Zazamanc, die grün war wie der Klee, besetzten sie mit Edelsteinen. So wurden es treffliche Kleider. Kriemhild selbst, die schöne Jungfrau, hatte sie zugeschnitten.

363 Das schöne Unterfutter aus fremdländischer Fischhaut bot den Leuten einen Anblick, der ihnen bis dahin unbekannt war. Was immer man davon zusammenbringen konnte, das überzog man, so wie es die Helden zu tragen wünschten, mit Seide. Nun hört wunderbare Dinge von den hellen Kleidern erzählen!

364 Allerschönste Seide aus Marokko und auch aus Libyen hatten sie zu ihrer Verfügung, mehr als jemals irgendein anderes Königsgeschlecht besessen hatte. Deutlich zeigte Kriemhild, daß sie ihnen sehr gewogen war.

365 Da sie sich das Ziel ihrer Reise so hoch gesteckt hatten, schien ihnen Pelzwerk aus Hermelin nicht kostbar genug. So kamen noch wertvolle Stoffe aus kohlrabenschwarzem Brokat darüber: bei festlichen Gelegenheiten würde dies alles auch heute noch tapfere Helden trefflich kleiden.

366 Ûz árâbîschem golde   vil gesteines schein.   357
    der frouwen unmuoze   diu newas niht klein: (374)
    inre siben wochen   bereiten si diu kleit.
    dô was ouch ir gewæfen   den guoten réckén bereit.

367 Dô si bereitet wâren,   dô was in ûf den Rîn   358
    gemachet flizeclîchen   ein starkez schiffelîn,   (375)
    daz si tragen solde   vol nider an den sê.
    den édelen júncfrouwen   was von arbeiten wê.

368 Dô sagte man den recken,   in wæren nu bereit,   (376)
    diu si dâ füeren solden,   ir zierlîchen kleit,
    alsô si dâ gerten.   daz was nu getân.
    done wólden si niht langer   bî dem Rîné bestân.

369 Nâch den hergesellen   wart ein bote gesant,   359
    ob si wolden schouwen   niuwez ir gewant,   (377)
    ob ez den helden wære   ze kúrz óder ze lanc.
    ez was in rehter mâze,   des sagten si den frouwen danc.

370 Für alle die si kômen,   die muosen in des jehen,   (378)
    daz si zer werlde hêten   bezzers niht gesehen.
    des mohten si si gerne   dâ ze hove tragen.
    von bezzer recken wæte   kunde niemen niht gesagen.

371 Vil grœzlîche danken   wart dâ niht verdeit.   360
    dô gerten urloubes   die helde vil gemeit.   (379)
    in ritterlîchen zühten   die herren tâten daz.
    des wurden liehtiu ougen   von weinen trûbe únde naz.

372 Si sprach: »vil lieber bruoder,   ir möhtet noch bestân   361
    unt wurbet ander frouwen   (daz hieze ich wol getân),   (380)
    dâ iu sô sêre enwâge   stüende niht der lîp.
    ir muget hie nâher vinden   ein alsô hôchgeborn wîp.«

373 Ich wæne in sagte ir herze   daz in dâ von geschach.   362
    si weinten al gelîche,   swaz iemán gesprach.   (381)
    ir golt in vor den brüsten   wart von trähen sal,
    die vielen in genôte   von den ougen hin ze tal.

374 Si sprach: »herre Sîvrit,   lât iu bevolhen sîn   363
    ûf triuwe und ûf genâde   den lieben bruoder mîn,   (382)
    daz im iht gewerre   in Prünhilde lant.«
    daz lobte der vil küene   in froun Kriemhilde hant.

375 Dô sprach der degen rîche: »ob mir mîn lében bestât,   364
    sô sult ir aller sorgen,   frouwe, haben rât.   (383)
    ich bringe in iu gesunden   her wider an den Rîn,
    daz wizzet sicherlîchen.«   im neic daz schœne magedîn.

84

366 Unzählige Edelsteine flimmerten auf arabischem Gold. Emsig waren die Frauen an der Arbeit, und innerhalb von sieben Wochen waren die Kleider bereit. Da war auch die Bewaffnung für die trefflichen Recken fertig.

367 Nach Abschluß aller Vorbereitungen stand ihnen für die Rheinfahrt ein tüchtiges Schiff bereit, das mit großer Sorgfalt gebaut war und sie flußabwärts aufs Meer tragen sollte. Die Edelfräulein aber hatten sich bei ihrer Arbeit völlig verausgabt.

368. Da ließen sie den Recken sagen, die schönen Kleider, die sie mitzunehmen gedachten, seien nun so, wie sie sie sich vorgestellt hätten, fertig. Als damit nun endgültig alle Vorbereitungen abgeschlossen waren, da wollten sie nicht länger am Rhein bleiben.

369 Ein Bote wurde ausgesandt nach den Gefährten, sie möchten ihre neue Kleidung anschauen, ob sie etwa den Helden zu kurz oder auch zu lang sei. Tatsächlich besaß sie genau die richtigen Abmaße, und dafür sprachen sie den Frauen ihren Dank aus.

370 Alle, vor die sie kamen, mußten zugeben, daß sie in der ganzen Welt nichts Besseres zu sehen bekommen hätten. Sie durften sich also darauf freuen, sie bei Hof zu tragen; von besserer Kleidung für Recken hätte niemand erzählen können.

371 Man vergaß da nicht, sich herzlich zu bedanken. Da baten die stolzen Helden, sich verabschieden zu dürfen, was sie mit feinen, ritterlichen Manieren dann auch taten. Strahlende Augen verloren da ihren Schein und füllten sich mit Tränen.

372 Kriemhild sagte: »Lieber Bruder, noch immer wäre es möglich hierzubleiben und (was ich begrüßen würde) um eine andere Frau zu werben, bei der Ihr Euer Leben nicht so aufs Spiel zu setzen brauchtet. Hier in der Umgebung findet Ihr sicherlich eine Frau aus ebensogutem Hause.«

373 Ich glaube, ihr Herz sagte ihnen die Geschehnisse der Zukunft voraus. Jedenfalls weinten sie allesamt, was auch immer man ihnen an Trostworten zusprach. Von den Tränen, die aus ihren Augen herabflossen, trübte sich ihr goldener Brustschmuck.

374. Kriemhild sagte: »Herr Siegfried, seid meinem lieben Bruder so treu und gewogen, ihn in Euren Schutz zu nehmen, damit ihm im Lande der Brünhild nichts zustößt.« Der tapfere Mann versprach es Frau Kriemhild in die Hand.

375 Da sagte der mächtige Held: »Herrin, wenn ich das Leben behalte, könnt Ihr alle Besorgnis von Euch abschütteln; denn dann bringe ich ihn wohlbehalten wieder hierher an den Rhein. Darauf könnt Ihr Euch fest verlassen.« Da dankte ihm die schöne Jungfrau.

376 Ir goltvarwen schilde   man truoc in ûf den sant   *365*
     unde brâhtẹ in zuo zin   allez ir gewant.   *(384)*
     ir ross hiez man in ziehen;   si wolden rîten dan.
     dâ wart von schœnen frouwen   michel wéinén getân.

377 Dô stuonden in den venstern   diu minneclîchen kint.   *366*
     ir schif mit dem segele   daz ruortẹ ein hôher wint.   *(385)*
     die stolzen hergesellen   die sâzen ûf den Rîn.
     dô sprach der künec Gunther: »wer sol nu schifmeister sîn?«

378 »Dáz wil ích!« sprach Sîvrit: »ich kan iuch ûf der fluot   *367*
     hinnen wol gefüeren,   daz wizzet, helde guot.   *(386)*
     die rehten wazzerstrâzen   die sint mir wol bekant.«
     si schieden vrœlîchen   ûz der Burgonden lant.

379 Sîvrit dô balde   eine scháltén gewan: *368*
     von stade begunde schieben   der kréftége man.   *(387)*
     Gúnthér der küene   ein ruoder selbe nam.
     dô huoben sich von lande   die snellen ritter lobesam.

380 Si fuorten rîche spîse,   dar zuo vil guoten wîn,   *369*
     den besten den man kunde   vinden umben Rîn.   *(388)*
     ir ross diu stuonden schône,   si heten guot gemach.
     ir schif daz gie vil ebene: vil lützel leides in geschach.

381 Ír stárken segelseil   diu wurden in gestraht;   *370*
     si fuoren zweinzec mîle,   ê daz ez wurde naht,   *(389)*
     mit einem guoten winde   nider gegen dem sê.
     ir starkez arbeiten   tet sît den hôchgemuoten wê.

382 An dem zwelften morgen,   sô wir hœren sagen,   *371*
     heten si die winde   verre dan getragen   *(390)*
     gegen Îsensteine   in Prünhilde lant.
     daz was ir deheinem   niwan Sîvridẹ erkant.

383 Dô der künec Gunther   sô vil der bürge sach   *372*
     und ouch die wîten marke,   wie baldẹ er dô sprach: *(391)*
     »ságt mir, fríunt Sîvrit,   ist iu daz bekant,
     wes sint dise bürge   und daz hêrlîche lant?«

384 Des antwurte Sîvrit: »ez ist mir wol bekant.   *373*
     ez ist Prünhilde   liutẹ unde lant   *(393)*
     und Îsenstein diu veste,   als ir mich hôrtet jehen.
     dâ muget ir noch hiute   vil schœner fróuwén gesehen.

385 Unt wil iu helden râten,   ir habt einen muot.   *374*
     ír jéhet gelîche,   jâ dunket ez mich guot.   *(394)*
     swenne wir noch hiute   für Prünhilde gân,
     sô müezen wir mit sorgen   vor der küneginne stân.

376 Ihre von Gold schimmernden Schilde und ihre gesamte Ausrüstung trug man ihnen ans Ufer. Auch die Pferde ließ man herbeibringen. Nun wollten sie fortreiten. Da brachen die schönen Frauen in lautes Weinen aus.

377 Da standen die lieblichen Mädchen in den Fenstern. Ein starker Wind blähte die Segel und versetzte das Schiff in eine schaukelnde Bewegung. Die stolzen Helden schifften sich jetzt auf dem Rhein ein. Da sagte der König Gunther: »Wer soll unser Kapitän sein?«

378 »Ich!« sagte Siegfried, »Ihr trefflichen Helden, ich kann Euch auf der Strömung gut von hier fortführen, denn ich kenne die richtigen Wasserläufe ganz genau.« So verließen sie das Land der Burgunden in fröhlicher Stimmung.

379 Siegfried ergriff nun sogleich eine Ruderstange. Der kräftige Mann schob das Schiff vom Ufer ab. Selbst der tapfere Gunther nahm einen Riemen zur Hand. Da verließen die mutigen, ruhmreichen Ritter das Land.

380 Köstliche Speisen hatten sie bei sich und außerdem den besten Wein, den man rund um den Rhein finden konnte. Ihre Pferde waren gut untergebracht, sie selbst hatten es bequem, und das Schiff lief ruhig. Es ging ihnen nicht schlecht.

381 Die starken Segelseile streckten sich, und so fuhren sie mit günstigem Wind, bevor es Nacht wurde, zwanzig Meilen auf das Meer zu. All ihr Eifer sollte den stolzen Helden später jedoch nur Unheil bringen.

382 Wie man uns berichtet, hatten die Winde sie am Morgen des zwölften Tages fernhin nach Isenstein, in das Land Brünhilds, getragen. Das war keinem von ihnen außer Siegfried bekannt.

383 Als der König Gunther soviele Burgen und auch soviele ausgedehnte Gebiete erblickte, da fragte er begierig: »Sagt mir, lieber Siegfried, wißt Ihr, wem diese Burgen und wem das schöne Land gehört?«

384 Auf diese Frage antwortete Siegfried: »Allerdings! Es sind Brünhilds Land und Leute und die feste Burg Isenstein, wie ich Euch schon früher erzählt habe. Dort könnt Ihr noch an diesem Tag viele schöne Damen sehen.

385 Und ich möchte Euch Helden den Rat geben, einmütig zu sein und einhellig auszusagen: das scheint mir richtig. Denn wenn wir heute vor Brünhild erscheinen, müssen wir äußerst vorsichtig vor der Königin auftreten.

386 Sô wir die minneclîchen   bî ir gesinde sehen,   *375*
    sô sult ir, helde mære,   wan einer rede jehen: *(395)*
    Gunther sî mîn herre,   und ích sî sîn man.
    des er dâ hât gedingen,   daz wirdet álléz getân.«

387 Des wâren si bereite   swaz er si loben hiez.   *376*
    durch ir übermüete   ir dehéiner ez niht liez,   *(396)*
    si jâhen swes er wolde: dâ von in wol geschach,
    dô der künec Gunther   die schœnen Prünhilde sach.

388 »Jane lóbẹ ichz niht sô verre   durch die liebe dîn   *(397)*
    sô durch dîne swester,   daz schœne magedîn.
    diu ist mir sam mîn sêle   und sô mîn selbes lîp.
    ich wil daz gerne dienen,   daz si wérdé mîn wîp.«

7. Âventiure
Wie Gunther Prünhilde gewan

389 In der selben zîte   dô was ir schif gegân   *377*
    der bürge alsô nâhen,   dô sach der künec stân   *(398)*
    oben in den venstern   vil manege schœne meit.
    daz er ir niht erkante,   daz was Gunthere leit.

390 Er vrâgte Sîvrîde,   den gesellen sîn: *378*
    »ist iu daz iht künde   umb disiu magedîn,   *(399)*
    die dort her nider schouwent   gein uns ûf die vluot?
    swie ir herre heize,   si sint vil hôhé gemuot.«

391 Dô sprach der herre Sîvrit: »nu sult ir tougen spehen   *379*
    únder den júncfrouwen   und sult mir danne jehen   *(400)*
    welche ir nemen woldet,   hetet irs gewalt.«
    »daz tuon ich«, so sprach Gunther,   ein ritter küenẹ unde balt.

392 »Sô sihẹ ich ir eine   in jenem venster stân,   *380*
    in snêwîzer wæte,   diu ist sô wol getân,   *(401)*
    die welent mîniu ougen   durch ir schœnen lîp.
    ob ich gewalt des hête,   si müese wérdén mîn wîp.«

393 »Dir hât erwelt vil rehte   dîner ougen schîn: *381*
    ez ist diu edel Prünhilt,   daz schœne magedîn,   *(402)*
    nâch der dîn herze ringet,   dîn sin unt ouch dîn muot.«
    elliu ir gebærde   diu dûhte Guntheren guot.

394 Dô hiez diu küneginne   ûz den venstern gân   *382*
    ir hêrlîche mägede.   sine solden dâ niht stân   *(403)*
    den vremden an ze sehene.   des wâren si bereit.
    waz dô die frouwen tâten,   daz ist uns sider ouch geseit.

386 Ihr berühmten Helden, wenn wir die liebliche Jungfrau heute im Kreis ihres Gefolges sehen, dann sollt Ihr nur diese eine Auskunft geben: Gunther sei mein Lehnsherr und ich sei sein Lehnsmann. Dann kann nämlich all das, worauf er hofft, in Erfüllung gehen.«

387 Sie waren bereit zu geloben, was er von ihnen verlangte, und aus Mutwillen unterließ es keiner, so auszusagen, wie Siegfried es wünschte: Daher lief, als der König Gunther der schönen Brünhild begegnete, alles für sie glücklich ab.

388 »Allerdings gelobe ich es nicht so sehr aus Zuneigung zu Dir«, so sagte Siegfried, »sondern vielmehr aus Liebe zu Deiner Schwester, dem schönen Mädchen. Denn die liebe ich wie meine Seele und wie mein Leben. Mit Freuden diene ich darum, sie mir zur Gemahlin zu gewinnen.«

7. Aventiure
Wie Gunther Brünhild zur Gemahlin gewann

389 Unterdessen war ihr Schiff so nahe an die Burg herangekommen, daß der König nun oben in den Fenstern viele schöne Jungfrauen stehen sah. Doch Gunther war darüber betrübt, daß er keine von ihnen kannte.

390 So fragte er Siegfried, seinen Gefährten: »Wißt Ihr irgend etwas über diese Mädchen, die von dort oben zu uns auf das Wasser herunterschauen? Wie auch immer ihr Landesherr heißen mag, jedenfalls sind sie von edler Art.«

391 Da sagte der Herr Siegfried: »Nun blickt Euch etwas unter den Jungfrauen um, aber verstohlen, und sagt mir dann, welche von ihnen Ihr nehmen würdet, wenn Ihr es könntet.« »Das will ich tun«, sagte Gunther, der kühne, tapfere Ritter.

392 Ja, ich sehe dort in jenem Fenster eine stehen, in schneeweißem Kleid, die ist so schön, daß meine Augen sie wegen ihrer Schönheit auserwählen. Wenn es in meiner Macht stünde, dann müßte die meine Frau werden.«

393 »Deine Augen haben die richtige ausgesucht; denn es ist die edle Brünhild, die schöne Jungfrau, nach der sich Dein Herz, Sinn und Geist in Sehnsucht verzehrt.« Und wirklich, ihre ganze Erscheinung gefiel Gunther sehr.

394 Da gab die Königin ihren schönen Mädchen den Befehl, von den Fensternischen wegzutreten. Sie sollten dort nicht unter den Blicken der Ankömmlinge stehen. Sie gehorchten. Später haben wir auch erfahren, was die Frauen dann taten.

395 Gen den únkúnden   strichen si ir lîp,   *383*
    des ie site hêten   diu wætlîchen wîp.   *(404)*
    an diu engen venster   kômen si gegân,
    dâ si die helde sâhen;   daz wart durch schóuwén getân.

396 Ir wâren niwan viere,   die kômen in daz lant.   *(405)*
    Sîfrit der küene   ein ros zôch ûf den sant;
    daz sâhen durch diu venster   diu wætlîchen wîp.
    des dûhte sich getiuret   des künec Guntheres lîp.

397 Er habtẹ im dâ bî zoume   daz zierlîche marc,   *(406)*
    gúot únde schœne,   vil michel unde starc,
    unz daz der künec Gunther   in den satel gesaz.
    alsô dientẹ im Sîfrit,   des er doch sît vil gar vergaz.

398 Dô zôch er ouch daz sîne   von dem schiffe dan.   *(407)*
    er hete solhen dienest   vil selten ê getân,
    daz er bî stegereife   gestüende helde mêr.
    daz sâhen durch diu venster   die frouwen schœnẹ unde hêr.

399 Rehtẹ in einer mâze   den helden vil gemeit   *384*
    von snêblanker varwe   ir ros unt ouch ir kleit   *(408)*
    wâren vil gelîche.   ir schilde wol getân
    die lûhten von den handen   den vil wætlîchen man.

400 Ir sätel wol gesteinet,   ir fürbüege smal   *385*
    (si riten hêrlîche   für Prünhilde sal)   *(409)*
    dar an hiengen schellen   von liehtem golde rôt.
    si kômen zuo dem lande   als ez ir éllén gebôt,

401 Mit spern niuwesliffen,   mit swerten wol getân,   *(410)*
    diu ûf die sporn giengen   den wætlîchen man.
    die fuorten die vil küenen,   scharpf und dar zuo breit.
    daz sach allez Prünhilt,   diu vil hêrlîche meit.

402 Mit in kom dô Dancwart   unt ouch Hagene.   *386*
    wir hœren sagen mære,   wie die degene   *(411)*
    von rabenswarzer varwe   truogen rîchiu kleit.
    ir schilde wâren schœne,   michel, guot unde breit.

403 Von Indîâ dem lande   man sach si steine tragen,   *387*
    die kôs man an ir wæte   vil hêrlîche wagen.   *(412)*
    si liezen âne huote   ir schiffel bî der fluot.
    sus riten zuo der bürge   die helde küenẹ unde guot.

404 Sehs unt ahzec türne   si sâhen drinne stân,   *388*
    drî pálas wîte   unt einen sál wól getân   *(413)*
    von edelem marmelsteine   grüenẹ alsam ein gras,
    dar inne selbe Prünhilt   mit ir ingesinde was.

395 Wie es schöne Frauen schon immer getan haben, so putzten sie sich, um sich für das Zusammentreffen mit den Fremden vorzubereiten, traten dann, um herabzuspähen, an die schmalen Schießscharten, durch die sie die Helden erblicken konnten.

396 Vier waren es, die in das Land kamen. Wie die schönen Frauen durch die Fenster hindurch erkennen konnten, brachte der tapfere Siegfried jetzt ein Pferd an das Ufer. Dadurch fühlte sich Gunther in seinem königlichen Selbstgefühl vor allen anderen erhoben.

397 Siegfried hielt ihm das stattliche Pferd, das trefflich und schön, groß und stark war, am Zaum, bis der König Gunther sich in den Sattel gesetzt hatte. Solch eine Ehrung erwies ihm Siegfried, doch schon bald sollte Gunther dies völlig vergessen haben.

398 Da führte er auch sein eigenes Pferd vom Schiff herunter. Niemals vorher hatte er solche Dienste verrichtet, daß er einem Helden den Steigbügel gehalten hatte. Das sahen die schönen, edlen Damen durch die Schießscharten hindurch.

399 Die Pferde und Kleider der beiden stolzen Helden waren von völlig der gleichen schneeweißen Farbe; ihre prächtigen Schilde leuchteten weithin vor den Händen der stattlichen Männer.

400 Ihre Sättel waren mit Edelsteinen besetzt, an den feinen Brustriemen der Pferde hingen Schellen von rotem Gold. So prächtig kamen sie vor den Saal Brünhilds geritten! Wie es ihnen ihre Tapferkeit vorschrieb, so nahten sie sich dem fremden Land:

401 Mit scharfgeschliffenen Speeren, mit edlen Schwertern, die ihnen bis auf die Sporen hinabreichten und breit und scharf waren. Das alles sah Brünhild, die edle Jungfrau.

402 Zusammen mit Gunther und Siegfried kamen Dankwart und Hagen. Man hat uns erzählt, daß diese beiden Helden kostbare Kleidung von kohlrabenschwarzer Farbe trugen. Auch ihre Schilde waren schön, riesig, trefflich und breit.

403 Man konnte die Edelsteine aus Indien, mit denen ihre Kleider besetzt waren, herrlich in der Sonne glitzern sehen. Die tapferen, trefflichen Helden hatten ihr Schiff ohne Aufsicht am Wasser gelassen. So ritten sie jetzt zur Burg hinauf.

404 Sechsundachtzig Türme sahen sie sich dort erheben, drei weiträumige Hauptgebäude und einen wunderschönen Saal aus feinem, grasgrünem Marmor, in dem sich Brünhild zusammen mit ihrem Gefolge aufhielt.

405 Diu burc was entslozzen,   vil wîtę ûf getân.   389
    dô liefen in engegene   die Prünhilde man   (414)
    unt empfiengen dise geste   in ir frouwen lant.
    ir ros hiez man behalten   unt ir schilde von der hant.

406 Dô sprach ein kameræere: »ir sult uns geben diu swert   390
    unt ouch die liehten brünne.«   »des sît ir ungewert«,   (415)
    sprach von Tronege Hagene: »wir wellens selbe tragen.«
    dô begundę im Sîfrit   dâ von diu rehten mære sagen.

407 »Man pfliget in dirre bürge,   daz wil ich iu sagen,   391
    daz neheine geste   hie wâfen sulen tragen.   (416)
    nu lât si tragen hinnen,   daz ist wol getân.«
    des vólgete vil ungérne   Hagene Guntheres man.

408 Man hiez den gesten schenken   unt schuof in ir gemach. 392
    vil manegen snellen recken   man dâ ze hove sach   (417)
    in fürstlîcher wæte   allenthalben gân.
    doch wart michel schouwen   an die kŭenén getân.

409 Dô wart froun Prünhilde   gesaget mit mæren   (418)
    daz unkunde recken   dâ komen wæren
    in hêrlîcher wæte   gevlozzen ûf der fluot.
    dâ von begonde vrâgen   diu maget schœnę unde guot.

410 »Ir sult mich lâzen hœren«,   sprach diu künegin,   393
    »wer die unkunden   recken mugen sîn,   (419)
    die in mîner bürge   sô hêrlîche stân,
    únt durch wés líebe   die helde her gevárn hặn.«

411 Dô sprach ein ir gesinde: »frouwę, ich mac wol jehen   394
    daz ich ir deheinen   nie mêr habe gesehen,   (420)
    wan gelîche Sîfrîde   éiner darúnder stât.
    den sult ir wol empfâhen,   daz ist mit tríuwén mîn rât.

412 Der ander der gesellen   der ist sô lobelîch.   (421)
    ob er gewalt des hête,   wol wære er künec rîch
    ob wîten fürsten landen,   und mohtę er diu gehân.
    man siht in bî den andern   sô rehte hêrlîche stân.

413 Der dritte der gesellen   der ist sô gremelîch,   (422)
    (unt doch mit schœnem lîbe,   küneginne rîch)
    von swinden sînen blicken,   der er sô vil getuot.
    er ist in sînen sinnen,   ich wæne, grímmé gemuot.

405 Man schloß das Burgtor auf und öffnete es weit. Da kamen ihnen auch schon die Leute Brünhilds entgegengelaufen und empfingen die Fremden im Land ihrer Königin. Man gab Befehl, ihre Pferde in den Stall zu führen und ihnen ihre Schilde von den Armen zu nehmen.

406 Da sagte einer der Kämmerer: »Gebt uns doch auch die Schwerter und Eure strahlenden Panzer!« »Auf gar keinen Fall!« sagte Hagen, »wir wollen sie selbst tragen.« Da klärte Siegfried ihn auf:

407 »Ich will es Euch sagen: in dieser Burg hält man es so, daß kein Gast hier Waffen tragen darf. Deshalb laßt sie sie nur ruhig fortbringen; das hat schon seine Richtigkeit.« Doch Hagen, Gunthers Gefolgsmann, beugte sich nur widerwillig dieser Aufforderung.

408 Man ließ den Gästen einen Willkommenstrunk reichen und eine gute Unterkunft anweisen. Mochte man dort am Hofe nun auch überall zahlreiche treffliche Helden in fürstlicher Kleidung einherschreiten sehen, die größte Aufmerksamkeit richtete sich doch auf die tapferen Fremden.

409 Als Frau Brünhild berichtet wurde, es seien auf dem Seewege fremde, herrlich gekleidete Helden angekommen, da fragte die schöne, edle Jungfrau sogleich:

410 »Erzählt mir doch«, so sagte die Königin, »wer wohl die fremden Recken sein könnten, die jetzt so stattlich im Burghof stehen, und erzählt mir weiter, wem zuliebe sie hergekommen sind.«

411 Da sagte einer aus ihrem Gefolge: »Herrin, ich muß allerdings vorausschicken, daß ich keinen von ihnen bisher gesehen habe; aber einer ist darunter, der sieht so aus wie Siegfried. Als Euer treuer Gefolgsmann rate ich Euch, ihn ehrenvoll zu empfangen.

412 Der zweite der Gefährten ist auch rühmlich und dürfte, wenn er die Herrschaft über weite fürstliche Länder besäße, ein mächtiger Herrscher sein. So hoheitsvoll sieht man ihn unter den anderen stehen.

413 Der dritte der Gefährten, mächtige Königin, ist zwar gleichfalls ein schöner Mann, doch die grimmigen Blicke, die er überall umherwirft, jagen einem Schrecken ein. Ich glaube, er ist von finsterer Gemütsart.

414 Der jungeste darunder   der ist sô lobelîch.   *(423)*
    mágtlîcher zühte   sihę ích den degen rìch
    mit gúotém gelæze   sô minneclîche stân.
    wir möhtenz alle fürhten,   hetę im hie iemen iht getân.

415 Swie blîdę er pflege der zühte,   und swie schœne sî sîn
                                              lîp, *(424)*
    er möhte wol erweinen   vil wætlîchiu wîp,
    swennę er begunde zürnen.   sîn lîp ist sô gestalt,
    er ist in allen tugenden   ein degen küenę unde balt.«

416 Dô sprach diu küneginne: »nu brinc mir mîn gewant!   *395*
    unt ist der starke Sîfrit   komen in diz lant   *(425)*
    durch willen mîner minne,   ez gât im an den lîp.
    ich fürhtę in niht sô sêre   daz ich wérdé sîn wîp.«

417 Prünhilt diu schœne   wart schiere wol gekleit.   *396*
    dô gie mit ir dannen   vil manec schœniu meit,   *(426)*
    wol hundert oder mêre,   gezieret was ir lîp.
    ez wolden sehen die geste   diu vil wætlîchen wîp.

418 Dâ mit giengen degene   dâ ûz Îslant,   *397*
    die Prünhilde recken.   die truogen swert enhant,   *(427)*
    fûnf hundert oder mêre,   daz was den gesten leit.
    dô stuonden von dem sedele   die helde küenę unt gemeit.

419 Dô diu küneginne   Sîfriden sach,   *398*
    nu muget ir gerne hœren   wie diu maget sprach: *(428)*
    »sît willekomen, Sîfrit,   her in ditze lant.
    waz meinet iuwer reise?   gerne het ich daz bekant.«

420 »Vil michel iuwer genâde,   mîn frou Prünhilt,   *339*
    daz ir mich ruochet grüezen,   fürsten tohter milt,   *(429)*
    vor disem edelen recken,   der hie vor mir stât,
    wandę er ist mîn herre: der êren het ich gerne rât.

421 Er ist geborn von Rîne,   waz sól ich dir ságen mêr?   *400*
    durch die dîne liebe   sîn wir gevarn her.   *(430)*
    der wil dich gerne minnen,   swaz im dâ von geschiht.
    nu bedénke dichs bezîte: mîn herrę erlâzet dichs niht.

422 Er ist geheizen Gunther   unt ist ein künec hêr.   *401*
    erwurbę er dîne minne,   sone gértę er nihtes mêr.   *(431)*
    ja gebôt mir her ze varne   der recke wol getân:
    möhtę ich es im geweigert han,   ich het ez gérné verlân.«

94

414 Der jüngste von ihnen, der ist auch zu rühmen: jugendfrisch sehe ich den kräftigen Helden dort stehen, wohlerzogen und von liebenswürdiger Haltung. Wenn ihn jedoch irgend jemand von uns herausfordern würde, dann hätten wir allen Grund, uns zu fürchten.

415 Wie sanftmütig er auch im Umgang und wie schön er auch von Gestalt sein mag, wenn er zu zürnen anfinge, dann könnte er schöne Frauen wohl zum Weinen bringen. Seiner ganzen Erscheinung nach ist er ein mutiger, tapferer Held und in allen ritterlichen Tugenden bewährt.«

416 Da sagte die Königin: »Nun bringt mir mein Gewand herbei! Wenn der starke Siegfried in mein Land gekommen ist und um meine Liebe wirbt, dann geht es ihm schlecht. Denn ich fürchte ihn nicht so sehr, als daß ich ohne weiteres seine Frau würde.«

417 Man hüllte die schöne Brünhild sogleich in prachtvolle Kleider. Dann schritten viele schöne Mädchen, wohl hundert oder mehr, alle auf das prächtigste geschmückt, mit ihr von dannen. Die edlen Frauen waren begierig, die Fremden zu sehen.

418 Fünfhundert oder mehr Recken Brünhilds, Helden aus Island, begleiteten den Zug. Sie trugen ihre Schwerter in den Händen. Das war für die Gäste eine offene Kränkung. Da erhoben sich die tapferen, stolzen Helden von ihren Sitzen.

419 Nun hört, was die Königin sagte, als sie Siegfried erblickte: »Herr Siegfried, seid mir hier in meinem Land willkommen! Es wäre mir lieb zu wissen, was Ihr mit dieser Reise vorhabt!«

420 »Frau Brünhild, edle Fürstentochter, Ihr seid viel zu gütig, mich vor diesem edlen Recken, der hier vor mir steht, zu begrüßen. Denn er ist mein Herr, und daher ist es mein Wunsch, nicht auf diese Weise geehrt zu werden.

421 Was soll ich Dir viel sagen? Er stammt aus einem rheinischen Königsgeschlecht, und wir sind hierhergekommen, Deine Hand zu erringen. Denn er verlangt Dich zur Frau, welche Folgen dieser Wunsch auch immer für ihn haben mag. Nun überlege es Dir, solange noch Zeit ist; denn mein Herr läßt nicht davon ab.

422 Sein Name ist Gunther, und er ist ein edler König. Wenn er Dich zur Frau gewönne, dann wären alle seine Wünsche erfüllt. Mir hat der edle Recke den Befehl erteilt, hierherzufahren. Wenn es in meiner Macht gestanden hätte, dann wäre ich mit Vergnügen von diesem Auftrag zurückgetreten.«

423 Si sprach: »ist er dîn herre   unt bistú sîn man,   *402*
    diu spil, diu ich im teile,   unt getár er diu bestân,   *(432)*
    behabt er des die meisterschaft,   sô wirdę ich sîn wîp,
    unt ist daz ich gewinne,   ez gêt iu allen an den lîp.«

424 Dô sprach von Tronege Hagene: »frouwe, lât uns sehen
    iuwer spil diu starken.   ê daz iu müeste jehen   *403*
    Gúnthér mîn herre,   dâ müesez herte sîn.   *(433)*
    er trûwet wol erwerben   ein alsô schœne magedîn.«

425 »Den stein sol er werfen   unt spríngén dar nâch,   *404*
    den gêr mit mir schiezen.   lât iu niht sîn ze gâch.   *(434)*
    ir muget wol hie verliesen   die êrę und ouch den lîp.
    des bedénket iuch vil ebene«,   sprach daz minneclîche wîp.

426 Sîfrit der vil küene   zuo dem künege trat,   *405*
    allen sînen willen   er in reden bat   *(435)*
    gegen der küneginne;   er soldę ânę angest sîn:
    »ich sol iuch wol behüeten   vor ir mit den listen mîn.«

427 Dô sprach der künec Gunther: »küneginne hêr,   *406*
    nu teílt swaz ir gebietet.   unt wærens dannoch mêr,   *(436)*
    daz bestüendę ich allez   durch iuwern schœnen lîp.
    mîn houbet wíl ich verlíesen,   ir enwérdét mîn wîp.«

428 Dô diu küneginne   sîne rede vernam,   *407*
    der spile bat si gâhen,   als ir daz gezam.   *(437)*
    si híez ír gewinnen   ze strîte guot gewant,
    eine brünne rôtes goldes   unt einen guoten schildes rant.

429 Ein wâfenhemde sîdîn   dáz leitę án diu meit,   *408*
    daz in deheinem strîte   wâfen nie versneit,   *(438)*
    von pfellel ûzer Lybîâ.   ez was vil wol getân.
    von porten lieht gewürhte   daz sach man schînén dar an.

430 Die zît wart disen recken   in gelfe vil gedreut.   *409*
    Dancwart unt Hagene   die wâren ungefreut.   *(439)*
    wie ez dem künegę ergienge,   des sorgetę in der muot.
    si dâhten: »unser reise   diu ist uns recken niht ze guot.«

431 Die wîle was ouch Sîfrit,   der wætlîche man,   *410*
    ê ez íemén erfunde,   in daz schif gegân,   *(440)*
    da ęr sîne tarnkappen   verborgen ligen vant.
    dar in slouf er vil schiere,   dô was er níemén bekant.

423 Brünhild sagte: »Wenn er Dein Lehnsherr ist und Du nur sein Lehnsmann, dann werde ich, falls er die vorgeschriebenen Kampfspiele zu bestehen wagt und darin Sieger bleibt, seine Frau. Wenn aber ich gewinne, dann geht es Euch allen an das Leben.«

424 Da sagte Hagen von Tronje: »Herrin, laßt uns doch die Bedingungen für Eure heiklen Kampfspiele kennenlernen. Bevor Gunther, mein Herr, jemandem anderen den Sieg zuerkennt, müßte es schlimm zugehen. Er traut es sich schon zu, eine so schöne Jungfrau für sich zu gewinnen.«

425 Da sagte die liebliche Frau: »Er muß den Stein werfen, ihn dann im Sprung erreichen und außerdem den Speer mit mir um die Wette werfen. Übereilt Euch also nicht; denn Ihr könntet hier Euer ganzes Ansehen und Euer Leben verlieren. Bedenkt es daher sehr gründlich!«

426 Der tapfere Siegfried trat neben den König und beschwor ihn, keine Angst zu haben und gegenüber der Königin auf seiner Absicht zu bestehen: »Ich werde Euch mit Hilfe meiner zauberischen Mittel schon vor ihr behüten können!«

427 Da sagte der König Gunther: »Königin, nun setzt die Regeln fest, wie Ihr es wollt. Selbst wenn es noch schwieriger wäre, aus Verlangen nach Eurer Schönheit würde ich alles erfüllen. Wenn Ihr nicht meine Frau werdet, dann will ich meinen Kopf verlieren!«

428 Als die Königin seine Worte vernommen hatte, da gab sie Befehl, die Kampfspiele so schnell wie möglich in die Wege zu leiten, wie es für sie nur angemessen war. Sie ließ sich für den Kampf eine treffliche Rüstung, einen Brustpanzer aus rotem Gold und einen guten Schild bringen.

429 Ein wunderschönes seidenes Waffenhemd aus libyschem Stoff, das noch niemals in einem Kampf vorher durch eine Waffe beschädigt worden war, legte die Jungfrau an. Wie man sehen konnte, schimmerte darauf kostbare Wirkarbeit von Goldborten.

430 Währenddessen wurden die Recken durch mutwillige Reden mehrfach gereizt, worüber sich Hagen und Dankwart sehr ärgerten. Denn sie waren tief besorgt, wie es ihrem König ergehen würde. So hatten sie nur einen Gedanken: »Diese Fahrt führt uns Recken ins Unglück!«

431 Unterdessen war der schöne Siegfried, ohne daß es jemand hätte bemerken können, in das Schiff gegangen, wo er seinen Tarnmantel versteckt hatte. Er schlüpfte sogleich hinein und war nun für niemanden mehr sichtbar.

432 Er îlte hín wídere.   dô vant er recken vil,   *411*
   dâ diu küneginne   teiltę ir hôhen spil.   *(441)*
   dar gie er tougenlîche   (von listen daz geschach),
   alle die dâ wâren,   daz in dâ níemén ensach.

433 Der rinc der was bezeiget,   dâ sólde daz spíl geschehen   *412*
   vor manegem küenen recken,   die daz solden sehen   *(442)*
   mêr danne siben hundert.   die sach man wâfen tragen:
   swem an dem spil gelunge,   daz ez die helde solden sagen.

434 Dô was komen Prünhilt.   gewâfent man die vant   *413*
   sam ob si solde strîten   umbę elliu küneges lant.   *(443)*
   jâ truoc si ob den sîden   vil manegen goldes zein.
   ir minneclîchiu varwe   dar under hêrlîche schein.

435 Dô kom ir gesinde.   die truogen dar zehant   *414*
   von alrôtem golde   einen schildes rant,   *(444)*
   mit stahelherten spangen,   vil michel unde breit,
   dar under spilen wolde   díu vil mínneclîche meit.

436 Der frouwen schiltvezzel   ein edel porte was.   *415*
   dar ûfe lâgen steine   grüene sam ein gras.   *(445)*
   der lûhte maneger hande   mit schîne wider daz golt.
   er müeste wésen vil küene   dem diu frouwe wurde holt.

437 Der schilt was under buckeln,   als uns daz ist gesaget,   *416*
   wol drîer spannen dicke,   den tragen solde diu maget.   *(446)*
   von stahel unt ouch von golde   rîch er was genuoc,
   den ir kamerære   selbe vierde kûme truoc.

438 Alsô der starke Hagene   den schilt dar tragen sach,   *417*
   mit grímmégem muote   der helt von Tronege sprach: *(447)*
   »wâ nu, künec Gunther?   wie verlíesen wir den líp!
   der ir dâ gert ze minnen,   diu ist des tíuvéles wíp.«

439 Vernemt noch von ir wæte: der hete si genuoc.   *(448)*
   von Azagouc der sîden   einen wâfenroc si truoc,
   edel und rîche;   ab des varwe schein
   von der küneginne   vil manec hêrlîcher stein.

440 Dô truoc man der frouwen   swærę unde grôz   *418*
   einen gêr vil scharpfen,   den si álle zîte schôz,   *(449)*
   starc unt ungefüege,   michel unde breit,
   der ze sînen ecken   harte vreislîchen sneit.

432 Dann eilte er zurück. Da traf er viele Recken auf dem Platz, auf dem die Königin ihre gefährlichen Kampfspiele stattfinden ließ. Heimlich ging er dorthin, ohne daß ihn auch nur einer von all denen, die da waren, bemerken konnte. Das kam durch die Zauberkraft des Tarnmantels.

433 Der Ring, in dem das Kampfspiel ausgeführt und von vielen tapferen Recken beobachtet werden sollte, war bereits abgesteckt: Alle Helden sah man Waffen tragen. Sie hatten die Aufgabe, Zeugnis zu geben, wer als Sieger aus dem Kampfspiel hervorginge.

434 Und nun war auch Brünhild gekommen, gewaffnet, als ob es gelte, um alle Königreiche der Welt zu streiten. Über dem Seidengewand trug sie zahllose goldene Spangen, und die liebliche Farbe ihrer Haut schimmerte hell darunter hervor.

435 Da kamen ihre Gefolgsleute. Einen riesigen, breiten Schild aus leuchtend rotem Gold, von stahlharten Spangen gehalten, brachten sie dorthin. In seinem Schutze wollte die liebliche Jungfrau den Wettkampf vollführen.

436 Der Tragriemen des Schildes war ein kostbares Band, auf dem grasgrüne Edelsteine eingelegt waren und in vielfacher Brechung mit dem Gold um die Wette leuchteten. Der Mann, dem die Herrin ihre Gunst schenken wollte, der mußte wirklich sehr tapfer sein.

437 Wie ich gehört habe, war der Schild, den die Jungfrau tragen sollte, beim Schildbuckel ungefähr drei Handspannen breit. Es war auch genügend Stahl und Gold daran, so daß der Kämmerer Brünhilds Mühe hatte, ihn zusammen mit drei anderen Helfern von der Stelle zu bewegen.

438 Als der starke Hagen sah, wie der Schild herbeigebracht wurde, da sagte der Held von Tronje mit finsterem Blick: »Was nun, König Gunther? Mit uns ist es doch wohl aus! Die Frau, um deren Minne Ihr werbt, die ist die Braut des Teufels.«

439 Hört noch von ihrer Kleidung erzählen! Die war wirklich prächtig. Sie trug einen feinen, kostbaren Waffenrock aus Azagouc-Seide, von dessen Farbe sich viele strahlende Edelsteine am Kleid der Königin abhoben.

440 Da brachte man für die Herrin einen schweren, großen, scharfen Speer herbei, den sie zu werfen pflegte. Der war wuchtig und ungeschlacht, ungeheuer lang und dick, und seine Schneiden waren von schrecklicher Schärfe.

441 Von des gêres swære   hœret wunder sagen.   419
    wol vierdehalbiu messe   was dar zuo geslagen.   (450)
    den truogen kûme drîe   Prünhilde man.
    Gúnthér der edele   vil harte sórgén began.

442 Er dâhtę in sînem muote: »wáz sól diz wésen?   (451)
    der tiuvel ûz der helle   wie kúndę er dâ vór genesen?
    wære ich ze Burgonden   mit dem lebene mîn,
    si müeste hie vil lange   vrî vor mîner minne sîn.«

443 Dô sprach Hagenen bruoder,   der küene Dancwart: 420
    »mich riuwet inneclîchen   disiu hovevart.   (453)
    nu hiezen wir ie recken: wie verlíesen wir den lîp!
    suln uns in disen landen   nu verdérbén diu wîp?

444 Mich müet daz harte sêre,   daz ich kom in diz lant.   421
    unt hete mîn bruoder Hagene   sîn wâfen an der hant,   (454)
    unt ouch ich daz mîne,   sô möhten sampfte gân
    mit ir übermüete   alle Prünhilde man.

445 Daz wizzet sicherlîchen,   si soldenz wol bewarn.   (455)
    unt het ich tûsent eide   zę einem vride geswarn,
    ê daz ich sterben sæhe   den lieben herren mîn,
    jâ müese den lîp verliesen   daz vil schœne magedîn.«

446 »Wir solden ungevangen   wol rűmén diz lant«,   422
    sprach dô sîn bruoder Hagene,   »unt héten wir dáz gewant
    des wir ze nôt bedurfen   unt ouch diu swert vil guot, (456)
    sô wurde wol gesenftet   dér fróuwen übermuot.«

447 Wol hôrtę diu maget edele   waz der degen sprach.   423
    mit smíeléndem munde   si über ahsel sach: (457)
    »nu ęr dunke sich sô küene,   sô traget in ir gewant,
    ir vil scharpfen wâfen   gebet den recken an die hant!«

448 Dô si diu swert gewunnen,   alsô diu maget gebôt,   424
    der vil küene Dancwart   von fréudén wart rôt.   (459)
    »nu spilen swes si wellen«,   sprach der snelle man:
    »Gúnther ist úmbetwungen,   sît daz wir unser wâfen hân.«

449 Diu Prünhilde sterke   vil grœzlîche schein.   425
    man truoc ir zuo dem ringe   einen swæren stein,   (460)
    grôz unt ungefüege,   michel unde wel.
    in truogen kûme zwelfe,   helde küenę unde snel.

441 Und nun hört, wie unglaublich schwer er war! Dreieinhalb
Maß Metall hatte man auf ihn verwendet, und drei Gefolgsmänner Brünhilds konnten ihn nur unter Auferbietung aller Kräfte
tragen. Der edle Gunther wurde nun doch sehr unruhig.

442 Er dachte bei sich: »Was soll daraus werden? Der Teufel aus
der Hölle, wie könnte sich selbst der aus einer solchen Schlinge
ziehen? Wäre ich im Land der Burgunden und mein Leben
nicht in Gefahr, ich würde Brünhild bis zum Jüngsten Tag mit
meiner Liebeswerbung verschonen.«

443 Da sagte der Bruder Hagens, der tapfere Dankwart: »Mir ist es
zutiefst zuwider, daß wir die Fahrt an diesen Hof überhaupt
unternommen haben! Man hat uns immer unter die Recken gerechnet, doch auf welche schändliche Weise verlieren wir jetzt
unser Leben, wenn uns in diesem Land die Frauen umbringen!

444 Mich quält es sehr, daß ich jemals in dieses Land gekommen
bin. Und wenn mein Bruder Hagen sein Schwert in der Hand
hätte, und auch ich hätte meines, so würden wir die Überheblichkeit, die Brünhilds Leute hier an den Tag legen, schon beträchtlich verringern.

445 Und das könnt Ihr als sicher annehmen: es wäre gut für sie,
diese Haltung aufzugeben. Und hätte ich tausend Eide geschworen, den Frieden zu wahren, eher müßte die schöne Jungfrau
sterben, als daß ich mit ansähe, wie mein lieber Herr das Leben
verliert.«

446 »Hätten wir die Rüstungen, die wir im Kampf brauchen, und
auch unsere tüchtigen Schwerter«, so sagte sein Bruder Hagen,
»dann würden wir gewiß dieses Land als freie Männer verlassen.
Dann würde der prahlerische Hochmut dieser Jungfrau gegedämpft.«

447 Die edle Jungfrau hörte, was der Held sprach; lächelnd sagte
sie über die Schulter hinweg: »Da Hagen sich so tapfer vorkommt, so bringt ihnen nur ihre Rüstungen und gebt den
Recken ihre scharfen Waffen wieder in die Hand.«

448 Als sie nun auf Brünhilds Befehl hin ihre Schwerter zurückerhalten hatten, da errötete der tapfere Dankwart vor Freude.
»Nun mögen die Kampfspiele sein, wie sie wollen!« sagte der
tapfere Mann, »Gunther wird jedenfalls Sieger bleiben, da wir
unsere Waffen bei uns haben.«

449 Brünhilds ungeheure Stärke zeigte sich nun deutlich. Man
brachte einen schweren Stein für sie in den Ring. Der war groß
und ungeschlacht, riesig und rund. Zwölf tapfere, starke Helden
trugen ihn nur mit Mühe.

450 Den warf si zallen zîten,   sô si den gêr verschôz.   *426*
   der Burgonden sorge   wurden harte grôz.   *(461)*
   »wâfen«, sprach Hagene,   »waz hât der künec ze trût!
   jâ solde si in der helle   sîn des übeln tiuvels brût.«

451 An vil wîzen armen   si die ermel want.   *427*
   si begonde vazzen   den schilt an der hant.   *(462)*
   den gêr si hôhe zuhte: dô gienc ez an den strît.
   Gúnthér unt Sîvrit   die vorhten Prünhilde nît.

452 Und wære im Sîvrit   niht ze helfe komen,   *428*
   sô hete si dem künege   sînen lîp benomen.   *(463)*
   er gie dar tougenlîche   unt ruortę im sîne hant.
   Gunther sîne liste   vil harte sorclîch ervant.

453 »Waz hât mich gerüeret?«   dâhte der küene man.   *(464)*
   dô sach er allenthalben;   er vant dâ niemen stân.
   er sprach: »ich binz Sîfrit,   der liebe friunt dîn.
   vor der küneginne   soltu gar âne angest sîn.

454 Den schilt gip mir von hende   unt lâ mich den tragen,   *429*
   unde merke rehte   waz du mich hœrest sagen!   *(465)*
   nu hab du die gebære,   diu werc wil ich begân.«
   do er in rehtę erkande,   ez was im líebé getân.

455 »Nu hil du mîne liste,   dine sóltu niemen sagen,   *(466)*
   sô mac diu küneginne   lützel iht bejagen
   an dir deheines ruomes,   des si doch willen hât.
   nu sihtu wie diu frouwe   vor dir unsórclîchen stât.«

456 Dô schôz vil krefteclîche   diu hêrliche meit   *430*
   ûf einen schilt niuwen,   michel unde breit,   *(467)*
   den truoc an sîner hende   daz Sigelinde kint.
   daz fiuwer spranc von stahele   alsam ez wæté der wint.

457 Des starken gêres snîde   al durch den schilt brach,   *431*
   daz man daz fiuwer lougen   ûz den ringen sach.   *(468)*
   des schuzzes beide strûchten   die kréftégen man.
   wan diu tarnkappe,   si wæren tôt dâ bestân.

458 Sîfrídę dem vil küenen   von munde brast daz bluot.   *432*
   vil balde spranc er widere.   dô nam der helt guot   *(469)*
   den gêr, den si geschozzen   im hete durch den rant;
   den frumtę ir dô hin widere   des starken Sîfrides hant.

459 Er dâhtę: »ich wil niht schiezen   daz schœne magedîn.«   *(470)*
   er kêrte des gêres snîde   hinder den rucke sîn.
   mit der gêrstangen   er schôz ûf ir gewant
   daz ez erklanc vil lûte   von sîner ellenthaften hant.

450 Den pflegte sie immer dann zu schleudern, wenn sie ihren Speer
geworfen hatte. Nun verloren die Burgunden all ihr Selbst-
vertrauen. »Gnade uns Gott!« sagte Hagen. »Was hat der König
nur für eine Liebste! Die sollte lieber in der Hölle die Braut
des Satans sein.«

451 An ihren blendend weißen Armen krempelte sie die Ärmel auf,
faßte dann mit kräftiger Hand den Schild und schwang den
Speer hoch empor. Nun konnte der Kampf beginnen. Gunther
und Siegfried fürchteten sich vor Brünhilds Feindschaft.

452 Und wäre ihm Siegfried nicht zu Hilfe gekommen, dann hätte
sie dem König das Leben genommen. Heimlich trat er zu ihm
und berührte ihn an der Hand. Doch Siegfrieds Zauberkunst
erschreckte Gunther sehr.

453 »Was hat mich da berührt?« so fragte sich der tapfere Held und
sah sich nach allen Seiten um, ohne jemanden zu erblicken.
Doch Siegfried sagte: »Ich bin es, Siegfried, Dein lieber Freund.
Du brauchst vor der Königin keine Angst zu haben.

454 Gib den Schild aus Deinen Händen und laß mich ihn tragen.
Und achte genau auf das, was ich Dir jetzt sage: Mach Du die
Bewegungen, ich werde die Taten verrichten.« Als Gunther
Siegfried an der Stimme erkannte, da freute er sich sehr.

455 »Nun halte meine Zauberkünste geheim, niemandem darfst Du
davon erzählen. Dann kann die Königin nicht den Ruhm er-
langen, den sie sich von einem Sieg über Dich erhofft. Sieh nur,
wie sie ohne jede Angst vor Dir steht!«

456 Da schleuderte die schöne Jungfrau ihren Speer mit aller Kraft
gegen den neuen, großen und breiten Schild, den der Sohn
Sieglindes in seinen Händen trug. Funken sprühte der Stahl,
als ob der Wind sie emporwirbelte.

457 Die Schneide des mächtigen Speeres drang durch den Schild
hindurch, so daß selbst aus den Panzerringen noch das Feuer
loderte. Beide Kämpfer, so kraftvoll sie auch waren, strauchel-
ten von der Wucht des Schusses. Ja, wäre nicht der Tarnmantel
gewesen, dann hätten sie da ihr Leben lassen müssen.

458 Dem tapferen Siegfried schoß das Blut aus dem Mund. Doch
sogleich sprang der kraftvolle Mann vor, nahm den Speer, den
sie durch seinen Schild hindurch geschossen hatte. Der starke
Siegfried warf ihn auf sie zurück.

459 Er dachte: »Ich will die schöne Jungfrau durch den Schuß nicht
verletzen.« So drehte er den Speer mit seiner Schneide nach
hinten und traf mit dem Schaft so heftig auf ihre Rüstung, daß
sie von dem Schuß, den er mit mächtiger Hand abgegeben
hatte, laut erdröhnte.

460 Daz fiuwer stoup ûz ringen   alsam ez tribe der wint.   *433*
    den schuz schôz mit ellen   daz Sigemundes kint.   *(471)*
    sine mohte mit ir kreften   des schuzzes niht gestân.
    ez enhéte der künec Gunther   entriuwen nímmér getân.

461 Prünhilt diu schœne   wie balde si ûf spránc!   *434*
    »Gunther, ritter edele,   des schuzzes habe danc!«   *(472)*
    si wânde daz erz hête   mit sîner kraft getân:
    ir was dar nâch geslichen   ein verre kréftéger man.

462 Dô gie si hin vil balde;   zornec was ir muot.   *435*
    den stein huop vil hôhe   diu edel maget guot.   *(473)*
    si swanc in krefteclîche   vil verre von der hant.
    dô spranc si nâch dem wurfe;   ja erklanc ir allez ir gewant.

463 Der stein der was gevallen   wol zwelf klâfter dan.   *436*
    den wurf brach mit sprunge   diu maget wol getân.   *(474)*
    dar gie der herre Sîfrit   dâ der stein gelac;
    Gunther in dô wegete,   der helt in wérfénne pflac.

464 Sîfrit was küene,   vil kreftec unde lanc.   *437*
    den stein den warf er verrer,   dar zuo er wîter spranc.   *(475)*
    von sînen schœnen listen   er hete kraft genuoc
    daz er mit dem sprunge   den künec Gunther doch truoc.

465 Der sprunc der was ergangen,   der stein der was gelegen.
    dô sach man ander niemen   wan Gunther den degen.   *(476)*
    Prünhilt diu schœne   wart in zorne rôt.
    Sîfrit hete geverret   des künec Guntheres tôt.

466 Zuo zir ingesinde   ein teil si lûte sprach,   *438*
    dô si ze ent des ringes   den helt gesunden sach: *(477)*
    »vil balde kumt her nâher,   ir mâge unt mîne man!
    ir sult dem künec Gunther   alle wesen undertân.«

467 Dô leiten die vil küenen   diu wâfen von der hant,   *439*
    si buten sich ze füezen   ûz Burgonden lant   *(478)*
    Gunther dem rîchen,   vil manec küener man.
    si wânden daz er hête   diu spil mit sîner kraft getân.

468 Er gruoztes minneclîche,   jâ was er tugende rîch.   *440*
    dô nam in bî der hende   diu maget lobelîch.   *(479)*
    si erloubte im daz er solde   haben dâ gewalt.
    des freute sich dô Hagene,   der degen küene unde balt.

469 Si bat den ritter edele   mit ir dannen gân   *441*
    in den palas wîten.   alsô daz wart getân,   *(480)*
    do erbôt manz den recken   mit dienste deste baz.
    Dancwart unt Hagene   die muosenz lâzen âne haz.

460 Funken sprühten aus den Panzerringen, als ob der Wind sie emporwirbelte; der Sohn Siegmunds warf den Speer mit solcher Macht, daß Brünhild trotz all ihrer Kraft der Wucht des Anpralls nicht standhalten konnte. In der Tat, der König Gunther hätte einen solchen Wurf niemals vollführen können.

461 Die schöne Brünhild sprang schnell wieder auf: »Gunther, edler Ritter, für diesen Schuß danke ich dir!« Sie glaubte nämlich, er selbst hätte so kraftvoll geworfen; doch es war ein weit kräftigerer Held, der sie heimlich zu Fall gebracht hatte.

462 Zornentbrannt eilte die edle, mutige Jungfrau zum Stein, hob ihn empor, schleuderte ihn mit kraftvoller Hand weithin über das Feld und sprang dann noch hinter dem Wurf her, so daß ihre Rüstung laut erklirrte.

463 Der Stein war zwölf Klafter weit entfernt zur Erde gefallen, doch die schöne Jungfrau überholte den Wurf noch mit ihrem Sprung. Nun ging Siegfried an die Stelle, an der der Stein lag, Gunther bewegte den Stein, aber es war Siegfried, der Held, der ihn warf.

464 Siegfried war tapfer, kräftig gebaut und hochgewachsen. Er warf den Stein nicht nur weiter, er übertraf auch noch Brünhilds Sprung. Infolge seiner magischen Künste hatte er überdies noch Kraft, im Sprung den König Gunther mit sich zu tragen.

465 Der Sprung war vollführt, der Stein lag nun am Boden. Da sah man niemand anders als Gunther, den Helden. Die schöne Brünhild wurde rot vor Zorn. Siegfried hatte den König Gunther vor dem sicheren Tod bewahrt.

466 Als sie sah, daß der Held unversehrt am Ende des Ringes stand, da rief sie mit lauter Stimme ihrem Hofgesinde zu: »Ihr Verwandten und Gefolgsleute, kommt sogleich herbei! Ihr sollt jetzt alle dem König Gunther untertan sein.«

467 Da legten die tapferen Helden die Waffen aus der Hand, und viele kraftvolle Männer beugten vor Gunther, dem mächtigen König aus dem Burgundenlande, die Knie. Sie waren der Meinung, er hätte die Kampfspiele aus eigener Kraft gewonnen.

468 Huldvoll verneigte er sich vor Brünhild; ja, er hatte wirklich vorbildliche Manieren. Dann nahm die edle Jungfrau ihn bei der Hand und übergab ihm zur Freude des kühnen, tapferen Hagen ihre Herrschaft.

469 Brünhild lud den edlen Ritter ein, sie in ihren weiträumigen Palast zu begleiten. Als er der Einladung nachgekommen war, da diente man ihm nur noch eifriger. Selbst Hagen und Dankwart freuten sich über diese Beflissenheit.

470 Sîfrit der snelle   (wîse was er genuoc)   442
sîne tarnkappen   er aber behalten truoc.   (481)
dô gie er hin widere   dâ manec frouwe saz.
er sprach zuo dem künege,   unt tet vil wîslîche daz:

471 »Wes bîtet ir, mîn herre?   wan begínnet ir der spil,   (482)
der iu diu küneginne   teilet alsô vil?
unt lât uns balde schouwen   wie diu sîn getân.«
sam ers niht enwesse,   gebârte der lístége man.

472 Dô sprach diu küneginne: »wie ist daz geschehen   (483)
daz ir habt, her Sîfrit,   der spil niht gesehen,
diu hie hât errungen   diu Guntheres hant?«
des antwurte ir Hagene   ûzer Burgonden lant.

473 Er sprach: »dâ het ir, frouwe,   betrüebet uns den muot: (484)
dô was bî unserm scheffe   Sîfrit der hélt guot,
dô der vogt von Rîne   diu spil iu an gewan:
des ist ez im unkünde«,   sprach der Guntheres man.

474 »Sô wol mich dirre mære«,   sprach Sîfrit der degen,   443
»daz iuwer hôchverte   sint alsô hie gelegen,   (485)
daz iemen lebet der iuwer   meister müge sîn.
nu sult ir, maget edele,   uns hinnen volgen an den Rîn.«

475 Dô sprach diu wol getâne: »des enmác níht ergân.   444
ez müezen ê bevinden   mâge unt mîne man.   (486)
jane mác ich alsô lîhte   gerûmen mîniu lant.
die mîne besten friunde   müezen werden ê besant.«

476 Dô hiez si boten rîten   allenthalben dan.   445
si besande ir friunde,   mâge unde man.   (487)
die bat si ze Îsensteine   komen unerwant,
unt hiez in geben allen   rîch unt hêrlîch gewant.

477 Sie riten tägelîche   spâte unde vruo   446
der Prünhilde bürge   schárháfte zuo.   (488)
»jârâjâ«, sprach Hagene,   »waz haben wir getân!
wir erbéiten hie vil übele   der schœnen Prünhilde man.

478 Sô si nu mit ir krefte   koment in daz lant   447
(der küneginne wille   ist uns unbekant: (489)
waz ob si alsô zürnet   daz wir sîn verlorn?),
so ist uns diu maget edele   ze grôzen sórgén geborn.«

479 Dô sprach der starke Sîfrit: »daz sol ich understên.   448
des ir dâ habt sorge,   des lâze ich niht ergên.   (490)
ich sol iu helfe bringen   hér ín diz lant
von ûz erwelten recken   die iu noch nie wúrden bekant.

470 Der tapfere Siegfried war klug genug, seinen Tarnmantel wieder in sein Versteck zu tragen. Dann eilte er zu dem Saal, in dem schon viele Damen versammelt waren. In schlauer Verstellung sagte er zum König:

471 »Herr, worauf wartet Ihr denn noch? Warum beginnt Ihr nicht mit den vielen Wettkämpfen, die Euch die Königin auferlegt hat? Zeigt uns doch nun bald, wie die aussehen!« Der kluge Siegfried tat, als ob er von nichts etwas wüßte.

472 Da sagte die Königin: »Wie kann das angehen, Herr Siegfried, daß Ihr nichts von den Wettkämpfen bemerkt habt, die Gunther hier mit seiner eigenen Hand ausgeführt hat?« Auf diese Frage antwortete ihr Hagen, der Held aus dem Burgundenland.

473 Er sagte: »Herrin, als Ihr uns so auf die Folter spanntet und der König vom Rhein dann doch in den Wettkämpfen Sieger blieb, da war Siegfried, der treffliche Held, unten beim Schiff. Daher weiß er noch nichts von den Ereignissen.« So sagte der Gefolgsmann Gunthers.

474 »Welch freudige Botschaft!« sagte der Held Siegfried, »daß Eure stolze Selbstsicherheit endlich einmal zu Fall gebracht ist und jemand lebt, der Euch bezwingen kann. Nun wird Euch wohl nichts anderes übrigbleiben, edle Jungfrau, als uns von hier an den Rhein zu begleiten.«

475 Da sagte die schöne Jungfrau: »Jetzt noch nicht! Meine Verwandten und Gefolgsleute müssen erst einmal davon erfahren. Ich kann wirklich nicht so ohne weiteres mein Land verlassen. Meine engsten Verwandten müssen vorher zusammentreten.«

476 Da ließ sie nach allen Richtungen hin Boten ausreiten und bat ihre Freunde, Verwandte und Gefolgsleute, unverzüglich nach Isenstein zu kommen. Prächtiges, kostbares Gewand ließ sie an alle Boten austeilen.

477 Tagaus, tagein kamen sie nun von morgens früh bis abends spät in Scharen zur Burg Brünhilds geritten. »Teufel auch!« so sagte Hagen: »worauf haben wir uns eingelassen? Nur zu unserem eigenen Verderben warten wir hier auf die Leute der schönen Brünhild!

478 Wenn sie sich nun mit ihrer ganzen Streitmacht hier versammeln (schließlich wissen wir nicht, was die Königin vorhat: vielleicht ist sie so aufgebracht, daß sie uns nach dem Leben trachtet), dann bringt uns die edle Jungfrau auf jeden Fall in eine beängstigende Lage.«

479 Da sagte der starke Siegfried: »Das werde ich verhindern. Wovor Ihr da Angst habt, dazu lasse ich es nicht kommen. Ich werde Euch hierher in dieses Land Hilfe holen, hervorragende Helden, von denen Ihr noch niemals etwas gehört habt.

480 Ir sult nâch mir niht vrâgen; ich wil hinnen varn.   *449*
   got müezę iuwer êre   die zît wol bewarn.   *(491)*
   ich kum schiere widere   unt bringę iu tûsent man
   der aller besten degene   der ich ie kündé gewan.«

481 »Sone sît et niht ze lange«,   sprach der künec dô.   *450*
   »wir sîn iuwer helfe   vil billîchen vrô.«   *(492)*
   er sprach: »ich kum iu widere   in vil kurzen tagen.
   daz ir mich habt gesendet,   daz sult ir Prünhilde sagen.«

8. Âventiure
Wie Sîfrit nâch sînen mannen fuor

482 Dannen gie dô Sîfrit   zer porten ûf den sant   *451*
   in sîner tarnkappen,   da er ein schiffel vant.   *(493)*
   dar an sô stuont vil tougen   daz Sigemundes kint.
   er fuortę ez balde dannen,   alsam ez wǽté der wint.

483 Den schéfméister sach niemen: daz schiffel sêre vlôz   *452*
   von Sîfrides kreften,   die wâren alsô grôz.   *(494)*
   si wânden daz ez fuorte   ein sunderstarker wint.
   nein, ez fuorte Sîfrit,   der schœnen Sigelinden kint.

484 Bî des tages zîte   unt in der einen naht   *453*
   kom er zę einem lande   mit grœzlîcher maht,   *(495)*
   wol hundert langer raste   únd dánnoch baz,
   daz hiez Nibelunge,   da ér den grôzen hort besaz.

485 Der helt der fuor aleine   ûf einen wert vil breit.   *454*
   daz schif gebant vil balde   der ritter vil gemeit,   *(496)*
   er gie zuo einem berge,   dar ûf ein burc stuont,
   unt suochte herberge,   sô die wegemüeden tuont.

486 Dô kom er für die porten: verslozzen im diu stuont.   *455*
   jâ huoten si ir êren,   sô noch die liute tuont.   *(497)*
   anz tor begunde bôzen   der unkunde man;
   daz was wol behüetet.   dô vant er innerthalben stân

487 Einen ungefüegen   der der bürge pflac,   *456*
   bî dem zę allen zîten   sîn gewæfen lac.   *(498)*
   der sprach: »wer ist der bôzet   sô vastę an daz tor?«
   dô wandeltę sîne stimme   der herre Sîfrit dâ vor.

488 Er sprach: »ich bin ein recke,   nu ęntslíuz ûf daz tor.   *457*
   ich erzürnę ir eteslîchen   noch híuté dâ vor,   *(499)*
   der gerne samfte læge   unt hete sîn gemach.«
   daz muote den portenære,   dô daz her Sîfrit gesprach.

480 Nennt jetzt vorerst meinen Namen nicht mehr, ich will näm-
lich wegfahren. Gott möge Euer Ansehen die Zeit über in seine
Obhut nehmen. Sehr bald werde ich wieder zurückkehren und
Euch tausend Mann mitbringen, die allerbesten Helden, die ich
jemals kennengelernt habe.«

481 »Bleibt aber wirklich nicht zu lange fort!« sagte da der König.
»Denn wir haben allen Grund, uns auf Eure Hilfstruppe zu
freuen.« Da sagte Siegfried: »In kurzer Zeit bin ich wieder da.
Sagt Brünhild nur, Ihr selbst hättet mich in einer Mission fort-
geschickt.«

8. Aventiure
Wie Siegfried ausfuhr, um seine Leute herbeizuholen

482 Da ging Siegfried, unter seinem Tarnmantel verborgen, zu dem
Tor, das zum Ufer führte, und fand dort ein Boot. Der Sohn
Siegmunds bestieg es unbemerkt und lenkte es mit so heftigen
Ruderschlägen, daß es wie vom Wind getrieben dahinflog.

483 Niemand konnte in dem Boot, das unter den kraftvollen Stößen
Siegfrieds voranschoß, einen Steuermann erblicken, und alle
glaubten, es sei ein besonders starker Wind, der es bewegte. Da-
bei war es jedoch Siegfried, der Sohn der schönen Sieglinde.

484 Er fuhr den Rest des Tages und die daran anschließende Nacht
gut hundert lange Meilen und vielleicht sogar noch mehr und
kam unter großen Anstrengungen zum Land der Nibelungen,
wo sein großer Hort lag.

485 Ganz allein gelangte der Held auf eine ziemlich breite Insel im
Fluß. Dort band der stolze Ritter schnell sein Schiff an, ging zu
einem Berg, auf dem sich eine Burg erhob, und bat um Her-
berge, wie die müden Wanderer zu tun pflegen.

486 Da kam er vor das Tor, doch es war verschlossen. Wie es die
Leute auch heute noch halten, wußten die Insassen ihre Ehre zu
hüten. Der Held klopfte heftig an das gut bewachte Tor und sah
drinnen

487 einen ungeschlachten Mann stehen, der die Burg bewachte
und seine Waffen griffbereit zur Hand hatte. Der sagte: »Wer
schlägt denn da so schrecklich an das Tor?« Da verstellte der
Herr Siegfried seine Stimme.

488 Er sagte: »Ich bin ein Recke. Mach das Tor auf! Ich bringe heute
noch manchen hier in Zorn, der viel lieber wünschte, bequem
zu liegen und seine Ruhe zu haben.« Als Herr Siegfried das
gesagt hatte, da wurde der Torwächter sehr böse.

489 Nu hete der rise küene   sîn gewæfen an getân,
      sînen hélm ûf sîn houbet.   der vil starke man
      den schilt vil balde zuhte,   daz tor er ûf swief.
      wie rehte grimmeclîchen   er an Sîfriden lief!

      458
      (500)

490 Wie er getorste wecken   sô manegen küenen man!
      dâ wurden slege swinde   von sîner hant getân.
      dô begonde im schermen   der hêrlîche gast.
      dô schuof der portenære   daz sîn gespéngé zerbrast.

      459
      (501)

491 Von einer îsenstangen;   des gie dem helde nôt.
      ein teil begunde fürhten   Sîfrit den tôt,
      dô der portenære   sô kreftteclîche sluoc.
      dar umbe was im wæge   sîn herre Sîfrit genuoc.

      460
      (502)

492 Si striten alsô sêre   daz al diu burc erschal.
      dô hôrte man daz diezen   in Nibelunges sal.
      er twanc den portenære,   daz er in sît gebant.
      diu mære wurden künde   in al der Nibelunge lant.

      461
      (503)

493 Dô hôrte daz grimme strîten   verre durch den berc
      Albrich der vil küene,   ein wîldéz getwerc.
      er wâfende sich balde;   dô liet er dâ er vant
      disen gast vil edelen,   da ér den risen vâste gebant.

      462
      (504)

494 Albrich was vil grimme,   starc was er genuoc.
      hélm únde ringe   er an dem lîbe truoc,
      unt eine geisel swære   von golde an sîner hant.
      dô lief er harte swinde   dâ er Sîfriden vant.

      463
      (505)

495 Siben knöpfe swære   die hiengen vor dar an,
      dâ mit er vor der hende   den schilt dem küenen man
      sluoc sô bitterlîchen,   daz im des vil zerbrast.
      des lîbes kom in sorge   dô der wætlîche gast.

      464
      (506)

496 Den scherm er von der hende   gar zerbrochen swanc.
      dô stiez er in die scheiden   ein wâfen, daz was lanc.
      den sînen kamerære   wolde er niht slahen tôt;
      er schônte sîner zühte   als im diu tugent daz gebôt.

      465
      (507)

497 Mit starken sînen handen   lief er Álbrîchen an.
      dô vienc er bî dem barte   den altgrîsen man.
      er zogte in ungefuoge   daz er vil lûte schrê.
      zuht des jungen heldes   diu tet Albrîche wê.

      466
      (508)

498 Lûte rief der küene: »lât mích genesen!
      unt möhte ich iemens eigen   âne einen recken wesen
      (dem swuor ich des eide,   ich wære im undertân),
      ich diente iu ê ich stürbe.«   sprach der lístége man.

      467
      (509)

489 Schon hatte der tapfere Riese seine Waffen angelegt, seinen Helm auf den Kopf gesetzt. Nun ergriff der kräftige Mann schnell noch seinen Schild, warf das Tor auf und griff Siegfried in höchstem Grimm an.

490 Wie er es denn wohl wagen könne, so viele tapfere Helden aufzuwecken! Schnellhändig teilte er Schläge aus, doch der schöne Fremde schirmte sich ab. Da brachte es der Wächter fertig, ihm die Schildspangen zu zerschlagen

491 mit einer Eisenstange. Dadurch geriet der Held in große Bedrängnis und bekam, als der Torhüter mit solcher Kraft zuschlug, doch Angst, er müsse sterben. Trotzdem war Siegfried, der Herr des Riesen, froh über dessen tatkräftigen Einsatz.

492 Sie kämpften so hitzig miteinander, daß die ganze Burg erdröhnte. Da hörte man den Kampflärm bis in Nibelungs Saal hinein. Schließlich überwand Siegfried den Wächter und fesselte ihn. Die Kunde davon verbreitete sich schnell über das ganze Nibelungenland.

493 Da hörte der tapfere Alberich, ein zauberischer Zwerg, weithin durch den Berg den Kampflärm. Schnell legte er seine Rüstung an und lief dorthin, wo der edle Fremde gerade dabei war, den riesigen Wächter zu binden.

494 Alberich, der nicht nur zornig, sondern auch ungeheuer stark war, trug Helm und Panzer und hielt eine schwere goldene Geißel in der Hand. Mit schnellen Sprüngen rannte er auf Siegfried los.

495 Vorn hingen an der Geißel sieben schwere Knöpfe, und mit denen traf er so heftig gegen den Schild, den der tapfere Held in Händen hielt, daß mehrere Stücke herausbrachen. Da geriet der schöne Fremde erneut in höchste Lebensgefahr.

496 Den völlig zerbrochenen Schild warf er von sich und stieß sein langes Schwert in die Scheide. Denn er wollte seinen eigenen Kämmerer nicht erschlagen. Er vergaß die Gebote seiner Erziehung nicht und handelte, wie ein Ritter handeln soll.

497 Mit bloßen, kräftigen Händen griff er Alberich an. Da packte er den uralten Mann beim Barte und zerrte ihn so rauh, daß er laut aufschrie. Die Züchtigung durch Siegfried fügte ihm großen Schmerz zu.

498 Mit lauter Stimme rief der tapfere Mann: »Laßt mich doch am Leben! Wenn ich nicht schon der Leibeigene eines anderen Helden wäre, dem ich durch Eide absoluten Gehorsam geschworen hätte, dann würde ich Euch dienen, ehe ich jetzt hier zugrunde gehe.« So sagte der kluge Zwerg.

499 Er bant ouch Albrîchen   alsam den risen ê.   *468*
    die Sîfrides krefte   tâten im vil wê.   *(510)*
    daz getwérc begonde vrâgen: »wie sît ir genant?«
    er sprach:»ich heize Sîfrit;   ich wândę ich wærę iu wol bekant.«

500 »Sô wol mich dirre mære«,   sprach Albrich daz getwerc.   *469*
    »nu hân ich wol erfunden   diu degenlîchen werc,   *(511)*
    daz ir von wâren schulden   muget lándes herre wesen.
    ich tuon swaz ir gebietet,   daz ir mich lâzét genesen.«

501 Dô sprach der herre Sîfrit: »ir sult balde gân   *470*
    unt bringet mir der recken,   der besten die wir hân,   *(512)*
    tûsent Nibelunge,   daz mich die hie gesehen.«
    war umbę er des gerte   des hôrtę in níemén verjehen.

502 Dem rîsen unt Álbrîche   lôstę ér diu bant.   *471*
    dô lief Albrich balde   da er die recken vant.   *(513)*
    er wahte sórgénde   der Nibelunge man.
    er sprach:»wol ûf, ir helde,   ir sult ze Sîfride gân.«

503 Si sprungen von den betten   unt wâren vil bereit.   *472*
    tûsent ritter snelle   die wurden wol gekleit.   *(514)*
    si giengen dâ si funden   Sîfriden stân.
    dâ wart ein schône grüezen   ein teil mit wérkén getân.

504 Vil kerzen was enzündet,   man schanctę im lûtertranc.   *473*
    daz si schiere kômen,   er sagts in allen danc.   *(515)*
    er sprach:»ir sult von hinnen   mit mir über fluot.«
    des vant er vil bereite   die helde küenę unde guot.

505 Wol drîzec hundert recken   die wâren schiere komen;   *474*
    ûz den wurden tûsent   der besten dô genomen.   *(516)*
    den brâhte man ir helme   unt ander ir gewant,
    want er si füeren wolde   in daz Prünhilde lant.

506 Er sprach:»ir guoten ritter,   daz wil ich iu sagen: *475*
    ir sult vil rîchiu kleider   dâ ze hove tragen,   *(517)*
    want uns dâ sehen müezen   vil minneclîchiu wîp.
    dar umbe sult ir zieren   mit guoter wǽté den lîp!«

507 Án éinem morgen fruo   huoben si sich dan.   *476*
    waz snéllér geverten   Sîfrit dô gewan!   *(520)*
    si fuorten ros diu guoten   unt hêrlîch gewant.
    si kômen weigerlîche   in daz Prünhilde lant.

508 Dô stuonden in den zinnen   diu minneclîchen kint.   *477*
    dô sprach diu küneginne: »weiz iemen wer die sint,   *(521)*
    die ich dort sihe vliezen   sô verrę ûf dem sê?
    si füerent segele rîche,   die sint noch wîzer danne der snê.«

499 So wie er den Riesen vorher gebunden hatte, so band Siegfried nun auch Alberich, der unter seinen kraftvollen Händen nicht wenig zu leiden hatte. Der Zwerg fragte ihn: »Wie heißt Ihr denn?« Und er antwortete: »Ich heiße Siegfried. Ich dachte immer, Ihr kenntet mich!«

500 »Welch ein Glück, daß ich das höre!« sagte da der Zwerg Alberich. »Eure heldenhaften Taten haben mir deutlich gezeigt, daß Ihr mit Recht der Herr unseres Landes seid. Was auch immer Ihr mir befehlt, das werde ich ausführen, wenn Ihr mir mein Leben laßt.«

501 Da sagte der Herr Siegfried: »Geht schnell in die Burg und bringt tausend unserer besten Recken, tausend Nibelungen, zu mir her. Ich will sie hier erwarten.« Weshalb er dies wünschte, darüber erhielt niemand von ihm eine Auskunft.

502 Nun löste er dem Riesen und Alberich die Fesseln. Da eilte der Zwerg zu den Recken. Immer noch von Angst geschüttelt, weckte er die Gefolgsleute der Nibelungen und sagte: »Auf, Ihr Helden, Ihr sollt zu Siegfried kommen!«

503 Sie sprangen von den Betten und waren sogleich bereit. Tausend tapfere Ritter wurden passend gekleidet. Sie gingen dann zu Siegfried und grüßten ihn ehrerbietig mit Worten und mit Gesten.

504 Zahlreiche Kerzen wurden entzündet, man schenkte den Willkommenstrunk aus, und Siegfried dankte ihnen allen, daß sie sogleich gekommen waren. Er sagte: »Ihr sollt mit mir übers Meer fahren!« Die trefflichen, tapferen Helden waren sofort und mit Eifer bereit.

505 Gut dreitausend Recken waren sofort gekommen; von denen wurden die tausend Besten ausgesucht. Ihnen brachte man ihre Helme und die übrigen Teile ihrer Rüstung, denn Siegfried wollte sie mitnehmen in das Land Brünhilds.

506 Er sagte: »Ihr edlen Ritter, hört mir zu! Ihr sollt am Hofe kostbare Kleider tragen, denn liebliche Damen werden uns dort betrachten. Schmückt Euch daher mit einer prächtigen Kleidung!«

507 Früh am anderen Morgen brachen sie auf. Welch tapfere Gefährten hatte Siegfried da an seiner Seite! Ausgezeichnete Pferde und strahlende Rüstungen führten sie mit sich. In stattlichem Zuge kamen sie im Lande Brünhilds an.

508 Da standen die lieblichen Mädchen an den Zinnen. Da sagte die Königin: »Weiß irgend jemand, wer die Leute sind, die ich dort weit draußen auf dem Meere fahren sehe? Sie haben kostbare Segel, die leuchten noch heller als der Schnee.«

509 Dô sprach der künec von Rîne: »ez sint mîne man.   478
    die het ich an der verte hie nâhen bî verlân;   (522)
    die hân ich besendet: die sint nu, frouwe, komen.«
    der hêrlîchen geste wart vil grôze war genomen.

510 Dô sach man Sîfrîde vor in eîme scheffe stân   479
    in hêrlîcher wæte und ander manegen man.   (523)
    dô sprach diu küneginne: »her künec, ir sult mir sagen,
    sol ich die geste empfâhen oder sól ich grüezen si verdagen?«

511 Er sprach: »ir sult engegen in für den palas gên,   480
    ob wir si sehen gerne, daz si daz wol verstên.«   (524)
    dô tet diu küneginne als ir der künec geriet.
    Sîfride mít dem gruoze si von den ándéren schiet.

512 Man schuof in herberge und behíelt in ir gewant.   481
    dô was sô vil der geste komen in daz lant,   (525)
    daz si sich allenthalben drungen mit den scharn.
    dô wolden die vil küenen heim zen Burgonden varn.

513 Dô sprach diu küneginne: »ich woldę im wesen holt,   482
    der geteilen kunde mîn silber unt mîn golt,   (526)
    mîn unt des küneges gesten, des ich sô vil hân.«
    des antwurte Dancwart, des küenen Gîselheres man:

514 »Vil edeliu küneginne, lât mich der slüzzel pflegen.   483
    ich trûwę ez sô geteilen«, sprach der küene degen.
    »swaz ich erwerbe schande, die lât mîn eines sîn.«
    daz er milte wære, daz tet er grœzlîchen schîn.

515 Dô sich Hagenen bruoder der slüzzel underwant,   484
    sô manege rîche gâbe bôt des heldes hant:
    swer einer marke gerte, dem wart sô vil gegeben
    daz die armen alle muosen vrœlîchen leben.

516 Wol bî hundert pfunden gap er âne zal.   485
    genuogę in rîcher wæte giengen vor dem sal,
    die nie dâ vor getruogen sô hêrlîchiu kleit.
    daz gevríesch diu küneginne: ez was ir wærlîche leit.

517 Dô sprach diu frouwe hêre: »her künec, ich hetę es rât, 486
    daz iuwer kamerære mir wil der mînen wât
    lâzen niht belîben; er swendet gar mîn golt.
    der ez noch understüende, dem woldę ich immer wesen holt.

509 Da sagte der König vom Rhein: »Herrin, es sind meine Leute. Die hatte ich hier in der Nähe zurückgelassen. Auf meine Anordnung hin sind sie jetzt gekommen.« Mit gespannter Aufmerksamkeit hielt man nach den strahlenden Fremden Ausschau.

510 Da konnte man Siegfried und viele andere Männer in herrlicher Kleidung vorn im Bug des Schiffes stehen sehen. Da sagte die Königin: »Herr König, sagt mir doch, soll ich die Fremden begrüßen oder soll ich ihnen eine solche Ehrung versagen?«

511 Gunther sagte: »Geht ihnen bis vor den Palas entgegen, damit sie daran erkennen können, daß es uns freut, sie zu sehen.« Da folgte die Königin dem Rat des Königs. Sie hob Siegfried durch die Art ihrer Begrüßung von den anderen ab.

512 Man sorgte für ihre Unterkunft und nahm ihre Rüstungen in Verwahrung. Da waren soviele Fremde in das Land gekommen, daß sie sich überall zu Scharen drängten. Da faßten die tapferen Helden den Plan, heimzukehren ins Land der Burgunden.

513 Da sagte die Königin: »Dem wäre ich gewogen, der meinen riesigen Schatz an Silber und Gold an meine und Gunthers Gäste gerecht verteilen könnte.« Darauf gab Dankwart, der Lehnsmann des tapferen Giselher, zur Antwort:

514 »Edle Königin, gebt die Schlüssel in meine Obhut. Ich traue mir zu, es gerecht zu verteilen«, so sagte der tapfere Held, »und was mir an Vorwürfen gemacht wird, das nehme ich auf mich.« Schon bald zeigte sich sehr deutlich, daß er wirklich freigebig war.

515 Als Hagens Bruder das Schlüsselamt übernommen hatte, verschenkte der Held bereitwillig reiche Gaben: wer nur eine Mark haben wollte, dem gab er so viel, daß die Armen im Lande überall in Freuden leben konnten.

516 So teilte er, ohne nachzuzählen, Hunderte von Pfunden aus, und viele, die niemals vorher so herrliche Kleider getragen hatten, schritten nun in kostbarer Gewandung vor dem Saal einher. Die Königin erfuhr davon und war darüber zutiefst empört.

517 Da sagte die edle Fürstin: »Herr König, ich könnte gut darauf verzichten, daß Euer Kämmerer mir offenbar nicht ein Stück von meinen Kleidern übriglassen will. Auch mein Gold verschleudert er völlig unter die Leute. Wer dem jetzt noch Einhalt gebieten könnte, dem wäre ich auf immer gewogen.

518 Er gît sô rîche gâbe,   jâ wænet des der degen,
ich habe gesant nâch tôde: ich wils noch lenger pflegen.
ouch trouwę ichz wol verswenden,   daz mir mîn vater lie.«
sô milten kamerære   gewan noch küneginne nie.

519 Dô sprach von Tronege Hagene: »frouwę, iu sît geseit,   487
ez hât der künec von Rîne   gólt únde kleit   (528)
alsô vil ze gebene   daz wir des haben rât,
daz wir von hinnen füeren   iht der Prünhilde wât.«

520 »Nein, durch mîne liebe«,   sprach diu künegîn.   488
»lât mich erfüllen   zweinzec leitschrîn   (529)
von goldę unt ouch von sîden,   daz geben sol mîn hant,
sô wir komen übere   in daz Guntheres lant.«

521 Mit edelem gesteine   ládete man ír diu schrîn.   489
ir selber kamerære   dâ mite muosen sîn.
sine woldes niht getrûwen   dem Gîselheres man.
Gúnthér unt Hagene   dar umb láchén began.

522 Dô sprach diu küneginne: »wem lâzę ich mîniu lant?   490
diu sol ê hie bestiften   mîn unt iuwer hant.«   (530)
dô sprach der künec edele: »nu heizet hér gân
der iu dar zuo gevalle,   den sul wir voget wesen lân.«

523 Ein ir hôchsten mâge   diu frouwe bî ir sach   491
(er was ir muoter bruoder),   zuo dem diu maget
sprach: (531)
»nu lât iu sîn bevolhen   mîne bűrgę unt ouch diu lant,
únz daz híe ríhte   des künec Guntheres hant.«

524 Dô weltę sį ir gesindes   zweinzec hundert man,   (532)
die mit ir varn solden   ze Burgonden dan,
zuo jenen tûsent recken   ûz Nibelunge lant.
si rihten sich zer verte;   man sach si rîten ûf den sant.

525 Si fuorte mit ir dannen   sehs unt ahzec wîp,   492
dar zuo wol hundert mägede,   vil schœne was der lîp.   (533)
sine sűmten sich niht langer,   si wolden gâhen dan.
die si dâ heime liezen,   hei waz der wéinén began!

526 In tugentlîchen zühten   si rûmtę ir eigen lant.   493
si kustę ir friunt die nâhen,   die si bî ir vant.   (534)
mit guotem úrlóube   si kômen ûf den sê.
zuo ir vater lande   kom diu frouwe nimmer mê.

518 So kostbare Gaben teilt der Held aus, daß er offenbar der Meinung ist, ich hätte vor, aus dem Leben zu scheiden. Ich habe jedoch die Absicht, das Erbe meines Vaters noch länger zu behalten; es zu vergeuden, würde ich mir auch selbst zutrauen.« Niemals vorher hatte eine Königin einen so freigebigen Kämmerer gefunden.

519 Da sagte Hagen von Tronje: »Herrin, laßt Euch sagen: der König vom Rhein hat selbst so viel Gold und Kleider zu verschenken, daß wir darauf verzichten können, irgend etwas von Euren Kleidern mit uns zu nehmen.«

520 »Nein«, sagte die Königin, »laßt doch mir zuliebe zwanzig Reisetruhen mit Gold und Seide füllen, damit ich es verteilen kann, wenn wir drüben in das Land Gunthers gelangen.«

521 Man füllte ihr die Truhen mit kostbaren Edelsteinen. Da sie nun dem Lehnsmann Giselhers diese Aufgabe nicht mehr anzuvertrauen wagte, mußte ihr eigener Kämmerer zur Überwachung zugegen sein. Gunther und Hagen aber lachten herzlich darüber.

522 Da sagte die Königin: »Wem vertraue ich meine Länder an? Deren Verwaltung muß erst noch von mir und Euch geordnet werden.« Da sagte der edle König: »Nun laßt den Mann vor uns kommen, der Euch für diese Aufgabe geeignet erscheint: den wollen wir dann als Landesverweser einsetzen.«

523 Die Herrin sah einen ihrer engsten Verwandten, den Bruder ihrer Mutter, in ihrer Nähe und sagte zu ihm: »So seien denn Euch meine Burgen und die Länder anvertraut, bis König Gunther hier mit eigener Hand die Herrschaft ausübt.«

524 Da wählte sie aus ihren Gefolgsleuten zweitausend Mann aus, die zusammen mit ihr und den tausend Helden aus dem Land der Nibelungen nach Burgund fahren sollten. Sie rüsteten sich zur Abfahrt und ritten, wie man sah, zum Strand hinab.

525 Sechsundachtzig Damen und etwa hundert Mädchen, alle von erlesener Schönheit, nahm sie zu ihrer Begleitung mit. Und nun säumten sie auch nicht länger, denn sie wollten aufbrechen. Die aber, die zu Hause bleiben mußten, vergossen heiße Tränen.

526 Sie bewies ihre vollendete Erziehung, als sie nun ihr eigenes Land verließ: sie küßte ihre nächsten Verwandten, alle die da waren. Nach einem formgemäßen Abschied gelangten sie aufs hohe Meer. Nie wieder kehrte Frau Brünhild ins Land ihrer Väter zurück.

527 Dô hôrte man ûf ir verte   maneger hande spil,   494
aller kurzewîle   der hêtén si vil.   (535)
dô kom in zuo ir reise   ein rehter wazzerwint.
si fuoren von dem lande   mit vil grôzen freuden sint.

528 Done wólde si den herren   niht minnen ûf der vart.   495
ez wart ir kurzwîle   unz in sîn hûs gespart   (536)
ze Wormez zuo der bürge   zeiner hôchgezît,
dâ si vil freuden rîche   kômen mit ir helden sît.

9. Âventiure
Wie Sîfrit ze Wormez gesant wart

529 Dô si gevarn wâren   volle niun tage,   496
dô sprach von Tronege Hagene: »nu hœrt waz ich iu
                                               sage!   (537)
wir sûmen uns mit den mæren   ze Wormez an den Rîn.
iuwer boten solden   nu ze Burgonden sîn.«

530 Dô sprach der künec Gunther: »ir habet mir wâr geseit.   497
uns wǽre ze der sélben verte   niemen sô bereit   (538)
als ír, friunt Hagene.   nu rîtet in mîn lant.
die unser hovereise   tuot in niemen baz bekant.«

531 Des antwurte Hagene: »ich bin niht bote guot.   (539)
lât mich pflegen der kamere.   belîben ûf der fluot
wil ich bî den frouwen,   behüeten ir gewant,
únz wír si bringen   in der Burgonde lant.

532 Nu bitet Sifrîde   fǘeren die bóteschaft;   498
der kan si wol gewerben   mit ellenthafter kraft.   (539)
versagę er iu die reise, ir sult mit guoten siten
durch iuwer swester liebe   der bete in friuntlîchen biten.«

533 Er sande nâch dem recken;   der kom, dô man in vant.   499
er sprach: »sît daz wir nâhen   heim in mîniu lant,   (540)
sô soldę ich boten senden   der lieben swester mîn
und ouch mîner muoter,   daz wir nâhen an den Rîn.

534 Des ger ich an iuch, Sîfrit: nu leistet mînen muot,   (541)
daz ich ez iemer diene«,   sprach der degen guot.
dô widerredetę ez Sîfrit,   der vil küene man,
únz dáz in Gunther   sêre vléhén began.

527 Da hörte man unterwegs den Lärm fröhlicher Geselligkeit: sie
verbrachten ihre Zeit mit Unterhaltungen aller Art. Ein frischer
Wind begünstigte ihre Reise. In der freudigsten Stimmung se-
gelten sie von Brünhilds Land ab.

528 Sie hatte aber nicht vor, schon jetzt auf der Fahrt mit dem König
das Beilager zu halten. Mit diesen Freuden sollte bis zum Hoch-
zeitsfest zuhause auf der Burg in Worms gewartet werden. Zu-
sammen mit ihren Helden kamen sie nach einiger Zeit glücklich
dort an.

9. Aventiure
Wie Siegfried nach Worms geschickt wurde

529 Als sie volle neun Tage gesegelt waren, da sagte Hagen von
Tronje: »Nun hört mir zu! Wir warten zu lange damit, eine
Nachricht nach Worms an den Rhein zu schicken. Eure Boten
sollten eigentlich schon im Lande der Burgunden sein.«

530 Da sagte der König Gunther: »Ihr habt recht! Und es wäre für
diese Fahrt niemand so geeignet wie Ihr, Freund Hagen. Nun
reitet voran in mein Land; denn niemand kann den Leuten in
Worms besser von unserer Werbungsfahrt berichten als Ihr.«

531 Darauf antwortete Hagen: »Ich eigne mich nicht zum Boten.
Laßt mich nur hier auf dem Schiff bleiben und Kämmerer sein.
Ich will hier bei den Damen bleiben und für sie sorgen, bis wir
sie sicher in das Land der Burgunden gebracht haben.

532 Bittet doch Siegfried, daß er die Botschaft überbringt! Tapfer
wie er ist, wird er sie vortrefflich ausrichten. Falls er es nun Euch
persönlich abschlägt, dorthin zu reiten, dann solltet Ihr ihn in
aller Freundlichkeit darum bitten, es doch wenigstens aus Liebe
zu Eurer Schwester zu tun.«

533 Der König ließ nach Siegfried schicken, der auch, nachdem man
ihn gefunden hatte, sogleich kam. »Da wir uns nun meinen hei-
matlichen Ländern nähern«, so sagte Gunther, »ist es meine
Schuldigkeit, meiner lieben Schwester und auch meiner Mut-
ter Boten zu schicken mit der Nachricht, daß wir nun bald an
den Rhein gelangen.

534 Siegfried, ich bitte Euch: Führt doch Ihr mein Vorhaben aus!
Ich werde mich Euch immer dafür dankbar erweisen!« so sagte
der edle Mann. Doch Siegfried, der tapfere Held, lehnte es ab,
bis dann Gunther flehentlich in ihn drang.

535 Er sprach: »ir sult rîten   durch den willen mîn   500
   unt ouch durch Kriemhilde,   daz schœne magedîn,
   daz ez mit mir verdiene   diu hêrlîche meit.«
   dô daz gehôrte Sîfrit,   dô was der recke vil bereit.

536 »Nu enbietet swaz ir wellet,   des wirt niht verdaget.   501
   ich wil ez werben gerne   durch die vil schœnen maget.   (542)
   zwiu solde ich die verzîhen   die ich in herzen hân?
   swaz ir durch sî gebietet,   daz ist álléz getân.«

537 »Sô saget mîner muoter,   Úoten der künegîn,   502
   daz wir an dirre verte   in hôhem muote sîn.   (543)
   lât wizzen mîne bruoder   wie wir geworben hân.
   ir sult ouch unser friunde   disiu mære hœren lân.

538 Die mînen schœnen swester   sult ir niht verdagen   503
   mîn unt Prünhilde dienest   sult ir ir sagen   (544)
   unt ouch dem gesinde   unt allen mînen man.
   dar nâch ie ranc mîn herze,   wie wol ich daz verendet hân!

539 Unt saget Ortwîne,   dem lieben neven mîn,   504
   daz er heize sidelen   ze Wormez an den Rîn.   (545)
   unt ander mîne mâge   die sol man wizzen lân,
   ich wil mit Prünhilde   grôze hôchzîte hân.

540 Unt saget mîner swester,   sô si daz habe vernomen,   505
   daz ich mit mînen gesten   sî ze lande komen,   (546)
   daz si mit vlîze empfâhe   die triutinne mîn.
   daz wil ich immer diende   umbe Kriemhilde sîn.«

541 Sîfrit der herre   balde úrlóup genam   506
   von froun Prünhilde,   als im daz wol gezam,   (547)
   unt zallem ir gesinde;   dô reit er an den Rîn.
   ez kunde in dirre werlde   ein bote bezzer niht gesîn.

542 Mit vier unt zweinzec recken   ze Wormez er dô reit.   507
   des küneges kom er âne,   dô daz wart geseit,   (548)
   allez daz gesinde   muote jâmers nôt.
   si vorhten daz ir herre   dort beliben wære tôt.

543 Dô erbeizten si von rossen;   hôhe stuont ir muot.   508
   vil schiere kom in Gîselher,   der junge künec guot,   (549)
   unt Gêrnôt sîn bruoder,   wie balde er dô sprach,
   dô er den künec Gunther   niht bî Sîfride sach:

120

535 Er sagte: »Reitet doch mir und besonders der schönen Kriem-
hild zuliebe! Die herrliche Jungfrau und ich werden Euch die-
sen Dienst vergelten.« Als Siegfried das hörte, da war er sogleich
bereit.

536 »Nun sagt mir, was ich melden soll! Ich werde alles ausrichten.
Der schönen Jungfrau zuliebe übernehme ich Euren Auftrag
mit Freuden. Wie dürfte ich es ihr versagen, der mein Herz
gehört? Was immer Ihr mir in ihrem Namen auftragt, das ist
bereits so gut wie getan.«

537 »So sagt meiner Mutter, der Königin Ute, daß wir hochgemut
zurücksegeln, und berichtet meinen Brüdern, wie es uns er-
gangen ist. Natürlich sollt Ihr auch unseren Freunden alles er-
zählen.

538 Ihr dürft nicht vergessen, meine schöne Schwester und die Haus-
genossen und alle meine Gefolgsleute von mir und Brünhild zu
grüßen. Wonach ich mich schon immer gesehnt habe, das habe
ich jetzt aufs herrlichste verwirklicht.

539 Ortwin, meinem lieben Neffen, sollt Ihr auftragen, er möchte in
Worms am Rhein Unterkünfte bereitstellen, und meine übrigen
Verwandten soll man wissen lassen, daß ich mit Brünhild eine
prächtige Hochzeit feiern will.

540 Schließlich sollt Ihr meiner Schwester sagen: sobald sie vernom-
men hat, daß ich mit meinen Gästen in das Land gekommen sei,
möchte sie eifrige Vorbereitungen treffen, meine liebe Braut
hier in Worms zu empfangen. Dafür werde ich mich ihr immer
dankbar erweisen.«

541 Wie es sich für ihn geziemte, verabschiedete sich der Herr Sieg-
fried von Frau Brünhild und ihrem ganzen Gefolge; er tat es
in großer Eile und ritt an den Rhein. Auf der ganzen Welt hätte
es keinen besseren Boten geben können.

542 Mit vierundzwanzig Recken ritt er nach Worms. Doch er kam
ohne den König, und als sich dies herumgesprochen hatte, da
wurden alle Leute am Hof von heftigstem Schmerz ergriffen.
Denn sie fürchteten, ihr Herr hätte in dem fernen Land sein
Leben gelassen.

543 Da sprangen die Ankömmlinge von den Pferden. Sie waren
stolz und hochgemut. In eiligem Schritt kamen Giselher, der
junge treffliche König, und auch Gernot, sein Bruder, herbei.
Als Giselher den König Gunther nicht an der Seite Siegfrieds
erblickte, da sagte er sogleich:

544 »Sît willekomen, Sîfrit!   ir sult mich wizzen lân   *509*
   wâ ir mînen bruoder   den künec habt verlân.   *(550)*
   diu Prünhilde sterke   in wænę uns hât benomen.
   sô wærę ir hôhiu minne   uns ze grôzem schaden komen.«

545 »Die angest lât belîben.   iu unt den mâgen sîn   *510*
   enbiutet sînen dienest   der hergeselle mîn.   *(551)*
   den liez ich wol gesunden.   er hât mich iu gesant,
   daz ich sîn bote wære   mit mæren her in iuwer lant.

546 Ir sult daz ahten schiere,   swie sô daz geschehe,   *511*
   daz ich die küeginne   unt iuwer swester sehe;   *(552)*
   die sol ich lâzen hœren   waz in enboten hât
   Gúnthér unt Prünhilt: ir dinc in beiden hôhe stât.«

547 Dô sprach der junge Gîselher: »dâ sult ir zuo zir gân!   *512*
   dâ habt ir mîner swester   vil liebe an getân.   *(553)*
   sie treit michel sorge   umb den bruoder mîn.
   diu magt siht iuch gerne: des wil ich iuwer bürge sîn.«

548 Dô sprach der herre Sîfrit: »waz ich ir dienen kan,   *513*
   daz sol vil willeclîchen   mit triuwen sîn getân.   *(554)*
   wer saget nu den frouwen   daz ich wil dar gân?«
   des wart dô bote Gîselher,   der vil wætlîche man.

549 Gîselher der snelle   zuo sîner muoter sprach   *514*
   unt ouch ze sîner swester   da er si beide sach: *(555)*
   »uns ist komen Sîfrit,   der helt ûz Niderlant.
   in hât mîn bruoder Gunther   her ze Rîné gesant.

550 Er bringet uns diu mære   wie ez úmb den künec stê.   *515*
   nu sult ir im erlouben   daz er ze hove gê.   *(556)*
   er sagt diu rehten mære   her von Îslant.«
   noch was den edelen frouwen   michel sórgé bekant.

551 Si sprungen nâch ir wæte,   dô leiten si sich an.   *516*
   si bâten Sîfrîde   hin ze hove gân.   *(557)*
   daz tet er willeclîchen,   want er si gerne sach.
   Kriemhilt diu edele   zuo im güetlîchen sprach:

552 »Sît willekomen, her Sîfrit,   ritter lobelîch!   *517*
   wâ ist mîn bruoder Gunther,   der edel künec rîch?   *(558)*
   von Prünhilde krefte   den wæn wir haben verlorn.
   owê mir armen mägede,   daz ich zer werlt ie wart geborn.«

553 Dô sprach der ritter küene: »nu gebt mir botenbrôt!   *518*
   ir vil schœne frouwen,   ir weinet âne nôt.   *(559)*
   ich liez in wol gesunden,   daz tuon ich iu bekant.
   si habent mich iu beiden   mit den mæren her gesant.

544 »Siegfried, seid willkommen! Sagt mir, wo habt Ihr meinen Bruder, den König, gelassen? Hat etwa Brünhilds Kraft ihn uns geraubt? Dann hätten wir für den schwierigen Einsatz, ihre hohe Minne zu erlangen, einen teuren Preis bezahlt.«

545 »Sorgt Euch nicht! Mein Gefährte läßt Euch und seine anderen Verwandten grüßen. Er ist wohlauf und hat mich als Boten hierhergeschickt, daß ich Bericht in Euer Land überbringe.

546 Wie immer es sich einrichten läßt, sorgt doch möglichst bald dafür, daß ich die Königin und Eure Schwester aufsuchen kann; denn sie sollen erfahren, was Gunther und Brünhild ihnen ausrichten lassen: ihrer beider Glück steht auf seinem Höhepunkt.«

547 Da sagte der junge Giselher: »Geht doch gleich zu ihr! Mit solcher Botschaft bereitet Ihr meiner Schwester eine große Freude; denn sie ist noch immer in großer Besorgnis um ihren Bruder. Ich gebe Euch mein Wort, daß das Mädchen den Wunsch hat, Euch zu sehen.«

548 Da sagte der Herr Siegfried: »Wo immer ich ihr dienen kann, da will ich es bereitwillig und mit großer Hingabe tun. Doch wer meldet nun den Damen, daß ich sie besuchen möchte?« Da machte sich Giselher, der stattliche Mann, selbst als Bote auf den Weg.

549 Der tapfere Giselher sagte zu seiner Mutter und zu seiner Schwester, da er sie beide zusammen sah: »Siegfried, der Held aus den Niederlanden, ist zu uns gekommen. Mein Bruder Gunther hat ihn hierher an den Rhein gesendet.

550 Er bringt uns den Bericht, wie es dem König geht. Gestattet es ihm doch, hier vor Euch zu erscheinen. Er kann uns genaue Kunde bringen von den Ereignissen in Island.« Zu dieser Zeit schwebten die edlen Damen immer noch in großen Ängsten.

551 Sie sprangen schnell auf und legten zum Empfang andere Kleider an. Dann ließen sie Siegfried sagen, er könne jetzt vor ihnen erscheinen. Sogleich war er dazu bereit, denn er war begierig, sie zu sehen. Freundlich sagte die edle Kriemhild zu ihm:

552 »Seid willkommen, Herr Siegfried, ruhmreicher Ritter! Wo ist mein Bruder Gunther, der edle, mächtige König? Wir fürchten, wir haben ihn durch Brünhilds Kampfkraft verloren! Ach, ich Arme, daß ich überhaupt geboren wurde!«

553 Da sagte der tapfere Ritter: »Ihr dürft mir Botenlohn geben! Ihr schönen Damen, Ihr weint ohne Grund! Ich kann Euch berichten, daß er unversehrt war, als ich ihn verließ. Gunther und Brünhild haben mich mit einem Bericht zu Euch beiden geschickt.

554 Iu ęnbiutet holden dienest   er unt diu wine sîn   *519*
    mit friuntlîcher liebe,   vil edeliu künegîn.   *(560)*
    nu lâzet iuwer weinen: sie wellent schiere komen.«
    si het in manegen zîten   sô lieber mære niht vernomen.

555 Mit snêwîzen gêren   ir ougen wol getân   *(561)*
    wischte si nâch trehenen.   danken si began
    dem boten dirre mære   diu ir dâ wâren komen.
    dô was ir michel trûren   unde wéinén benomen.

556 Si bat den boten sitzen;   des was er vil bereit.   *520*
    dô sprach diu minneclîche: »mir wære niht ze leit,   *(562)*
    ob ich ze botenmiete   iu solde gében mîn gólt.
    dar zuo sît ir ze rîche: ich wil iu sus immer wesen holt.«

557 »Ob ich nu eine hête«,   sprach er, »drîzec lant,   *521*
    so ęmpfięngę ich doch gerne   gâbę ûz iuwer hant.«   *(563)*
    dô sprach diu tugentrîche: »nu sol ez sîn getân.«
    si hiez ir kamerære   nâch der botenmiete gân.

558 Vier unt zweinzec bouge   mit gesteine guot   *522*
    die gap sị im ze miete.   sô stuont des heldes muot,   *(564)*
    er woldes niht behalten: er gab ez sâ zehant
    ir næhstem ingesinde,   die er ze kemenâten vant.

559 Ir muoter bôt ir dienest in   vil gúetlîchen an.   *523*
    »ich sol iu sagen mære«,   sprach der küene man,   *(565)*
    »wes iuch bitet Gunther   so ęr kumet an den Rîn.
    ob ir daz, frouwe, leistet,   er wellę iu immer wæge sîn.

560 Die sînen rîche geste,   des hôrtę ich in gern,   *524*
    daz ir die wol empfâhet   und sult in des gewern,   *(566)*
    daz ir gegen im rîtet   für Wormez ûf den sant.
    des sît ir von dem künege   mit rehten tríuwén gemant.«

561 Dô sprach diu minneclîche: »des bin ich vil bereit.   *525*
    swaz ich im kan gedienen,   daz ist im unverseit.   *(567)*
    mit friuntlîchen triuwen   sô sol ez sîn getân.«
    dô mêrte sich ir varwe,   die si vor líebę gewan.

562 Ez enwárt nie botę empfangen   deheines fürsten baz.   *526*
    getorste sị in küssen,   diu frouwe tæte daz.   *(568)*
    wie rehte minneclîche   er von den frouwen schiet!
    dô tâten Burgonden   als in Sîfrit geriet.

554 Edle Königin, er und seine geliebte Braut grüßen Euch sehr herzlich. Nun laßt Euer Weinen, sie kommen ja bald hierher!« Eine so erfreuliche Nachricht hatte Kriemhild schon lange nicht mehr gehört.

555 Mit den schneeweißen Zipfeln ihres Kleides wischte sie sich die Tränen aus ihren wunderschönen Augen. Dann dankte sie dem Boten für die Nachrichten, die er ihr überbracht hatte, denn nun brauchte sie nicht mehr zu trauern und zu klagen.

556 Sie forderte den Boten auf, sich zu setzen, und dem kam er sehr gerne nach. Da sagte die liebliche Jungfrau: »Es wäre mir eine Freude, wenn ich Euch als Botenlohn Gold geben dürfte. Doch dafür seid Ihr selbst ja wohl zu mächtig. So will ich Euch denn auf immer gewogen sein.«

557 »Und hätte ich auch dreißig Länder für mich allein«, sagte Siegfried, »ich würde doch mit Freuden eine Gabe aus Eurer Hand annehmen.« Da sagte die edle Jungfrau: »Dann soll es geschehen!« Sie gab ihrem Kämmerer den Auftrag, den Botenlohn herbeizuholen.

558 Vierundzwanzig mit kostbarem Gestein besetzte Armreife gab sie ihm als Lohn. Doch der Held hatte nicht im Sinn, sie zu behalten; er schenkte sie sogleich ihren nächsten Vertrauten, die gerade in der Kemenate waren.

559 Als nun auch Kriemhilds Mutter ihm sehr freundlich dankte, sagte der tapfere Held: »Hört weiter, worum Euch der König bittet, wenn er jetzt an den Rhein kommt! Wenn Ihr, Herrin, diese Bitte erfüllt, dann verspricht er, Euch auf immer gewogen zu sein.

560 Es ist sein Wunsch, so hörte ich von ihm, daß Ihr seinen mächtigen Gästen einen prächtigen Empfang bereitet und ihm bis vor Worms an das Ufer entgegenreitet. Darum bittet Euch der König, und er erinnert Euch an die Treue, die Ihr ihm schuldet.«

561 Da sagte die liebliche Jungfrau: »Dem will ich gerne nachkommen. Was immer ich für ihn tun kann, das schlage ich ihm nicht ab, und ich tue es aus schwesterlicher Zuneigung.« Da färbten sich vor Freude ihre Wangen.

562 Niemals wurde der Bote eines Fürsten besser aufgenommen. Wenn sie es hätte wagen dürfen, ihn zu küssen, sie hätte es getan! Mit großer Freundlichkeit verabschiedete er sich von den Damen. Da verhielten sich die Burgunden so, wie Siegfried es ihnen geraten hatte.

563 Sindolt unt Hûnolt   unt Rûmolt der degen,   *(569)*
    vil grôzer unmuoze   muosen si dô pflegen,
    rihten daz gesidele   vor Wormez ûf den sant.
    des küneges schaffære   man mit arbeiten vant.

564 Ortwîn unt Gêre   dine wólden daz niht lân,   *(570)*
    si sanden nâch den friunden   allenthalben dan.
    si kunten in die hôchzît   diu dâ solde sîn.
    dâ zierten sich engegene   diu vil schœnen magedîn.

565 Der palas unt die wende   daz was über al   527
    gezieret gegen den gesten.   der Guntheres sal   *(571)*
    der wart vil wol bezimbert   durch manegen vremden man.
    dísiu vil stárke hôchzît. húop sich vil vrœlîchen an.

566 Dô riten allenthalben   die wege durch daz lant   528
    der drîer künege mâge,   die hete man besant,   *(572)*
    daz si den solten warten,   die in dâ wolden komen.
    dâ wart ûzer valde   vil rîcher wǽté genomen.

567 Dô sagete man diu mære,   daz man rîten sach   529
    die Prünhilde friunde.   dô huop sich ungemach   *(573)*
    von des volkes krefte   in Burgonden lant.
    hei waz man küener degene   dâ ze beiden sîten vant!

568 Dô sprach diu schœne Kriemhilt: »ir mîniu magedîn,   *(574)*
    die an dem ántpfánge   mit mir wellen sîn,
    die suochen ûz den kisten   diu aller besten kleit;
    sô wirt uns von den gesten   lop unt ếrế geseit.«

569 Dô kômen ouch die recken;   die hiezen tragen dar   530
    die hêrlîchen sätele   von rôtem golde gar,   *(575)*
    die frouwen solden rîten   ze Wormez an den Rîn.
    bezzer pfertgereite   kunden níendér gesîn.

570 Hei waz dâ liehtes goldes   von den mœren schein!   531
    in lûhte von den zoumen   vil manec edel stein.   *(576)*
    die guldînen schemele   ob liehtem pfelle guot
    die brâhte man den frouwen: si wâren vrœlich gemuot.

571 Ûf dem hove wâren   diu frouwen pfert bereit   *(577)*
    den edeln juncfrouwen,   als ich iu hân geseit.
    diu smalen fürbüege   sach man die mœre tragen
    von den besten sîden,   dâ von iu iemen kunde sagen.

572 Sehs unt ahzec frouwen   sach man fǘr gân.   532
    die gebénde truogen.   zuo Kriemhilde dan   *(578)*
    kômen die vil schône   unt truogen liehtiu kleit.
    dâ kom ouch wol gezieret   manec wǽtlîchiu meit,

563 Sindold, Hunold und Rumold, der Held, bekamen viel zu tun: sie hatten draußen am Ufer vor Worms das Gestühl aufzubauen. Die Hofmeister des Königs sah man hart arbeiten.

564 Ortwin und Gere verloren unterdessen keine Zeit, überall die Freunde Gunthers einzuladen und ihnen bekanntzumachen, daß ein Fest bevorstehe. In fröhlicher Erwartung schmückten sich viele schöne Mädchen.

565 Der Palas und alle Wände der Burg waren für die Gäste geschmückt: für die vielen Fremden wurde in Gunthers Festsaal das Gestühl errichtet. Unter fröhlichem Schall begann das prächtige Fest.

566 Da ritten die Verwandten der drei Könige, nach denen man ausgeschickt hatte, überall auf den Wegen des Landes herbei, um auf die Heimkehr derer zu warten, die ihr Kommen angekündigt hatten. Viele kostbare Kleider wurden aus den Truhen herausgenommen.

567 Da berichteten Späher, man könne die Leute Brünhilds bereits heranreiten sehen. Da regte sich unter dem ganzen Volk im Lande der Burgunden große Geschäftigkeit. Auf beiden Seiten konnte man viele tapfere Helden erblicken.

568 Da sagte die schöne Kriemhild: »Meine lieben Mädchen, wer mich auf dem Empfang begleiten will, der soll aus den Truhen die allerschönsten Kleider hervorsuchen: dann werden die Gäste unseren Ruhm und unsere Ehre verkündigen.«

569 Nun kamen auch die Recken und ließen wunderschöne, aus rotem Gold gefertigte Sättel herbeibringen, auf denen die Damen nach Worms an den Rhein reiten sollten. Besseres Pferdegeschirr hätte es nirgendwo geben können.

570 Wie hell glänzte da das Gold an den Pferden! An ihrem Zaumzeug strahlten unzählige Edelsteine. Auf schimmernde, weiche Seidendecken stellte man den Frauen goldene Schemel. Überall herrschte ein fröhliches Treiben.

571 Wie ich Euch erzählt habe, standen jetzt auf dem Hof für die edlen jungen Mädchen die Damenpferde bereit; alle trugen feine Brustriemen aus der allerbesten Seide, von der man jemals hat berichten können.

572 Sechsundachtzig Damen, alle geschmückt mit dem Gebände, sah man aus der Burg herauskommen. In prächtigem Zug kamen sie in ihren hellen Kleidern auf Kriemhild zu. Viele liebliche Mädchen, köstlich gekleidet,

573 Fünfzec unde viere   von Burgonden lant.   (579)
    ez wâren ouch die hœchsten   die man dâ inder vant.
    die sach man valvahse   under líehten porten gân.
    des ê der künec gerte,   daz wart mit vlîzé getân.

574 Si truogen rîche pfellel,   die besten die man vant,   533
    vor den vremden recken,   sô manec guot gewant,   (580)
    daz ir genuoge schœne   ze rehte wol gezam.
    er wære in swachem muote,   der ir deheiner wære gram.

575 Von zobel unt von harme   vil kleider man dâ vant;   534
    dâ wart vil wol gezieret   manec arm unt hant   (581)
    mit bougen ob den sîden,   die si dâ solden tragen.
    iu enkunde diz vlîzen   ze ende níemén gesagen.

576 Vil manegen gürtel spæhen,   rîch únde lanc,   535
    über liehtiu kleider   vil manec hant dô swanc   (582)
    ûf edel röcke ferrans   von pfelle ûz Arabî.
    den edeln juncfrouwen   was vil hôher freuden bî.

577 Ez wart in fürgespenge   manec schœniu meit   536
    genæt vil minneclîche.   ez möhte ir wesen leit,   (583)
    der ir vil liehtiu varwe   niht lûhte gegen der wât.
    sô schœnes ingesindes   nû niht küneges künne hât.

578 Dô die vil minneclîchen   nu truogen ir gewant,   537
    die si dâ füeren solden,   die kômen dar zehant,   (584)
    der hôchgemuoten recken   ein vil michel kraft.
    man truoc ouch dar mit schilden   vil manegen eschînen
                                                        schaft.

10. Âventiure
Wie Prünhilt ze Wormez empfangen wart

579 Anderthalp des Rînes   sach man mit manegen scharn   538
    den künec mit sînen gesten   zuo dem stade varn.   (585)
    ouch sach man dâ bî zoume   leiten manege meit.
    die si empfâhen solden,   die wâren állé bereit.

580 Dô die von Îslande   zen scheffen kômen dan   539
    unt ouch von Nibelungen   die Sifrides man,   (586)
    si gâhten zuo dem lande   (ummüezec wart ir hant),
    dâ man des küneges friunde   des stades anderthalben vant.

573 vierundfünfzig an der Zahl, alle aus dem Land der Burgunden, schlossen sich an. Auch sie waren die edelsten, die man hätte finden können. Blond waren sie, und ihr Haar war mit schimmernden Bändern durchflochten. Was der König zuvor gewünscht hatte, wurde jetzt mit großem Eifer ausgeführt.

574 Die denkbar prächtigsten Stoffe und die vielen kostbaren Kleider, die sie vor den Augen der fremden Recken trugen, entsprachen der ungewöhnlichen Schönheit der Damen. Wer auch nur einer von ihnen hätte böse sein wollen, der wäre nicht ganz bei Verstand gewesen.

575 Zahllose Kleider aus Zobel und Hermelin sah man; viele Arme und Hände wurden mit Ringen geschmückt, die die Frauen über die Seidenärmel gestreift trugen. Niemand in der Welt könnte Euch vollständig berichten, wie eifrig sich die Frauen da schmückten.

576 Viele Damen schlangen kunstvoll aus arabischem Stoff gearbeitete, kostbare lange Gürtel um hell schimmernde Kleider und herrliche Röcke aus Ferrandin-Stoff. Den edlen Jungfrauen schlug das Herz vor Freude höher.

577 An den Gewändern vieler schöner Mädchen leuchteten anmutig die Schließen. Dennoch hätte es eine jede verdrossen, wenn ihre strahlende Hautfarbe die Leuchtkraft der Kleider nicht noch übertroffen hätte. Heute allerdings hat kein Königsgeschlecht mehr ein so schönes Gefolge.

578 Als nun die lieblichen Damen ihre Gewänder angelegt hatten, da kamen sogleich in großer Schar hochgemute Recken, um ihnen das Geleit zu geben. Zusammen mit den Schilden trug man auch viele Eschenlanzen dorthin.

10. Aventiure
Wie Brünhild in Worms empfangen wurde

579 Jenseits des Rheins sah man den König nun mit Scharen von Gästen auf das Ufer zureiten; auch sah man, daß vielen Damen die Pferde am Zaum geführt wurden, während diesseits alle bereitstanden, die beim Empfang dabei sein sollten.

580 Als die Isländer und auch die Nibelungen, die Leute Siegfrieds, sich eingeschifft hatten, ruderten sie eifrig an das jenseitige Ufer, auf dem die Verwandten des Königs standen.

581 Nu hœrt ouch disiu mære   von der künegîn,   *540*
   Uoten der vil rîchen,   wie si diu magedîn   *(587)*
   gefrumte von der bürge,   dar si dô selbe reit!
   da gewán ein ander künde   vil manec ritter unde meit.

582 Der herzoge Gêre   Kriemhilt zoumte dan   *(588)*
   niwan fúr daz bürgetor.   Sîfrit der küene man
   der muoste ir fürbaz dienen.   si was ein schœne kint.
   des wart im wol gelônet   von der juncfrouwen sint.

583 Ortwin der küene   bî frou Uoten reit   *(589)*
   vil geselleclîchen   manec ritter unde meit.
   ze so grôzem ántpfánge,   des wir wol mügen jehen,
   wart nie sô vil der frouwen   bî ein ándér gesehen.

584 Vil manegen bûhurt rîchen   sach man dan getriben   *541*
   von helden lobelîchen   (niht wol wærez beliben)   *(590)*
   vor Kriemhilt der schœnen   zuo den schiffen dan.
   dô huop man von den mœren   manege frouwen wol getân.

585 Der künec was komen übere   unt manec werder gast.   *542*
   hei waz starker schefte   vor den frouwen brast!   *(591)*
   man hôrte dâ hurteclîchen   von schilden manegen stôz.
   hei waz rîcher buckelen   vor gedrange lûte erdôz!

586 Die vil minneclîchen   stuonden an der habe.   *543*
   Gúnther mit sînen gesten   gie von den schiffen abe.   *(592)*
   er fuorte Prünhilden   selbę an sîner hant.
   dâ lûhte wider ein ander   vil liehte steinę unt gewant.

587 Mit vil grôzen zühten   frou Kriemhilt dô gie   *544*
   dâ si froun Prünhilden   unt ir gesindę empfie.   *(593)*
   man sach dâ schapel rucken   mit liehten henden dan,
   dâ si sich kusten beide: daz wart durch zúhté getân.

588 Dô sprach gezogenlîche   Kriemhilt daz mägedîn: *545*
   »ir sult zuo disen landen   uns willekomen sîn,   *(594)*
   mir unt mîner muoter   unt allen die wir hân
   der getriuwen friunde!«   dô wart dâ nígén getân.

589 Die frouwen sich beviengen   mit armen dicke hie.   *546*
   sô minneclîch ęmpfâhen   gehôrte man noch nie,
   sô die frouwen beide   der briute tâten kunt,
   frou Uotę unt ir tohter: die kusten dickę ir süezen munt.

590 Dô Prünhilde frouwen   volkômen ûf den sant,   *547*
   dâ wart vil minneclîchen   genomen bî der hant   *(595)*
   von wætlîch   recken   manec wîp wól getân.
   man sach die schœnen mägede   vór froun Prünhilde stân.

581 Nun hört auch berichten von der Königin, der mächtigen Ute,
wie sie die Mädchen ihres Gefolges von der Burg herab an den
Strand brachte, wohin sie auch selbst ihr Pferd lenkte. Viele
Ritter und Damen machten sich dort miteinander bekannt.

582 Der Herzog Gere führte Kriemhilds Pferd am Zaume, aller-
dings nur bis zum Burgtor, von da an mußte Siegfried, der
tapfere Held, dem schönen Mädchen diesen Dienst leisten, wo-
für sie ihm später ihren schönsten Lohn gab.

583 Der tapfere Ortwin ritt an der Seite von Frau Ute und hinter
ihnen in munteren Paaren viele Ritter und Damen. Man darf
wohl behaupten, daß man niemals wieder auf einem gleich riesi-
gen Empfang so viele Frauen beieinander gesehen hat.

584 Wie bei solchen Gelegenheiten üblich, trieben ruhmreiche Hel-
den, während man zu den Schiffen hinabritt, vor den Augen
Kriemhilds viele kunstfertige Waffenspiele. Dann hob man die
vielen schönen Damen von den Pferden.

585 Inzwischen waren der König und viele hochgestellte Gäste be-
reits übergesetzt. Nicht abzusehen, welche Unzahl von starken
Lanzenschäften vor den Augen der Damen zersplitterte! Man
hörte, wie dort unzählige Schilde gegeneinanderstießen und
beim Zusammenprall die kostbaren Schildbuckel erdröhnten.

586 Die lieblichen Damen standen am Ufer, während Gunther mit
seinen Gästen von den Schiffen herabkam und Brünhild mit
eigener Hand geleitete. Im Widerstreit miteinander warfen
strahlende Edelsteine und Gewänder einen hellen Schein.

587 Mit vollendeter Anmut schritt Kriemhild auf Brünhild und ihr
Gefolge zu, um sie willkommen zu heißen. Als sie einander
den Begrüßungskuß geben wollten, schoben sie, wie höfische
Sitte es gebot, mit ihren feinen weißen Händen den Kopfputz
zurück.

588 Da sagte Kriemhild in mädchenhafter Bescheidenheit: »Seid
mir und meiner Mutter und allen unseren treuen Verwandten
in diesen Landen herzlich willkommen!« Brünhild dankte ihr,
indem sie sich verneigte.

589 Mehrere Male umarmten die Frauen einander. Niemals zuvor
hat man von einem so liebevollen Empfang gehört, wie ihn die
beiden Frauen, Ute und ihre Tochter, der jungen Braut berei-
teten: Immer wieder küßten sie Brünhild auf den Mund.

590 Als nun Brünhilds Damen ganz an das Ufer gekommen waren,
da nahmen stattliche Recken die vielen schönen Frauen liebe-
voll bei der Hand; die lieblichen Hofdamen aber reihten sich,
wie man sah, vor Frau Brünhild auf.

591 Ê daz ir gruoz ergienge,   daz was ein langiu stunt.   *548*
    jâ wart dâ geküsset   manec rôsenvarwer munt.   *(596)*
    noch stuonden bî ein ander   die küneges tohter rîch:
    daz liebtę an ze sehene   manegem recken lobelîch.

592 Dô speheten mit den ougen   die ê hôrten jehen   *549*
    daz si alsô schœnes   heten niht gesehen   *(597)*
    sô die frouwen beide: des jach man âne lüge.
    ouch kôs man an ir libe   dâ deheiner slahte trüge.

593 Die frouwen spehen kunden   unt minneclîchen lîp,   *550*
    die lobten durch ir schœne   daz Guntheres wîp.   *(598)*
    dô sprâchen dâ die wîsen,   die hetenz baz besehen,
    man möhte Kriemhilden   wól für Prûnhílden jehen.

594 Wider ein ander giengen   maget unde wîp.   *551*
    man sach dâ wol gezieret   vil manegen schœnen lîp.   *(599)*
    dâ stuonden sîden hütten   und manec rîch gezelt,
    der was dâ gar erfüllet   vor Wormez álléz daz velt.

595 Von des küneges mâgen   wart dringen dâ getân.   *(600)*
    dô hiez man Prünhilde   unt Kriemhilde gân
    unt mit in alle die frouwen,   dâ man schate vant.
    dar brâhten si die degene   ûzer Burgonden lant.

596 Nu wâren ouch die geste   ze rossen alle komen.   *552*
    vil manec rîchiu tjoste   durch schilde wart genomen.   *(601)*
    daz velt begunde stouben   sam ob al daz lant
    mit louge wærę enbrunnen.   dâ wurden helde wol bekant.

597 Des dâ die recken pflâgen,   daz sach vil manec meit.   *553*
    mich dunket daz her Sifrit   mit sînen degen reit   *(602)*
    vil manege widerkêre   für die hütten dan.
    er fuortę der Nibelunge   tûsent wætlîcher man.

598 Dô kom von Tronege Hagene,   als im der wirt geriet.   *554*
    den bûhurt minneclîche   dô der helt geschiet,   *(603)*
    daz si ungestoubet liezen   dîu schœnen kint.
    des wart dô von den gesten   gevolget güetlîche sint.

599 Dô sprach der herre Gêrnôt: »diu ros lâzet stân,   *(604)*
    unz ez beginne kuolen;   sô sul wir ane vân
    dienen schœnen wîben   für den palas wît.
    so der künec welle rîten,   daz ir vil bereite sît.«

591 Es dauerte noch lange, bis ihre Begrüßung zuende war; denn zahllose rosige Lippen wurden geküßt. Die beiden mächtigen Königstöchter standen immer noch beieinander, ein Anblick, der vielen ruhmreichen Recken das Herz erfreute.

592 Wer vorher davon gehört hatte, daß man so etwas Schönes wie die beiden Frauen niemals zu Gesicht bekommen habe, der beobachtete nun genau und bestätigte, daß das Urteil wahr sei. Und dabei konnte man nicht entdecken, daß sie etwa mit Schminke nachgeholfen hätten.

593 Wer etwas von Frauen und ihren körperlichen Vorzügen verstand, der rühmte Gunthers Braut wegen ihrer Schönheit. Da sagten jedoch die wirklich Kundigen, die es noch besser wußten, daß man Kriemhild wohl über Brünhild stellen müßte.

594 Frauen und Mädchen, alle aufs Schönste geschmückt, gingen aufeinander zu. Das ganze Gefilde vor den Toren von Worms war mit vielen kleinen und großen Zelten aus kostbarer Seide übersät.

595 Als nun auch noch die Verwandten des Königs hinzudrangen, da forderte man Brünhild und Kriemhild und mit ihnen alle ihre Damen auf, an eine schattigere Stelle zu gehen. Helden aus dem Land der Burgunden geleiteten sie dorthin.

596 Auch die Gäste waren nun aufgesessen und übten sich in mannigfachen und schwierigen Reiterkämpfen, bei denen oftmals die Schilde mit Speeren durchstoßen wurden. Auf dem Gefilde wirbelte der Staub auf, als ob das ganze Land von lohenden Flammen bedeckt gewesen wäre. Da erst zeigte sich, wer wirklich ein Held war.

597 Viele Mädchen sahen zu, was die Recken trieben. Es scheint mir, als sei Herr Siegfried mit seinen Helden besonders häufig an den Zelten hin- und hergeritten. Er führte tausend stattliche Männer als seine Gefolgsleute mit sich.

598 Da kam Hagen von Tronje, wie es ihm der Landesherr befohlen hatte, und beendete mit freundlichen Worten den Buhurt, damit die schönen Damen vom Staub verschont blieben. Höflich fügten sich die Gäste diesem Wunsch.

599 Da sagte der Herr Gernot: »Laßt die Pferde jetzt bis zur Abendkühle ausruhen. Dann werden wir den schönen Damen erneut dienen, indem wir sie auf die Burg in den weiträumigen Palas geleiten. Wenn der König zu Pferd aufbricht, dann sollt Ihr alle Euch bereithalten.«

600 Do der bûhurt was zergangen   über al daz velt,   555
dô giengen kurzwîlen   under mánec hôch gezelt
die ritter zuo den frouwen   ûf hôher freuden wân.
da vertríben si die stunde   unz man rîten wolde dan.

601 Vor âbéndes nâhen,   do diu súnne nider gie,   556
unt ez begonde kuolen,   niht langer man daz lie: (605)
sich huoben gegen der bürge   manec mán únde wîp.
mit ougen wart getriutet   vil maneger schœnen frouwen lîp.

602 Dâ wart von guoten helden   vil kleider ab geriten   557
von den hôchgemuoten   nâch des landes siten,   (606)
unze fûr den palas   der künec dâ nider stuont.
dâ wart gedient frouwen   sô helde hôchgemuote tuont.

603 Dô wurden ouch gescheiden   die rîchen künegin.   558
frou Uotę unt ir tohter   die giengen beide hin   (607)
mit ir ingesinde   in ein vil wîtez gadem.
dô hôrte man allenthalben   ze freuden grœzlîchen kradem.

604 Gerihtet wart gesidele: der künec wolde gân   559
ze tische mit den gesten.   dô sach man bî im stân   (608)
die schœnen Prünhilde.   krône si dô truoc
in des küneges lande.   jâ was si rîché genuoc.

605 Vil manec hergesidele   mit guoten tavelen breit   (609)
vol spîse wart gesetzet,   als uns daz ist geseit.
des si dâ haben solden,   wie wênec des gebrast!
dô sach man bî dem künege   vil manigen hêrlîchen gast.

606 Des wirtes kamerære   in bécken von gólde rôt   560
daz wazzer fûr trúogen.   des wære lützel nôt,   (610)
ob iu daz iemen sagte   daz man diente baz
ze fürsten hôchgezîte;   ich wolte niht gelouben daz.

607 Ê daz der vogt von Rîne   wazzer dô genam,   561
dô tet der herre Sîfrit   als im dô gezam.   (611)
er mantę in sîner triuwe,   wes er im verjach,
ê daz er Prünhilde   dâ heimę in Íslande sach.

608 Er sprach: »ir sult gedenken   des mir swúor íuwer hant: 562
swenne daz frou Prünhilt   kǽmę ǐn diz lant,   (612)
ir gǽbet mir ǐuwer swester.   war sint die eide komen?
ich hân an iuwer reise   michel arbeit genomen.«

600 Als der Buhurt nun auf dem ganzen Gefilde zum Stillstand ge-
kommen war, gingen die Ritter, in der Hoffnung auf ange-
nehme und erlesene Unterhaltung, zu den Damen in die vielen
hochgespannten Zelte. Dort verbrachten sie die Zeit, bis man
wegreiten wollte.

601 Gegen Abend, als die Sonne herabsank und es kälter zu werden
begann, wartete man nicht länger: viele Männer und Frauen
brachen zur Burg hin auf. Mit zärtlichem Wohlgefallen be-
trachtete man die schönen Gestalten der vielen Frauen.

602 Wie es im Lande so Brauch war, zerrissen die tapferen, froh-
gestimmten Helden bei ihrem tollkühnen Reiten manchen
Waffenrock, bis der König dann vor dem Palas vom Pferd
stieg. Als echte höfische Ritter halfen sie dann den Damen von
den Pferden.

603 Da wurden nun auch die mächtigen Königinnen voneinander
getrennt. Frau Ute und ihre Tochter gingen mit ihrem Gefolge
in ein weiträumiges Gemach, während man von allen Seiten
lauten Lärm vernahm, Zeichen festlicher Fröhlichkeit.

604 Nun war die Tafel gerichtet, und der König wollte mit den
Gästen zu Tisch gehen. Da sah man die schöne Brünhild an
seiner Seite stehen. Ihrer Macht entsprechend trug sie in dem
Königreich die Krone.

605 Wie uns berichtet ist, waren die Tische für das Gefolge mit riesi-
gen Tafeln voller Speisen besetzt. Was man für das Mahl nur
brauchte, daran war kein Mangel. In der näheren Umgebung
des Königs sah man an der Tafel viele hohe Gäste.

606 Die Kämmerer des Hausherrn brachten in schimmernden gol-
denen Becken Waschwasser herbei. Es wäre völlig verfehlt,
und ich würde es daher auch nicht glauben, wenn jemand sagte,
es habe irgendwo auf einem früheren Hochzeitsfest eine bessere
Bedienung gegeben.

607 Bevor sich nun der König vom Rhein die Hände gewaschen
hatte, handelte Herr Siegfried, wie er es nach Lage der Dinge
wohl durfte: er erinnerte Gunther an das, was er ihm ver-
sprochen und zugesagt hatte, bevor er Brünhild dort in Island
aufsuchte.

608 Er sagte: »Erinnert Euch an das, was Ihr mir mit eigner Hand
geschworen habt: daß Ihr mir Eure Schwester zur Frau geben
wolltet, wenn Frau Brünhild in dieses Land käme. Wie steht
es nun mit diesen Eiden? Schließlich habe ich auf Eurer Wer-
bungsfahrt die Hauptarbeit geleistet.«

609 Dô sprach der künec zem gaste : »ir habet mich rehtẹ
ermant.   563
jane sól niht meineide   werden des mîn hant.   (613)
ich wilz iu helfen füegen   sô ich áller beste kan.«
dô hiez man Kriemhilde   ze hove für den künec gân.

610 Mit ir vil schœnen mägeden   si kom für den sal.   564
dô spranc von einer stiege   Gîselher ze tal :   (614)
»nu heizet wider wenden   disiu magedîn !
niwan mîn swester eine   sol hie bî dem künege sîn.«

611 Dô brâhte man Kriemhilde   dâ man den künec vant.   565
dâ stuonden ritter edele   von maneger fürsten lant   (615)
in dem sal wîten :   man hiez si stille stân.
dô was diu frouwe Prünhilt   vol hin unz an den tisch gegân.

612 Dô sprach der künec Gunther :   »swester vil gemeit,   566
durch dîn selber tugende   lœse mînen eit !   (617)
ich swuor dich eime recken,   unt wirdet der dîn man,
sô hâstu mînen willen   mit grôzen tríuwén getân.«

613 Dô sprach diu maget edele :   »vil lieber bruoder mîn,   567
ir sult mich niht vlêhen.   jâ wil ich immer sîn   (618)
swie ir mir gebietet   daz sol sîn getân.
ich wil in loben gerne   den ir mir, herre, gebet ze man.«

614 Von lieber ougen blicke   wart Sîfrides várwe rôt.   568
ze dienste sich der recke   froun Kriemhilde bôt.   (619)
man hiez si zuo ein ander   an dem ringe stân.
man vrâgte ob si wolde   den vil wætlîchen man.

615 In magtlîchen zühten   si schamte sich ein teil.   569
iedoch sô was gelücke   unt Sîfrides heil   (620)
daz sị in niht versprechen   wolde dâ zehant.
ouch lobte si ze wîbe   der edel künec von Niderlant.

616 Dô er si gelobte   unt ouch in diu meit,   570
güetlîch umbevâhen   was dâ vil bereit   (621)
von Sîfrides armen   daz minneclîche kint.
vor helden wart geküsset   diu schœne küneginne sint.

617 Sich teilte daz gesinde.   alsô daz geschach,   571
an daz gegensidele   man Sîfriden sach   (622)
mit Kriemhilde sitzen.   dar dientẹ im manec man :
man sach die Nibelunge   mít Sîfride gân.

618 Der künec was gesezzen   unt Prünhilt diu meit.   572
dô sach si Kriemhilde   (dô wart ir nie sô leit)   (623)
bî Sîfride sitzen :   weinen si began.
ir vielen heize trähene   über liehtiu wange dan.

609 Da sagte der König zu seinem Gast: »Ihr habt ein Recht, mich
daran zu erinnern. Fürwahr, meine Hand soll nicht meineidig
werden. Ich will Euch nach besten Kräften dabei helfen, Euren
Wunsch zu erfüllen.« Da ließ man Kriemhild melden, sie möchte
vor dem König erscheinen.

610 Zusammen mit ihrem Gefolge schöner Mädchen kam sie vor
dem Saal an. Da sprang ihnen Giselher die Treppe hinab ent-
gegen: »Nun laßt diese Mädchen wieder umkehren! Niemand
außer meiner Schwester soll zum König kommen.«

611 Da führte man Kriemhild zum König. Edle Ritter aus vieler
Herren Ländern standen dort in der weiten Halle beisammen,
und man forderte sie auf, einen Augenblick an ihrem Platz zu
bleiben. Unterdessen war Frau Brünhild bereits ganz bis zum
Tisch gegangen.

612 Da sagte der König Gunther: »Liebe Schwester, sei so gütig,
meinen Eid einzulösen: ich habe Dich durch einen Schwur einem
Helden versprochen. Wenn der Dein Mann wird, dann hast Du
meinen Wunsch getreulich erfüllt.«

613 Da sagte das edle Mädchen: »Lieber Bruder, Ihr braucht mich
doch nicht flehentlich zu bitten. Ich werde Euch vielmehr jeder-
zeit zu Gebote stehen. Den Mann, den Ihr, Herr, mir erwählt,
werde ich mit Freuden annehmen.«

614 Ihr liebevoller Blick ließ Siegfried erröten, und er dankte Frau
Kriemhild in dienstbereiter Ergebenheit. Man forderte beide
auf, in den Ring zu treten, und fragte Kriemhild, ob sie den
stattlichen Helden zum Mann nehmen wolle.

615 In ihrer mädchenhaften Scheu schämte sie sich sehr. Doch Sieg-
frieds Glück und seine überirdisch schöne Erscheinung bewirk-
ten, daß sie ihn gar nicht zurückweisen konnte, und auch der
edle König von Niederland gelobte, sie zur Frau zu nehmen.

616 Als sie sich nun beide verlobt hatten, da ließ sich das liebliche
Mädchen Siegfrieds liebevolle Umarmung gerne gefallen, und
sogleich gab er der schönen Königstochter vor allen Helden
einen Kuß.

617 Danach teilte sich das Gefolge. Als das geschehen war, konnte
man erkennen, daß sich Siegfried zusammen mit Kriemhild ge-
genüber dem Landesherrn auf den Ehrenplatz setzte und alle
Nibelungen mit ihm gingen. Viele Gefolgsleute traten nun an
ihn heran, um ihm zu huldigen.

618 Der König und die jungfräuliche Brünhild hatten nun an der
Tafel Platz genommen. Da sah sie zu ihrem tiefen Schmerz
Kriemhild an der Seite Siegfrieds sitzen. Sie begann zu weinen,
und heiße Tränen rannen ihr über die blühenden Wangen.

619 Dô sprach der wirt des landes: »waz ist iu, frouwe mîn,   *573*
daz ir sô lâzet truoben   liehter ougen schîn?   *(624)*
ir muget iuch freun balde: iu ist undertân
mîn lant unt mîne bürge   unt manec wætlîcher man.«

620 »Ich mac wol balde weinen«,   sprach diu schœne meit.   *574*
»úmb dîne swester   ist mir von herzen leit.   *(625)*
die sihẹ ich sitzen nâhen   dem eigenholden dîn.
daz muoz ich immer weinen,   sol si alsô verderbet sîn.«

621 Dô sprach der künec Gunther: »ir mugt wol stille dagen.
ich wil iu zẹ andern zîten   disiu mære sagen,   *575*
war umb ich mîne swester   Sîfride hân gegeben.   *(626)*
jâ mac si mit dem recken   immer vrœlîchen leben.«

622 Sie sprach: »mich jâmert immer   ir schœnẹ unt ouch ir zuht.
wessẹ ich war ich möhte,   ich hete gerne fluht,   *576*
daz ich iu nimmer wolde   geligen nâhen bî,   *(627)*
irn ságet mir wâ von Kriemhilt   diu wine Sîfrides sî.«

623 Dô sprach der künec edele: »ich túon ez iu wól bekant!   *577*
er hât als wol bürge   als ich unt wîtiu lant: *(628)*
daz wizzet sicherlîche.   er ist ein künec rîch.
darumb gán ich im ze minnen   die schœnen maget lobelîch.«

624 Swaz ir der künec sagete,   si hete trüeben muot.   *578*
dô gâhte von den tischen   vil manec ritter guot.   *(629)*
ir bûhurt wart sô herte   daz al diu burc erdôz.
den wirt bî sînen gesten   vil harte sḗrḗ verdrôz.

625 Er dâhtẹ er læge sampfter   der schœnen frouwen bî.   *579*
dô was er des gedingen   niht gar in herzen vrî,   *(630)*
im müese von ir schulden   liebes vil geschehen.
er begúnde friuntlîchen   an froun Prünhilde sehen.

626 Ir ritterschaft die geste   bat man abe lân: *580*
der künec mit sînem wîbe   ze bette wolde gân.   *(631)*
vor des sales stiegen   gesamenten sich dô sît
Kriemhilt unt Prünhilt;   noch was ez ânẹ ir beider nît.

627 Dô kom ir ingesinde.   dine sůmten sich des niht,   *581*
ir rîchen kamerære   brâhten in diu lieht.   *(632)*
sich teilten dô die recken,   der zweier künege man.
dô sach man vil der degene   mít Sîfride gân.

619 Da sagte der Herr des Landes: »Liebe Frau, was fehlt Euch, daß sich der Glanz Eurer strahlenden Augen so sehr trübt? Ihr habt allen Grund, Euch sehr zu freuen: mein Land und meine Burgen und viele stattliche Männer sind Euch jetzt untertan.«

620 »Ich habe allen Grund, sehr heftig zu weinen«, sagte die schöne Jungfrau. »Über Deine Schwester bin ich tief bekümmert; denn die sehe ich dicht neben einem Deiner unfreien Gefolgsleute sitzen. Wenn sie auf eine solche Weise entehrt wird, dann werde ich nicht aufhören, darüber zu klagen.«

621 Da sagte der König Gunther: »Redet jetzt nicht davon! Ich werde Euch bei anderer Gelegenheit schon sagen, weshalb ich meine Schwester Siegfried zur Frau gegeben habe. Sicherlich wird sie an der Seite des Recken immer glücklich und in Freuden leben können.«

622 Brünhild aber sagte: »Ich will nicht aufhören, um ihre Schönheit und ihre feine Erziehung zu klagen. Wüßte ich, wohin ich mich begeben könnte, würde ich am liebsten fliehen, um niemals mit Euch das Bett teilen zu müssen, solange Ihr mir nicht sagt, weshalb Kriemhild die Geliebte Siegfrieds ist.«

623 Da sagte der edle König: »Ich will es Euch sagen! Wie ich besitzt er Burgen und weite Länder. Ihr könnt Euch darauf verlassen, daß er ein mächtiger König ist, und deshalb bin ich damit einverstanden, daß er meine schöne, vielgepriesene Schwester zur Frau erhält.«

624 Was der König ihr auch sagen mochte, sie blieb betrübt. Viele edle Ritter stürzten nun von der Tafel fort zum Buhurt, der so heftig wurde, daß die ganze Burg von Waffenlärm erscholl. Dem Landesherrn wurde im Kreise seiner Gäste allmählich etwas verdrießlich zumute.

625 Denn er dachte, daß es angenehmer wäre, neben der schönen Herrin zu liegen. Immerhin hatte er sich in seinem Herzen noch etwas Hoffnung bewahrt, er könne durch sie glücklich werden. Und so sah er denn Frau Brünhild mit Verlangen an.

626 Man bat die Gäste, ihre Ritterspiele zu beenden; denn der König wünschte, mit seiner Gemahlin das Lager aufzusuchen. Wenig später trafen Kriemhild und Brünhild, zwischen denen in dieser Zeit noch keinerlei Feindschaft herrschte, einander am Treppenaufgang zum Saal.

627 Sogleich war auch ihre Dienerschaft zur Stelle. Ihre stolzen Kämmerer eilten, ihnen die Lichter zu bringen. Die Recken, die Gefolgsleute der beiden Könige, teilten sich, und eine große Schar von Helden sah man zusammen mit Siegfried von dannen schreiten.

628 Die herren kômen beide   dâ si solden ligen.   *582*
  do gedâhtẹ ir ietslîcher   mit minnen an gesigen   *(633)*
  den wætlîchen frouwen;   daz senftetẹ in den muot.
  Sîfrides kúrzwîle   diu wart grœzlîche guot.

629 Dô der herre Sîfrit   bî Kriemhilde lac,   *(634)*
  unt er sô minneclîche   der juncfrouwen pflac
  mit sînen edelen minnen,   si wart îm sô sîn lîp.
  er næme fûr si eine   niht tûsent ándériu wîp.

630 Ich sagẹ iu niht mêre   wie er der frouwen pflac.   *583*
  nu hœret disiu mære,   wie Gúnthér gelac   *(635)*
  bî froun Prünhilde   der zierlîche degen.
  er hete dicke sampfter   bî andern wîbén gelegen.

631 Daz volc was im entwichen,   frouwen unde man;   *(636)*
  dô wart diu kemenâte   vil balde zuo getân.
  er wândẹ er solde triuten   ir minneclîchen lîp:
  jâ was ez noch unnâhen   ê daz si wúrdé sîn wîp.

632 In sabenwîzem hemede   si an daz bette gie.   *584*
  dô dâhtẹ der ritter edele: »nu hân ichz allez hie,   *(637)*
  des ich ie dâ gerte   in allen mînen tagen.«
  si muosẹ im durch ir schœne   von grôzen schulden wol
                                                      behagen.

633 Diu lieht begonde bergen   des edelen küneges hant. *585*
  dô gie der degen küene   da er die frouwen vant.   *(638)*
  er leite sich ir nâhen: sîn freude diu was grôz.
  die vil minneclîchen   der helt mit armen umbeslôz.

634 Minneclîche triuten   des kundẹ er vil begân,   *(639)*
  ob in diu edele frouwe   hete lâzen daz getân.
  dô zurnde si sô sêre   daz in gemüete daz.
  er wânde vinden friunde: dô vant er vîntlîchen haz.

635 Si sprach: »ritter edele,   ir sult ez lâzen stân!   *586*
  des ir dâ habet gedingen,   jan mag es niht ergân.   *(640)*
  ich wil noch magt belîben   (ir sult wol merken daz)
  unz ich diu mærẹ ervinde.«   dô wart ir Gunther gehaz.

636 Dô ranc er nâch ir minne   unt zerfúortẹ ír diu kleit. *587*
  dô greif nâch einem gürtel   diu hêrlîche meit;   *(641)*
  daz was ein starker porte,   den si úmb ir sîten truoc.
  dô tet si dem küenege   grôzer léidé genuoc.

637 Die füezẹ unt ouch die hende   si im zesamne bant,   *588*
  si truoc in zẹ einem nagele   unt hienc in an die want, *(642)*
  do er si slâfes irte.   die minne sị im verbôt.
  jâ het er von ir krefte   vil nâch gewúnnén den tôt.

628 Beide Herren gelangten nun an ihr Lager. Jeder von ihnen hatte im Sinn, über seine schöne Frau im Minnestreit den Sieg davonzutragen, und dieser Gedanke machte sie ganz sanft. Für Siegfried wurden es Stunden des schönsten Liebesglücks.

629 Als nämlich der Herr Siegfried bei Kriemhild lag, und er dem Mädchen mit großer Zärtlichkeit seine edle Liebe erwies, da wurden die beiden ein Leib. Für tausend andere Frauen hätte er sie nicht wieder hingegeben.

630 Was er mit seiner Frau trieb, davon erzähle ich Euch nicht mehr. Hört lieber, wie Gunther, der schöne Held, bei Frau Brünhild zu liegen kam: Bei anderen Frauen hatte er vorher allerdings schon bequemer gelegen.

631 Als das Gefolge, Damen und Herren, sich zurückgezogen hatte, wurde die Kemenate schnell geschlossen. Gunther glaubte immer noch, er könne jetzt ihre liebliche Gestalt umarmen. Aber nein, es sollte noch sehr lange dauern, bis sie seine Frau wurde.

632 Nur mit einem feinen weißen Hemd bekleidet trat sie an das Bett heran; da dachte der edle Ritter: »Nun habe ich alles, was ich mir seit jeher in meinem ganzen Leben wünschte.« Er hatte allen Anlaß, von ihrer Schönheit entzückt zu sein.

633 Mit eigener Hand dämpfte der edle König das Licht. Dann ging der tapfere Held zu Brünhild und legte sich dicht neben sie. Sein Herz klopfte vor Freude, als er nun die liebliche Gestalt mit seinen Armen umschloß.

634 Ein zärtliches Liebesspiel hätte er treiben können, wenn die edle Herrin es dazu hätte kommen lassen. Doch sie geriet in einen so heftigen Zorn, daß es ihm einen Schock versetzte: Freundlichkeit hatte er zu finden gehofft, doch er fand nur kalte Feindschaft.

635 Sie sagte: »Edler Ritter, hört auf damit! Was Ihr vorhabt, dazu wird es nicht kommen. Merkt Euch nur: Ich will noch so lange Jungfrau bleiben, bis ich Euer Geheimnis erfahren habe.« Da trat auch in Gunthers Herz ein Gefühl der Feindseligkeit.

636 Sie sich gefügig zu machen, rang er mit ihr und zerrte an ihrem Hemd. Da griff das strahlende Mädchen nach einem Gürtel aus hart und fest gewobenem Tuch, den sie um ihre Hüften trug. Sie tat dem König die allergrößte Schmach an:

637 Sie band ihm Füße und Hände zusammen, trug ihn zu einem Nagel und hängte ihn an die Wand. Weil er sie am Schlaf hindern wollte, verweigerte sie ihm ihre Minne. Wirklich, er hätte durch ihre gewaltige Kraft beinahe den Tod gefunden.

638 Dô begunde vlêhen   der meister wânde sîn: *589*
    »nu lœset mîn gebende,   vil edeliu künegîn.   *(643)*
    ine trûwe̜ iu, schœniu frouwe,   doch nimmer an gesigen,
    unt sol ouch harte selten   iu sô nâhen mêr geligen.«

639 Sine rúochte wie im wære,   want si vil sanfte lac.   *(644)*
    dort muoste̜ er allez hangen   die naht unz an den tac,
    unz der liehte morgen   durch diu venster schein.
    ob er ie kraft gewunne,   diu was an sînem lîbe klein.

640 »Nu sagt mir, her Gunther,   ist iu daz iht leit,   *590*
    ob iuch gebunden findent«,   sprach diu schœne meit,   *(645)*
    »die iuwern kamerære   von einer frouwen hant?«
    dô sprach der ritter edele: »daz wurde̜ iu übele bewant.

641 Ouch het ichs wênec êre«,   sprach der snelle man.   *591*
    »durch iuwer selber tugende   nu lât mich zuo iu gân.   *(646)*
    sît daz iu mîne minne   sint alsô starke leit,
    ich sol mit mînen handen   nimmer rüeren iuwer kleit.«

642 Dô lôste si in balde.   dô si in ûf verlie,   *592*
    wider an daz bette   er zuo der frouwen gie.   *(647)*
    er leite sich sô verre   daz er ir schœne wât
    dar nâch vil selten ruorte.   des wolde̜ ouch si dô haben rât.

643 Dô kom ouch ir gesinde,   die brâhten in niuwiu kleit.   *593*
    der was in an den morgen   harte vil bereit.   *(648)*
    swie wol man dâ gebârte,   trûrec was genuoc
    der herre von dem lande,   swie er des tages krône truoc.

644 Nâch siten der si pflâgen   unt man durch reht begie,   *594*
    Gunther unde Prünhilt   niht langer daz enlie,   *(649)*
    si giengen zuo dem münster   dâ man die messe sanc.
    dar kom ouch her Sîfrit;   sich huop dâ grœzlîch gedranc.

645 Nâch küneclîchen êren   was in dar bereit   *595*
    swaz si haben solden,   ir krône̜ unt ouch ir kleit.   *(650)*
    dô wurden si gewîhet.   dô daz was getân,
    dô sách man si álle viere   under krône vrœlîchen stân.

646 Vil junger swert dâ nâmen,   sehs hundert oder baz,   *596*
    den künegen al zen êren,   ir sult wol wizzen daz.   *(651)*
    sich huop vil michel freude   in Burgonden lant.
    man hôrte da schéfte hellen   an der swértdégene hant.

638 Er, der sich in dem Glauben gewiegt hatte, ihr Gebieter zu sein, der mußte nun betteln: »Edle Königin, löst mir doch meine Fesseln! Schöne Herrin, ich traue es mir ja doch nicht mehr zu, Euch zu überwinden, und habe auch überhaupt nicht mehr vor, so dicht neben Euch zu liegen.«

639 Sie kümmerte sich nicht um ihn, denn sie lag bequem in ihrem Bett. Er dagegen mußte die ganze Nacht an der Wand hängen, bis der helle Morgen seinen Schein durch die Fenster warf. Wenn er jemals stark gewesen war, jetzt war er es nicht mehr.

640 »Nun sagt mir, Herr Gunther«, so sagte die schöne Jungfrau, »ist es nicht eine Schmach für Euch, wenn Eure Kämmerer Euch gebunden finden, noch dazu von der Hand einer Frau?« Da sagte der edle Ritter: »Das würde Euch teuer zu stehen kommen!«

641 »Aber auch mein Ansehen würde sich dadurch nicht gerade steigern«, sagte der tapfere Mann. »Denkt an Eure eigene Stellung und laßt mich zu Euch. Da Euch meine Zärtlichkeiten so zuwider sind, werde ich niemals wieder mit meinen Händen Euer Hemd berühren.«

642 Da löste sie ihn geschwind aus seinen Fesseln. Als sie ihn freigegeben hatte, trat er wieder an das Lager und legte sich an die Seite Brünhilds, aber so weit von ihr entfernt, daß er ihr schönes Nachtgewand nicht einmal mehr streifte: Das entsprach genau ihren Wünschen.

643 Da kamen auch schon ihre Diener herein und brachten neue Festgewänder; zur Feier des Tages waren sie in großer Zahl für sie gefertigt worden. Wie fröhlich es da auch zuging, der Herr des Landes war sehr mißmutig, obwohl er an diesem Morgen die Krone trug.

644 So wie es bei ihnen Brauch und Recht war, schritten nun Gunther und Brünhild ohne Säumen zum Münster. Dort, wo man nun für sie eine Messe sang, hatte sich auch Herr Siegfried eingefunden. Es herrschte ein gewaltiges Gedränge.

645 Was auch immer ihr königliches Ansehen erforderlich machte, ihre Krone und ihre Staatsgewänder, alles war bereits in die Kirche gebracht und für sie bereitgestellt worden. So wurden sie denn eingesegnet. Nach dem feierlichen Akt sah man sie dort alle vier im strahlenden Glanze ihrer Kronen stehen.

646 Viele junge Adelige, so laßt Euch berichten, sechshundert oder sogar noch mehr, erhielten an diesem Tage, den Königen zur Ehre, das Ritterschwert. Im Lande der Burgunden erhob sich große Festtagsfreude, und man hörte die Lanzenschäfte in der Hand der Ritter erklingen.

647 Dô sâzen in den venstern   diu schœnen mägedîn;   597
    si sâhen vor in liuhten   vil maneges schildes schîn.   (652)
    dô het sich gescheiden   der künec von sînen man.
    swes iemen ander pflæge,   man sach in trûrénde gân.

648 Im unt Sîfrîde   ungelîche stuont der muot.   598
    wol wesse waz im wære   der edel ritter guot.   (653)
    dô gienc er zuo dem künege,   vrâgen er began:
    »wie ist iu hînt gelungen?   daz sult ir mich nu wizzen lân.«

649 Dô sprach der wirt zem gaste: »ich hân láster unde
                                             schaden, 599
    want ich hån den übeln tiuvel   heim ze hûse geladen. (654)
    do ich si wânde minnen   vil sêre si mich bant.
    si truoc mich zeinem nagele   unt hie mich hôhe an die want.

650 Dâ hienc ich angestlîchen   die naht unz an den tac,   600
    ê daz si mich enbunde.   wie samfte si dô lac!   (655)
    daz sol dir friuntlîche   ûf genâde sîn gekleit.«
    dô sprach der starke Sîfrit: »daz ist mir wærlîche leit.

651 Des bringe ich dich wol innen,   unt læstuz âne nît.   601
    ich schaffe daz si hînaht   sô nâhen bî dir gelît,   (656)
    daz si dich ir minne   gesûmet nimmer mêr.«
    der rede was dô Gunther   nâch sînen arbeiten hêr.

652 Dô sprach der herre Sîfrit: »du maht wol genesen.   (658)
    ich wæne uns ungelîche   hînaht sî gewesen.
    mir ist dîn swester Kriemhilt   lieber danne der lîp.
    ez muoz diu frouwe Prünhilt   noch hînaht wérdén dîn wîp.«

653 Er sprach: »ich kume noch hinte   ze der kémenâten dîn   602
    alsô tougenlîchen   in der tárnkáppen mîn   (659)
    daz sich mîner liste   mac niemen wol verstên.
    sô lâ die kamerære   zuo ir herberge gên.

654 Sô leschę ich den kinden   diu lieht an der hant.   603
    daz ich sî dar inne,   dâ bî sî dir bekant,   (660)
    daz ich dir gerne diene;   sô twingę ich dir dîn wîp,
    daz du si hînte minnest,   oder ích verlîuse mînen lîp.«

655 »Âne daz du iht triutest«,   sprach der künec dô,   604
    »die mîne lieben frouwen,   anders bin ich es vrô.   (661)
    sô tuo ir swaz du wellest,   unt næmest ir den lîp.
    daz soldę ich wol verkiesen: si ist ein vreislîchez wîp.«

647 Da saßen die schönen Mädchen in den Fensternischen. Vor ihren Augen funkelte der Glanz der vielen Schilde. Wo alle anderen sich dem festlichen Treiben hingaben, sah man König Gunther, der sich von seinen Leuten fortbegeben hatte, bedrückt einhergehen.

648 Ihm und Siegfried war ungleich zumute. Der edle, treffliche Ritter ahnte, was in Gunther vorging. Da trat er auf ihn zu und fragte ihn: »Nun, sagt mir doch, wie ist es Euch heute nacht ergangen?«

649 Da sagte der Landesherr zu seinem Gast: »Ich bin völlig mit Schmach und Schande bedeckt. Denn ich habe mir den bösen Satan selbst ins Haus geholt. Als ich hoffte, mit ihr zu schlafen, da band sie mich, trug mich zu einem Nagel und hängte mich hoch hinauf an die Wand!

650 Eingeschnürt hing ich dort in meiner Angst die ganze Nacht hindurch bis zum Morgen, als sie mich dann schließlich befreite. Sie dagegen lag bequem auf ihren Kissen. Im Vertrauen auf Deine Verschwiegenheit beklage ich mich nur bei Dir, meinem Freund.« Da sagte der starke Siegfried: »Das tut mir wirklich aufrichtig leid.«

651 »Wenn Du nichts einzuwenden hast, werde ich es Dir beweisen. Ich werde dafür sorgen, daß sie heute nacht so dicht neben Dir liegt, daß sie sich einer körperlichen Vereinigung nicht mehr widersetzen kann.« Nach dem, was Gunther in der Nacht durchgemacht hatte, freute er sich über diese Worte.

652 Da sagte der Herr Siegfried: »Es wird noch alles gut ausgehen. Ich glaube, uns beiden war heute nacht ungleich zumute. Deine Schwester Kriemhild ist mir lieber als mein Leben. Frau Brünhild aber soll noch in dieser Nacht Deine Frau werden.«

653 Er sagte: »In meinem Tarnmantel komme ich noch heute nacht so heimlich in Deine Kemenate, daß niemand meine List durchschauen kann. Entlasse Du nur die Kämmerer in ihre Schlafräume!

654 Dann lösche ich den Pagen auf ihren Händen die Lichter. Daran kannst Du erkennen, daß ich im Raum bin und Dir zu Diensten stehe. Dann werde ich Deine Frau bezwingen, so daß Du noch heute nacht mit ihr schlafen kannst, oder ich will mein Leben verlieren.«

655 »Unter der Bedingung, daß Du nicht selbst mit meiner lieben Frau schläfst«, sagte da der König, »bin ich einverstanden. Im übrigen kannst Du mit ihr tun, was Du willst. Und wenn Du ihr das Leben nimmst, würde ich Dich dafür nicht bestrafen. Sie ist eine schreckliche Frau.«

656 »Daz nim ich«, sô sprach Sîfrit,   »ûf die triuwe mîn,   605
   daz ich ir niht enminne.   diu schœne swester dîn   (662)
   diu ist mir vor in allen,   die ich noch ie gesach.«
   vil wol geloubtez Gunther,   daz dô Sîfrit gesprach.

657 Dâ was von kurzwîle   freudę unde nôt.   606
   bûhurt unt schallen   allez man verbôt,   (663)
   dâ die frouwen solden   gegen dem sale gân.
   dô hiezen kamerære   die liute von dem wege stân.

658 Von rossen unt von liuten   gerûmet wart der hof.   607
   der frouwen ietslîche   die fuortę ein bischof,   (664)
   dô si vor den künegen   ze tische solden gân.
   in vólgetę an dáz gesídele   vil manec wætlîcher man.

659 Der künec in guotem wâne   dô vrœlîchen saz;   (665)
   daz im gelobte Sîfrit,   wol gedâhtę er ane daz.
   der eine tac in dûhte   wol drîzec tage lanc.
   an sîner frouwen minne   stuont im aller sîn gedanc.

660 Er erbeite kûme   daz man von tische gie.   608
   die schœnen Prünhilde   man dô komen lie,   (666)
   unt ouch froun Kriemhilde,   beidę an ir gemach.
   hei waz man sneller degene   vor den küneginnen sach!

661 Sîfrit der herre   vil minneclîchen saz   609
   bî sînem schœnen wîbe   mit freuden âne haz.   (667)
   si trûte sîne hende   mit ir vil wîzen hant,
   unz er ir vor den ougen   sine wésse wénné verswant.

662 Dô si mit im spilte   und si sîn niht mêr ensach,   610
   zuo sîném gesinde   diu küneginne sprach:
   »mich hât des michel wunder,   wár der künec sî komen.
   wer hât die sînen hende   ûz den mînén genomen?«

663 Die rede si lie belîben.   dô was er hin gegân   611
   dâ er vil kamerære   vant mit liehten stân.   (668)
   diu begundę er leschen   den kinden an der hant.
   daz ez wære Sîfrit,   daz was dô Gunther bekant.

664 Wol wessę er waz er wolde.   dô hiez er dannen gân   612
   mägedę unde frouwen.   dô daz was getân,   (669)
   der rîche künec selbe   dô beslôz die tür;
   vil starker rigel zwêne   warf er snéllé darfür.

665 Diu lieht verbarc er schiere   únder die bettewât.   613
   eines spils begunde   (des was dô niht rât)   (670)
   Sîfrit der vil starke   unt ouch diu schœne meit.
   daz was dem künege   beidiu liep unde leit.

656 »Daß ich nicht mit ihr schlafe«, sagte Siegfried, »das schwöre ich Dir. Deine schöne Schwester steht mir höher als alle Frauen, die ich jemals gesehen habe.« Den Worten Siegfrieds schenkte Gunther volles Vertrauen.

657 Die Kampfspiele der Ritter brachten Lust und Leid, bis man dann dem Buhurt und dem Lärm überall dort Einhalt gebot, wo die Damen zum Festsaal gehen sollten. Da forderten Kämmerer die Leute auf, die Wege zu räumen.

658 Bald war der Hof frei von Pferden und Leuten. Jede der Damen wurde vor den Augen der Könige von einem Bischof zu Tisch geführt. Viele stattliche Gefolgsleute folgten ihnen zur Tafel.

659 Der König saß nun in freudiger Erwartung fröhlich an der Tafel: er mußte immer an das denken, was Siegfried ihm versprochen hatte. Der eine Tag kam ihm vor wie dreißig. Alle seine Gedanken waren darauf gerichtet, Brünhild, seine Frau, endlich ganz zu besitzen.

660 Er konnte kaum abwarten, daß man die Tafel aufhob. Da ließ man die schöne Frau Brünhild und Frau Kriemhild in ihre Kemenaten geleiten. Unzählige tapfere Helden schritten den beiden Königinnen voran.

661 In ungetrübtem Glück saß Herr Siegfried liebevoll an der Seite seiner schönen Frau. Mit ihrer zarten Hand liebkoste sie seine Hände, bis er – sie wußte selbst nicht wann – vor ihren Augen verschwand.

662 Als sie noch immer mit ihm zu spielen meinte, aber nichts mehr von ihm sah, da sagte die Königin zu seiner Dienerschaft: »Ich möchte doch zu gerne wissen, wohin der König entschwunden ist und wer seine Hände aus meinen herausgenommen hat.«

663 Mehr sagte sie nicht. Inzwischen war Siegfried dorthin gelangt, wo viele Kämmerer mit ihren Lichtern standen, die er nun nach und nach den Pagen auf ihren Händen auslöschte. Da erkannte Gunther, daß es Siegfried war.

664 Gunther war in Siegfrieds Vorhaben eingeweiht. So ließ er Frauen und Mädchen abtreten. Danach schloß der mächtige König mit eigener Hand die Tür. Zwei sehr starke Riegel legte er in Eile davor.

665 Dann versteckte er schnell die Lichter unter den Bettvorhängen. Nun, da kein Weg mehr daran vorbeiführte, begannen der starke Siegfried und das schöne Mädchen ihr Spiel; dem König aber wurde heiß und kalt zumute.

666 Sîfrit sich léite nâhen   dér fróuwen bî.   *614*
    si sprach: »nu lât ez, Gunther,   als liep als iu daz sî,   *(671)*
    daz ir iht arbeite   lîdet alsam ê.«
    sît getet diu frouwe   dem küenen Sîfride wê.

667 Dô hal er sîne stimme,   daz er niht ensprach.   *615*
    Gunther wol hôrte,   swie er sîn niht ensach,   *(672)*
    daz heimlîcher Dinge   von in dâ niht geschach.
    si heten an dem bette   harte kléinén gemach.

668 Er gebârte sam ez wære   Gúnther der künec rîch.   *616*
    er umbeslôz mit armen   die maget lobelîch.   *(673)*
    si warf in ûz dem bette   dâ bî ûf eine banc,
    dáz ím sîn houbet   lûtę an einem schamel erklanc.

669 Wider ûf mit kreften   spranc der küene man;   *617*
    er woldę ez baz versuochen.   dô er des began,   *(674)*
    daz er si wolde twingen,   dar úmbe wart ím vil wê.
    solch wer deheiner frouwen   ich wænę immer mêr ergê.

670 Do er niht woldę erwinden,   diu maget ûf spranc: *618*
    »ir ensúlt mir niht zerfüeren   mîn hémdé sô blanc.   *(675)*
    ir sît vil ungefüege: daz sol iu werden leit!
    des bringę ich iuch wol innen«,   sprach diu wætlîche meit.

671 Si beslôz mit armen   den tiuwerlîchen degen   *619*
    dô wolde sị in gebunden   alsam den künec legen,   *(676)*
    daz si an dem bette   möhte haben gemach.
    daz er ír die wât zerfuorte,   diu frouwę ez grœzlîchen rach.

672 Waz half sîn grôziu sterke   unt ouch sîn michel kraft?   *620*
    si erzeigete dem degene   ir lîbes meisterschaft.   *(677)*
    si truoc in mit gewalte   (daz muosę et alsô sîn)
    unt druhtę in ungefuoge   zwíschen die wánt und ein schrîn.

673 »Owê«, gedâhtę der recke,   »sol ich nu mînen lîp   *621*
    von einer magt verliesen,   sô mugen elliu wîp   *(678)*
    her nâch immer mêre   tragen gelpfen muot
    gégen ír manne,   diu ęz sus nímmér getuot.«

674 Der künec ez wol hôrte,   er angestę umb den man.   *622*
    Sîfrit sich schámte sêre,   zurnen er began.   *(679)*
    mit ungefüeger krefte   sáztę ér sich wider;
    er versúochtę ez angestlîche   an froun Prünhilde sider.

666 Siegfried legte sich dicht neben die junge Frau. Sie aber sagte: »Gunther, wenn es Euch lieb ist, nicht wieder solche Mühsal zu erdulden wie letzte Nacht, dann laßt davon ab!« Gleich darauf brachte die Herrin den tapferen Siegfried in schwere Bedrängnis.

667 Siegfried gab keinen Laut von sich, um sich nicht an der Stimme zu verraten. Gunther aber hörte wohl, wenn er auch nichts sehen konnte, daß es zwischen ihnen zu keinerlei Vertraulichkeiten kam; denn sie fanden auf ihrem Bett alles andere als Bequemlichkeit.

668 Siegfried verhielt sich so, als ob er der mächtige König selbst wäre. Mit seinen Armen umschloß er das vielgepriesene Mädchen. Sie warf ihn aus dem Bett, und er schlug auf eine Bank, daß sein Kopf laut an einem Schemel erdröhnte.

669 Kraftvoll sprang der tapfere Mann wieder auf die Beine. Nun wollte er es besser anfangen. Aber als er versuchte, sie in seine Gewalt zu zwingen, da erging es ihm erst richtig schlecht. Ich glaube, so heftig setzt sich heute kein Mädchen mehr einem Mann zur Wehr.

670 Als er von seinem Vorhaben nicht ablassen wollte, da sprang Brünhild auf: »Reißt doch nicht so an meinem weißen Hemd!« sagte das schöne Mädchen. »Wirklich, Ihr könnt Euch nicht benehmen! Das wird Euch noch teuer zu stehen kommen. Ich werde es Euch schon zeigen!«

671 Sie spannte ihre Arme um den kühnen Siegfried und hatte vor, ihn wie den König Gunther zu binden, um endlich in ihrem Bett Ruhe zu haben. Schrecklich rächte sich die Herrin dafür, daß er an ihren Kleidern gezerrt hatte.

672 Was half ihm seine große Stärke und seine ungeheure Kraft? Sie bewies ihm, wie überlegen sie war: mit Gewalt – und er konnte nichts dagegen tun – ergriff sie ihn und preßte ihn ungestüm zwischen die Wand und einen Schrank.

673 »Ach«, dachte der Recke, »wenn ich hier jetzt mein Leben von der Hand eines Mädchens verliere, dann werden nachher alle Frauen, die sonst gar nicht auf solche Gedanken kämen, auf immer ihren Übermut an ihren Männern auslassen.«

674 Der König hörte alles mit und machte sich Sorgen um den Freund. Die Schande machte Siegfried zornig. Unter Aufbietung aller Käfte leistete er Widerstand, und mit dem Mute der Verzweiflung versuchte er, Frau Brünhild zu überwinden.

675 Den künec ez dûhte lange   ê er si betwanc.   623
    si druhtę im sîne hende,   daz ûz den nageln spranc   (684)
    daz bluot im von ir krefte;   daz was dem helde leit.
    sît brâhtę er an ein lougen   die vil hêrlîchen meit

676 Ir ungefüeges willen,   des si ê dâ jach.   624
    der künec ez allez hôrte,   swie er niht ensprach.   (685)
    er druhtes an daz bette,   daz si vil lûtę erschrê;
    ir tâten sîne krefte   harte grœzlîchen wê.

677 Dô gréif sǐ zir sîten,   dâ si den porten vant,   625
    unt woltę in hân gebunden.   dô wertę ez sô sîn hant,   (686)
    daz ir diu lit erkrachten   unt ouch al der lîp.
    des wart der strît gescheiden: dô wart si Guntheres wîp.

678 Si sprach: »künec edele,   du solt mich leben lân!   626
    ez wirt vil wol versüenet,   swaz ich dir hân getân.   (687)
    ich gewér mich nimmer mêre   der edelen minne dîn.
    ich hân daz wol erfunden,   daz du kanst frouwen meister sîn.«

679 Sîfrit stuont dannen,   lígen líe ęr die meit,   627
    sam er von im ziehen   wolde sîniu kleit.   (688)
    er zôch ir ab der hende   ein guldîn vingerlîn,
    daz si des nie wart innen,   diu édele künegîn.

680 Dar zuo nam er ir gürtel,   daz was ein porte guot.   628
    ine wéiz ob er daz tæte   durch sînen hôhen muot.   (689)
    er gap ez sînem wîbe;   daz wart im sider leit.
    dô lâgen bî ein ander   Gunther unt diu schœniu meit.

681 Er pflac ir minneclîchen,   als im daz gezam,   (690)
    dô muoste si verkiesen   ir zorn und ouch ir scham.
    von sîner heimlîche   si wart ein lützel bleich.
    hei waz ir von der minne   ir grôzen kréfté gesweich!

682 Done wás ouch si niht sterker   dannę ein ander wîp.   629
    er trûte minneclîche   den ir vil schœnen lîp.   (691)
    ob siz versuochte mêre,   waz kunde daz vervân?
    daz het ir allez Gunther   mit sînen mínnén getân.

683 Wie rehte minneclîche   si dô bî im lac   630
    mit friuntlîcher liebe   unz an den liehten tac!   (692)
    nu was der herre Sîfrit   wider ûz gegân,
    da er wart wol empfangen   von einer frouwen wol getân.

675 Dem König schien es unendlich lange, bis Siegfried sie in seine Gewalt bekam. Mit so festem Griff preßte Brünhild ihm die Hände, daß ihm das Blut aus den Nägeln sprang und ein furchtbarer Schmerz ihn durchzuckte. Dennoch brachte er das herrliche Mädchen wenig später dazu,

676 die unschicklichen Verwünschungen, die sie gegen Gunther ausgestoßen hatte, zu widerrufen. König Gunther hörte alles, wenn auch Siegfried nichts sagte. Der kräftige Mann drückte Brünhild mit solcher Stärke gegen ein Bett, daß sie laut aufschrie und ein furchtbarer Schmerz sie durchfuhr.

677 Da griff sie nach ihrem Gürtel, den sie um ihre Hüften trug, und wollte ihn binden. Er aber wehrte sich so, daß ihre Glieder und ihr ganzer Körper krachten. Und damit war der Kampf entschieden. Brünhild wurde nun Gunthers Frau.

678 Sie sagte: »Edler König, laß mir mein Leben! Ich will es wiedergutmachen, was ich Dir angetan habe. Niemals wieder will ich mich Deinen Zärtlichkeiten widersetzen. Denn ich weiß nun, daß Du verstehst, eine Frau zu bezwingen.«

679 Siegfried trat nun zur Seite, ließ Brünhild liegen und tat so, als ob er sich entkleiden wollte. Ohne daß die edle Königin es merkte, zog er von ihrer Hand einen goldenen Ring.

680 Außerdem nahm er ihren Gürtel, eine ausgezeichnete Wirkarbeit. Ich kann allerdings nicht sagen, ob sein Hoher Mut ihn dazu veranlaßte. Jedenfalls schenkte er beides seiner Frau. Das mußte er später büßen. Gunther und die schöne Brünhild aber lagen jetzt beieinander.

681 Liebevoll, wie es ihm als Ehemann zukam, umarmte er sie. Da mußte sie ihren früheren Zorn und alle jungfräuliche Scheu aufgeben. Das Beilager hatte eine solche Wirkung auf sie, daß sie erblaßte und ihre früheren magischen Kräfte verlor.

682 Nun war sie auch nicht mehr stärker als andere Frauen. Zärtlich hielt er ihren schönen Körper umfangen. Was hätte es auch genützt, wenn sie noch weiterhin Widerstand geleistet hätte? Durch seine Umarmungen hatte Gunther ihr ihre Kraft genommen.

683 Mit welcher Hingabe sie da an seiner Seite lag und ihn bis zum Morgengrauen zärtlich liebte! Herr Siegfried hatte sich unterdessen entfernt und war in seine Schlafkammer gegangen, wo er von der schönen Königin freundlich empfangen wurde.

684 Er understuont ir vrâge,   der si hete gedâht.   631
    er hal si sît vil lange   daz er ir hete brâht,   (693)
    unz daz si under krône   in sînem lande gie.
    swaz er ir geben solde,   wie lützel erz belîben lie!

685 Der wirt wart an dem morgen   verrer baz gemuot   632
    danne er dâ vor wære.   des wart diu freude guot   (694)
    in allem sînem lande   von manegem edelem man.
    die er ze hûse ladete,   den wart vil díensté getân.

686 Diu hôchzît werte   unz an den víerzéhenden tac,   633
    daz in al der wîle   nie der schal gelac   (695)
    von aller hande freuden,   der iemen solde pflegen.
    dô wart des küneges koste   vil harte hôhé gewegen.

687 Des edelen wirtes mâge,   als ez der künec gebôt,   634
    die gâben durch sîne êre   kléider unt gólt vil rôt,   (696)
    ross unt dar zuo silber,   vil manegem varnden man.
    die dâ gâbe gerten,   die schieden vrœlîchen dan.

688 Sîfrit der herre   ûzer Niderlant   635
    mit tûsent sînen mannen   allez ir gewant,   (697)
    daz si ze Rîne brâhten,   daz wart gar hin gegeben,
    unt ouch diu ross mit sätelen;   si kunden hêrlîche leben.

689 Ê daz mán die rîche gâbe   alle dâ verswanc,   636
    die wider ze lande wolden,   die dûhte des ze lanc.   (698)
    ez enwart nie geste   mêre baz gepflegen.
    sus endete sich diu hôchzît: daz wolde Gunther der degen.

11. Âventiure
Wie Sîfrit mit sînem wîbe heim ze lande kom

690 Dô die geste wâren   alle dan gevarn,   637
    dô sprach ze sînem gesinde   Sigemundes barn: (699)
    »wir suln uns ouch bereiten   heim in mîniu lant.«
    liep was ez sînem wîbe   do ez diu frouwe rehte ervant.

691 Si sprach zuo zir manne: »wenne sul wir varn?   (700)
    daz ich sô harte gâhe,   daz heize ich wol bewarn.
    mir suln ê mîne brüeder   teilen mit diu lant.«
    leit was ez Sîfrîde,   do érz an Kríemhílt ervant.

684 Die Frage, die sie sich überlegt hatte, überhörte er, und noch lange Zeit, bis sie als Königin in seinem Lande die Krone trug, enthielt er ihr vor, was er ihr mitgebracht hatte. Aber ach, er konnte offenbar nicht darauf verzichten, ihr zu geben, was er ihr geben sollte.

685 Zur Freude vieler edler Männer im ganzen Land war der Landesherr an diesem Morgen viel besser gestimmt als am Vortage: Allen, die er auf seine Burg geladen hatte, erwies er seine besondere Aufmerksamkeit.

686 Das Fest dauerte bis zum vierzehnten Tag, und es verlief so, daß in der ganzen Zeit niemals der fröhliche Lärm der vielen Lustbarkeiten verging, an denen sich die Gäste erfreuen sollten. Die Kosten, die dem König durch diesen Aufwand entstanden, wurden allgemein sehr hoch geschätzt.

687 Auf Geheiß des Königs und ihm zu Ehren schenkten die Verwandten des edlen Landesherrn den zahlreichen Fahrenden Kleider und rotes Gold, Pferde und obendrein Silber. Wer auf Freigebigkeit gerechnet hatte, der nahm zufrieden Abschied vom Hofe.

688 Siegfried, der Fürst aus den Niederlanden, und tausend seiner Leute verschenkten ihre gesamte Ausrüstung, die sie mit sich an den Rhein gebracht hatten, und außerdem noch die Pferde samt den Sätteln. Sie wußten sich wie Herren zu benehmen.

689 Bevor man die kostbaren Gaben noch ganz verschenkt hatte, da wurde denen, die wieder in ihre Heimat zurück wollten, die Zeit etwas lang. Niemals vorher wurden Gäste so großzügig verabschiedet. So endete denn das Fest, wie Gunther, der Held, es wünschte.

11. Aventiure
Wie Siegfried zusammen mit seiner Gemahlin in sein Reich kam

690 Als nun die Gäste alle fortgezogen waren, da sagte der Sohn Siegmunds zu seinen Leuten: »Wir müssen uns nun auch bereitmachen, heim in meine Länder zu ziehen.« Als die Herrin davon hörte, da freute sie sich über die Botschaft.

691 Sie sagte zu ihrem Mann: »Wann werden wir aufbrechen? Ich möchte nämlich gerne vermeiden, allzu schnell abzureisen. Vorher sollen mir meine Brüder erst noch meinen Anteil an ihrem Land abgeben.« Als Siegfried von Kriemhilds Forderung hörte, war er darüber sehr verstimmt.

692 Die fürsten zuo im giengen   unt sprâchen alle drî   *638*
»nu wizzet daz, her Sîfrit,   daz iu immer sî   *(701)*
mit triuwen unser dienest   bereit unz in den tôt.«
dô neic er den degenen,   do man imz sô güetlîch erbôt.

693 »Wir suln ouch mit iu teilen«,   sprach Gîselher daz kint,   *639*
»lánt únde bürge,   die unser eigen sint.   *(702)*
unt swaz der wîten rîche   ist uns undertân,
der sult ir teil vil guoten   mit samt Kriemhilde hân.«

694 Sun der Sigemundes   zuo den fürsten sprach,   *640*
do er der herren willen   gehôrtẹ unde sach: *(703)*
»got lâzẹ iu iuwer erbe   immer sælec sîn
unt ouch die liute darinne.   ja getúot diu liebe wine mîn

695 Des teiles wol ze râte,   den ir ir woldet geben.   *(704)*
dâ si sol tragen krône,   unt sol ich daz geleben,
si muoz werden rîcher   dannẹ iemen lebender sî.
swaz ir sus gebietet,   des bín ich iu díenstlîchen bî.«

696 Dô sprach diu frouwe Kriemhilt: »habt ir der erbe rât,   *641*
umb Burgonden degene   sô lîhtẹ ez niht enstât,   *(705)*
si mügẹ ein künec gerne   füeren in sîn lant.
jâ sol si mit mir teilen   mîner lieben bruoder hant.«

697 Dô sprach der herre Gêrnôt: »nu nim dir swen du wil.   *642*
die gerne mit dir rîtent,   der vindestu hie vil.   *(706)*
von drîzec hundert recken   wir geben dir tûsent man,
die sîn dîn heimgesinde.«   Kriemhilt dô séndén began

698 Nâch Hagene von Tronege   und ouch nâch Ortwîn,   *643*
ob die unt ouch ir mâge   Kriemhilde wolden sîn.
do gewán dar umbe Hagene   ein zornlîchez leben;
er sprach: »jane mac uns Gunther   zer werlde níemén
gegeben.

699 Ander iuwer gesinde   daz lât iu volgen mite,   *644*
want ir doch wol bekennet   der Tronegære site:
wir müezen bî den künegen   hie en hove bestân.
wir suln in langer dienen   den wir alher gevolget hân.«

700 Daz liezen si belîben;   do berêiten si sich dan.   *645*
ir edel ingesinde   frou Kriemhilt zuo ir gewan,   *(707)*
zwô und drîzec meide   unt fünf hundert man.
Eckewart der grâve   der volgete Sîfride dan.

692 Alle drei Könige kamen zu ihm und sagten: »Herr Siegfried, Ihr könnt sicher sein, daß wir Euch bis an unser Lebensende immer treu zu Diensten sein werden.« Als die Helden so freundlich mit ihm sprachen, da dankte er ihnen durch eine Verneigung.

693 »Wir werden«, so sagte der junge Giselher, »mit Euch die Länder und Städte teilen, die wir zu eigen haben, und zusammen mit Kriemhild sollt Ihr einen beträchtlichen Anteil an allen großen Reichen erhalten, die uns untertänig sind.«

694 Als der Sohn Siegmunds von diesem Anerbieten der Fürsten hörte und ihre beteuernden Gesten sah, da sagte er zu ihnen: »Möge Gott Euch Eure Erblande und auch die Leute darin in aller Zukunft erhalten! Meine liebe Frau jedenfalls wird

695 auf den Anteil, den Ihr ihr geben wolltet, sicherlich verzichten. Wo sie die Krone tragen wird, dort soll sie bei meinen Lebzeiten mächtiger werden als irgendein anderer Mensch. Was Ihr Euch auch von mir wünscht, ich stehe Euch mit meinem Dienst gerne zur Verfügung.«

696 Da sagte Frau Kriemhild: »Wenn Ihr auch den Erblanden abschwört, auf die Burgundischen Helden will ich so leicht nicht verzichten, denn ein jeder Fürst müßte den Wunsch haben, sie mit sich in sein Land zu führen. Es ist meine aufrichtige Bitte, mein lieber Bruder möge sie mit eigener Hand mit mir teilen.«

697 Da sagte der Herr Gernot: »Nimm Dir nur, wen immer Du möchtest. Du wirst viele finden, deren Wunsch es ist, Dich zu begleiten. Von dreitausend Helden geben wir Dir tausend Mann: die sollen Deine persönliche Leibwache sein.« Da ließ Kriemhild

698 nach Hagen von Tronje und auch nach Ortwin schicken, ob sie und ihre Verwandten sich in ihre Mannschaft begeben wollten. Da wurde Hagen furchtbar zornig und sagte: »Gunther hat gar nicht das Recht, uns irgendjemandem auf dieser Welt zu übergeben!

699 Laßt andere Leute vom Hof Euch begleiten, denn Euch ist die Lebensweise der Tronjer nur allzu gut bekannt: Unsere Aufgabe ist es, hier bei den Königen am Hofe zu bleiben. Ihnen, denen wir bisher Gefolgschaft geleistet haben, werden wir auch weiterhin dienen.«

700 Da ließen sie davon ab und bereiteten ihre Abreise vor. Frau Kriemhild ließ ihr edles Gefolge, zweiunddreißig Mädchen und fünfhundert Mann zu sich kommen. Graf Eckewart schloß sich Siegfried an.

701 Úrloup si álle nâmen,   beidiu ritter unde kneht,   *646*
      mägedę unde frouwen;   daz was vil michel reht.   *(708)*
      gescheiden kűssénde   wurden si zehant.
      si rûmten vrœlîchen   des künec Guntheres lant.

702 Do beléiten si ir mâge   verrę ûf den wegen.   *647*
      man hiez in allenthalben   ir nahtselde legen   *(709)*
      swâ sis gerne nâmen,   al durch der künege lant.
      dô wurden boten balde   Sigemunde dan gesant,

703 Daz er daz wizzen solde,   und ouch Sigelint,   *648*
      daz sîn sun komen wolde   und ouch froun Uoten kint, *(710)*
      Kriemhilt diu vil schœne,   von Wormez über Rîn.
      done kúnden in diu mære   nimmer liebér gesîn.

704 »So wol mich«, sprach dô Sigemunt,   »daz ich gelebet hân *649*
      daz Kriemhilt diu schœne   sol hie gekrœnet gân.   *(711)*
      des müezen wol getiuwert   sîn diu erbe mîn.
      mîn sun Sîfrit   sol hie selbe künec sîn.«

705 Dô gap diu frouwe Sigelint   manegen samît rôt,   *650*
      silber unt gólt daz swære,   daz was ir botenbrôt.   *(712)*
      si freute sich der mære,   diu si dô vernam.
      sich kleidetę ir ingesinde   mit vlîze wol als in gezam.

706 Man sagete wer dâ kœme   mit im in daz lant.   *651*
      dô hiezen si gesidele   rihten sâ zehant,   *(713)*
      dar zuo er gekrœnet   vor friunden solde gân.
      dô riten im engegene   des künec Sigemundes man.

707 Ist iemen baz enpfangen,   daz ist mir unbekant,   *652*
      danne die helde mære   in Sigemundes lant.   *(714)*
      Sigelint diu schœne   Kriemhilt engegene reit
      mit maneger schœnen frouwen   (ir volgeten rittér gemeit)

708 In einer tageweide,   dâ man die geste sach.   *653*
      die kunden unt die vremden   die liten ungemach,   *(715)*
      únz dáz si kômen   zeiner bürge wît,
      diu was geheizen Santen,   dâ si krône truogen sît.

709 Mit láchéndem munde   Sigelint unt Sigemunt   *654*
      kusten Kriemhilde   durch liebe manege stunt   *(716)*
      unt ouch Sîfrîden.   in was ir leit benomen.
      allez ir gesinde   was in grôze willekomen.

701 Ob Ritter oder Knappe, Mädchen oder Frauen, alle nahmen nun Abschied, und das war auch recht so. Unter Küssen trennten sie sich voneinander, und in fröhlicher Stimmung zogen sie aus dem Lande König Gunthers fort.

702 Da gaben ihnen ihre Verwandten einen weiten Weg lang das Geleit. Über das ganze Land der drei Könige hin ließ man ihnen, wo sie nur zu rasten wünschten, ihr Nachtquartier bereiten. Da wurden auch eilig Boten zu Siegmund geschickt,

703 um ihn und Sieglind davon zu benachrichtigen, daß sein Sohn und Frau Utes Tochter, die schöne Kriemhild, von Worms her über den Rhein kämen. Angenehmere Kunde hätten sie gar nicht erhalten können.

704 »Welch ein Glück für mich«, sagte da Siegmund, »noch erlebt zu haben, daß die schöne Kriemhild hier in unserem Land als Königin herrschen wird. Für meine Erblande, über die hinfort mein Sohn Siegfried herrschen soll, ist das eine große Ehre.«

705 Da schenkte Frau Sieglind den Boten als Botengeschenk roten Samtstoff in großer Menge, Silber und schweres Gold; denn sie freute sich über die Botschaft, die sie da gehört hatte. Ihr Gefolge kleidete sich, wie es bei einer solchen Gelegenheit schicklich ist, mit großer Sorgfalt.

706 Man berichtete ihnen, wer alles mit Siegfried in ihr Land käme. Da ließen sie dort, wo er als neuer König des Landes vor seinen Verwandten bei den Krönungsfeierlichkeiten einherschreiten sollte, Sitzbänke aufstellen. Die Gefolgsleute König Siegmunds ritten ihm zur Begrüßung entgegen.

707 Es ist mir nicht bekannt, daß irgendjemand jemals prächtiger empfangen worden ist als die berühmten Helden im Lande Siegmunds. In Begleitung zahlreicher schöner Damen und stolzer Ritter ritt die schöne Sieglind Kriemhild

708 eine Tagereise weit bis dorthin entgegen, wo man auf den Zug der Gäste stieß. Bis sie dann endlich in der großen Burg Xanten, dem späteren Herrschaftssitz Siegfrieds und Kriemhilds, anlangten, hatten Ankömmlinge wie Einheimische die üblichen Reisestrapazen über sich ergehen lassen.

709 Sieglind und Siegmund küßten Kriemhild und auch Siegfried tausendmal vor Freude auf den Mund. Ihr Leid war jetzt vorüber. Dem gesamten Gefolge gaben sie ein herzliches Willkommen.

710 Man bat die geste bringen   für Sigemundes sal.   655
    die schœnen juncfrouwen   die huop man dâ ze tal   (717)
    nider von den mœren.   dâ was vil manec man,
    dô man den schœnen frouwen   mit vlîze díenén began.

711 Swie grôz ir hôchzîte   bî Rîne was bekant,   (718)
    noch gap man hie den helden   vil bézzér gewant,
    dánne si íe getrüegen   noch bi állén ir tágen.
    man möhte michel wunder   von ir rîcheite sagen.

712 Do si ín ir hôhen êren   sâzen und heten genuoc.   656
    waz goltvarwer gêren   ir ingesinde truoc,   (719)
    pérlen unt édel gesteine   verwieret wol dar in!
    sus pflac ir vlîzeclîchen   Sígelint diu edel künegin.

713 Dô sprach vor sînen friunden   der herre Sigemunt: 657
    »den Sîfrides mâgen   tuon ich allen kunt,   (720)
    er sol vor disen recken   die mîne krône tragen.«
    diu mære hôrten gerne   die von Niderlande sagen.

714 Er beválch im sîne krône,   gerihtę und ouch daz lant.   658
    sît wás er ir áller meister   die er ze rehte vant   (721)
    unt dar er rihten solde.   daz wart alsô getân,
    daz man sêre vorhte   der schœnen Kriemhilden man.

715 In disen grôzen êren   lebetę er, daz ist wâr,   659
    und rihtę ouch under krône   unz an daz zehende jâr,   (722)
    daz diu vil schœne frouwe   einen sun gewan.
    daz was des küneges mâgen   nâch ir willen ergân.

716 Den ílte man dô toufen   und gap im einen namen,   660
    Gúnther, nâch sînem œheim: des endórftę er sich niht
                                                 schamen. (723)
    geriete er nâch den mâgen,   daz wærę im wol ergân.
    dô zôch man in mit vlîze,   daz was von schúldén getân.

717 In den selben zîten   starp frou Sigelint.   661
    dô hét den gewált mit alle   der edeln Uoten kint,   (724)
    der sô rîchen frouwen   ob landen wol gezam.
    daz klagten dô genuoge,   dô si der tôt von in genam.

718 Nu hetę ouch dort bî Rîne,   sô wir hœren sagen,   662
    bî Gúnthér dem rîchen   einen sun getragen   (725)
    Prünhilt diu schœne   in Burgonden lant.
    durch des heldes liebe   wart er Sîfrit genant.

710 Man gab Auftrag, die Gäste vor den Saal Siegmunds zu ge-
leiten. Dort hob man die schönen Mädchen von den Pferden.
Viele Ritter fanden sich ein, als man nun den schönen Damen
mit großem Eifer alle Ehrerbietung erwies.

711 Wie sehr man das Fest am Rhein auch rühmte, hier in Xanten
schenkte man den Helden noch bessere Kleider, als sie jemals
vorher in ihrem Leben getragen hatten. Von dem Reichtum
und der Pracht der Niederländer könnte man Wunderdinge
berichten.

712 Als sie nun im Glanz ihrer Herrschaft und in all ihrem Über-
fluß saßen, da trugen ihre Gefolgsleute unzählige goldfarbene
Speere, umwickelt mit Golddraht, in den Perlen und Edelsteine
eingewirkt waren. So aufmerksam hatte Sieglind, die edle
Königin, für sie gesorgt!

713 Da sagte der Herr Siegmund in Gegenwart seiner Vertrauten:
»Allen Verwandten Siegfrieds sei hiermit kundgetan, daß er vor
diesen Helden hier meine Krone tragen soll.« Diese Erklärung
hörten die Niederländer mit großer Freude.

714 Siegmund übergab seinem Sohn die Krone, die Gerichtsbarkeit
und das Land. Von nun an herrschte er über alle, die vor sein
Gericht kamen und unter seine Rechtshoheit gehörten. Seine
Rechtsprechung aber war so, daß man ihn, den Gemahl der
schönen Kriemhild, wegen seiner gerechten Strenge sehr fürch-
tete.

715 Wie wir sicher wissen, lebte er im Glanz seiner Herrschaft und
übte die königliche Gerichtsamkeit aus, bis ihm seine schöne
Gemahlin, ganz nach dem Wunsch der königlichen Verwand-
ten, im zehnten Jahr einen Sohn gebar.

716 Froh eilte man zur Taufe und gab ihm nach seinem Oheim den
Namen Gunther: einen Namen, dessen er sich nicht zu schämen
brauchte. Denn es konnte für das Kind nur gut sein, wenn es
nach der Seite seiner mütterlichen Verwandten ausschlug. Wie
es sich für einen Königssohn gehörte, wurde das Kind mit
großer Sorgfalt aufgezogen.

717 Zu dieser Zeit verstarb Frau Sieglind. Da besaß die Tochter der
edlen Ute die gesamte Herrschaft über das Land, und die stand
einer so mächtigen Herrin wohl an. Aber auch um Sieglind
klagten viele, als der Tod sie hinweggerafft hatte.

718 Wie uns berichtet ist, hatte unterdessen auch dort am Rhein am
Hofe des mächtigen Gunther im Lande der Burgunden die
schöne Brünhild einen Sohn geboren. Seinem heldenhaften
Oheim zuliebe wurde er Siegfried genannt.

719 Wie rehte vlîzeclîchen   man sîn hüeten hiez!   (726)
    Gúnthér der edele   im magezogen liez,
    die ez wol kunden ziehen   zę einem bíderbem man.
    hei waz im ungelücke   sît der friundę an gewan!

720 Mære zę allen zîten   der wart vil geseit,   663
    wie rehte lobelîchen   die recken vil gemeit   (727)
    lebten zę allen stunden   in Sigemundes lant.
    alsam tet ouch Gunther   mit sînen mâgen ûz erkant.

721 Daz lant zen Nibelungen   Sîfride diente hie   664
    (rîcher sîner mâge   wart noch deheiner nie)   (728)
    unt ouch Schílbunges recken,   unt ir beider guot.
    des truoc der vil küene   deste hǽhéren muot.

722 Hort den aller meisten,   den ie helt gewan,   665
    âne die ęs ê pflâgen,   hete nú der küene man,   (729)
    den er vor einem berge   mit sîner hendę erstreit,
    dar umbę er sluoc ze tôde   vil manegen rittér gemeit.

723 Er het den wunsch der êren.   unt wære des niht geschehen,
    so müese man von schulden   dem edeln recken jehen   666
    daz er wærę ein der beste,   der ie ûf ors gesaz.   (730)
    man vorhte sîne sterke   unt tet vil billîche daz.

12. Âventiure
Wie Gunther Sîfriden zuo der hôchzît bat

724 Nu gedâhtę ouch aile zîte   daz Guntheres wîp: 667
    »wie treit et alsô hôhe   frou Kriemhilt den lîp?   (731)
    nu ist doch unser eigen   Sîfrit ir man:
    er hât uns nu vil lange   lützel díensté getân.«

725 Diz truoc sį in ir herzen   unt wart ouch wol verdeit.   668
    daz sį ir vremde wâren,   daz was ir harte leit,   (732)
    daz man ír sô selten diente   von Sîfrides lant.
    wâ von daz komen wære,   daz hete si gérné bekant.

726 Sie versúochtę ez an dem künege,   ob ez möhte geschéhen,
    daz si Kriemhilde   solde noch gesehen.   669
    si reitez heimlîche,   des si dâ hete muot.   (733)
    dô dûhté den herren   diu rede mæzlîchen guot.

719 Der edle Gunther ließ ihn überaus sorgfältig aufziehen und gab ihm Lehrer, die sich darauf verstanden, ihn zu einem tüchtigen Mann heranzubilden. Ach, das Schicksal sollte ihm später viele seiner Verwandten entreißen!

720 Immer wieder hörte man ausführlich davon erzählen, wie ruhmvoll die stolzen Recken die ganze Zeit über im Lande Siegmunds lebten. Doch taten Gunther und seine berühmten Verwandten es ihnen gleich.

721 Keiner seiner Familie war vorher mächtiger gewesen als Siegfried; denn unter seinem Gebot standen zugleich auch das Reich der Nibelungen, alle Recken Schilbungs und das Königsgut beider Herrscher. Mit Recht konnte der Tapfere daher stolz und hochgemut sein.

722 Sieht man von den Vorbesitzern ab, dann hatte der tapfere Siegfried jetzt den größten Hort in seiner Gewalt, den jemals ein Held besessen hatte. Am Fuße eines Berges hatte er ihn mit eigener Hand erstritten und, um ihn zu erlangen, viele stolze Ritter erschlagen.

723 So besaß er jetzt das höchste Ansehen. Doch selbst wenn er den Hort nicht errungen hätte, so hätte man dem edlen Recken doch zugestehen müssen, daß er einer der Besten war, der jemals auf dem Rücken eines Pferdes saß. Man fürchtete seine Stärke und hatte auch allen Grund dazu.

12. Aventiure
Wie Gunther Siegfried zum Fest einlud

724 Gunthers Gemahlin aber trug sich die ganze Zeit über mit diesen Gedanken: »Wie kommt es wohl, daß Frau Kriemhild den Kopf so hoch trägt, obwohl doch ihr Mann Siegfried unser Vasall ist? Er hat uns reichlich lange seine Dienste vorenthalten.«

725 Wenn sie auch klug genug war, es zu verbergen, so verdroß sie diese Überlegung doch sehr. Sie war unwillig darüber, daß ihre beiden Verwandten so weit von ihr entfernt lebten und daß niemand aus dem Lande Siegfrieds seinen Vasallenpflichten nachkam. Sie hätte doch zu gern gewußt, wie es dazu gekommen war.

726 Sie bedrängte den König mir ihren Fragen, ob es sich nicht einrichten ließe, daß sie Kriemhild einmal wiedersehen dürfe. Heimlich sagte sie dem König, wonach ihr der Sinn stand, aber Gunther fand den Vorschlag gar nicht gut.

727 »Wie möhten wir si bringen«,   sprach der künec rîch,   670
    »her zuo disem lande?   daz wære unmügelîch.   (734)
    si sitzent uns ze verre,   ine getár sis niht gebiten.«
    des antwurtę im Prünhilt   in einen lístégen siten:

728 »Swie hôhe rîche wære   deheines küneges man,   671
    swaz im gebüte sîn herre,   das soldę er doch niht lân.« (735)
    des ersmielte Gunther,   dô si daz gesprach.
    ern jáches im níht ze dienste,   swie dickę er Sîfriden sach.

729 Si sprach: »vil lieber herre,   durch den willen mîn   672
    sô hilf mir daz Sîfrit   unt ouch diu swester dîn   (736)
    komen zuo disem lande,   daz wir si hie gesehen.
    sone kúnde mir ze wâre   nimmer lieber geschehen.

730 Dîner swester zühte   unt ir wól gezogener muot,   673
    swennę ich dar an gedenke,   wie sampfte mir daz tuot,   (737)
    wie wir ensamt sâzen,   do ịch êrste wart dîn wîp!
    si mac mit êren minnen   des küenen Sîfrides lîp.«

731 Si gertes alsô lange   unz daz der künec sprach: 674
    »nu wizzet daz ich geste   sô gerne nie gesach.   (738)
    ir muget mich sampfte vlêgen.   ich wil die boten mîn
    nâch in beiden senden,   daz si uns komen an den Rîn.«

732 Dô sprach diu küneginne: »sô sult ir mir sagen   675
    wennę ir si welt besenden,   oder in welchen tagen   (739)
    unser lieben friunde   suln komen in daz lant.
    die ir dar wellet senden,   die lât mir wérdén bekant.«

733 »Daz tuon ich«, sprach der fürste: »drîzec mîner man   676
    wil ich dar lâzen rîten.«   die hiez er für sich gân.   (740)
    bî den enbôt er mære   in daz Sîfrides lant.
    ze liebe gap in Prünhilt   vil harte hêrlîch gewant.

734 Dô sprach der künec Gunther: »ir récken sult vón mir
                                                 sagen   677
    (al daz ich dar enbiete   des sult ir niht verdagen)   (741)
    dem starken Sîfride   unt ouch der swester mîn,
    daz in endarf ze der werlde   niemen hóldér gesîn.

735 Unde bittet daz si beidiu   zuo uns kómen an den Rîn.   678
    daz wellę ich unt mîn frouwe   immer díenénde sîn.   (742)
    vor disen sunewenden   sol er und sîne man
    sehen hie vil manegen,   der im vil grôzer êren gan.

727 »Wie sollten wir sie denn wohl dazu veranlassen«, sagte der mächtige König, »hierher in unser Land zu kommen? Das wäre doch ganz und gar unmöglich. Sie wohnen doch viel zu weit von uns entfernt. Ich würde es ja gar nicht wagen, sie darum zu bitten!« Doch Brünhild entgegnete ihm sehr geschickt:

728 »Wie ungeheuer mächtig auch immer der Vasall eines Königs sein mag, er darf es doch wohl nicht unterlassen, den Aufträgen seines Herrn Folge zu leisten!« Als sie das sagte, lächelte Gunther etwas gezwungen. Wie oft er Siegfried früher auch bei sich gesehen hatte, es wäre ihm niemals eingefallen, von einer schuldigen Dienstleistung zu sprechen.

729 Brünhild sagte: »Mein lieber Gemahl, so tu es doch aus Liebe zu mir und hilf mir, daß Siegfried und auch Deine Schwester in unser Land kommen und wir sie hier bei uns sehen. Wirklich, es könnte mir auf der ganzen Welt nichts Lieberes geschehen.

730 Wie wohl mir doch immer ums Herz wird, wenn ich an das feine Benehmen und die vollendete höfische Bildung Deiner Schwester denke und daran, wie wir damals beieinander saßen, als ich gerade Deine Frau geworden war! Für den tapferen Siegfried ist es nur ehrenvoll, daß er sie zur Gemahlin hat.«

731 Sie bat so lange darum, bis der König schließlich sagte: »Glaubt mir, keine anderen Gäste wünsche ich so sehnlich zu sehen. Ihr habt es daher leicht, mich darum zu bitten. Ich werde sogleich meine Boten zu den beiden schicken, damit sie zu uns an den Rhein kommen.«

732 Da sagte die Königin: »So bitte ich Euch, mir zu sagen, wann Ihr nach Ihnen senden wollt oder zu welchem Zeitpunkt unsere lieben Verwandten hier in unserem Land anlangen werden. Und laßt mich auch wissen, wen Ihr dorthin schicken werdet!«

733 »Gerne!« sagte der Fürst: »Ich werde dreißig meiner Leute dorthin reiten lassen.« Er rief sie sogleich zu sich und ließ durch sie Botschaften in das Land Siegfrieds überbringen. Zu ihrer Freude schenkte ihnen Brünhild überaus prächtige Gewänder.

734 Da sagte König Gunther: »Ihr Helden, Ihr habt den Auftrag – und ich erwarte, daß Ihr nichts von dem verschweigt, was ich nach Xanten melden lassen will –, dem starken Siegfried und meiner Schwester auszurichten, daß ihnen in dieser Welt niemand inniger zugetan ist als wir.

735 Und bittet sie darum, daß sie beide zu uns an den Rhein kommen. Meine Gemahlin und ich wären ihnen immer dafür verbunden. Noch vor der nächsten Sonnenwende werden Siegfried und seine Leute hier bei uns manchen treffen können, der dem König große Ehre erweist.

736 Dem künec Sigemunde   saget den dienest mín,   *679*
     daz ich und míne friunde   im immer wæge sín.   *(743)*
     und saget ouch míner swester   daz si niht lâze daz,
     sine rîte zuo ir friunden: ir zam nie hôchgezîte baz.«

737 Prünhilt und Uote   und swaz mán dâ frouwen vant,   *680*
     die enbuten allę ir dienest   in Sifrides lant   *(744)*
     den minneclîchen frouwen   unt manegem küenem man.
     mit küneges friunde râte   die boten húobén sich dan.

738 Si fuoren reislîche.   ir pfert und ir gewant   *681*
     daz was in komen allen;   dô rûmten si daz lant.   *(745)*
     in zogete wol ir verte   dar si dâ wolden varn.
     der künec hiez mit geleite   die boten vlîzeclîche bewarn.

739 Si kómen in drîn wochen   geriten in daz lant   *682*
     ze Nibelunges bürge,   dar wâren si gesant.   *(746)*
     ze Norwægę in der marke   funden si den degen.
     diu ross den boten wâren   vil müede von den langen wegen.

740 Sîfridę und Kriemhilde   wart beiden dô geseit   *683*
     daz rítter dar kómen wæren,   die trüegen solhiu kleit   *(747)*
     sam man ze Burgonden   dô der site pflac.
     si spranc von einem bette,   dar an si rúowénde lac.

741 Dô bat si zeinem venster   eine maget gân.   *684*
     diu sach den küenen Gêren   an dem hove stân,   *(748)*
     in unt die gesellen,   die wâren dar gesant.
     gegen ir herzeleide   wie liebiu mære si bevant!

742 Si sprach zuo dem künege: »nu sehet ir wâ si stênt,   *685*
     die mit dem starken Gêren   ûf dem hove gênt,   *(749)*
     die uns mîn bruoder Gunther   sendet nider den Rîn!«
     dô sprach der starke Sîfrit: »die suln uns willekomen sîn!«

743 Allez das gesinde   lief dâ man si sach.   *686*
     ir ietslîch besunder   vil güetlîche sprach   *(750)*
     daz beste, daz si kunden,   zuo den boten dô.
     Sigemunt der herre   der was ir künfte harte vrô.

744 Dô wart geherberget   Gêre unt sîne man.   *687*
     diu ross man hiez behalten.   die boten giengen dan   *(751)*
     dâ der herre Sîfrit   bî Kriemhilde saz.
     in was ze hovę erloubet,   dâ von sô tắtén si daz.

745 Der wirt mit sînem wîbe   stuont ûf sâ zehant.   *688*
     wol wart empfangen Gêre   von Burgonden lant   *(752)*
     mit sînen hergesellen,   die Guntheres man.
     Gêren den vil rîchen   bat man an den sedel gân.

736 Entbietet dem König Siegmund meinen ergebenen Gruß und sagt ihm, ich und meine Verwandten seien ihm auf immer gewogen. Und sagt auch meiner Schwester, sie möge es nicht unterlassen, zu ihren Verwandten zu reiten. Denn niemals hat es ein Fest gegeben, das zu besuchen für sie ehrenvoller gewesen wäre.«

737 Brünhild und Ute und die anderen Damen am Hofe, sie alle ließen den lieblichen Frauen und vielen kühnen Männern in Siegfrieds Land ihre ehrerbietigen Grüße ausrichten. Unter Zustimmung des Rates der königlichen Vertrauten ritten die Boten nun fort.

738 Da nun alle mit Pferden und Kleidern versorgt waren, zogen sie wohlausgerüstet außer Landes. Sie brannten darauf, an das Ziel ihrer Reise zu gelangen. Dem König lag es am Herzen, die Boten durch seinen Geleitschutz zu sichern.

739 So gelangten sie auf ihren Pferden in drei Wochen in das Land und zur Nibelungenburg, wohin sie geschickt worden waren. In Norwegen, an der Grenze trafen sie auf Siegfried. Ihre Pferde waren von den weiten Wegen ganz ermattet.

740 Da wurden Siegfried und Kriemhild benachrichtigt, es seien Ritter angekommen, die solche Kleider trügen, wie sie gerade im Burgundenland Mode seien. Sofort sprang Kriemhild von ihrem Bett, auf dem sie gelegen und sich ausgeruht hatte.

741 Sie gab sogleich einem Mädchen den Auftrag, an das Fenster zu treten. Das Mädchen sah den tapferen Gere und seine Gefährten, die als Boten geschickt worden waren, im Hofe stehen. Welch freudige Nachricht für die heimwehkranke Kriemhild!

742 Sie sagte zum König: »Seht nur dort unten auf dem Hofe die Helden, die dort mit dem starken Gere einherschreiten! Mein Bruder Gunther hat sie den Rhein abwärts zu uns geschickt!« Da sagte der starke Siegfried: »Heißt sie bei uns willkommen!«

743 Die gesamte Dienerschaft lief zu den Boten, und jeder einzelne von ihnen redete sie zur Begrüßung so freundlich an, wie er es irgend konnte. Auch der Herr Siegmund freute sich sehr über ihr Kommen.

744 Man gab nun Gere und seinen Leuten ein Quartier und sorgte auch für die Pferde. Dann begaben sich die Boten dorthin, wo der Herr Siegfried an der Seite Kriemhilds saß; sie hatten nämlich bereits die Erlaubnis, vor dem König zu erscheinen.

745 Der Landesherr und seine Gemahlin erhoben sich sogleich. Gere und seine Gefährten aus dem Burgundenland, die Leute Gunthers, wurden zuvorkommend empfangen. Den mächtigen Gere bat man sogar, auf einem Sessel Platz zu nehmen.

746 »Erloubet uns die botschaft,   ê daz wir sitzen gên.   *689*
    uns wegemüede geste,   lât uns die wîle stên.   *(753)*
    wir suln iu sagen mære,   waz iu enboten hât
    Gunther unde Prünhilt,   der dinc vil hôchlîche stât,

747 Unt ouch waz frou Uote,   iuwer múoter, her enbôt.   *690*
    Gîselher der junge   unt ouch her Gêrnôt   *(754)*
    unt iuwer besten mâge,   die habent uns her gesant.
    die enbietent iu ir dienest   ûzer Guntheres lant.«

748 »Nu lônę in got!« sprach Sîfrit.   »ich getrûwę in harte
                                               wol   *691*
    triuwen unde guotes,   alsô man friunden sol,   *(755)*
    alsam tuot ouch ir swester.   ir sult uns mære sagen
    ob unser lieben friunde   dâ heimę iht hôhes muotes tragen.

749 Sît daz wir von in schieden,   hât in íemen iht getân,   *692*
    den mînen konemâgen?   daz sult ír mich wizzen lân.   *(756)*
    daz wil ich in immer   mit triuwen helfen tragen,
    unze daz ir vîende   den mînen dienest müezen klagen!«

750 Do sprach der márcgrâve Gêre,   ein récké vil guot!   *693*
    »si sint in allen tugenden   sô rehte hôchgemuot.   *(757)*
    si ladent iuch ze Rîne   zeiner hôchgezît.
    si sæhen iuch vil gerne,   daz ir des âne zwîfel sît.

751 Unde bítent mîne frouwen,   si súl mit iu dar komen!   *694*
    swenne daz der winter   ein ende habe nomen,   *(758)*
    vor disen sunewenden   so wolden si iuch sehen.«
    dô sprach der starke Sîfrit: »daz kunde müelîch geschehen.«

752 Dô sprach aber Gêre   von Burgonden lant: *695*
    »iuwer muoter Uote   hât íuch gemant,   *(759)*
    Gêrnôt unt Gîselher: ir sult in niht versagen.
    daz ir in sît sô verre,   daz hœrę ich tägelîche klagen.

753 Prünhilt mîn frouwe   unt allę ir mägedîn   *696*
    die freunt sich der mære.   unt ob daz möhte sîn   *(760)*
    daz si iuch noch gesæhen,   daz gæbę in hôhen muot.«
    dô dûhten disiu mære   die schœnen Kriemhilde guot.

754 Gêre was ir sippe: der wirt in sitzen hiez.   *697*
    den gesten hiez er schenken,   niht langer man daz liez.   *(761)*
    dô was ouch komen Sigemunt   da er die boten sach.
    der herre friuntlîche   zuo den Burgonden sprach:

746 »Bevor wir wegmüden Helden an unsere Plätze gehen, erlaubt uns erst einmal unsere Botschaft vorzutragen und laßt uns für diese Zeit noch stehen. Wir haben den Auftrag zu melden, was Gunther und Brünhild, deren Glück jetzt auf seinem Höhepunkt steht,

747 und auch, was Eure Mutter, Frau Ute, Euch zu sagen haben. Der junge Giselher, Herr Gernot und Eure nächsten Verwandten, sie alle haben uns hierhergeschickt. Sie lassen Euch aus dem Lande Gunthers ehrerbietige Grüße übermitteln.«

748 »Gott möge es ihnen lohnen!« sagte Siegfried. »Wie es unter rechten Verwandten sein soll, setze ich – und dasselbe gilt für ihre Schwester Kriemhild – mein ganzes Vertrauen auf ihre Treue und Zuneigung. Sagt uns doch, ob unsere lieben Verwandten daheim im Land der Burgunden auch ein hochgemutes Leben führen.

749 Hat, seit wir von ihnen schieden, irgendjemand meinen Verwandten etwas zuleide getan? Laßt es mich doch wissen! Jederzeit bin ich in alter Treue bereit, ihnen beizustehen, bis ihre Feinde allen Grund haben, einen solchen Gegner wie mich zu verwünschen.«

750 Da sagte der Markgraf Gere, der treffliche Recke: »Sie führen in jeder Hinsicht ein hochgestimmtes, ehrenvolles Leben. Sie laden Euch zu einem Fest an den Rhein und haben, woran Ihr nicht zweifeln dürft, den dringenden Wunsch, Euch zu sehen.

751 Sie bitten auch die verehrte Fürstin, Euch dorthin zu begleiten. Wenn der Winter beendet sein wird, aber noch vor der Sonnenwende möchten sie Euch gerne bei sich sehen.« Da sagte der starke Siegfried: »Das wäre nur schwer einzurichten!«

752 Da sagte wiederum Gere aus dem Burgundenland: »Eure Mutter, Ute, Gernot und Giselher, sie alle mahnen Euch, Ihr möchtet ihnen diesen Wunsch nicht abschlagen. Täglich höre ich ihre Klage, daß Ihr so weit von ihnen entfernt wohnt.

753 Brünhild, meine Herrin, und alle ihre Mädchen, die freuen sich schon auf einen günstigen Bescheid; denn wenn es sein könnte, daß sie Euch wiedersähen, dann würde ihnen ihr Herz vor solcher Ehre höher schlagen.« Da freute sich die schöne Kriemhild über die Botschaft.

754 Gere war ihr Verwandter. Der König forderte ihn auf, sich doch zu setzen. Als er gleich darauf anordnete, den Gästen Wein einzuschenken, wurde dieser Befehl sofort ausgeführt. Jetzt kam auch Siegmund zu den Boten. Der Fürst begrüßte die Burgunden mit freundlichen Worten:

755 »Sît willekomen, ir recken,   ir Guntheres man!   *698*
   sît daz Kriemhilt   ze wîbé gewan   *(762)*
   Sîfrit der mîn sun,   man soldę iuch dicker sehen
   hie in disem lande,   wolt ir uns friuntschefte jehen.«

756 Si sprâchen, swennę er wolde,   si solden gerne komen.   *699*
   in wart ir michel müede   mit freuden vil benomen.   *(763)*
   die boten bat man sitzen,   spîse man in truoc,
   der hiez dô geben Sîfrit   sînen géstén genuoc.

757 Si muosen dâ belîben   bevollen niun tage.   *700*
   des heten endeclîchen   die snellen ritter klage,   *(764)*
   daz si niht wider solden   rîten in ir lant.
   dô hete der künec Sîfrit   nâch sînen fríundén gesant.

758 Er vrâgte waz si rieten,   ob si sólden an den Rîn.   *701*
   »ez hât nâch mir gesendet   Gúnther der friunt mîn,   *(765)*
   er unt sîne mâge   durch eine hôchgezît.
   nu kœmę ich im vil gerne,   wan daz sîn lant ze verre lît.

759 Unt bittent Kriemhilde   daz si mit mir var.   *702*
   nu râtet, liebe friunde!   wie sol si komen dar?   *(766)*
   unt soldę ich herverten   durch si in drîzec lant,
   dâ müesę in dienen gerne   hin diu Sîfrides hant.«

760 Dô sprâchen sîne recken: »habt ir der reise muot   *703*
   hin zer hôchgezîte,   wir râten waz ir tuot: *(767)*
   ir sult mit tûsent recken   rîten an den Rîn,
   sô muget ir wol mit êren   dâ zen Burgonden sîn.«

761 Dô sprach von Niderlande   der herre Sigemunt: *704*
   »welt ir zer hôchgezîte,   wan tuot ir mir daz kunt?   *(768)*
   ob ez iu niht versmâhet,   sô rîtę ich mit iu dar.
   ich füere hundert degene,   dâ mite mêrę ich iuwer schar.«

762 »Und welt ir mit uns rîten,   vil lieber vater mîn«,   *705*
   sprach der küene Sîfrit,   »vil vró sol ich des sîn.   *(769)*
   inner tagen zwelven   sô rûmę ich mîniu lant.«
   alle die ęs dô gerten,   den gap man róss únt gewant.

763 Dô der künec edele   der reise hete muot,   *706*
   dô hiez man wider rîten   die snellen boten guot.   *(770)*
   den sînen konemâgen   enbôt er an den Rîn,
   er wolde harte gerne   dâ zę ir hôchzîte sîn.

755 »Seid uns herzlich willkommen, Ihr Recken, Ihr Gefolgsleute
Gunthers! Nun da mein Sohn Siegfried Kriemhild heimgeführt
hat, sollte man Euch öfter hier in unserem Lande sehen, wenn
Ihr es mit Eurer Freundschaft ernst meint.«

756 Sie sagten, sie würden gerne kommen, wenn er es wünsche.
Durch angenehme Unterhaltung suchte man ihnen ihre große
Müdigkeit zu vertreiben. Man bat sie, sich doch zu setzen, und
trug ihnen Speisen auf. Siegfried ließ seine Gäste mit allem reich-
lich versorgen.

757 Neun volle Tage mußten sie in Xanten bleiben, aber schließlich
führten die tapferen Ritter doch darüber Klage, daß sie nicht
wieder nach Hause in ihr Heimatland zurückreiten durften. In
der Zwischenzeit hatte der König Siegfried nach seinen Ver-
trauten ausgeschickt.

758 Er fragte, was sie denn rieten, ob sie denn nun an den Rhein
ziehen sollten: »Mein Schwager Gunther, das heißt er und seine
Verwandten, haben wegen eines Festes nach mir geschickt. Nun
wäre es auch mein Wunsch, ihn zu besuchen, wenn nur sein
Land nicht so weit entfernt läge.

759 Sie bitten auch Kriemhild, daß sie mit mir reise. Ratet mir doch,
meine lieben Freunde! Wie soll sie denn dorthin kommen? Ja,
ginge es darum, für die Burgunden auf dreißig verschiedenen
Schauplätzen Krieg zu führen, da würde ich ihnen mit der
Waffe in der Hand freudig beispringen.«

760 Da sagten seine Recken: »Habt Ihr vor, auf das Fest zu reisen, so
geben wir Euch einen Ratschlag, wie Ihr Euch verhaltet: mit
tausend Helden sollt Ihr an den Rhein reiten; denn dann könnt
Ihr bei den Burgunden ehrenvoll auftreten.«

761 Da sagte der Herr Siegmund von Niederland: »Warum sagt Ihr
mir nichts davon, daß Ihr auf das Fest ziehen wollt? Wenn Ihr
nichts dagegen habt, dann reite ich zusammen mit Euch dahin.
Ich nehme hundert Helden mit mir und vergrößere damit Eure
Schar.«

762 »Wenn Ihr mit uns reiten wollt, lieber Vater«, sagte der tapfere
Siegfried, »bin ich darüber sehr froh. Innerhalb von zwölf Tagen
breche ich von hier auf.« Allen, die es wünschten, schenkte man
für die Fahrt Pferde und Ausrüstung.

763 Als sich der edle König für die Reise entschieden hatte, da gab
man den tüchtigen, schnellen Boten den Auftrag, wieder zurück-
zureiten. Siegfried ließ seinen Verwandten an den Rhein melden,
er werde ihr Fest mit Vergnügen besuchen.

764 Sîfrit unt Kriemhilt, alsô wir hœren sagen, *707*
sô vil den boten gâben daz ez niht mohten tragen *(771)*
ir mœre heim ze lande; er was ein rîcher man.
ir starken soumære treip man vrœlîchen dan.

765 Ir volc kleidete Sîfrit unt ouch Sigemunt. *708*
Eckewart der grâve der hiez an der stunt *(772)*
frouwen kleider suochen, diu besten diu man vant
oder înder kunde erwerben über al daz Sîfrides lant.

766 Die sätel zuo den schilden bereiten man began. *709*
rittern unde frouwen, die mit in solden dan, *(773)*
den gap man swaz si wolden, daz in niht gebrast.
dô brâhte er sînen friunden vil manegen hêrlîchen gast.

767 Den boten zogete sêre ze lande ûf den wegen. *710*
dô kom zen Burgonden Gêré der degen. *(774)*
er wart vil wol empfangen. do erbeizten si ze tal
von rossen unt von mœren für den Guntheres sal.

768 Die tumben unt die wîsen giengen, sô man tuot, *711*
vrâgen umbe mære. dô sprach der ritter guot:
»swenne ich si sage dem künege, dâ hœret si zehant!«
er gie mit den gesellen dâ er Guntheren vant.

769 Der künec durch grôze liebe von dem sedele spranc. *712*
daz si sô balde kômen, des sagte in dô danc *(775)*
Prünhilt diu schœne. Gunther zen boten sprach:
»wie gehabt sich Sîfrit, von dem mir liebes vil geschach?«

770 Dô sprach der küene Gêre: »dâ wart er freuden rôt, *713*
er unt iuwer swester. nie friunden baz enbôt *(776)*
sô getriuwiu mære deheiner slahte man,
als iu der herre Sîfrit und ouch sîn vater hât getân.«

771 Dô sprách ze dem márcgrâven des edelen küneges wîp: *714*
»nu sagt mir, kumet uns Kriemhilt? hât noch ir schœner *(777)*
                                                  lip
behalten iht der zühte, der si wol kunde pflegen?«
»si kumt iu sicherlîchen«, sô sprach dô Gêré der degen.

772 Uote bat dô drâte die boten für sich gên. *715*
daz mohte man an ir vrâge harte wol verstên *(778)*
daz si daz hôrte gerne, was Kriemhilt noch gesunt.
er sagete wie er si funde unt daz si kœme in kurzer stunt.

773 Ouch wart von in diu gâbe ze hove niht verdeit, *716*
die in gap her Sîfrit. golt und ouch diu kleit, *(779)*
daz brâhte man ze sehene der drîer künege man.
der ir vil grôzen milte wart in dâ dánkén getân.

764 Wie man uns berichtet hat, schenkten Siegfried und Kriemhild den Boten so viel, daß ihre Pferde es nicht heimschaffen konnten. Siegfried war ja auch ein mächtiger Fürst. So trieben sie, froh über ihren neuen Besitz, starke Saumtiere mit sich von dannen.

765 Siegfried und Siegmund versahen ihre Leute mit Kleidern. Graf Eckewart ließ sogleich auch für die Frauen die besten Kleider, die man hatte oder im ganzen Lande Siegfrieds beschaffen konnte, auswählen.

766 Die Sättel und die Schilde setzte man nun instand. Die Ritter und Damen, die mit ihnen fortreiten sollten, die rüstete man mit allem aus, was sie haben wollten, so daß ihnen nichts fehlte. Erlesene Gäste in reicher Zahl brachte Siegfried zu seinen Verwandten.

767 Unterdessen strebten die Boten auf den Straßen in großer Eile nach Hause. Als der tapfere Gere ins Land der Burgunden zurückkam, wurde er freundlich empfangen. Da stiegen die Boten vor Gunthers Saal von den Pferden.

768 Und wie es bei solchen Anlässen zu sein pflegt, jung und alt kam und fragte nach Neuigkeiten. Da sagte der edle Ritter: »Wenn ich sie dem König sage, werdet Ihr sie schon bald genug hören!« Zusammen mit seinen Gefährten ging er zu Gunther.

769 Voll Freude sprang der König vom Sitz auf. Die schöne Brünhild dankte ihnen dafür, daß sie so schnell wiedergekommen waren. Gunther sagte zu den Boten: »Wie geht es Siegfried, der mir soviel Freundlichkeit erwiesen hat?«

770 Da sagte der tapfere Gere: »Er wurde vor Freude rot, er und auch Eure Schwester. Niemals hat irgendein Mann seinen Verwandten auf schönere Weise die aufrichtigsten Grüße übermittelt wie der Herr Siegfried und sein Vater Siegmund.«

771 Da sagte die Gemahlin des edlen Königs zum Markgrafen: »Nun sagt mir, kommt auch Kriemhild zu uns? Wahrt die schöne Frau noch immer die vollendete Haltung, durch die sie sich früher auszeichnete?« – »Sicherlich kommt sie zu Euch!« sagte daraufhin Gere, der Held.

772 Da ließ Ute sogleich die Boten zu sich kommen. An ihren Fragen konnte man sehr genau erkennen, daß sie zu hören wünschte, ob es Kriemhild denn auch noch immer gut gehe. Gere sagte ihr, wie er Kriemhild angetroffen hätte, und daß sie sehr bald käme.

773 Die Geschenke, die ihnen Herr Siegfried gegeben hatte, hielten sie am Hofe nicht verborgen. Im Gegenteil: man gab das Gold und die Kleider den Leuten der drei Könige zu betrachten und sprach mit dankbaren Worten von der erstaunlichen Freigebigkeit Siegfrieds und Kriemhilds.

774 »Er mac«, sprach dô Hagene,   »von im sampfte geben.   717
   ern kundez niht verswenden,   unt soldę er immer leben.
   hort der Nibelunge   beslozzen hât sîn hant.   (780)
   hei soldę er komen immer   in der Burgonden lant!«

775 Allez daz gesinde   freute sich dar zuo   718
   daz si komen solden.   spâtę unde vruo   (781)
   wâren vil unmüezec   der drîer künege man.
   vil manec hergesidele   man dô rîhtén began.

776 Hûnolt der küene   und Sindolt der degen   719
   die heten vil unmuoze.   die zît si muosen pflegen   (782)
   truhsæzen unt schenken,   ze rihten manege banc.
   des half in ouch her Ortwîn;   des sagetę in Gunther danc.

777 Rŭmolt der kuchenmeister,   wie wol er rihte sît   720
   die sînen undertânen,   vil manegen kezzel wît,   (783)
   häven unde pfannen!   hei waz man der dâ vant!
   do beréite man den spîse   die dâ kômen in daz lant.

13. Âventiure
Wie Sîfrit mit sînem wibe zuo der hôchzît fuor

778 Allę ir unmuoze   die lâzen wir nu sîn   721
   und sagen wie frou Kriemhilt   unt ir magedîn   (785)
   gegen Rîne fuoren   von Nibelunge lant.
   nie getruogen mœre   sô manec hêrlîch gewant.

779 Vil der soumschrîne   man schihte zuo den wegen.   722
   dô reit mit sînen friunden   Sîfrit der degen   (786)
   und ouch diu küneginne   dar si héten freuden wân.
   sît wart ez in allen   ze grôzem léidé getân.

780 Dâ heime si dô liezen   Sîfrides kindelîn   723
   unt sun den Kriemhilde.   daz muosę et alsô sîn.   (787)
   von ir hovereise   im erstúonden michel sêr;
   sîn vater unt sîne muoter   gesach daz kindel nimmer mêr.

781 Dô reit ouch mit in dannen   der herre Sigemunt.   724
   soldę er rehte wizzen,   wie ez nâch der stunt   (788)
   zer hôchzîtę ergienge,   er hetę ir niht gesehen.
   im kundę an lieben friunden   nimmer léidér geschehen.

774 »Der hat ja auch leicht schenken!« sagte da Hagen. »Selbst wenn Siegfried ewig lebte, den Hort der Nibelunge, den er in seinem Besitz hat, den könnte er doch nicht aufbrauchen. Ach, käme der Schatz doch noch einmal in das Land der Burgunden!«

775 Alle Leute am Hofe freuten sich darüber, daß die Gäste kommen sollten. Die Gefolgsleute der drei Könige waren von früh bis spät auf den Beinen und schlugen die vielen Sitzbänke für die Gefolgschaft auf.

776 Der tapfere Hunold und Sindold, der Held, waren besonders stark beschäftigt; denn sie hatten die Truchsessen und Schenken beim Aufstellen der zahlreichen Sitze zu überwachen. Herr Ortwin stand ihnen dabei zur Seite. Ihnen allen sagte Gunther für ihre Mühen seinen Dank.

777 Und nun erst der Küchenmeister Rumold: Der übte jetzt über seine Untertanen, über die vielen riesigen Kessel, Töpfe und Pfannen, von denen eine Unzahl vorhanden war, ein strenges Regiment aus. Da ging man daran, die Speisen für die Ankömmlinge vorzubereiten.

13. Aventiure
Wie Siegfried mit seiner Gemahlin auf das Fest fuhr

778 Doch über alle ihre fleißigen Bemühungen wollen wir nicht mehr berichten und lieber erzählen, wie Frau Kriemhild und ihre Mädchen vom Land der Nibelungen an den Rhein kamen. Niemals vorher hatten Pferde so viele prächtige Gewänder befördert.

779 Zahlreiche Reisetruhen hatte man für die Reise gepackt. Da zogen Siegfried, der Held, und die Königin Kriemhild zusammen mit ihren Freunden an eine Stätte, wo sie eine glückliche Zeit zu verleben hofften. Doch nahm die Reise später für sie alle ein trauriges Ende.

780 Siegfried und Kriemhild ließen ihren kleinen Sohn jedoch zu Hause. Es hatte wohl so sein sollen. Ihm entstand durch diese Reise an den Hof viel Leid: das kleine Kind bekam weder Vater noch Mutter jemals wieder zu sehen.

781 Der Herr Siegmund ritt auch mit ihnen fort. Hätte er vorher genau gewußt, wie es später auf dem Fest zugehen sollte, dann hätte er es nicht besucht. Denn ein größerer Schmerz als dort hätte ihm niemals zugefügt werden können.

782 Die bóten mán für sánde,   die diu mǽre sageten dar.   *725*
    dô reit ouch in engegene   mit wünneclîcher schar   *(789)*
    vil der Uoten friunde   unt der Gúnthéres man.
    der wirt gein sînen gesten   sich sêre vlîzén began.

783 Er gie zuo Prünhilde   da er si sitzen vant.   *726*
    »wie ęmpfîe et iuch mîn swester   do ir kǿmet in daz lant?
    alsam sult ir empfâhen   daz Sîfrides wîp.«   *(790)*
    »daz tuon ich«, sprach si, »gerne: von schulden holt ist ir mîn
                                                            lîp.«

784 Dô sprach der künec rîche: »si koment uns morgen vruo.   *726*
    welt ir si empfâhen,   dâ grífet balde zuo,   *727*
    daz wir ir in der bürge   niht erbîten hie.   *(791)*
    mir kômen in allen wîlen   sô rehte liebe geste nie.«

785 Ir mägede unt ir frouwen   hiez si dô sâ zehant   *728*
    suochen guotiu kleider,   die besten die man vant,   *(792)*
    die ir ingesinde   vor gesten solden tragen.
    daz tâten si doch gerne,   daz mac man lîhté gesagen.

786 Ouch îlten in dô dienen   die Guntheres man.   *729*
    alle sîne recken   der wirt zuo sich gewan.   *(793)*
    dô reit diu küneginne   vil hêrlîche dan.
    dâ wart vil michel grüezen   die lieben gésté getân.

787 Mit wie getânen freuden   man die geste empfîe!   *730*
    si dûhte daz frou Kriemhilt   froun Prünhilde nie   *(794)*
    sô rehte wol empfienge   in Burgonden lant.
    die si ê níe gesâhen,   den wart vil hôher muot erkant.

788 Nu was ouch komen Sîfrit   mit den sînen man.   *731*
    man sach die helde wenden   wider unde dan   *(795)*
    des veldes allenthalben   mit ungefüegen scharn.
    dringen unde stouben   kunde niemen dâ bewarn.

789 Dô der wirt des landes   Sîfriden sach,   *732*
    unt ouch Sigemunden,   wie minneclîch er sprach: *(796)*
    »nu sît mir grôze wíllekómen   unt al den friunden mîn!
    der iuwer hovereise   sul wir hôchgemuote sîn.«

790 »Nun lône iu got«, sprach Sigemunt,   der êre gernde man.   *733*
    »sît daz íuch mîn sún Sîfrit   ze friundé gewan,
    dô rieten mîne sinne,   daz ich iuch solde sehen.«   *(797)*
    dô sprach der künec Gunther: »nu ist mir liebe daran
                                                    geschehen.«

782 Man schickte Boten voraus, die dem Hof die bevorstehende Ankunft melden sollten. Da ritten ihnen viele Verwandte Utes und zahlreiche Leute Gunthers in festlichem Zug entgegen. Der Landesherr selbst traf umfängliche Vorbereitungen, die Gäste zu empfangen.

783 Er trat in das Gemach, in dem Brünhild saß: »Wie hat Euch damals, als Ihr in das Land gekommen seid, meine Schwester empfangen? Genauso solltet Ihr auch jetzt Siegfrieds Frau willkommen heißen!« – »Gern!« sagte Brünhild. »Kriemhild ist mir wirklich sehr lieb.«

784 Da sagte der mächtige König: »Sie kommen morgen früh hier bei uns an. Wenn Ihr sie empfangen wollt, dann macht Euch schnell fertig, damit wir sie nicht hier in der Burg erwarten. Solange ich denken kann, sind niemals Gäste zu mir gekommen, die mir so lieb waren wie diese.«

785 Da gab sie ihren Mädchen und Frauen sogleich den Auftrag, die besten Kleider herauszusuchen, die sie nur finden konnten und die ihr Gefolge vor den Augen der Gäste tragen sollte. Ohne Übertreibung darf man wohl sagen, daß sie diesem Auftrag mit großer Freude nachkamen.

786 Nachdem der Landesherr alle seine Gefolgsleute um sich versammelt hatte, eilten sich auch diese, den ankommenden Gästen zu Diensten zu sein. In königlichem Schmuck brach nun auch Brünhild hoch zu Roß auf. Zur Begrüßung der lieben Gäste wurde alles aufgeboten.

787 Mit welcher Fröhlichkeit empfing man die Gäste! Den Anwesenden schien es, als hätte selbst Frau Kriemhild Brünhild im Lande der Burgunden nicht in gleichem Maße herzlich begrüßt. Wer Kriemhild früher noch nie gesehen hatte, der lernte erst bei ihrem Anblick die freudige höfische Hochstimmung richtig kennen.

788 Unterdessen war auch Siegfried mit seinen Leuten herbeigekommen. Überall auf dem Gefilde sah man Helden in unübersehbaren Scharen hin- und herreiten, so daß weder Staub noch Gedränge zu vermeiden waren.

789 Als der Herr des Landes Siegfried und Siegmund sah, da sprach er sie mit den freundlichsten Worten an: »Nun seid mir und allen meinen Verwandten herzlich willkommen! Eure Fahrt an unseren Hof erfüllt uns mit Freude und Stolz!«

790 »Gott möge Euch lohnen«, sagte da Siegmund, der nach Ehren strebende Mann. »Da mein Sohn Siegfried Euch zu Verwandten gewonnen hat, hatte ich den Wunsch, Euch zu besuchen.« Da sagte der König Gunther: »Darüber bin ich sehr erfreut.«

791 Sîfrit wart empfangen,   als im daz wol gezam,   *734*
mit vil grôzen êren: im was dâ niemen gram.   *(798)*
des half mit grôzen zühten   Gîselher unt Gêrnôt.
ich wæne man ez gesten   noch nie sô güetlîch erbôt.

792 Dô nâhten zuo ein ander   der zweier künege wîp.   *735*
dâ wart vil sætel lære.   manec schœner frouwen lîp   *(799)*
wart von helde handen   erhaben ûf daz gras.
die frouwen gerne dienten,   waz der unmüezeger was!

793 Dô giengen zuo ein ander   diu minneclîchen wîp.   *736*
des was in grôzen freuden   vil maneges ritters lîp,   *(800)*
daz ir beider grüezen   sô schône wart getân.
dô sach man vil der recken   bî den juncfrouwen stân.

794 Daz hêrliche gesinde   daz vie sich bi der hant.   *737*
in zühten grôze nîgen,   des man vil dâ vant,   *(801)*
und küssen minneclîchen   von frouwen wol getân.
daz was liep ze sehene   Gúnthers und Sîfrides man.

795 Sine bîten dâ niht langer,   si riten zuo der stat.   *738*
der wirt sînen gesten   wol erzeigen bat,   *(802)*
daz man si gerne sæhe   in Burgonden lant.
vil manegen puneiz rîchen   man vor den juncfrouwen vant.

796 Ûzer Tronege Hagene   unt ouch Ortwîn,   *739*
daz si gewaltec wæren,   daz tâten si wol schîn.   *(803)*
swaz si gebieten wolden,   des torste man niht lân.
von in wart michel dienest   den lieben gésten getân.

797 Vil schilde hôrte man hellen   dâ ze dem bürgetor   *740*
von stichen und von stœzen.   lange habte dâ vor   *(804)*
der wirt mit sînen gesten,   ê daz si kômen drin.
jâ gie in diu stunde   mit grôzer kurzwîle hin.

798 Für den palas rîchen   mit freuden sie dô riten.   *741*
manegen pfellel spæhen,   guot und wol gesniten,   *(805)*
sach man über sætele   den frouwen wol getân
allenthalben hangen.   dô kômen Guntheres man.

799 Die geste hiez man füeren   balde an ir gemach.   *742*
under wîlen blicken   man Prünhilde sach   *(806)*
an froun Kriemhilde,   die schœne was genuoc.
ir varwe gegen dem golde   den glanz vil hêrlîchen truoc.

791 Wie es ihm zukam, wurde Siegfried mit königlichem Zeremoniell begrüßt. Alle hatten ihn gern. Durch ihre vorbildlichen Umgangsformen trugen Giselher und Gernot zum Gelingen des Empfanges bei. Ich glaube, noch nie sind Gäste so zuvorkommend begrüßt worden.

792 Da schritten die Gemahlinnen der beiden Könige aufeinander zu. Viele Sättel wurden leer; denn manche schöne Dame wurde durch den kraftvollen Arm eines Helden vom Pferd gehoben und auf das Gras gestellt. Da waren Unzählige mit Eifer bei der Sache, weil es sie danach verlangte, den Frauen zu dienen.

793 Nun traten die lieblichen Damen aufeinander zu, und mancher Ritter freute sich von Herzen, daß sie einander so formvollendet begrüßten. Viele Recken sah man bereits neben den Damen stehen.

794 Die Damen und Herren des herrlichen Gefolges faßten sich bei den Händen. Man sah, wie sie sich wiederholt mit großem Anstand voreinander verneigten und die Damen unter sich liebevolle Küsse austauschten, was die Leute Gunthers und Siegfrieds mit großem Vergnügen wahrnahmen.

795 Nun blieben sie nicht länger dort, sondern ritten zur Stadt. Der Landesherr hatte seinen Leuten eingeschärft, seinen Gästen zu zeigen, daß man sie im Lande der Burgunden mit Freuden aufnähme. Wie man sah, fand jetzt vor den Augen der anwesenden jungen Damen ein heftiges Lanzenstechen statt.

796 Da bewiesen Hagen von Tronje und auch Ortwin, daß die Leitung des ganzen Festes in ihrer Hand lag. Was immer sie anordneten, dem wagte sich niemand zu widersetzen. Ihren lieben Gästen standen sie mit großer Hilfsbereitschaft zur Seite.

797 Vor dem Tor der Burg erklangen unter dem Anprall der Stiche und Stöße unzählige Schilde. Auch der Landesherr verweilte mit den Gästen lange dort draußen, bevor sie dann schließlich wieder in die Burg einzogen. Ja, wirklich, bei heiterer Unterhaltung verstrich ihnen die Zeit im Fluge.

798 Fröhlich ritten sie dann vor den mächtigen Palas. Man sah, daß den edlen Damen überall prächtige Decken von höchster Qualität und erlesenem Schnitt von den Sätteln herabhingen. Nun kamen auch die Leute Gunthers an.

799 Sofort ließ man die Gäste in ihre Gemächer geleiten. Immer wieder konnte man wahrnehmen, daß Brünhild Frau Kriemhild von der Seite anschaute. Die war ja nun auch wirklich sehr schön: Die Farbe ihres Gesichts spiegelte sich herrlich im Schimmer des Goldes.

800 Allenthalben schallen   ze Wormez in der stat
      hôrte manz gesinde.   Gúnthér dô bat
      Dancwarten sînen marschalc   daz er ir solde pflegen.
      do begúndę er daz gesinde   harte güetlîche legen.

743
(807)

801 Dar ûzę unt ouch dar inne   spîsen man si lie.
      jâ wart vremder geste   baz gepflegen nie.
      alles des si gerten,   des was man in bereit.
      der künec was sô rîche   daz da níemen níht wárt verseit.

744
(808)

802 Man dientę in friuntlîche   und âne allen haz.
      der wirt dô ze tische   mit sînen gesten saz.
      man bat Sîfride sitzen   als er ê hete getân.
      dô gie mit im ze sedele   vil manec wætlîcher man.

745
(809)

803 Wol zwelf hundert recken   an dem ringe sîn
      dâ ze tische sâzen.   Prünhilt diu künegîn
      gedâhtę daz eigenholde   niht rîcher kunde wesen.
      si was im noch sô wæge   daz sį in gerne lie genesen.

746
(810)

804 An einem âbénde,   dâ der künec saz,
      vil der rîchen kleider   wart von wîne naz,
      dâ die schenken solden   zuo den tischen gân.
      dâ wart vil voller dienest   mit grôzem vlîzé getân,

747
(811)

805 Sô man ze hôchzîten   lange hât gepflegen.
      frouwen unde mägede   hiez man schône legen.
      von swannen si dar kômen,   der wirt in willen truoc.
      in güetlîchen êren   man gap in állén genuoc.

748
(812)

806 Dô diu naht het ende   unt der tac erschein,
      ûz den soumschrînen   manec edel stein
      erlûhtę in guoter wæte,   die ruorte frouwen hant.
      dô wart dar für gesuochet   manec hêrlîch gewant.

749
(813)

807 Ê daz ez vol ertagete,   dô kômen für den sal
      vil ritter unde knehte.   dô huop sich aber schal
      vor einer vruomesse,   die man dem künege sanc.
      dâ riten junge helde   daz es ín der künec sagete danc.

750
(814)

808 Vil krefteclîche lûte   mánec pusûn erdôz.
      von trumben unt von floiten   wart der schal sô grôz
      daz Wormez diu vil wîte   dar nâch lûte erschal.
      die hôchgemuoten helde   ze rossen kômen über al.

751
(815)

800 Überall in der Stadt Worms vernahm man die Leute vom Gesinde festlich lärmen. Da gab Gunther seinem Stallmeister Dankwart den Auftrag, auch für sie zu sorgen. Daraufhin wies Dankwart dem Gesinde mit großer Freundlichkeit Quartier an.

801 Außerhalb der Burg und im Burginnern ließ man den Gästen auftragen. Niemals vorher wurden fremde Gäste aufmerksamer behandelt; was sie auch wünschten, alles stand für sie bereit. Denn der König war so mächtig, daß da niemandem etwas versagt zu werden brauchte.

802 Freundlich und ohne jegliche Feindseligkeit bediente man die Gäste. Da setzte sich der Landesherr mit ihnen an die Tafel. Siegfried forderte man auf, dort Platz zu nehmen, wo er auch schon früher gesessen hatte. Da brachten viele stattliche Gefolgsleute ihn zu seinem Sitz.

803 In seinem Umkreis saßen zwölfhundert Recken am Tisch. Brünhild, die Königin, aber dachte bei sich, kein Vasall könne mächtiger sein als Siegfried. Allerdings war sie ihm noch so sehr gewogen, daß sie nichts anderes wünschte, als ihn am Leben zu sehen.

804 Wo der König saß und die Schenken besonders oft zur Tafel eilen mußten, da wurden an diesem Abend viele kostbare Gewänder mit Wein beschüttet. Man bewirtete die Gäste reichlich und mit großem Eifer,

805 so wie man es bei Festen schon immer getan hat. Den Damen und Mädchen wies man sehr schöne Gemächer an. Woher die Gäste auch immer an den burgundischen Hof gekommen waren, allen gegenüber fühlte sich der Landesherr verpflichtet, und so erwies man ihnen zu ihrer Ehre die allerfreundlichste Aufmerksamkeit.

806 Da die Nacht ein Ende nahm und der Tag aufleuchtete, blinkten, als nun die Frauen die kostbaren Kleider auseinanderlegten, zahllose Edelsteine aus den Truhen. Da suchte man viele herrliche Gewänder hervor.

807 Bevor es nun völlig Tag wurde, kamen Ritter und Knechte vor den Saal. Da erhob sich bereits vor der Frühmesse, die man für den König selbst sang, erneut lauter Trubel. Da bewiesen junge Helden eine solche Geschicklichkeit zu Pferde, daß sie den Beifall des Königs erhielten.

808 Laut ertönte der Klang vieler Posaunen, und der Schall der Trommeln und Flöten wurde so gewaltig, daß die weitläufige Stadt Worms davon widerhallte. In freudiger Erwartung schwangen sich alle Helden auf ihre Pferde.

809 Dô huop sich in dem lande   vil harte hôhę ein spil   752
    von manegem guoten recken.   der sach man dâ vil,   (816)
    den ir tumbiu herze   gâben hôhen muot:
    der sach man under schilde   manegen zieren ritter guot.

810 In diu venster sâzen   diu hêrlîchen wîp   753
    und vil der schœnen mägede;   gezieret was ir lîp.   (817)
    si sâhen kurzewîle   von manegem küenen man.
    der wirt mit sînen friunden   selbe rîten dâ begán.

811 Sus vertríben sie die wîle,   diu dûhte sie niht lanc.   754
    man hôrtę dâ zem tuome   maneger glocken klanc.   (818)
    dô kômen in die mœre,   die frouwen riten dan.
    den edelen küneginnen   den volgete manec küene man.

812 Sie stuonden vor dem münster   nider ûf daz gras.   755
    Prünhilt ir gesten   dánnoch vil wǽge was.   (819)
    si giengen under krône   in daz münster wît.
    diu liebe wart sît gescheiden,   daz frumte grœzlîcher nît.

813 Dô si gehôrten messe,   si fuoren wider dan.   756
    mit vil manegen êren   man sach si sider gân   (820)
    ze tische vrœlîche.   ir freude nie gelac
    dâ zer hôchgezîte   unz an den éinléften tac.

14. Âventiure
Wie die küneginne einander schulten

814 Vor einer vesperzîte   huop sich grôz ungemach,   757
    daz von manegem recken   ûf dem hove geschach.   (823)
    si pflâgen ritterschefte   durch kurzwîle wân.
    dô liefen dar durch schouwen   manec wîp unde man.

815 Zesamene dô gesâzen   die küneginne rîch.   758
    si gedâhten zweier recken,   die wâren lobelîch.   (824)
    dô sprach diu schœne Kriemhilt: »ich hân einen man,
    daz elliu disiu rîche   ze sînen handen solden stân.«

816 Dô sprach diu frouwe Prünhilt: »wie kunde daz gesîn?   759
    ob ander niemen lebte   wan sîn unde dîn,   (825)
    sô möhten im diu rîche   wol wesen undertân.
    die wîle lebt Gunther,   sô kundez nímmér ergân.«

817 Dô sprach aber Kriemhilt: »nu sihestu wie er stât,   760
    wie rehte hêrlîche   er vor den recken gât,   (826)
    alsam der liehte mâne   vor den sternen tuot?
    des muoz ich von schulden   tragen vrœlîchen muot.«

809 Eine Menge trefflicher Recken begann dort ein ritterliches Spiel und man sah viele, deren noch jugendliches Herz bereits von hohem ritterlichen Geist erfüllt war. Viele dieser schönen, trefflichen Ritter trugen ihre Schilde am Arm.

810 Strahlende Damen und viele schöne Mädchen setzten sich reich geschmückt in die Fenster und schauten der Unterhaltung der vielen tapferen Helden zu. Jetzt kamen auch der König und seine Vertrauten auf den Festplatz geritten.

811 So gingen die Stunden hin und die Zeit erschien ihnen nicht lang. Nun hörte man vom Dom her den lauten Klang der Glocken. Man brachte ihnen die Pferde, und hoch zu Roß machten sich die Damen auf den Weg. Den edlen Königinnen gaben viele tapfere Männer das Geleit.

812 Vor dem Münster stiegen sie ab. Zu dieser Zeit war Brünhild ihren Gästen noch sehr freundlich gesonnen. Gemeinsam betraten die beiden Königinnen in vollem Königsornat das riesige Münster. Später jedoch zerbrach ihre Eintracht, und das kam durch eine tödliche Feindschaft.

813 Als sie die Messe gehört hatten, kehrten sie wieder um. In ehrenvollem Zug sah man sie danach fröhlich zu Tisch schreiten, und bis zum elften Tage gab es auf diesem glückseligen Fest keinen Mißklang.

14. Aventiure
Wie die Königinnen miteinander stritten

814 Eines Nachmittags erhob sich ein unruhiges Treiben: zu allgemeiner Unterhaltung maßen viele Recken auf dem Kampfplatz ihre Kräfte im Turnier. Zahlreiche Zuschauer strömten da zusammen.

815 Die beiden mächtigen Königinnen saßen friedlich beieinander; sie dachten an zwei ruhmreiche Recken. Da sagte die schöne Kriemhild: »Mein Mann ist so überragend, daß alle diese Reiche eigentlich in seiner Hand sein müßten.«

816 Da sagte Frau Brünhild: »Wie könnte denn das sein? Ja, wenn sonst kein anderer Mensch lebte, nur er und Du, dann könnten ihm alle Reiche untertan sein. Solange aber Gunther am Leben ist, ist das doch gar nicht möglich.«

817 Da sagte wiederum Kriemhild: »Siehst Du, wie er da steht, wie herrlich er vor allen anderen Recken einherschreitet, so wie der helle Mond die Sterne überstrahlt? Ich habe allen Anlaß, fröhlich zu sein.«

818 Dô sprach diu frouwe Prünhilt: »swie wætlich sî dîn man,
swie biderbe und swie schœne, sô muost du vor im lân 761
Gunther den recken, den edeln bruoder dîn. *(827)*
der muoz vor allen künegen, daz wizzest, wærlîche sîn.«

819 Dô sprach diu frouwe Kriemhilt: »sô tíuwer ist wól mîn man,
daz ich in âne schulde niht gelobet hân. 762
an vil manegen dingen so ist sîn êre grôz. *(828)*
geloubestu des, Prünhilt, er ist wol Gunthers genôz.«

820 »Jane sólt du mirz, Kriemhilt, ze arge niht verstân, 763
wande ich âne schulde die rede niht hân getân. *(829)*
ich hôrte si jehen beide, do ich si áller êrste sach,
und dâ des küneges wille an mînem lîbé geschach,

821 Unt dâ er mîne minne sô ritterlîch gewan, 764
dô jach des selbe Sîfrit, er wære des küneges man. *(830)*
des hân ich in für eigen, sît ích es in hôrte jehen.«
dô sprach diu schœne Kriemhilt: »sô wære mir übele
geschehen.

822 Wie heten sô geworben die edelen bruoder mîn, 765
daz ich eigen mannes wine solde sîn? *(831)*
des wil ich dich, Prünhilt, vil friuntlîche biten
daz du die rede lâzest durch mich mit güetlîchen siten.«

823 »Ine mác ir niht gelâzen«, sprach des küneges wîp. 766
»zwiu solde ich verkiesen sô maneges ritters lîp, *(832)*
der uns mit dem degene díenstlîch ist undertân?«
Kriemhilt diu vil schœne vil sêre zűrnén began:

824 »Du muost in verkiesen, daz er dir immer bî 767
wone deheiner dienste. er ist tíuwerr danne sî *(833)*
Gunther mîn bruoder, der vil edel man.
du solt mich des erlâzen, daz ich von dir vernomen hân.

825 Unde nimet mich immer wunder, sît er dîn eigen ist, 768
unt daz du über uns beide sô gewaltec bist,
daz er dir sô lange den zins versezzen hât.
der dîner übermüete solde ich von rehte haben rât.«

826 »Du ziuhest dich ze hôhe«, sprach des küneges wîp. 769
»nu wil ich sehen gerne, ob man den dînen lîp *(834)*
habe ze solhen êren sô man den mînen tuot.«
die frouwen wurden beide vil sêre zórnéc gemuot.

827 Dô sprach diu frouwe Kriemhilt: »daz muoz et nû geschehen.
sît du mînes mannes für eigen hâst verjehen, 770
nu müezen hiute kiesen der beider künege man, *(835)*
ob ich vor küneges wîbe zem münster tűrré gegân.

818 Da sagte Brünhild, die Herrin: »Wie stattlich Dein Mann auch
sein mag, wie tapfer und wie schön, auch Du mußt Gunther,
den Recken, Deinen edlen Bruder, noch über ihn stellen. Glaub
mir doch: er steht wirklich höher als alle anderen Könige!«

819 Da sagte Kriemhild, die Herrin: »Mein Mann hat einen solchen
Rang, daß ich ihn nicht ohne Grund gepriesen habe. Sein An-
sehen ist überall sehr groß. Nun glaub es doch, Brünhild: Sieg-
fried ist Gunther vollkommen ebenbürtig!«

820 »Kriemhild, Du darfst mir meine Worte wirklich nicht übel-
nehmen; denn ich habe nicht ohne Grund so gesprochen: als
ich sie zuerst zusammen sah, dort wo Gunther mich überwand

821 und im ritterlichen Kampf meine Hand gewann, da sagten sie
beide (und Siegfried hat es ausdrücklich bekräftigt), er sei der
Gefolgsmann des Königs. Deshalb, weil ich es selbst von ihm
gehört habe, halte ich ihn für einen Eigenmann.« Da sagte die
schöne Kriemhild: »Dann wäre mir übel mitgespielt worden.

822 Wie hätten sich meine edlen Brüder jemals dafür einsetzen kön-
nen, daß ich die Geliebte eines Eigenmannes würde? Brünhild,
als Deine Verwandte bitte ich Dich um den Gefallen, mir zu-
liebe solche Reden zu unterlassen.«

823 »Ich kann sie aber nicht unterlassen!« sagte da die Frau des Königs.
»Weshalb sollte ich wohl auf den Dienst so vieler Ritter verzich-
ten, die mit Siegfried unsere Untertanen sind?« Da wurde die
schöne Kriemhild sehr zornig:

824 »Du wirst darauf verzichten müssen, daß er Dir irgendwelche
Dienste leistet. Er ist sogar von höherem Rang als mein Bruder
Gunther, der edle Mann. Verschone mich mit solchen An-
sprüchen, wie ich sie eben von Dir vernommen habe.

825 Übrigens, da er doch Dein Eigenmann ist und Du über uns
beide herrscherliche Gewalt ausübst, kommt es mir etwas eigen-
artig vor, daß er Dir so lange Zeit die Zahlung des Tributes vor-
enthalten hat. Deine Anmaßung erledigt sich durch die Rechts-
lage von selbst.«

826 »Du stellst Dich zu hoch!« sagte die Gemahlin des Königs. »Nun
möchte ich doch einmal sehen, ob man Dich so ehrt wie mich.«
Beide Frauen wurden da sehr zornig.

827 Da sagte Kriemhild, die Herrin: »So sei es! Da Du meinen Mann
als Deinen Eigenmann bezeichnet hast, sollen die Gefolgsleute
der beiden Könige heute sehen, ob ich es wagen darf, vor der
Frau des Königs die Kirche zu betreten.

828 Du muost daz hiute schouwen,   daz ich bin adelvrî,   *771*
    unt daz mîn man ist tiuwerr   danne der dîne sî.   *(836)*
    dâ mit wil ich selbe   niht bescholten sîn.
    du solt noch hînte kiesen   wie diu eigene diu dîn

829 Ze hove gê vor recken   in Burgonden lant.   *772*
    ich wil sélbe wesen tiuwerr   dannę iemen habe bekant   *(837)*
    deheine küneginne,   diu krône ie her getruoc.«
    dô huop sich under den frouwen   des grôzen nîdés genuoc.

830 Dô sprach aber Prünhilt: »wiltu niht eigen sîn,   *773*
    sô muostu dich scheiden   mit den frouwen dîn   *(838)*
    von mînem ingesinde,   dâ wir zem münster gân.«
    des antwurte Kriemhilt: »entriuwen, daz sol sîn getân.«

831 »Nu kléidet iuch, mîne meide«,   sprach Sîfrides wîp.   *774*
    »ez muoz âne schande   belîben hie mîn lîp.   *(839)*
    ir sult wol lâzen schouwen,   habt ir rîche wât.
    si mac sîn gerne lougen,   des Prûnhílt verjehen hât.«

832 Man mohtę in lihte râten,   si suochten rîchiu kleit.   *775*
    dâ wart vil wol gezieret   manec frouwę unde meit.   *(840)*
    dô gie mit ir gesinde   des edelen künegęs wîp.
    dô wart ouch wol gezieret   der schœnen Kriemhilden lîp.

833 Mit drîn und vierzec meiden,   die brâhte si an den Rîn,   *776*
    die truogen liehte pfelle   geworht in Arâbîn.   *(841)*
    sus kômen zuo dem münster   die meide wol getân.
    ir warten vor dem hûse   alle Sîfrides man.

834 Die liute nam des wunder,   wâ von daz geschach,   *777*
    daz man die küneginne   alsô gescheiden sach,   *(842)*
    daz si bî einander   niht giengen alsam ê.
    dâ von wart manegem degene   sît vil sorclîchen wê.

835 Hie stuont vor dem münster   daz Guntheres wîp.   *778*
    dô hete kurzwîle   vil maneges ritters lîp   *(843)*
    mit den schœnen frouwen,   der si dâ nâmen war.
    dô kom diu frouwe Kriemhilt   mit maneger hêrlîchen schar.

836 Swaz kleider ie getruogen   edeler ritter kint,   *779*
    wider ir gesinde   daz was gar ein wint.   *(844)*
    si was sô rîch des guotes,   daz drîzec künege wîp
    ez möhten niht erziugen,   daz tete Kriemhilde lîp.

828 Du wirst heute gewahr werden, daß ich aus freiem Geschlecht stamme und mein Mann sogar edler ist als Deiner. Deswegen laß ich mich nicht beschimpfen. Noch heute wirst Du mit eigenen Augen sehen, wie Deine Leibeigene

829 in Deinem eigenen Land an der Spitze ihres Gefolges als Königin auftreten wird. Ich will selbst ranghöher sein als alle Königinnen, von denen man weiß, daß sie jemals eine Krone getragen haben.« Da entstand ein unversöhnlicher Haß unter den beiden Frauen.

830 Da sagte wiederum Brünhild: »Willst Du Dich mir nicht unterstellen, dann mußt Du Dich auf dem Weg zum Münster mit Deinen Frauen von meinem Gefolge trennen.« Da antwortete Kriemhild: »Genauso soll es sein!«

831 »Legt Eure Festgewänder an«, sagte die Frau Siegfrieds zu ihren Mädchen. »Eine persönliche Erniedrigung möchte ich nicht hinnehmen müssen. Deshalb sollt Ihr deutlich zeigen, daß Ihr kostbare Gewänder habt. Es wird noch einmal Brünhilds Wunsch sein, sie könnte zurücknehmen, was sie hier behauptet hat.«

832 Bereitwillig kamen sie der Aufforderung nach, ihre kostbaren Gewänder hervorzuholen. Da schmückten sich viele Frauen und Mädchen. Schon schritt die Gemahlin des edlen Königs mit ihrem Gefolge einher. Da wurde auch die schöne Kriemhild geschmückt.

833 und mit ihr noch dreiundvierzig Mädchen, die sie mit sich an den Rhein gebracht hatte. Sie alle trugen leuchtende Kleider aus arabischen Stoffen. So gelangte der prächtige Zug der Frauen zum Münster. Vor dem Portal wartete bereits die gesamte Gefolgschaft Siegfrieds auf sie.

834 Die Leute fragten sich verwundert, wie es käme, daß man die beiden Königinnen getrennt und nicht wie sonst nebeneinander gehen sah. Ihre Trennung brachte vielen Helden später furchtbares Leid.

835 Die Gemahlin Gunthers stand schon vor dem Münster. Viele Ritter hatten ihre Freude an den schönen Damen, die sie dort sehen konnten. Da kam auch Kriemhild, die Herrin, mit ihrem stattlichen Gefolge.

836 Mochten andere edle Mädchen auch vordem schon schöne Kleider getragen haben, im Vergleich mit denen, die Kriemhilds Gefolge trug, verblaßte ihre Pracht. Die Königin war so unermeßlich reich, daß dreißig andere Königinnen nicht hätten zeigen können, was Kriemhild hier an Kostbarkeiten vorwies.

837 Ob iemen wünschen solde, der kunde niht gesagen   780
daz man sô rîchiu kleider gesæhe ie mêr getragen   (845)
alsô dâ ze stunden truogen ir meide wol getân.
wan ze léide Prûnhilde, ez hete Kriemhilt verlân.

838 Zesamene si dô kômen vor dem münster wît.   781
ez tet diu hûsfrouwe durch einen grôzen nît,   (846)
si hiez vil übellîche Kriemhilde stille stân:
»jâ sol vor küneges wîbe niht éigén díu gegân.«

839 Dô sprach diu schœne Kriemhilt (zornec was ir muot): 782
»kúndestu nóch geswîgen, daz wǽré dir guot.   (847)
du hâst geschendet selbe dînen schœnen lîp:
wie möhte mannes kebse immer werden küneges wîp?«

840 »Wen hâstu hie verkebset?« sprach dô des küneges wîp.   783
»daz tuon ich dich«, sprach Kriemhilt. »den dînen schœnen
                                                    lîp (848)
den minnetę êrste Sîfrit, der mîn vil lieber man.
jane wás ez niht mîn bruoder, der dir den magetuom an
                                                    gewan.

841 War kômen dîne sinne? ez was ein arger list!   784
zwiu lieze du in minnen, sît er dîn eigen ist?   (849)
ich hœre dich«, sprach Kriemhilt, »ânę alle schulde klagen.«
»entriuwen«, sprach dô Prünhilt, »daz wil ich Gunthere
                                                    sagen.«

842 »Waz mac mir daz gewerren? dîn übermuot dich hât
                                                betrogen. 785
du hâst mich ze dienste mit redę dich an gezogen.   (850)
daz wizzę in rehten triuwen: ez ist mir immer leit.
getriuwer heimlîche sol ich dir wesen unbereit.«

843 Prünhilt dô weinde: Kríemhilt niht lánger lie,   786
vor des küneges wîbe inz münster si dô gie   (851)
mit ir ingesinde. dâ huop sich grôzer haz:
des wurden liehtiu ougen vil starke trüebę unde naz.

844 Swie vil man gote gediente oder íemen dâ gesanc,   787
des dûhte Prünhilde diu wîle gar ze lanc,   (852)
wandę ir was vil trüebe der lîp und ouch der muot.
des muose sît engelten manec hélt kűenę únde guot.

837 Selbst wenn jemand einen Wunsch frei gehabt hätte, so hätte er nicht sagen können, daß es jemals irgendwo kostbare Kleider in größerer Zahl gegeben hätte, als die Mädchen des Gefolges sie trugen. Dennoch hätte Kriemhild es sicher unterlassen, wenn sie Brünhild nicht dadurch hätte kränken können.

838 So trafen sie vor dem riesigen Bau des Münsters aufeinander. In der feindseligsten Haltung forderte die Landesherrin Kriemhild mit harten Worten auf, stehenzubleiben: »Fürwahr, die Frau eines Eigenmanns hat nicht das Recht, vor der Gemahlin eines Königs zu gehen!«

839 Da sagte die schöne Kriemhild in heftiger Empörung: »Hättest Du doch nur noch schweigen können, das wäre wirklich besser für Dich gewesen. So aber hast Du jetzt selbst die Schande auf Dich gezogen: wie konnte denn überhaupt jemals die Kebse eines Eigenmannes die Gemahlin eines Königs werden?«

840 »Wen bezeichnest Du hier als Kebse?« sagte da die Frau des Königs. »Dich selbst!« sagte Kriemhild, »Siegfried, mein lieber Gemahl, war der erste, der Deinen schönen Leib berührt hat. Es war nicht mein Bruder Gunther, der Dich zur Frau gemacht hat.

841 Hattest Du Deinen Verstand verloren? Es war wirklich eine nichtswürdige Berechnung von Dir! Weshalb gabst Du Dich ihm hin, wo er doch Dein Untergebener ist? Deine Klagen«, so sagte Kriemhild, »haben überhaupt keine Berechtigung.« »Bei Gott«, sagte Brünhild, »das werde ich Gunther sagen.«

842 »Was kümmert es mich? Deine Anmaßung hat Dich verblendet. Du hast behauptet, ich sei Dir zu Dienstleistungen verpflichtet. Du sollst es mit offenen Worten hören: Das war eine Beleidigung, die niemals wiedergutzumachen ist. Mit treuherziger Vertraulichkeit ist es jetzt zwischen uns vorbei.«

843 Da brach Brünhild in Tränen aus. Kriemhild dagegen zögerte nicht länger, sondern betrat mit ihrem Gefolge vor der Gemahlin des Königs das Münster. Das war der Beginn einer erbitterten Feindschaft. Dadurch wurden strahlende Augen dunkel und naß von Tränen.

844 Wie andächtig man den Gottesdienst auch hielt und die Messe sang, Brünhild wurde die Zeit viel zu lang, denn sie war an Leib und Seele erschüttert. Dafür mußten in späterer Zeit viele tapfere, tüchtige Helden mit ihrem Leben bezahlen.

845 Prünhilt mit ir frouwen   gie für daz münster stân.   *788*
    si gedâhte : »mich muoz Kriemhilt   mêre hœren lân   *(853)*
    des mich sô lûte zîhet   daz wortræze wîp.
    hât er sichs gerüemet,   ez gêt an Sîfrides lîp.«

846 Nu kom diu edele Kriemhilt   mit manegem küenen
                                                        man.   *789*
    dô sprach diu frouwe Prünhilt :   »ir sult noch stille stân!
    ir jâhet mîn ze kebesen :   daz sult ir lâzen sehen.   *(854)*
    mir ist von iuwern sprüchen,   daz wizzet, léidé geschehen.«

847 Dô sprach diu frouwe Kriemhilt :   »ir möhtet mich lâzen
                                                        gân.   *790*
    ich erzíugez mit dem golde,   daz ich án der hende hân :   *(855)*
    daz brâhte mir mîn vriedel   do er êrste bî iu lac.«
    nie gelebte Prünhilt   deheinen léidéren tac.

848 Si sprach : »diz golt vil edele   daz wart mir verstoln   *791*
    und ist mich harte lange   vil übele vor verholn.   *(856)*
    ich kum es an ein ende,   wer mir ez hât genomen.«
    die frouwen wâren beide   in grôz ungemüete komen.

849 Dô sprach aber Kriemhilt :   »ine wíls niht wesen diep.   *792*
    du möhtes wol gedaget hân,   und wære dir êre liep.   *(857)*
    ich erzíugez mit dem gürtel,   den ich hie umbe hân,
    daz ich niht enliuge :   jâ wart mîn Sîfrit dîn man.«

850 Von Ninnivê der sîden   si den porten truoc,   *793*
    mit edelem gesteine.   jâ was er guot genuoc.   *(858)*
    dô den gesach frou Prünhilt,   weinen si began.
    daz muose vreischen Gunther   und alle Burgonden man.

851 Dô sprach diu küneginne :   »heizet here gân   *794*
    den fürsten von dem Rîne.   ich wil in hœren lân   *(859)*
    wie mich hât gehœnet   sîner swester lîp.
    si sagt hie offenlîche,   ich sî Sîfrides wîp.«

852 Der künec kom mit recken.   weinen er dô sach   *795*
    sîne triutinne.   wie güetlîch er sprach :   *(860)*
    »saget mir, liebiu frouwe,   wer hât iu iht getân ?«
    si sprach zuo dem künege :   »ich múoz unvrœlîche stân.

853 Von allen minen êren   mich diu swester dîn   *796*
    gerne wolde scheiden.   dir sol geklaget sîn :   *(861)*
    si giht, mich habe gekebset   Sîfrit ir man.«
    dô sprach der künec Gunther :   »sô hete si übele getân.«

845 Brünhild verließ mit ihren Damen die Kirche und stellte sich vor das Portal. Sie dachte bei sich: »Meine scharfzüngige Verleumderin Kriemhild soll mir mehr erzählen über das, was sie mir öffentlich vorwirft. Wenn Siegfried tatsächlich damit herumgeprahlt hat, dann soll er dafür mit seinem Leben büßen.«

846 Nun kam auch die edle Kriemhild mit ihrem Gefolge, mit vielen tapferen Männern. Da sagte Brünhild, die Herrin: »Haltet einen Augenblick! Ihr habt mich als Kebse bezeichnet: Das müßt Ihr erst einmal beweisen. Euer Gerede, das sollt Ihr nur wissen, war eine Beleidigung für mich.«

847 Da sagte Kriemhild, die Herrin: »Ihr hättet allen Grund, mich in Ruhe zu lassen! Ich bezeuge es mit dem goldenen Ring, den ich hier an der Hand trage. Den brachte mir mein Liebster, nachdem er als erster mit Euch geschlafen hatte.« Niemals in ihrem ganzen Leben fühlte sich Brünhild tiefer verletzt.

848 Sie sagte: »Dieser schöne goldene Ring ist mir gestohlen worden, und aus Böswilligkeit hat man mir ihn lange Zeit nicht wieder zurückgegeben. Ich werde noch herausbringen, wer mir ihn weggenommen hat.« Beide Frauen waren jetzt bis aufs äußerste aufgebracht.

849 Da sagte wiederum Kriemhild: »Ich laß das nicht auf mir sitzen, daß Du mich einen Dieb nennst. Wenn Du Dir einen Rest Deines Ansehens hättest erhalten wollen, dann hättest Du sicher den Mund gehalten. Daß ich die Wahrheit spreche, bezeuge ich auch mit dem Gürtel, den ich hier trage: Wirklich, mein Siegfried wurde Dein Mann!«

850 Und wirklich, sie trug diesen wunderbaren Gürtel, verfertigt aus Seide von Ninive und mit Edelsteinen besetzt. Als Brünhild, die Herrin, ihn erblickte, brach sie in Tränen aus. Gunther und alle Burgunden mußten es jetzt erfahren.

851 Da sagte die Königin: »Bringt mir den Fürsten vom Rhein. Ich will ihm erzählen, wie mich seine Schwester verleumdet hat. Sie behauptet hier vor aller Öffentlichkeit, ich hätte mit Siegfried geschlafen.«

852 Der König kam mit seinen Recken. Er sah, daß seine geliebte Frau weinte. Mit zarten Worten wendete er sich an sie: »Sagt mir doch, liebe Frau, wer hat Euch etwas getan?« Brünhild sagte zum König: »Ich habe Grund, unglücklich zu sein.

853 Deine Schwester will mir mein ganzes Ansehen rauben. Vor dir führe ich Klage: sie behauptet nämlich, ihr Mann Siegfried habe mich zur Kebse gemacht.« Da sagte der König Gunther: »Dann hätte sie sich sehr schlecht aufgeführt.«

854 »Si treit hie mînen gürtel,   den ich hân verlorn,   *797*
     und mîn golt daz rôte.   daz ich ie wart geborn,   *(862)*
     daz riuwet mich vil sêre,   dune berédest, künec, mich
     der vil grôzen schande;   daz dienẹ ich immer umbe dich.«

855 Dô sprach der künec Gunther: »er sol her fǘr gân!   *798*
     und hât er sihs gerüemet,   daz sol er hœren lân,   *(863)*
     oder sîn muoz lougen   der helt ûz Niderlant.«
     den Kriemhilde vriedel   hiez man bringen sâ zehant.

856 Dô der herre Sîfrit   die ungemuoten sach,   *799*
     (ern wesse niht der mære)   wie baldẹ er dô sprach: *(864)*
     »waz weinent dise frouwen?   daz het ich gernẹ erkant,
     oder von welchen schulden   mich der künec habe besant.«

857 Dô sprach der künec Gunther: »dâ ist mir harte leit. *800*
     mir hât mîn frouwe Prünhilt   ein mære hie geseit,   *(865)*
     du habes dich des gerüemet,   daz du ir schœnen lîp
     allerêrst hábes geminnet: daz sagt frou Kriemhilt dîn wîp.«

858 Dô sprach der herre Sîfrit: »und hât si daz geseit,   *801*
     ê daz ich erwinde,   ez sol ir werden leit,   *(866)*
     und wil dir daz enpfüeren   vor allen dînen man
     mit mînen hôhen eiden,   daz ich irs niht gesaget hân.«

859 Dô sprach der künec von Rîne: »daz soltu lâzen sehen. *802*
     den eit den du dâ biutest,   unt mac der hie geschehen, *(867)*
     aller valschen dinge   wil ich dich ledec lân.«
     dô hiez man zuo dem ringe   die stolzen Burgonden stân.

860 Sîfrit der vil küene   zem eide bôt die hant.   *803*
     dô sprach der künec rîche: »mir ist sô wol bekant   *(868)*
     iuwer grôz unschulde;   ich wil iuch ledec lân,
     des iuch mîn swester zîhet,   daz ir des niene habt getân.«

861 Dô sprach aber Sîfrit: »geniuzet es mîn wîp,   *804*
     daz si hât ertrüebet   den Prünhilde lîp,   *(869)*
     daz ist mir sicherlîchen   âne mâze leit.«
     dô sâhen zuo zein ander   die guoten rittér gemeit.

862 »Man sol sô frouwen ziehen«,   sprach Sîfrit der degen, *805*
     »daz si ǘppeclîche sprüche   lâzen under wegen.   *(870)*
     verbiut ez dînem wîbe,   der mînen tuon ich sam.
     ir grôzen ungefüege   ich mich wærlîchen scham.«

863 Mit rede was gescheiden   manec schœne wîp.   *806*
     dô trûretẹ alsô sêre   der Prünhilde lîp,   *(871)*
     daz ez erbarmen muose   die Guntheres man.
     dô kom von Tronege Hagene   zuo sîner fróuwén gegân.

854 »Sie trägt hier öffentlich meinen Gürtel, den ich verloren habe, und außerdem noch meinen Goldring. Ich empfinde es als eine Qual, daß ich überhaupt geboren wurde, es sei denn, König Gunther, Du reinigst mich von diesem schweren Makel. Wenn Du es tust, dann werde ich Dir für immer dankbar sein.«

855 Da sagte der König Gunther: »Siegfried soll kommen! Der Held aus den Niederlanden muß uns sagen, ob er so etwas behauptet hat, oder er muß es widerrufen.« Da holten Diener Kriemhilds geliebten Mann herbei.

856 Als der Herr Siegfried die betrübten Frauen erblickte, da sagte er sogleich (denn er wußte noch nicht, was vorgefallen war): »Weshalb weinen denn diese Frauen? Das wüßte ich gerne. Oder weshalb hat der König nach mir geschickt?«

857 Da sagte der König Gunther: »Man hat mich schwer beleidigt. Meine Frau, Brünhild, hat mir gesagt, Du habest damit herumgeprahlt, daß Du der erste warst, der ihren schönen Leib berührt hat; jedenfalls behauptet das Kriemhild, Deine Frau.«

858 Da sagte der Herr Siegfried: »Wenn sie das behauptet hat, dann wird sie, ehe ich die Sache auf sich beruhen lasse, von mir dafür noch zur Rechenschaft gezogen werden. Vor allen Deinen Gefolgsleuten will ich durch einen heiligen Eid den Vorwurf zurückweisen, daß ich ihr so etwas gesagt habe.«

859 Da sagte der König vom Rhein: »Das sollst Du öffentlich zeigen. Wenn der Eid, den Du zu schwören bereit bist, rechtskräftig geschworen wird, dann werde ich Dich von allen Verleumdungen freisprechen.« Die stolzen Burgunden wurden aufgefordert, sich im Kreis um die Könige herumzustellen.

860 Der tapfere Siegfried erhob die Schwurhand. Da sagte der mächtige König: »Mir ist Eure Unschuld genau bekannt. Ich spreche Euch von der Verfehlung, die meine Schwester Euch zur Last legt, frei und erkläre, daß Ihr nichts von dem getan habt.«

861 Da sagte wiederum Siegfried: »Wenn Kriemhild dafür nicht bestraft wird, daß sie Brünhild so gekränkt hat, dann wäre ich, wie Ihr mir glauben könnt, darüber am wenigsten froh.« Da sahen die Ritter einander bedeutungsvoll an.

862 »Man soll Frauen«, sagte Siegfried, der Held, »so halten, daß sie unverantwortliches Gerede unterlassen. Untersage Du es Deiner Frau, ich will es auch Kriemhild verbieten. In der Tat, ich schäme mich, daß sie sich so schlecht aufgeführt hat.«

863 Die schönen Frauen redeten nicht mehr miteinander. Da war Brünhild so traurig, daß Gunthers Gefolgsleute Mitleid mit ihr empfanden. Da kam Hagen von Tronje zu seiner Herrin.

864 Er vrâgete waz ir wære, weinendę er si vant.   *807*
     dô sagte sį im diu mære.   er lobtę ir sâ zehant   *(872)*
     daz ez erarnen müese   der Kriemhilde man,
     oder er wolde nimmer   dar umbe vrœlîch gestân.

865 Zuo der rede kômen   Ortwîn und Gêrnôt   *808*
     dâ die helde rieten   den Sîfrides tôt.   *(873)*
     dar zuo kom ouch Gîselher, der edelen Uoten kint.
     do er ir rede gehôrte, er sprach getriulîche sint :

866 »Ir vil guoten recken, war umbe tuot ir daz?   *809*
     jane gediente Sîfrit   nie alsolhen haz   *(874)*
     daz er dar umbe solde   verliesen sînen lîp.
     jâ ist es harte lîhte,   dar umbe zűrnént diu wîp.«

867 »Suln wir gouche ziehen?«   sprach aber Hagene :   *810*
     »des habent lützel êre   sô guote degene.   *(875)*
     daz er sich hât gerüemet   der lieben frouwen mîn,
     dar umbe wil ich sterben,   ez engě im an daz leben sîn.«

868 Dô sprach der künec selbe : »ern hât uns niht getân   *811*
     niwan guot und êre;   man sol in leben lân.   *(876)*
     waz touc ob ich dem recken   wære nu gehaz?
     er was uns ie getriuwe   und tet vil willeclîche daz.«

869 Dô sprách von Metzen   der degen Ortwîn :   *812*
     »jane kán in niht gehelfen   diu grôze sterke sîn.   *(877)*
     erloubet mirz mîn herre,   ich getuon im leit.«
     dô heten im die helde   âne schulde widerseit.

870 Sîn gevolgete niemen,   niwan daz Hagene   *813*
     riet in allen zîten   Gúnther dem degene,   *(879)*
     ob Sîfrit niht enlebte,   sô wurde im undertân
     vil der künege lande.   der helt des trűrén began.

871 Dô liezen siz belîben.   spiln man dô sach.   *814*
     hei waz man starker schefte   vor dem münster brach   *(878)*
     vor Sîfrides wîbe   al zuo dem sale dan!
     do wâren in únmúote   genuoge Guntheres man.

872 Der kűnec sprach : »lât beliben   den mortlîchen zorn.   *815*
     er ist uns ze sælden   unt zę ěrén geborn.   *(880)*
     óuch íst sô grimme starc   der wundernküene man :
     ob er sîn innen wurde,   sô torstę in níemén bestân.«

864 Und als er sie in Tränen sah, da fragte er sie, weshalb sie weine. Da sagte sie es ihm. Er versprach ihr sogleich, den Mann Kriemhilds dafür büßen zu lassen. Sonst könne er nach einer solchen Schmach niemals wieder froh werden.

865 Als die Helden noch sprachen und über die Ermordung Siegfrieds berieten, da kamen Ortwin und Gernot hinzu, und auch Giselher, der edle Sohn Utes. Als er hörte, was sie da redeten, da sagte er, treu wie er war:

866 »Ihr trefflichen Helden, weshalb wollt Ihr das tun? Siegfried hat doch niemals solche Feindschaft verdient, daß er darum sterben sollte. Es ist doch nichts Wichtiges, weshalb die Frauen so heftig aneinandergeraten sind.«

867 »Sollen wir uns denn alles gefallen lassen?« sagte wiederum Hagen. »Das brächte so trefflichen Helden wenig Ehre ein. Daß Siegfried damit geprahlt hat, mit unserer lieben Herrin geschlafen zu haben, dafür soll er sterben oder ich will mein Leben lassen.«

868 Da sagte der König selbst: »Siegfried hat uns nur Gutes getan und unser Ansehen vermehrt. Man soll ihn am Leben lassen. Was hilft es, ihm jetzt feindselig nachzustellen. Er hat immer aus freien Stücken treu zu uns gestanden.«

869 Da sagte Ortwin von Metz, der Held: »Seine große Stärke wird ihm nicht viel nützen. Wenn mein Herr es mir erlaubt, bin ich bereit, ihn zu beseitigen.« Da hatten die Helden Siegfried zu ihrem Feind erklärt, ohne daß er daran schuld war.

870 Aber niemand ging der Sache weiter nach. Nur Hagen ließ nicht davon ab, Gunther, dem Helden, wieder und wieder einzuflüstern, er werde, wenn Siegfried nicht mehr am Leben sei, über viele Königreiche die Herrschaft erlangen. Das brachte Gunther in einen schweren Konflikt.

871 Da ließen sie die Sache erst einmal auf sich beruhen. Man konnte die Männer nun wieder ritterlich turnieren sehen. Vor dem Münsterplatz bis hinunter zum Saalgebäude verstach man unter den Augen der Gemahlin Siegfrieds eine Unzahl von starken Lanzen. Da waren viele Gefolgsleute Gunthers ärgerlich.

872 Der König sagte: »Laßt Eure erbitterte Mordgier! Wenn Siegfried lebt, dann trägt das uns Heil und Ehre ein. Überdies ist der kühne Held so furchterregend stark: wenn er auch nur etwas merken sollte, dann könnte es niemand mehr wagen, ihn offen anzugreifen.«

873 »Nein er«, sprach dô Hagene.   »ir muget wol stille dagen.
   ich getrûwez heimlîche   álsô wol án getragen.   *816*
   daz Prünhilde weinen   sol im werden leit.   *(881)*
   jâ sol im von Hagenen   immer wesen widerseit.«

874 Dô sprach der künec Gunther: »wie möhte daz ergân?«   *817*
   des antwurte Hagene: »ich wilz iuch hœren lân.   *(882)*
   wir heizen boten rîten   zuo uns in daz lant
   widerságen offenlîche,   die hie niemen sîn bekant.

875 Sô jehet ir vor den gesten   daz ir und iuwer man   *818*
   wellet herverten.   alsô daz ist getân,   *(883)*
   sô lobt er iu dar dienen;   des verliuset er den lîp.
   so ervar ich uns diu mære   ab des küenen recken wîp.«

876 Der künec gevolgete übele   Hagenen sînem man.   *819*
   die starken untriuwe   begunden tragen an,   *(884)*
   ê iemen daz erfunde,   die ritter ûz erkorn.
   von zweier frouwen bâgen   wart vil manec helt verlorn.

15. Âventiure
Wie Sîfrit verrâten wart

877 An dem vierden morgen   zwêne und drîzec man   *820*
   sach man ze hove rîten.   daz wart dô kunt getân   *(885)*
   Gunther dem rîchen,   im wære widerseit.
   von lügę erwuohsen frouwen   diu aller grœzésten leit.

878 Urloup si gewunnen,   daz si für solden gân,   *821*
   und jâhen daz si wæren   Liudegêres man,   *(886)*
   den ê dâ hete betwungen   Sîfrides hant
   unt in ze gîsel brâhte   in daz Guntheres lant.

879 Die boten er dô gruozte   und hiez si sitzen gân.   *822*
   ir einer sprach dar under: »herre, lât uns stân   *(887)*
   unz wir gesagen mære   diu iu enboten sint.
   jâ habet ir ze vîende,   daz wizzet, maneger muoter kint.

880 Iu widersaget Liudegast   unde Liudegêr,   *823*
   den ir dâ wîlen tâtet   diu gremlîchen sêr.   *(888)*
   die wellent zuo ziu rîten   mit her in diz lant.«
   der künec begunde zürnen   do er diu mǽré bevant.

194

873 »Nein, er darf nichts davon erfahren!« sagte da Hagen. »Ihr sollt gar nicht davon reden. Ich traue es mir zu, die Sache ganz im Verborgenen vorzubereiten. Die Tränen Brünhilds sollen ihm noch teuer zu stehen kommen. Was mich angeht, ich betrachte ihn auf ewig als meinen Feind.«

874 Da sagte der König Gunther: »Wie willst Du das anstellen?« Und Hagen gab zur Antwort: »Ich will es Euch sagen. Wir geben einigen Boten, die niemand hier kennt, den Auftrag, mit einer offenen Kriegserklärung in unser Land zu reiten.

875 Dann verkündet Ihr vor allen Gästen, Ihr und Eure Männer hätten die Absicht, Euch auf den Feldzug zu begeben. Wenn das so geschehen ist, dann wird Siegfried Euch versprechen, auf den Feldzug mitzukommen. Und so wird er sein Leben verlieren; denn dann erfahre ich von der Frau des tapferen Recken das Geheimnis.«

876 Es war nicht recht, daß der König sich auf den Rat seines Gefolgsmannes Hagen einließ. Solche verräterischen Pläne setzten die tapferen Ritter in Gang, bevor noch irgendjemand davon hätte Nachricht erhalten können. Weil zwei Frauen sich gestritten hatten, mußten viele Helden ihr Leben lassen.

15. Aventiure
Wie Siegfried verraten wurde

877 Am vierten Morgen danach sah man zweiunddreißig Männer an den Hof reiten. Da wurde dem mächtigen Gunther berichtet, ihm wäre die Fehde angesagt. Diese Lüge sollte die Frauen in den allertiefsten Schmerz stürzen.

878 Die Boten erhielten die Erlaubnis, vor den König zu treten, und berichteten, sie seien Männer Liudegers, den einige Zeit zuvor Siegfried mit eigener Hand bezwungen und in das Land Gunthers als Geisel gebracht hatte.

879 Gunther begrüßte die Boten und gab ihnen ein Zeichen, sich zu setzen. Einer von ihnen sagte: »Herr, laßt uns stehenbleiben, bis wir die Nachricht, die Euch entboten wird, überbracht haben. Glaubt mir, Ihr habt wirklich viele Männer zu Euren Feinden.

880 Liudegast und Liudeger, denen Ihr vor einiger Zeit eine schlimme Niederlage beibrachtet, die sagen Euch Fehde an und haben die feste Absicht, mit einem Heer in Euer Land zu reiten.« Als der König diese Nachricht hörte, da wurde er zornig.

881 Dô híez man die méinrǽten   zen herbergen varn.   824
    wie mohte sich her Sîfrit   dô dâ vor bewarn,   (889)
    er oder ander iemen,   daz si dâ truogen an?
    daz wart sît in selben   ze grôzem léidé getân.

882 Der künec mit sînen friunden   rŭnénde gie.   825
    Hagene von Tronege   in nie geruowen lie.   (890)
    noch heten ez gescheiden   genuoge des küneges man:
    dône woltę et Hagene   nie des râtes abe gân.

883 Eines tages Sîfrit   si rŭnénde vant.   826
    dô begunde vrâgen   der helt von Niderlant: (891)
    »wie gât sô trûreclîche   der künec unt sîne man?
    daz hilfę ich immer rechen,   hât im iemen iht getân.«

884 Dô sprach der künec Gunther: »mir ist von schulden leit.
    Liudegast und Liudegêr   die habent mir widerseit.   827
    si wellent offenlîchen   rîten in mîn lant.«   (892)
    dô sprach der degen küene: »daz sol diu Sîfrides hant

885 Nâch allen iuwern êren   mit vlîzę understân.   828
    ich getuon noch degenen   als ich hân ê getân,   (893)
    ich gelegę in wüeste   ir bürge und ouch ir lant,
    ê daz ich erwinde: des sî mîn houbet iuwer pfant.

886 Ir unt iuwer recken   sult hie héimé bestân,   829
    und lât mich zuo zin rîten   mit den die ich hân.   (894)
    daz ich iu gerne diene,   daz lâzę ich iuch sehen.
    von mir sol iuwern vîenden,   daz wizzet, léidé geschehen.«

887 »Sô wol mich dirre mære«,   sprach der künec dô,   830
    als ob er ernstlîche   der helfe wære vrô.
    in valsche neic im tiefe   der ungetriuwe man.
    dô sprach der herre Sîfrit: »ir sult vil kleine sorge hân.«

888 Dô schihten si die reise   mit den knehten dan.   831
    Sîfridę und den sînen   ze sehen ez was getân.   (895)
    dô hiez er sich bereiten   die von Niderlant.
    die Sîfrides recken   suochten strîtlîch gewant.

889 Dô sprach der starke Sîfrit: »mîn vater Sigemunt,   832
    ir sult hie belîben.   wir komen in kurzer stunt,   (896)
    gît uns got gelücke,   her wider an den Rîn.
    ir sult bî dem künege   hie vil vrœlîche sîn.«

881 Man ließ den verräterischen Boten Quartiere anweisen. Wie hätte sich der Herr Siegfried oder irgendjemand anders vor dem bewahren können, was sie im Schilde führten? Später schlug es jedoch auf sie selber zurück.

882 Heimlich beriet sich der König mit seinen Vertrauten; denn Hagen von Tronje ließ ihm keine Ruhe. Obwohl viele Leute des Königs den Konflikt gerne friedlich beigelegt hätten, wollte Hagen nicht im Geringsten von dem vorgefaßten Plan abgehen.

883 Eines Tages traf Siegfried sie bei ihrer heimlichen Beratung. Da fragte der Held aus den Niederlanden: »Wie kommt es, daß der König und seine Leute so bekümmert einhergehen? Wenn ihnen irgendjemand etwas getan hat, stehe ich immer zur Verfügung, es zu rächen.«

884 Da sagte der König Gunther: »Ich habe allen Grund, bekümmert zu sein. Liudegast und Liudeger haben mir Fehde angesagt und wollen in offenem Kampf in mein Land einbrechen.« Da sagte der tapfere Held: »Das wird Siegfried mit eigener Hand

885 und mit allen Mitteln unter Wahrung Eures ganzen königlichen Ansehens zu verhindern wissen. Wie ich es bereits einmal getan habe, genauso werde ich auch jetzt mit den feindlichen Helden umgehen. Ich setze Euch meinen Kopf zum Pfand, daß ich nicht eher ablasse, als bis ich ihre Burgen und Länder verwüstet habe.

886 Bleibt Ihr und Eure Recken ruhig hier zu Hause und laßt mich nur zu ihnen reiten, zusammen mit den Männern, die ich hier bei mir habe. Ich werde Euch beweisen, wie froh ich bin, Euch behilflich zu sein. Glaubt mir, ich werde Eure Feinde schon in eine schlimme Lage bringen.«

887 »Welch Glück für mich«, sagte da der König, als ob er sich ehrlich über das Hilfsangebot freute. In vorgetäuschter Dankbarkeit verneigte sich der Ungetreue tief vor ihm. Da sagte der Herr Siegfried: »Seid völlig unbesorgt!«

888 So auffällig, daß es Siegfried und seine Leute gar nicht übersehen konnten, bereiteten sie dann für die Knechte die Heerfahrt vor. Da gab Siegfried den Befehl, auch die Niederländer sollten sich fertigmachen, und seine Recken holten nun ihre Kampfausrüstung hervor.

889 Da sagte der starke Siegfried: »Vater Siegmund, bleibt Ihr nur hier! Wenn Gott uns Erfolg schenkt, dann werden wir in kurzer Zeit wieder an den Rhein zurückkehren. Ihr werdet unterdessen ruhig und in Freuden bei dem König leben können.«

890 Diu zeichen si an bunden,   alsô si wolden dan.   *833*
    dâ wâren genuoge   die Guntheres man,   *(897)*
    dine wéssen niht der mære,   wâ von ez was geschehen.
    man mohte grôz gesinde   dô bî Sîfride sehen.

891 Ir helme und ouch ir brünne   si bunden ûf diu marc.   *834*
    sich beréite vome lande   manec ritter starc.   *(898)*
    dô gie von Tronege Hagene   da er Kriemhilde vant
    unt bat im geben urloup: si wolden rŭmén daz lant.

892 »Nu wol mich«, sprach Kriemhilt,   »daz ich íe gewan den
                                                      man *835*
    der mînen lieben friunden   sô wol tar vor gestân,   *(899)*
    alsô mîn herre Sîfrit   tuot den friunden mîn.
    des wil ich hôhes muotes«,   sprach diu küneginne, »sin.

893 Vil lieber friunt Hágene,   gedénkét an daz,   *836*
    daz ich iu gerne diene   und noch níe wárt gehaz.   *(900)*
    des lâzet mich geniezen   an mînem lieben man.
    ern sol des niht engelten,   habę ich Prünhildę iht getân.

894 Daz hât mich sît gerouwen«,   sprach daz edel wîp.   *837*
    »ouch hât er sô zerblouwen   dar umbe mînen lîp;   *(901)*
    daz ich ez ie geredete   daz beswârtę ir den muot,
    daz hât vil wol errochen   der helt küenę unde guot.«

895 Er sprach: »ir wert versüenet   wol nâch disen tagen.   *838*
    Kriemhilt, liebiu frouwe,   jâ sult ir mir sagen   *(902)*
    wie ich iu müge gedienen   an Sîfridę iuwern man!
    daz tuon ich gerne, frouwe,   wand ichs niemen baz engan.«

896 »Ich wære âne alle sorge«,   sprach daz edel wîp,   *839*
    »daz im iemen næme   in sturme sînen lîp,   *(903)*
    ob er niht wolde volgen   sîner übermuot;
    sô wærę immer sicher   der degen küenę unde guot.«

897 »Frouwe«, sprach dô Hagene,   »unt habt ir des wân,   *840*
    daz man in müge versnîden,   ir sult mich wizzen lân,   *(904)*
    mit wie getânen listen   ich daz sol understên.
    ich wil im ze huote   immer rîten unde gên.«

898 Si sprach: »du bist mîn mâc,   sô bin ich der dîn.   *841*
    ich bevílhe dir mit triuwen   den holden wine mîn,   *(905)*
    daz du mir wol behüetest   den mînen lieben man.«
    si sagtę im kundiu mære,   diu bezzer wǽrén verlân.

890 Als ob sie nun losreiten wollten, banden sie die Fahnen an die Schäfte. Die meisten der Leute Gunthers wußten gar nicht, weshalb der Aufbruch erfolgen sollte. Um Siegfried hatte sich, wie man sah, ein riesiges Heergefolge gesammelt.

891 Ihre Helme und ihre Brustpanzer schnürten sie vorerst auf die Tragtiere. Tapfere Ritter in großer Zahl machten sich bereit, das Land zu verlassen. Da ging Hagen von Tronje zu Kriemhild und bat um Erlaubnis aufzubrechen; denn sie wollten jetzt aus dem Land fortreiten.

892 »Wie glücklich darf ich mich doch preisen«, sagte da Kriemhild, »daß ich den zum Mann erhielt, der sich so tapfer vor meine lieben Verwandten zu stellen wagt, wie es mein Gemahl Siegfried nun tut. Darüber«, so sagte die Königin, »will ich von Herzen froh und stolz sein!

893 Hagen, lieber Freund, denkt daran, wie gerne ich Euch zu Diensten bin, und daß ich Euch noch niemals feindlich gesonnen war. Laßt mir das zugute kommen: mein lieber Mann soll nicht dafür bezahlen, wenn ich Brünhild etwas zuleide getan habe.

894 Es hat mich seither sehr gereut«, sagte die edle Frau. »Siegfried, der treffliche, tapfere Held hat mich deshalb auch tüchtig durchgeprügelt und hat mich dafür gestraft, daß ich überhaupt jemals Worte gesagt habe, die sie kränkten.«

895 Hagen sagte: »In der allernächsten Zeit werdet Ihr sicherlich miteinander ausgesöhnt. Kriemhild, liebe Herrin, so sagt mir doch, was ich denn Euch zuliebe für Euren Gemahl tun kann? Herrin, ich tue es sehr gern, denn ich wüßte niemanden, für den ich es lieber täte.«

896 »Darum, daß ihn jemand im Kampfe erschlagen könnte«, sagte die edle Frau, »würde ich mich überhaupt nicht sorgen, wenn er nicht seiner Tollkühnheit so die Zügel schießen ließe. Wenn das nicht wäre, dann wäre der tapfere, treffliche Held für immer sicher.«

897 »Herrin«, sagte da Hagen, »wenn Ihr etwa eine Befürchtung habt, daß man ihn überhaupt verwunden kann, dann solltet Ihr mir sagen, mit welchen Mitteln ich das verhindern könnte. Allezeit will ich ihn beim Reiten wie beim Gehen beschirmen.«

898 Sie sagte: »Du bist mir verwandtschaftlich verbunden und ich Dir. Auf Deine Treue hin vertraue ich Dir meinen geliebten Mann an, daß Du ihn mir gut behütest.« Und nun weihte sie ihn in Geheimnisse ein, die ihr bekannt waren, die aber besser nicht verraten worden wären.

899 Si sprach: »mîn man ist küene   und dar zuo starc genuoc.
      dô er den líntráchen   an dem berge sluoc,   *842*
      jâ bádete sich ín dem bluote   der recke vil gemeit,   *(906)*
      dâ von in sît in stürmen   nie dehein wâfén versneit.

900 Iedoch bin ich in sorgen,   swennę er in strîte stât   *843*
      und vil der gêrschüzze   von helde handen gât,   *(907)*
      daz ich dâ verliese   den mînen lieben man.
      hei waz ich grôzer leide   dickę úmbe Sîfriden hân!

901 Ich meldę iz úf genâde,   vil lieber friunt, dir,   *844*
      daz du dîne triuwe   behaltest ane mir.   *(908)*
      dâ man dâ mac verhouwen   den mînen lieben man,
      daz lâzę ich dich hœren;   deist úf genâdé getân.

902 Dô von des trachen wunden   vlôz daz heize bluot   *845*
      und sich dar inne badete   der küene recke guot,   *(909)*
      dô viel im zwischen die herte   ein linden blat vil breit.
      dâ mac man in versnîden: des ist mir sorgen vil bereit.«

903 Dô sprach von Troneg Hagene: »úf daz sîn gewant   *846*
      næt ir ein kleinez zeichen.   dâ bî ist mir bekant   *(910)*
      wâ ich in müge behüeten,   sô wir in sturme stân.«
      si wânde den hélt vristen: ez was úf sînen tôt getân.

904 Si sprach: »mit kleinen sîden   næ ich úf sîn gewant   *847*
      ein tougenlîchez kriuze.   dâ sol, helt, dîn hant   *(911)*
      den mînen man behüeten,   so ęz an die herte gât,
      swennę er in den stürmen   vor sînen vîánden stât.«

905 »Daz tuon ich«, sprach dô Hagene,   »vil liebiu frouwe mîn.«
      dô wândę ouch des diu frouwe,   ez soldę im vrume sîn:
      dô was dâ mit verrâten   der Kriemhilde man.   *848*
      urloup nam dô Hagene,   dô gie er vrœlîche dan.   *(912)*

906 Des küneges ingesinde   was allez wol gemuot.   *849*
      ich wæne immer recke   deheiner mêr getuot   *(914)*
      sô grôzer meinræte   sô dâ von im ergie,
      dô sich an sîne triuwe   Kriemhilt diu küneginne lie.

907 Des andern morgens   mit tûsent sîner man   *850*
      reit der herre Sîfrit   vil vrœlîchen dan.   *(915)*
      er wândę er solde rechen   der sîner friunde leit.
      Hágenę im réit sô nâhen   daz er geschouwete diu kleit.

899 Sie sagte: »Mein Mann ist tapfer und überaus stark. Als er an jenem Berge den Lindwurm erschlug, da badete sich der stolze Recke im Drachenblut, und deshalb konnte ihn in späteren Kämpfen niemals mehr eine Waffe verwunden.

900 Dennoch bin ich, wenn immer er im Kampfe steht und die Kämpfer unzählige Speere aus ihren Händen entlassen, in großer Sorge, ich könnte meinen lieben Mann verlieren. Ach, welch große Angst habe ich oft um Siegfried!

901 Lieber Freund, im Vertrauen auf Deine alte Verbundenheit und darauf, daß Du mir die Treue hältst, will ich es Dir verraten. Weil ich Dir so sehr vertraue, weihe ich Dich in das Geheimnis ein, an welcher Stelle man meinem lieben Mann den Todesstoß geben kann.

902 Als das heiße Blut aus den Wunden des Drachen rann und der tapfere, treffliche Recke sich darin badete, da fiel ihm ein ziemlich großes Lindenblatt zwischen die Schulterblätter, und an dieser Stelle kann man ihn verwunden. Das ist der Grund, weshalb ich mir so große Sorgen mache.«

903 Da sagte Hagen von Tronje: »Näht doch ein kleines Zeichen auf sein Gewand. Daran kann ich mir dann merken, wo ich ihn beschützen soll, wenn wir im Kampf nebeneinander stehen.« Kriemhild glaubte, den Helden vor dem Tod zu bewahren. Doch gerade das sollte ihn sein Leben kosten.

904 Sie sagte: »Mit feinem Seidengarn werde ich ein unauffälliges Kreuz auf sein Gewand nähen und an dieser Stelle sollst Du, teurer Held, meinen Mann beschirmen, wenn es zu harten Auseinandersetzungen kommt, und er in der Schlacht vor seinen Feinden steht.«

905 »Teure Herrin«, sagte da Hagen, »das verspreche ich!« Da glaubte die Herrin, sie habe zu Siegfrieds Bestem gehandelt. Doch nein, damit war der Mann Kriemhilds nun verraten. Hagen aber verabschiedete sich von ihr und ging hocherfreut davon.

906 Im Gefolge des Königs war man jetzt sehr zufrieden. Ich meine, einen so tückischen Verrat, wie ihn Hagen beging, als sich die Königin Kriemhild auf seine trügerische Treue verließ, wird niemals wieder ein Held begehen können.

907 Am anderen Morgen ritt der Herr Siegfried mit tausend seiner Gefolgsleute in froher Stimmung fort. Er glaubte immer noch, es ginge darum, Rache zu nehmen für die Beleidigung seiner Freunde. Hagen ritt so nahe bei ihm, daß er sein Gewand genau betrachten konnte.

908 Als er gesach daz bilde,   dô schihtẹ er tougen dan,   *851*
    die sageten ander mære,   zwêne sîner man :   *(916)*
    mit vride solde belîben   daz Guntheres lant,
    und si hete Liudegêr   zuo dem künege gesant.

909 Wie úngérne Sîfrit   dô hin wider reit,   *852*
    ern het étewaz errochen   sîner friunde leit !   *(917)*
    wandẹ in vil kûmẹ erwanden   die Guntheres man.
    dô reit er zuo dem künege;   der wirt im dánkén began :

910 »Nu lônẹ iu got des willen,   friunt Sîfrit.   *853*
    daz ir sô willeclîche   tuot des ich iuch bit,   *(918)*
    daz sol ich immer dienen,   als ich von rehte sol.
    vor allen mînen friunden   sô getrûwẹ ich iu wol.

911 Nu wir der herverte   ledec worden sîn,   *854*
    sô wil ich jagen rîten   bérn únde swîn   *(919)*
    hin zem Waskenwalde,   als ich vil dicke hân.«
    daz hete gerâten Hagene,   dér úngetriuwe man.

912 »Allen mînen gesten   sól mán daz sagen,   *855*
    daz wir vil vrúo rîten.   die wellen mit mir jagen,   *(920)*
    daz si sich bereiten;   die aber hie bestân
    hövschen mit den frouwen,   daz sî mir líebé getân.«

913 Dô sprach der herre Sîfrit   mit hêrlîchem site :   *856*
    »swennẹ ir jagen rîtet,   dâ wil ich gerne mite.   *(921)*
    sô sult ir mir lîhen   einen suochman
    und etelîchen bracken,   sô wil ich rîten in den tan.«

914 »Welt ir niht niwan einen?«   sprach der künec zehant. *857*
    »ich lîhẹ iu, welt ir, viere,   den vil wol ist bekant *(922)*
    der walt und ouch die stîge,   swâ diu tier hine gânt,
    die iuch niht fürwîse   zen herbergen rîten lânt.«

915 Dô reit zuo sînem wîbe   der recke vil gemeit.   *858*
    schiere hete Hagene   dem künige geseit
    wie er gewinnen wolde   den tiuwerlîchen degen.
    sus grôzer untriuwe   solde nimmer man gepflegen.

16. Âventiure
Wie Sîfrit erslagen wart

916 Gunther und Hagene,   die réckén vil balt,   *859*
    lóbten mit úntriuwen   ein pirsen in den walt.   *(924)*
    mit ir scharpfen gêren   si wolden jagen swîn,
    bern unde wisende :   waz möhte kűenérs gesîn?

Dô riten si von dannen   in einen tiefen walt.   *869*
durch kurzewile willen   vil manec ritter balt   *(934)*
völgeten Gúnthere   unde sînen man.
Gêrnôt und Gîselher   die wâren dâ héimé bestân.

Geladen vil der rosse   kom vor in über Rîn,   *870*
die den jágetgesellen truogen   brôt únde wîn,   *(935)*
daz vléisch mit den vischen   und andern manegen rât,
den ein künec sô rîche   vil harte billîchen hât.

Si hiezen herbergen   für den grüenen walt   *871*
gên des wildes abloufe,   die stolzen jegere balt,   *(936)*
dâ si jagen solden,   ûf einen wert vil breit.
dô was ouch komen Sîfrit;   daz wart dem künege geseit.

Von den jagtgesellen   wúrden dô gár bestân   *872*
die wartê in allen enden.   dô sprach der küene man,   *(937)*
Sîfrit der vil starke: »wer sol uns in den walt
wîsen nâch dem wilde,   ir helde küenę unde balt?«

»Welle wir uns scheiden«,   sprach dô Hagene,   *873*
»ê daz wir beginnen   hie ze jagene!   *(938)*
dâ bî wir mügen bekennen,   ich und die herren mîn,
wer die besten jegere   an dirre waltreise sîn.

liutę und gehünde   suln wir teilen gar.   *874*
sô kêre ietslîcher   swar er gerne var.   *(939)*
swer danne jage daz beste,   des sol er haben danc.«
dô wart der jeger bîten   bî ein ander niht ze lanc.

Dô sprach der herre Sîfrit: »ich hân der hunde rât,   *875*
wan einen bracken,   der sô genozzen hât   *(940)*
daz er die vertę erkenne   der tiere durch den tan.
wir komen wol ze jegede«,   sprach der Kriemhilde man.

Dô nam ein alter jegere   einen gúoten spürhunt.   *876*
er brâhté den herren   in einer kurzen stunt   *(941)*
dâ si vil tiere funden.   swaz der von lägere stuont,
die erjágten die gesellen,   sô noch guote jeger tuont.

swaz ir der brackę erspranctе,   die sluoc mit sîner hant   *877*
Sîfrit der küene,   der helt von Niderlant.   *(942)*
sîn ros lief sô sêre,   daz ir ihm niht entran.
den lop er vor in allen   an dem gejégdé gewan.

908 Als er das Zeichen erblickt hatte, da schickte er zwei seiner Leute heimlich fort, die als neue Botschaft melden sollten, Gunthers Land solle in Frieden gelassen werden und Liudeger habe sie als Boten zum König geschickt.

909 Wie ärgerlich kehrte Siegfried da wieder um! Zu gerne hätte er die Beleidigung, die seinen Freunden geschehen war, bitter gerächt. Gunthers Leute hatten alle Mühe, ihn dazu zu bringen, zurückzureiten. Da ritt er denn nun zum König, der ihm seinen Dank aussprach:

910 »Freund Siegfried, Gott möge es Euch lohnen, daß Ihr so bereitwillig tut, worum ich Euch bitte. Wie es nur recht und billig ist, werde ich mich immer dafür dankbar erweisen. Vor allen anderen Verwandten gehört Euch mein Vertrauen.

911 Nun, da wir von der Verpflichtung zur Heerfahrt frei sind, habe ich vor, wie ich es schon häufig getan habe, im Waskenwald Bären und Wildschweine zu jagen.« Hagen, der verräterische Mann, hatte ihm diesen Rat gegeben.

912 »Allen meinen Gästen soll man ausrichten, daß wir sehr früh aufbrechen. Wer mit mir auf die Jagd reiten will, der soll sich darauf rüsten. Wenn aber jemand zur Unterhaltung der Damen hier am Hof bleiben will, dann freue ich mich auch darüber.«

913 Da sagte der Herr Siegfried mit vollendeter Höflichkeit: »Wenn Ihr zur Jagd ausreitet, dann begleite ich Euch mit Vergnügen. Stellt Ihr mir einen fährtenkundigen Jäger und einige Hunde zur Verfügung, dann breche auch ich in den Wald auf.«

914 »Weshalb wollt Ihr denn nur einen haben?« sagte der König sogleich. »Ich gebe Euch, wenn Ihr wollt, vier mit, denen der Wald und die Bahnen, auf denen das Wild wechselt, genau bekannt ist, und die Euch auch nicht irreleiten und beutelos zum Jagdlager zurückbringen.«

915 Da ritt der stolze Recke zu seiner Frau. Hagen aber hatte dem König schnell gesagt, auf welche Weise er den bewährten Helden zu überwinden gedachte. Eine solche Heimtücke sollte ein Mann niemals üben!

16. Aventiure
Wie Siegfried erschlagen wurde

916 Gunther und Hagen, die kühnen Recken, ließen in verräterischer Absicht eine Jagd im Walde ankündigen. Mit ihren scharfen Speeren wollten sie Bären, Wildschweine und Wisente jagen. Was hätte kühner sein können als das?

917 Dâ mit reit ouch Sîfrit   in hêrlîchem site.   *860*
maneger hande spîse   die fuorte man in mite.   *(925)*
zeinem kalten brunnen   verlôs er sît den lîp.
daz hete gerâten Prünhilt,   des künec Guntheres wîp.

918 Dô gie der degen küene   da er Kriemhilde vant.   *861*
dô was nu ûf gesoumet   sîn edel pirsgewant,   *(926)*
sîn und der gesellen: si wolden über Rîn.
done dórfte Kriemhilde   nimmer léidér gesîn.

919 Die sîne triutinne   kuste er an den munt.   *862*
»got lâze mich dich, frouwe,   gesehen noch gesunt   *(927)*
und mich diu dînen ougen.   mit holden mâgen dîn
soltu kurzewîlen;   ine mác hie heime niht gesîn.«

920 Do gedâhte si an diu mære   (sine tórste ir niht gesagen),   *863*
diu si dâ Hagenen sagete: dô begunde klagen   *(928)*
diu edel küneginne   daz si ie gewan den lîp.
dô weinte âne mâze   des herren Sîfrides wîp.

921 Si sprach zuo dem recken: »lât iuwer jagen sîn!   *864*
mir troumte hînaht leide,   wie iuch zwei wildiu swîn   *(929)*
jageten über heide,   dâ wurden bluomen rôt.
daz ich sô sêre weine,   des gêt mir wærlîche nôt.

922 Ich fürhte harte sêre   etelîchen rât,   *865*
ob man der deheinen   missedienet hât,   *(930)*
die uns gefüegen kunnen   vîentlîchen haz.
belîbet, lieber herre: mit triuwen râte ich iu daz.«

923 Er sprach: »mîn triutinne,   ich kum in kurzen tagen.   *866*
ine wéiz hie niht der liute,   die mir iht hazzes tragen.   *(931)*
alle dîne mâge   sint mir gemeine holt,
ouch hân ich an den degenen   hie niht ándérs versolt.«

924 »Neinâ, herre Sîfrit!   jâ fürhte ich dînen val.   *867*
mir troumte hînte leide,   wie ob dir zetal   *(932)*
vielen zwêne berge: ine gesách dich nimmer mê.
wil du von mir scheiden,   daz tuot mir in dem herzen wê.«

925 Er umbevie mit armen   daz tugentrîche wîp.   *868*
mit minneclîchem küssen   trûte er ir schœnen lîp.   *(933)*
mit urloube er dannen   schiet in kurzer stunt.
si gesach in leider   dar nâch nimmer mêr gesunt.

917 Herrlich, wie es seine Art war, ritt Siegfried mit ihn
tige Nahrung ließen sie mitführen. An einem kühl
verlor Siegfried später sein Leben; und das geschah
lassung Brünhilds, der Gemahlin König Gunthers.

918 Da ging der kühne Held noch einmal zu Kriemhild
lesenes Jagdgewand und das seiner Jagdgesellen be
Saumtiere geladen war. Sie hatten die Absicht, d
überqueren. Etwas Schlimmeres hätte Kriemhild
nicht widerfahren können.

919 Siegfried küßte seine geliebte Frau auf den Mund.
daß ich Dich, liebe Frau, gesund wiedersehe und D
treibe Dir nur die Zeit mit Deinen lieben Ver
möchte jetzt nicht hier zu Hause bleiben.«

920 Da dachte sie an das Geheimnis, das sie Hagen v
aber sie wagte nicht, etwas davon zu erwähnen. I
edle Königin laut darüber zu klagen, daß sie überh
dieser Welt erblickt habe, und, ohne sich Hemn
erlegen, brach die Frau des Herrn Siegfried in Ti

921 Sie sagte zu dem Helden: »Laßt doch von der Jag
nem großen Schrecken träumte ich heute nacht,
Wildschweine über ein Gelände jagten. Da wurd
rot. Wirklich, ich habe allen Anlaß, so sehr zu v

922 Ich habe furchtbare Angst vor Anschlägen auf D
weiß, ob wir nicht irgendjemanden gekränkt
jetzt mit seiner tödlichen Feindschaft treffen kar
hier, mein Gemahl. Hört auf meinen treuen Ra

923 Er sagte: »Liebste Kriemhild, ich komme doch
der. Ich kenne hier niemanden, der mir feindli
Deine Verwandten sind mir alle ohne Ausnahm
lich verbunden, und ich habe ja auch den He
nichts anderes verdient.«

924 »Nein, ach nein, Herr Siegfried! Ich habe wi
Dein Leben! Zu meinem Schmerz träumte
wie zwei Berge über Dich herabstürzten. Ich
nicht mehr sehen. Wenn Du jetzt von mir fortg
mir bei diesem Abschied das Herz.«

925 Mit seinen Armen umschloß er die edle Frau
mit zärtlichen Küssen. Dann nahm er Abschi
darauf hinweg. Zu ihrem Schmerz sollte sie
lebend wiedersehen.

926 Da ritten sie nun fort in den tiefen Wald, um sich an der Jagd zu vergnügen. Viele tapfere Ritter begleiteten Gunther und seine Gefolgsleute. Gernot und Giselher waren jedoch zu Hause geblieben.

927 Viele beladene Pferde brachte man vor ihnen über den Rhein. Sie sollten für die Jagdgesellschaft Brot und Wein, Fleisch, Fische und manchen anderen Vorrat, den ein so mächtiger König unbedingt zu seiner Verfügung haben muß, befördern.

928 Auf einer sehr breiten Halbinsel des Flusses, auf der sie jagen wollten, unmittelbar am Saum des grünen Waldes, dort, wo das Wild herausgetrieben werden sollte, ließen sie für die stolzen, kühnen Jäger das Lager aufschlagen. Auch Siegfried war unterdessen angekommen, und das teilte man dem König mit.

929 Die Jagdgesellen besetzten nun auf allen Seiten die Anstände. Da sagte der tapfere Mann, der starke Siegfried: »Ihr tapferen, kühnen Männer, wer wird uns denn nun in den Wald führen und auf die Fährte des Wildes setzen?«

930 »Wollen wir uns denn nicht lieber trennen«, sagte da Hagen, »bevor wir hier mit der Jagd beginnen? Dann können meine Herren und ich erkennen, wer denn die besten Jäger auf diesem Jagdzug sind.

931 Die Männer und die Meute der Hunde werden wir genau aufteilen. Dann kann jeder sich dahin wenden, wohin er will. Wer dann den besten Fang macht, der soll dafür den Preis davontragen.« Da hielten sich die Jäger nicht mehr lange beieinander auf.

932 Da sagte der Herr Siegfried: »Außer einem einzigen Bracken, der so scharf ist, daß er die Fährte der Tiere durch den Wald verfolgen kann, brauche ich keine Hunde. Dann wird es uns an Jagdglück sicherlich nicht fehlen«, sagte der Gemahl Kriemhilds.

933 Da wählte sich ein alter Jäger einen tüchtigen Spürhund aus und brachte den Fürsten nach kurzer Zeit an eine Stelle, wo sie auf viele Tiere stießen. Wie es noch heute bei guten Jägern der Brauch ist, erlegten die beiden Gesellen alle Tiere, die sich von ihren Lagern erhoben und zur Flucht wandten.

934 Alle Tiere, die der Bracke aufstöberte, erschlug der tapfere Siegfried, der Held aus den Niederlanden, mit eigener Hand. Denn sein Pferd konnte so schnell laufen, daß ihm keines entwischte. So trug er bei dieser Jagd vor allen anderen den Ruhm davon.

935 Er was an allen dingen   bíderbe genuoc.   *878*
    sîn tier was daz êrste,   daz er ze tôde sluoc,   *(943)*
    ein vil starkez halpful,   mit der sînen hant.
    dar nâch er vil schiere   einen úngefüegen lewen vant.

936 Dô den der brackę ersprancte,   den schôz er mit dem
                                                        bogen.   *879*
    eine scharpfe strâle   het er dar in gezogen.   *(944)*
    der léwe lief nâch dem schuzze   wan drîer sprünge lanc.
    die sînen jagtgesellen   sagten Sîfride danc.

937 Dar nâch sluoc er schiere   einen wísent und éinen elch,   *880*
    starker ûre viere,   und einen grimmen schelch.   *(945)*
    sîn ros truoc in sô balde,   daz ir im niht entran.
    hirzę oder hinden   kundę im wěnéc engân.

938 Einen eber grôzen   vant der spürhunt.   *881*
    als er begunde vliehen,   dô kom an der stunt   *(946)*
    des sélben gejégdes meister,   er bestúont in ûf der slâ.
    daz swîn vil zorneclîche   líef án den helt sâ.

939 Dô sluoc in mit dem swerte   der Kriemhilde man.   *882*
    ez enhét ein ander jegere   sô samfte niht getân.   *(947)*
    dô ęr in hetę ervellet,   man vie den spürhunt.
    dô wart sîn jaget daz rîche   wol den Búrgónden kunt.

940 Dô sprâchen sîne jegere: »müge ez mit fuoge wesen,   *(948)*
    sô lât uns, her Sîfrit,   der tier ein teil genesen.
    ir tuot uns hiute· lære   den berc und ouch den walt.«
    des begunde smielen   der degen küenę unde balt.

941 Dô hôrtens allenthalben   ludem unde dôz   *883*
    von liuten und ouch von hunden   der schal der was sô
                                                        grôz   *(949)*
    daz in dâ von ántwúrte   der berc und ouch der tan.
    vier unt zweinzec ruore   die jeger hếtén verlân.

942 Dô muosen vil der tiere   verliesen dâ daz leben.   *884*
    dô wânden si daz füegen,   daz man in solde geben   *(950)*
    den prîs von dem gejegde: des kunde niht geschehen,
    dô der starke Sîfrit   wart zer fiuwerstat gesehen.

943 Daz jagt was ergangen   und doch niht gar.   *885*
    die zer fíuwerstete wolden,   die brâhten mit in dar   *(951)*
    vil maneger tiere hiute   und wíldés genuoc.
    hei waz man des zer kuchen   des küneges ingesinde truoc!

935 In jeder Hinsicht verstand er sein Handwerk. Das Tier, das er mit eigener Hand erlegte, ein noch jugendliches kraftvolles Wildschwein, war die erste Jagdbeute des Tages. Gleich danach machte er einen gewaltigen Löwen aus.

936 Als der Bracke den aufgeschreckt hatte, erschoß er ihn mit dem Bogen, auf den er einen scharfen Pfeil gelegt hatte. Nach dem Schuß konnte sich der Löwe nur noch drei Sprünge weit bewegen. Siegfrieds Begleiter aber beglückwünschten Siegfried zu diesem Treffer.

937 Gleich danach erschlug er einen Wisent und einen Elch, vier starke Auerochsen und einen schrecklichen Hirsch. Sein Pferd trug ihn so hurtig dahin, daß ihm keines der Tiere entwischte; kein einziger Hirsch und keine einzige Hirschkuh konnten vor ihm davonlaufen.

938 Einen riesigen Eber stöberte der Spürhund auf. Als der sich zur Flucht wandte, kam sogleich der meisterliche Jäger und griff ihn, während er flüchtete, an. Voller Wut stürzte sich nun der Eber auf den Helden.

939 Nur mit seinem Schwert erlegte der Gemahl Kriemhilds das Tier. Kein anderer Jäger hätte diese Tat mit solcher überlegenen Leichtigkeit vollbracht. Als er ihn erschlagen hatte, da fing man den Spürhund ein. Siegfrieds ungeheure Jagdbeute wurde jetzt den Burgunden gezeigt.

940 Da sagten seine Jäger: »Herr Siegfried, wenn wir höflich darum bitten dürften, dann laßt doch wenigstens noch ein paar Tiere am Leben, sonst macht Ihr uns ja heute Berg und Wald völlig leer.« Bei ihren Worten lächelte der kühne, tapfere Held.

941 Da hörten sie auf allen Seiten Lärm und Getöse von Männern, von Leuten und von Hunden. Der Schall war so gewaltig, daß ihn Berg und Tannenwald im Echo zurückwarfen. Nicht weniger als vierundzwanzig Koppeln von Jagdhunden hatten die Jäger losgelassen.

942 Da mußten unzählige Tiere ihr Leben lassen. Mancher Jäger meinte, er könne erreichen, daß man ihm den Preis der Jagd zuspräche. Doch davon konnte überhaupt keine Rede mehr sein, als der starke Siegfried an der Feuerstelle des Lagers erschien.

943 Die Jagd war nun zu Ende, aber doch noch nicht ganz. Die Jäger, die zum Lagerplatz ziehen wollten, die brachten die Felle vieler Tiere und manches Wildbret mit. Ja, davon schaffte man dem Gesinde des Königs ungeheure Mengen in die Küche.

944 Dô hiez der künec künden   den jegern ûz erkorn   886
    daz er enbîzen wolde.   dô wart vil lûtę ein horn   (952)
    zeiner stunt geblâsen,   dâ mit in wart erkant
    daz man den fürsten edele   dâ zen herbergen vant.

945 Dô sprách ein Sífrides jégere: »herrę, ich hân vernomen
    von eines hornes duzze   daz wir nu suln komen   (953)
    zuo den herbergen.   ántwurten ích des wil.«
    dô wart nâch den gesellen   gevrâget blắsénde vil.

946 Dô sprach der herre Sifrit: »nu rûmę ouch wir den
                                   tan!«   887
    sîn ros truoc in ebene;   si îlten mit im dan.   (954)
    si ęrsprancten mit ir schalle   ein tier gremelîch,
    daz was ein ber wilde.   dô sprach der degen hinder sich:

947 »Ich wil uns hergesellen   guoter kúrzwîle wern.   888
    ir sult den bracken lâzen: jâ sihę ich einen bern, (955)
    der sol mit uns hinnen   zen herbergen varn.
    ern vliehe danne vil sêre,   ern kan sichs nímmér bewarn.«

948 Der bracke wart verlâzen,   der bere spranc von dan. 889
    dô woldę in errîten   der Kriemhilde man.   (956)
    er kom in ein gevelle,   done kundes niht wesen.
    daz starke tier dô wânde   vor dem jegere genesen.

949 Dô spranc von sînem rosse   der stolze ritter guot.   890
    er begúnde nâch loufen.   daz tier was unbehuot,   (957)
    ez enkundę im niht entrinnen: dô vienc er ez zehant,
    ânę aller slahte wunden   der helt ez schíeré gebant.

950 Kratzen noch gebízen   kunde ez niht den man.   891
    er bant ez zuo dem satele: ûf saz der snelle sân,   (958)
    er brâhtę ez an die fiuwerstat   durch sînen hôhen muot
    zeiner kurzwîle   der recke küenę unde guot.

951 Wie rehte hêrlîchen   er zen hérbergen reit!   892
    sîn gêr was vil michel,   stárc únde breit.   (959)
    im hienc ein ziere wâfen   nider an den sporn.
    von vil rôtem golde   fuortę der herre ein schœne horn.

952 Von bezzerm pirsgewæte   gehôrtę ich nie gesagen.   893
    einen róc von swarzem pfellel   sắch mán in tragen   (960)
    und einen huot von zobele,   der rîche was genuoc.
    hei waz er rîcher porten   an sînem kochære truoc!

953 Vón éinem pantel   was dar über gezogen   894
    ein hût durch die süeze.   ouch fuorter einen bogen, (961)
    den man mit ántwęrke   muose ziehen dan,
    der in spannen solde,   ern hete ez sélbé getân.

210

944 Da ließ der König den auserlesenen Jägern melden, daß er nun zu
speisen gedächte: ein einziges Mal wurde laut ins Horn gestoßen
und ihnen dadurch das Zeichen gegeben, daß man den edlen
Fürsten jetzt im Jagdlager anträfe.

945 Da sagte einer der Jäger Siegfrieds: »Herr, ich habe am Klang
eines Hornes gehört, daß wir nun zum Jagdlager kommen sol-
len, und ich will dieses Signal beantworten.« Durch Hornsignale
wurde nun wiederholt nach den Jagdgefährten gerufen.

946 Da sagte der Herr Siegfried: »Laßt auch uns nun den Wald ver-
lassen!« Sein Pferd ging in ruhigem Trab, und seine Leute folg-
ten ihm. Durch das Getrappel der Hufe jagten sie ein grimmiges
Tier auf, einen wilden Bären. Da sagte der Held über seine
Schulter hinweg zu seinen Leuten:

947 »Ich will uns Jagdgefährten einen lustigen Spaß bereiten. Laßt
den Hund los! Ich habe nämlich einen Bären gesehen, und der soll
uns in das Jagdlager begleiten. Wenn er nicht ungewöhnlich
schnell davonjagt, dann wird er sich nicht davor retten können.«

948 Der Bracke wurde losgelassen, und der Bär jagte davon. Da
suchte der Gemahl Kriemhilds ihn zu Pferde zu erreichen. Doch
daran war nicht zu denken, denn er gelangte auf unwegsames
Gelände. Schon glaubte das starke Tier, sich vor dem Jäger ret-
ten zu können.

949 Doch da sprang der treffliche, stolze Ritter vom Pferd und
rannte ihm nach. Das Tier, etwas zu sorglos, konnte ihm nicht
entgehen: da fing er es sogleich, und, ohne daß es irgendwelche
Wunden davontrug, band er es auf der Stelle.

950 Es konnte Siegfried weder kratzen noch beißen. Der kühne,
treffliche Held schnürte es am Sattel fest, saß im Nu auf und
brachte es in seiner unbekümmerten Ausgelassenheit zum Ver-
gnügen der Jagdgesellen zum Lagerfeuer.

951 Wie herrlich ritt er zum Jagdlager! Sein Speer war riesig, von
kräftigem Schaft und breitem Blatt. Sein erlesenes Schwert
reichte bis zu seinen Sporen hinunter, und das Horn, das der
Herr bei sich trug, war aus rotem Gold.

952 Niemals habe ich von einem besseren Jagdgewand erzählen hö-
ren. Wie man sehen konnte, trug er einen Rock aus schwarzem
Tuch und einen Hut aus Zobelpelz, der sehr kostbar war. Ja, und
dann erst der kostbare Besatz, den er an seinem Köcher trug!

953 Des angenehmen Duftes wegen war er mit der Haut eines Pan-
thers bespannt. Überdies hatte Siegfried einen Bogen bei sich,
den jeder, der ihn zu spannen wünschte, nur mit Hilfe einer
Winde hätte ausziehen können, es sei denn, Siegfried selbst
hätte es versucht.

954 Von einer ludemes hiute   was allez sîn gewant.   *895*
von hóubet unz án daz ende   gestréut man darûfe vant. *(962)*
ûz der liehten riuhe   vil manec goldes zein
ze beiden sînen sîten   dem küenen jegermeister schein.

955 Dô fuortę er Balmungen,   ein ziere wâfen breit,   *896*
daz was alsô scherpfe,   daz ez nie vermeit   *(963)*
swâ man ez sluoc ûf helme.   sinę ecke wâren guot.
der hêrlîche jegere   wás hôhé gemuot.

956 Sît daz ich iu diu mære   gar bescheiden sol: *897*
im was sîn edel kocher   guoter strâle vol,   *(964)*
von guldînen tüllen,   diu sahs wol hende breit.
ez muose balde sterben   swaz er dâ mít versneit.

957 Dô reit der ritter edele   vil weidenlîche dan.   *898*
in sâhen zuo in komende   die Guntheres man.   *(965)*
si liefen im engegene   und empfiengen im daz marc.
dô fuortę er bî dem satele   einen bérn grôz unde starc.

958 Als er gestuont von rosse,   dô lôstę er im diu bant   *899*
von fuozę und ouch von munde.   do ęrlûte dâ zehant *(966)*
vil grôze daz gehünde,   swaz des den bern sach.
daz tier ze walde wolde;   die liute heten ungemach.

959 Der ber von dem schalle   durch die kúchén geriet.   *900*
hei waz er kuchenknehte   von dem fiuwer schiet! *(967)*
vil kezzel wart gerüeret,   zerfüeret manec brant.
hei waz man guoter spîse   in der aschen ligen vant!

960 Dô sprungen von dem sedele   die herren und ir man.   *901*
der ber begunde zürnen: der künec hiez dô lân   *(968)*
allez daz gehünde,   daz an den seilen lac.
und wærę ez wol verendet,   si heten vrœlîchen tac.

961 Mit bogen und mit spiezen   niht langer man daz lie,   *902*
dô liefen dar die snellen   dâ der ber gie.   *(969)*
dô was sô vil der hunde   daz dâ niemen schôz.
von des liutes schalle   daz gebírgę álléz erdôz.

962 Der ber begunde vliehen   vor den hunden dan;   *903*
im kunde niht gevolgen   wan Kriemhilde man.   *(970)*
der erlíef in mit dem swerte,   ze tôdę er in dô sluoc.
hin wider zuo dem fiuwere   man den bern sider truoc.

963 Dô sprâchen die daz sâhen,   er wærę ein kreftec man.   *904*
die stolzen jagetgesellen   hiez man zen tischen gân.   *(971)*
ûf einen schœnen anger   saz ir dâ genuoc.
hei waz man rîcher spîse   den edelen jegeren dô truoc!

954 Sein Jagdgewand war ganz aus Otternhaut, von oben bis unten mit verschiedenem Pelzwerk besetzt, aus dessen hellem Haar zu beiden Seiten des tapferen Jägers zahlreiche goldene Spangen hervorschimmerten.

955 Er hatte auch Balmung, ein erlesenes, breites Schwert, bei sich: das war so scharf, daß es niemals ohne Wirkung blieb, wenn es auf einen Helm traf; denn seine Schneiden waren unübertrefflich. Stolz und Lebensfreude erfüllten den herrlichen Jäger.

956 Da ich Euch nun die Geschichte vollständig erzählen soll, will ich es auch tun: Sein prächtiger Köcher war angefüllt mit scharfen Pfeilen, die Tüllen waren von Gold, die Schneiden so breit wie eine Hand. Was er damit auch traf, das mußte sogleich sterben.

957 Da ritt nun der edle Ritter einher, jeder Zoll ein Jäger. Gunthers Leute sahen ihn herankommen, liefen ihm entgegen und nahmen sein Pferd in Empfang. Da brachte er an seinem Sattel einen riesigen, starken Bären mit sich.

958 Als er vom Pferd herabsprang, löste er dem Tier an den Läufen und am Maul die Fesseln. Sofort fingen alle Hunde, die den Bären erblickten, heftig an zu bellen. Der Bär wollte zum Wald laufen. Den Leuten war nicht so ganz wohl in ihrer Haut.

959 Durch das Getöse erschreckt, gelangte der Bär in die Küche. Wie schnell er da die Küchenjungen von den Herden fortscheuchte! Viele Kessel stürzten um, das Herdfeuer wurde zerstreut. Ach, und da lag soviel schönes Essen mitten in der Asche!

960 Da sprangen Herren und Gefolgsleute von ihren Sesseln. Der Bär aber wurde grimmig. Da ließ der König die ganze Hundemeute frei, die bis dahin angebunden war. Wäre nur alles gut ausgegangen, dann hätten sie wahrlich einen fröhlichen Tag verlebt.

961 Da säumte man nicht länger: mit Bogen und Speeren rannten die Tapferen hurtig dorthin, wo der Bär lief. Doch es wimmelte da von Hunden, daß niemand zu schießen wagte. Vom Lärm, den die Leute machten, ertönte das ganze Gebirge.

962 Der Bär floh nun vor den Hunden davon, und nur Kriemhilds Gemahl konnte mit ihm Schritt halten. Mit dem Schwert in der Hand holte er ihn ein und versetzte ihm den Todesstoß. Dann trug man das Tier wieder zum Jagdlager zurück.

963 Da versicherten alle, die es miterlebt hatten, er sei ein kraftvoller Mann. Und nun forderte man die stolzen Jagdgefährten auf, zur Tafel zu kommen. Viele edle Jäger nahmen auf der schönen Wiese Platz, und man brachte für sie die erlesensten Speisen heran.

964 Die schenken kômen seine,   die tragen solden wîn.   *905*
ez enkúnde baz gedienet   nimmer helden sîn.   *(972)*
heten si dar under   niht sô valschen muot,
sô wæren wol die recken   vor allen schándén behuot.

965 Dô sprach der herre Sîfrit: »wunder mich des hât,   *906*
sît man uns von des kuchen   gît sô manegen rât,   *(974)*
warumbe uns die schenken   bringen niht den wîn.
man enpflége baz der jegere,   ich enwil niht jagetgeselle sîn.

966 Ich hete wol gedienet   daz man mîn baz næme war.«   *907*
der künec von sînem tische   sprach in valsche dar: *(975)*
»man sol iu gerne büezen   swes wir gebresten hân!
ez ist von Hagenen schulden: der wil uns gerne erdürsten
                                                           lân.«

967 Dô sprach von Tronege Hagene: »vil lieber herre mîn,   *908*
ich wânde daz daz pirsen   hiute solde sîn   *(976)*
dâ zem Spehtsharte: den wîn den sande ich dar.
sîn wir hiute ungetrunken,   wie wol ich mêre daz bewar!«

968 Dô sprach der herre Sîfrit: »ir lîp der habe undánc!   *909*
man solde mir siben soume   met und lûtertranc   *(977)*
haben her gefüeret.   dô des niht mohte sîn,
dô solte man uns gesidelet   haben nâher an den Rîn.«

969 Dô sprach von Tronege Hagene: »ir edeln ritter balt,   *910*
ich weiz hie bî nâhen   einen brunnen kalt   *(978)*
(daz ir niht erzürnet)   dâ sul wir hine gân.«
der rât wart manegem degene   ze grôzen sórgén getân.

970 Sîfrit den recken   twanc des durstes nôt.   *911*
den tisch er deste zîter   rucken dan gebôt.   *(979)*
er wolde für die berge   zuo dem brunnen gân.
dô was der rât mit meine   von den réckén getân.

971 Diu tier hiez man ûf wägenen   füeren in daz lant,   *912*
diu dâ hete verhouwen   diu Sifrides hant.   *(980)*
man jach im grôzer êren   swer ez ie gesach.
Hagene sîne triuwe   vil sêre an Sîfriden brach.

972 Dô si wolden dannen   zuo der linden breit,   *913*
dô sprach von Tronege Hagene: »mir ist des vil geseit   *(981)*
daz niht gevolgen künne   dem Kriemhilde man,
swenne er wolde gâhen.   hei wolde er uns daz sehen lân!«

973 Dô sprach von Niderlande   der küene Sîfrit: *914*
»daz muget ir wol versuochen,   welt ir mir loufen mit   *(982)*
ze wette zuo dem brunnen.   sô daz ist getân,
dem sol man jehen danne,   den man sihet gewunnen hân.«

964 Mochten auch die Schenken, die den Wein bringen sollten, auf sich warten lassen – aufs Ganze gesehen hätten Helden gar nicht zuvorkommender bewirtet werden können. Wenn nur nicht in ihrem Herzen die Falschheit gelauert hätte, dann hätten sich die Recken vor jedem Makel bewahrt.

965 Da sagte der Herr Siegfried: »Wo man uns soviel aus der Küche herbeischafft, möchte ich doch zu gern wissen, weshalb die Schenken uns keinen Wein bringen? Wenn man die Jäger nicht besser bewirtet, dann möchte ich nicht Jagdgeselle sein.

966 Ich hätte es schon verdient, besser versorgt zu werden.« Von seinem Platz am Tisch aus sagte da der König in seiner Hinterlist: »Was Euch fehlt, das wird man Euch bereitwillig ersetzen. Hagen ist schuld; der hat seinen Spaß daran, uns hier verdursten zu lassen.«

967 Da sagte Hagen von Tronje: »Teurer Fürst, ich hatte gemeint, die Jagd sollte heute im Spessart stattfinden. Dorthin habe ich den Wein geschickt. Wenn wir am heutigen Tag auch ohne Getränke bleiben, für künftige Fälle werde ich besser vorsorgen.«

968 Da sagte der Herr Siegfried: »Zum Teufel mit ihnen! Man hätte mir sieben Saumtiere voll Met und Würztrank herbringen sollen. Wenn schon das nicht möglich war, hätte man uns wenigstens mit unserem Lager näher an den Rhein legen sollen.«

969 Da sagte Hagen von Tronje: »Edle, kühne Ritter, ich kenne hier in der Nähe einen kühlen Brunnen. Dorthin laßt uns eilen, damit Ihr mir nicht mehr zürnt.« Viele Helden sollte dieser Rat noch in große Not bringen.

970 Doch den Recken, Herrn Siegfried, quälte der Durst. So gab er schon eher als sonst den Befehl, die Tafel aufzuheben; denn er wünschte zur Quelle zu eilen, die am Fuße eines Berges entsprang. Da hatten aber die Helden den Ratschlag in tückischer Absicht gegeben.

971 Auf Wagen ließ man die Tiere, die Siegfried mit eigener Hand erlegt hatte, in das Land der Burgunden schaffen. Wer immer es sah, der pries Herrn Siegfried über die Maßen. Hagen aber brach Siegfried schmählich die Treue.

972 Als sie nun zu der breitausladenden Linde eilen wollten, da sagte Hagen von Tronje: »Ich habe oft davon gehört, kein Lebewesen könne dem Gemahl Kriemhilds im Laufe folgen. Er soll uns das jetzt beweisen!«

973 Da sagte der tapfere Siegfried von Niederland: »Ihr könnt das gleich erproben, wenn Ihr mit mir um die Wette zum Brunnen lauft. Danach soll man dem den Preis zusprechen, der dabei als Sieger hervorgeht.«

974 »Nu welle ouch wirz versuochen!« sprach Hagene der degen.
 dô sprach der snelle Sîfrit: »sô wil ich mich legen   915
 für die iuwern füeze nider an daz gras.«   (983)
 dô er daz gehôrte, wie liep daz Gunthere was!

975 Dô sprach der degen küene: »noch wil ích iu mêre sagen,
 allez mîn gewæte wil ich mit mir tragen,   916
 den gêr zuo dem schilde und al mîn pirsgewant.«   (984)
 den kocher zuo dem swerte vil schierę er úmbé gebant.

976 Dô zugen si diu kleider von dem lîbe dan.   917
 in zwein wîzen hemden sach man si beide stân.   (985)
 sam zwei wildiu pantel si liefen durch den klê.
 dô sach man bî dem brunnen den küenen Sîfriden ê.

977 Den prîs an allen dingen truoc er vor manegem man.   918
 daz swert daz lôstę er schiere, den kocher leitę er dan,   (986)
 den starken gêr er leinte an der linden ast.
 bî des brunnen vluzze stuont der hêrlîche gast.

978 Die Sîfrides tugende wâren harte grôz.   919
 den schilt er leite nider aldâ der brunne vlôz.   (987)
 swie harte sô in durste, der helt doch niene tranc
 ê daz der künec getrunke; des sagtę er im vil bœsen danc.

979 Der brunne der was küele, lûter unde guot.   920
 Gunther sich dô neigete nider zuo der fluot.   (988)
 als er hete getrunken, dô rihtę er sich von dan.
 alsam het ouch gerne der küene Sîfrit getân.

980 Do ęngalt er sîner zühte. den bogen unt daz swert,   921
 daz truoc allez Hagene von im dannewert.   (980)
 dô spranc er hin widere da ęr den gêr dâ vant.
 er sach nâch einem bilde an des kűenén gewant.

981 Dâ der herre Sîfrit ob dem brunnen tranc,   922
 er schôz in durch daz kriuze, daz von der wunden
                                         spranc (990)
 daz bluot im von dem herzen vastę an die Hagenen wât.
 sô grôze missęwende ein helt nu nimmer mêr begât.

982 Den gêr im gein dem herzen stecken er dô lie.   923
 alsô grimmeclîchen ze flühten Hagen nie   (991)
 gelief noch in der werlde vor deheinem man.
 dô sich der herre Sîfrit der starken wúndén versan,

983 Der herre tobelîchen von dem brunnen spranc.   924
 im ragete von den herten ein gêrstange lanc.   (992)
 der fürste wânde vinden bogen oder swert:
 sô müese wesen Hagene nâch sînem díensté gewert.

974 »Ja, laßt es uns nun auch wirklich erproben!« sagte da Hagen,
der Held. Da sagte der tapfere Siegfried: »Während Ihr schon
loslauft, lege ich mich sogar noch neben Euch ins Gras.« Als
Gunther das vernahm, freute er sich sehr.

975 Da sagte der tapfere Held: »Ich räume Euch sogar noch einen
weiteren Vorteil ein: Meine ganze Kleidung, Speer und Schild
und die gesamte Jagdausrüstung will ich beim Lauf tragen.« Und
sogleich band er sich Köcher und Schwert um.

976 Die beiden anderen dagegen legten ihre Kleider ab. Nur mit
zwei weißen Hemden bekleidet, sah man sie dort stehen. Wie
zwei wilde Panther jagten sie über die Wiese, aber dennoch sah
man den tapferen Siegfried vor ihnen am Brunnen anlangen.

977 In jeder Hinsicht überragte Siegfried alle anderen Männer. Er
band sein Schwert los, legte den Köcher ab, lehnte den mäch-
tigen Speer an einen Ast der Linde und stand nun, ein herrlicher
Mann, neben dem Quell des Brunnens.

978 Siegfried war sehr beherrscht. Zwar legte er den Schild neben
dem Brunnen nieder, doch, wenn ihn auch ein schlimmer Durst
quälte, trank der Held nicht, solange der König noch nicht ge-
trunken hatte. Gunther dankte es ihm jedoch sehr schlecht.

979 Der Brunnen war kühl und trefflich rein. Gunther neigte sich
nun zur Quelle hinunter. Als er getrunken hatte, da richtete er
sich auf und trat zur Seite. Der tapfere Siegfried hätte nun auch
gern getrunken.

980 Da mußte er für seine edle Zurückhaltung büßen. Bogen und
Schwert trug Hagen beiseite. Dann rannte er zur Linde, wo der
Speer lehnte, und suchte nach dem Zeichen am Jagdgewand des
Tapferen.

981 Da der Herr Siegfried an der Quelle trank, traf Hagen ihn durch
das Zeichen hindurch mit dem Speer, daß sein Herzblut im
hohen Bogen aus der Wunde an Hagens Wams spritzte. Eine
so schwere Untat kann heute kein Held mehr begehen.

982 Hagen ließ ihm den Speer im Herzen stecken. Er selbst wendete
sich in solch rasender Hast zur Flucht, wie er niemals vorher
vor einem Menschen geflohen war. Als nun der Herr Siegfried
die schwere Wunde fühlte,

983 da sprang er in sinnloser Wut vom Brunnen auf. Von seinen
Schulterblättern ragte eine lange Speerstange auf. Der König
glaubte, Bogen und Schwert zu finden, und dann hätte Hagen
den Lohn für seinen verräterischen Dienst empfangen.

984 Dô der sêre wunde   des swertes niht envant,   925
    done hét et er niht mêre   wan des schildes rant.   (993)
    er zuhtẹ in von dem brunnen,   dô lief er Hagenen an.
    done kundẹ im niht entrinnen   des künec Guntheres man.

985 Swie wunt er was zem tôde,   sô krefteclîch er sluoc,   926
    dáz ũz dem schilde   drǽté genuoc   (994)
    des edelen gesteines;   der schilt vil gar zerbrast.
    sich hetẹgerne errochen   der vil hêrlîche gast.

986 Dô was gestrûchet Hagene   vor sîner hant zetal.   927
    von des slages krefte   der wert vil lûtẹ erhal.   (995)
    het er daz swert enhende,   sô wǽrẹ ez Hagenen tôt.
    sô sêre zurntẹ der wunde;   des gie im wǽrlîchen nôt.

987 Erblichen was sîn varwe: ern kunde niht gestên.   928
    sînes lîbes sterke   diu muose gar zergên,   (996)
    wandẹ er des tôdes zeichen   in liehter varwe truoc.
    sît wart er beweinet   von schœnen fróuwén genuoc.

988 Dô viel in diebluomen   der Kriemhilde man.   929
    daz bluot von sîner wunden   sach man vil vaste gân.   (997)
    dô begundẹ er schelten   (des gie im grôziu nôt)
    die ûf in gerâten   héten den úngetriuwen tôt.

989 Dô sprach der verchwunde: »jâ ir bœsen zagen,   930
    waz helfent mîniu dienest,   daz ir mich habet erslagen?   (998)
    ich was iu ie getriuwe: des ich engolten hân.
    ir habt an iuwern mâgen   leider übele getân.

990 Die sint dâ von bescholten,   swaz ir wirt geborn   931
    her nâch disen zîten.   ir habet iuwern zorn   (999)
    gerochen al ze sêre   an dem lîbe mîn.
    mit laster ir gescheiden   sult von guoten recken sîn.«

991 Die ritter alle liefen   da er erslagen lac.   932
    ez was ir genuogen   ein freudelôser tac.   (1000)
    die iht triuwe hêten,   von den wart er gekleit.
    daz het wol verdienet   der ritter kũenẹ únt gemeit.

992 Der künec von Burgonden   klagte sînen tôt.   933
    dô sprach der verchwunde: »daz ist âne nôt,   (1001)
    daz der nâch schaden weinet,   der in hât getân.
    der dienet michel schelten: ez wǽre bézzér verlân.«

984 Als aber der Todwunde sein Schwert nicht fand, da hatte er nichts anderes als seinen Schild. Er riß ihn vom Rand des Brunnens hoch. Da rannte er auf Hagen los. Da konnte ihm König Gunthers Gefolgsmann nicht mehr entkommen.

985 Wenn er auch tödlich verwundet war, er schlug doch noch mit solcher Wucht zu, daß viel edles Gestein aus dem Schild herausbrach und der Schild selbst völlig zerbarst. Der herrliche Held hatte nur noch den einen Wunsch, sich zu rächen.

986 Da war Hagen unter dem Schlag Siegfrieds, von dessen Gewalt die ganze Halbinsel laut widerhallte, zu Boden gestürzt. Hätte er sein Schwert in den Händen gehabt, es wäre Hagens Tod gewesen: So schrecklich tobte der Verwundete, und er hatte allen Grund zu seinem rasenden Zorn.

987 Die Farbe war aus seinem Gesicht entwichen, er konnte sich schon nicht mehr auf den Beinen halten. Die Kraft seiner Glieder schwand dahin, denn der Tod hatte seine strahlende Stirn bereits mit seinem Mal gezeichnet. Später wurde er von unzähligen schönen Frauen beklagt.

988 Da sank der Gemahl Kriemhilds in die Blumen. Aus seiner Wunde rann unablässig das Blut. In seiner Todesnot hub er an, mit den Männern, die in ihrer Treulosigkeit den Mordplan gefaßt hatten, zu hadern.

989 Da sagte der todwunde Held: »Ach, Ihr gemeinen Feiglinge! Was haben mir nun meine Dienste genützt, daß Ihr mich jetzt doch ermordet habt? Ich war Euch immer treu ergeben, und dafür habe ich jetzt bezahlen müssen. An Euren eigenen Verwandten habt Ihr Euch schrecklich vergangen:

990 Denn wer von nun an in diesem Geschlecht geboren wird, der ist mit einem schlimmen Makel behaftet. In Eurem blinden Zorn habt Ihr Euch dazu hinreißen lassen, an mir maßlose Rache zu üben. Mit Schande sollt Ihr aus der Reihe der trefflichen Recken ausgestoßen sein!«

991 Die Ritter eilten nun alle dorthin, wo er in seinem Blute lag. Für sie alle war dies ein leidvoller Tag. Wer überhaupt noch ein Gefühl der Treue in sich spürte, von dem wurde Siegfried beklagt. Das hatte Siegfried, der tapfere, stolze Ritter, auch wirklich verdient.

992 Sogar der König der Burgunden beweinte seinen Tod. Da sagte der Sterbende: »Es ist unnötig, daß der, der die Untat vollbracht hat, sie nachher auch noch beklagt. Der verdient, daß man ihn schilt: Die Tat wäre besser ungeschehen geblieben.«

993 Dô sprach der grimme Hagene: »jane wéiz ich waz er
                                                          kleit.   934
   ez hât nu allez ende   unser sórge unt unser leit.   (1002)
   wir vinden ir vil wênec,   die türren uns bestân.
   wol mích daz ich síner hêrschaft   hân ze râté getân.«

994 »Ir muget iuch líhte rüemen«,   sprach dô Sîfrit.   935
   »het ich an iu erkennet   den mortlîchen sit,   (1003)
   ich hete wol behalten   vor iu mínen líp.
   mich riuwet niht sô sêre   sô frou Kriemhilt mîn wîp.

995 Nu müeze got erbarmen   daz ich íe gewan den sun,   936
   dem man daz itewîzen   sol nâch den zîten tuon,   (1004)
   daz síne mâge iemen   mórtlîche hân erslagen.
   möhte ich«, sô sprach Sîfrit,   »daz soldę ich billîche klagen.«

996 Dô sprach jæmerliche   der vérchwúnde man: 937
   »welt ir, künec edele,   triuwen iht begân   (1006)
   in der werlt an iemen,   lât iu bevolhen sîn
   ûf iuwér genâde   die holden triutinne mîn.

997 Und lât si des geniezen,   daz si íuwer swester sî.   938
   durch aller fürsten tugende   wont ir mit triuwen bî.   (1007)
   mir müezen warten lange   mîn vater und mîne man.
   ez enwárt nie frouwen leider   an liebem fríundé getân.«

998 Die bluomen allenthalben   von bluote wurden naz.   939
   dô ranc er mit dem tôde.   unlange tet er daz,   (1009)
   want des tôdes wâfen   ie ze sêre sneit.
   dô mohte reden niht mêre   der recke küenę unt gemeit.

999 Dô die herren sâhen   daz der helt was tôt,   940
   si leiten in ûf einen schilt,   der was von golde rôt,   (1010)
   und wurden des ze râte,   wie daz soldę ergân
   daz man ez verhæle,   daz ez héte Hagene getân.

1000 Dô sprâchen ir genuoge: »úns ist úbel geschehen.   941
   ir sult ez heln alle   unt sult gelîche jehen,   (1011)
   da er ríte jagen eine,   der Kriemhilde man,
   in slüegen schâchære,   dâ er füere durch den tan.«

1001 Dô sprach von Tronege Hagene: »ich bringę in in daz lant.
   mir ist vil unmære,   und wirt ez ir bekant,   942
   diu sô hât betrüebet   den Prünhilde muot.   (1012)
   ez ahtet mich vil ringe,   swaz si wéinéns getuot.«

993 Da sagte der grimmige Hagen: »Ich weiß überhaupt nicht, worüber Ihr weint. Mit all unseren Ängsten und mit all unserer Schmach, damit ist es jetzt vorbei. Es gibt jetzt nur noch wenige, die wider uns anzutreten wagen. Ich jedenfalls rechne es mir als Glück an, daß ich seiner Herrschaft ein Ende gesetzt habe.«

994 »Ihr habt keinen Grund, auch noch zu prahlen!« sagte da Siegfried. »Hätte ich Eure hinterhältige Mordlust früher erkannt, dann hätte ich mich vor Euch zu schützen gewußt. Jetzt quält mich nichts so sehr wie die Sorge um Kriemhild, meine Frau.

995 Gott möge mir gnädig sein, daß er mir den Sohn schenkte, den man von nun an mit dem Makel belasten wird, daß seine Verwandten jemanden heimtückisch umgebracht haben. Hätte ich noch die Kraft«, so sagte Siegfried, »dann hätte ich allen Grund, darüber zu klagen.«

996 Da sagte der todwunde Held mit schmerzbewegter Stimme: »Wenn Ihr, edler König, Euch in dieser Welt auch nur einem Menschen gegenüber treu erweisen wollt, dann nehmt Euch fürsorglich meiner lieben Frau an.

997 Und laßt es ihr zugute kommen, daß sie Eure Schwester ist. Beim Edelmut aller Fürsten beschwöre ich Euch: steht ihr treu zur Seite. Nun werden mein Vater und meine Gefolgsleute lange auf mich warten müssen. Noch niemals haben liebe Verwandte einer Frau so übel mitgespielt.«

998 Vom Blut Siegfrieds färbten sich überall die Blumen rot. Da lag er in seinem Todeskampf. Doch es dauerte nicht lange. Denn die Sichel des Todes schnitt wie seit alters scharf zu. Da versagte dem tapferen, stolzen Helden die Stimme.

999 Als die Herren nun sahen, daß der Held tot war, da legten sie ihn auf einen goldroten Schild und überlegten, wie man es verhehlen könnte, daß Hagen der Täter war.

1000 Da sagten viele: »Es ist eine böse Sache! Ihr solltet es ganz und gar vertuschen und alle übereinstimmend aussagen, Räuber hätten Kriemhilds Mann erschlagen, da er durch den Wald ritt und allein auf der Pirsch war.«

1001 Da sagte Hagen von Tronje: »Ich bringe ihn nach Worms. Mir ist es gleich, ob die Frau, von der Brünhild so heftig gekränkt wurde, es erfährt. Wie sehr sie auch weint – es rührt mich nicht.«

1002 Do erbiten si der nahte   und fuoren über Rîn.   *943*
     von helden kunde nimmer   wirs gejaget sîn.   *(1014)*
     ein tier daz si sluogen,   daz weinten edliu kint.
     jâ muosen sîn engelten   vil guote wigande sint.

1003 Von grôzer übermüete   muget ir hœren sagen,   *944*
     und von éislîcher râche.   dô hiez Hagene tragen   *(1015)*
     Sîfrit alsô tôten   von Nibelunge lant
     für eine kemenâten,   dâ man Kriemhilde vant.

1004 Er hiez in tougenlîchen   legen an die tür,   *945*
     daz si in dâ solde vinden   so si gíengé darfür   *(1016)*
     hin zer mettîne   ê daz ez wurde tac,
     der diu frouwe Kriemhilt   vil sélten dehéiné verlac.

1005 Man lûte dâ zem münster   nâch gewonheit.   *946*
     frou Kriemhilt diu schœne   wahte manege meit.   *(1017)*
     ein lieht bat si ir bringen   und ouch ir gewant.
     dô kom ein kamerære   dâ er Sîfriden vant.

1006 Er sach in bluotes rôten,   sîn wât was elliu naz.   *947*
     daz ez sîn herre wære,   niene wesse er daz.   *(1018)*
     hin zer kemenâten   daz lieht truoc an der hant,
     von dem vil leider mære   diu frouwe Kriemhilt ervant.

1007 Dô si mit ir frouwen   zem münster wolde gân,   *948*
     dô sprach der kamerære: »jâ sult ir stille stân!   *(1019)*
     ez lît vor disem gademe   ein ritter tôt erslagen.«
     dô begunde Kriemhilt   vil harte unmæzlîche klagen.

1008 Ê daz si rehte erfunde   daz ez wære ir man,   *949*
     an die Hagenen vrâge   denken si began,   *(1020)*
     wie er in solde vristen;   dô wart ir êrste leit.
     von ir was allen freuden   mit sînem tôde widerseit.

1009 Dô seic si zuo der erden,   daz si niht ensprach.   *950*
     die schœnen vreudelôsen   ligen man dô sach.   *(1021)*
     Kríemhílde jâmer   wart ummâzen grôz.
     do erschrê si nâch unkréfte   daz al diu kemenâte erdôz.

1010 Dô sprach daz gesinde: »waz ob ez ist ein gast?«   *951*
     daz bluot ir ûz dem munde   von herzen jâmer brast.   *(1022)*
     dô sprach si: »ez ist Sîfrit,   der mîn vil lieber man:
     ez hât gerâten Prünhilt,   daz ez hât Hagene getân.«

17. Aventiure
Wie Siegfried betrauert und begraben wurde

1002 Da warteten sie bis zur Nacht und setzten dann über den Rhein. Übler hätten sich wohl niemals Helden auf einer Jagd verhalten können. Um das Tier, das sie erlegten, weinten edle Frauen. Ja mehr: tapfere Helden mußten es später mit ihrem Leben büßen.

1003 Hört nun erzählen von wildem Frevel und grausamer Rache! Da ließ Hagen den toten Siegfried von Nibelungenland vor die Kemenate bringen, in der Kriemhild schlief.

1004 Heimlich ließ er ihn vor die Tür legen, damit sie ihn dort fände, wenn sie vor Tagesanbruch herauskam und zur Frühmesse ging, von denen Frau Kriemhild niemals eine versäumte.

1005 Wie gewöhnlich läutete man im Münster, und die schöne Frau Kriemhild weckte die zahlreichen Mädchen ihres Gefolges. Sie ließ sich ein Licht und auch ihr Gewand bringen. Da stieß der Kämmerer auf Siegfried.

1006 Er sah ihn liegen, rot von Blut, sein Gewand war ganz naß. Doch er wußte noch nicht, daß es sein Herr war. So trug der Kämmerer, von dem die Frau Kriemhild die allerschrecklichste Botschaft erfahren sollte, erst einmal das Licht zur Kemenate.

1007 Als sie nun mit ihren Damen zum Münster aufbrechen wollte, da sagte der Kämmerer: »Wartet doch noch einen Augenblick! Vor dem Gemach liegt ein toter, erschlagener Ritter!« Da brach Kriemhild in maßloses Klagen aus.

1008 Bevor sie noch festgestellt hatte, daß es auch wirklich ihr Mann war, dachte sie an Hagens Frage, wie er denn Siegfried schützen könne. Da erst wurde sie so recht von Schmerz ergriffen. Denn mit Siegfrieds Tod entsagte sie allem irdischen Glück.

1009 Da sank sie ohnmächtig zur Erde, so daß sie nicht mehr sprechen konnte. Man sah die schöne, unglückliche Frau am Boden liegen. Dann aber fand der Ausbruch ihres Schmerzes keine Grenzen mehr: Da schrie sie nach ihrer Ohnmacht so laut auf, daß die ganze Kemenate davon widerhallte.

1010 Da sagte die Dienerschaft: »Vielleicht ist es ein Fremder!« Doch ihr schoß vor tiefem Schmerz das Blut aus dem Mund. Da sagte sie: »Es ist Siegfried, mein geliebter Mann. Brünhild hat es geraten, Hagen hat es getan!«

1011 Diu frouwe hiez sich wîsen   dâ si den helt vant.   952
    si huop sîn schœne houbet   mit ir vil wîzen hant.   (1023)
    swie rôt ez was von bluote   si het in schierę erkant.
    dô lac vil jæmerlîche   der helt von Nibelunge lant.

1012 Dô rief vil trûreclîche   diu küneginne milt: 953
    »owê mir dises leides!   nu ist dir dîn schilt   (1024)
    mit swerten niht verhouwen;   du lîst ermorderôt.
    wessę ich wer ez het getân,   ich rietę im immer sînen tôt.«

1013 Allez ir gesinde   klagetę unde schrê   954
    mit ir lieben frouwen,   wandę in was harte wê   (1025)
    umbę ir vil edeln herren,   den si dâ héten verlórn.
    dô het gerochen Hagene   harte Prünhilde zorn.

1014 Dô sprach diu jâmerhafte: »ir kamerære sult hin gân   955
    und wecket harte balde   die Sîfrides man.   (1026)
    ir sult ouch Sigemunde   mînen jâmer sagen,
    ob er mir helfen welle   den küenen Sîfriden klagen.«

1015 Dô lief ein bote balde   da er si ligen vant,   956
    die Sîfrides helde   von Nibelunge lant.   (1027)
    mit den vil leiden mæren   ir freudę er in benam.
    sine wóltenz niht gelouben   unz man daz wéinén vernam.

1016 Der bote kom ouch schiere   dâ der künec lac;   957
    Sigemunt der herre   des slâfes niht enpflac.   (1028)
    ich wæne sîn herzę im sagtę   daz im was geschehen:
    ern möhte sînen lieben sun   nímmer lébendec gesehen.

1017 »Wachet, herre Sigemunt.   mich bat nâch iu gân   958
    Kriemhilt mîn frouwe.   der ist ein leit getân,   (1029)
    daz ir vor allen leiden   an ir herze gât:
    daz sult ir klagen helfen,   wandę ez iuch sę́rę́ bestât.«

1018 Ûf rihte sich dô Sigemunt;   er sprach: »waz sint diu
                                                    leit   959
    der schœnen Kriemhilde,   diu du mir hâst geseit?«   (1030)
    der bote sprach mit weinen: »ine kán iu niht verdagen:
    jâ ist von Niderlande   der küene Sîfrit erslagen.«

1019 Dô sprach der herre Sigemunt: »lât iuwer schimpfen sîn
    und alsô bœsiu mære   durch den willen mîn,   960
    daz ir ez saget iemen,   daz er sî erslagen!   (1031)
    wandę ine kundę in nimmer   vor mînem tôde verklagen.«

1020 »Welt ir mir niht gelouben   daz ir mich hœret sagen,   961
    sô muget ir selbe hœren   Kríemhílde klagen   (1032)
    unt allez ir gesinde   den Sîfrides tôt.«
    vil sêrę erschrac dô Sigemunt,   des gie im wærliche nôt.

1011 Die Herrin ließ sich zu dem toten Helden geleiten. Mit ihrer zarten weißen Hand hob sie seinen schönen Kopf behutsam etwas höher. Wie rot er auch vom Blute war, sie erkannte ihn sofort. Ja, da lag der Held aus dem Land der Nibelungen kläglich zu ihren Füßen.

1012 Da rief die edle Königin in ihrem Schmerz: »Weh über mich! Dein Schild ist nicht von Schwertern zerschlagen. Du liegst ermordet vor mir. Wüßte ich, wer das getan hat, ich würde nur noch darauf sinnen, ihn zu töten.«

1013 Zusammen mit ihrer lieben Herrin klagte und schrie die gesamte Dienerschaft, denn sie trauerten sehr um ihren edlen Herrn, den sie verloren hatten. Da hatte Hagen den Zorn Brünhilds bitter gerächt.

1014 Da sagte die leiderfüllte Frau: »Ihr Kämmerer, geht hin und weckt eilig die Gefolgsleute Siegfrieds. Meldet auch Siegmund meinen Schmerz und fragt ihn, ob er mir helfen wolle, für den tapferen Siegfried die Totenwache zu halten.«

1015 Da lief ein Bote sofort zu den Helden Siegfrieds, den Männern aus dem Nibelungenland. Mit seiner schmerzlichen Botschaft riß er sie jäh aus ihrer Fröhlichkeit. Sie wollten es nicht glauben, bis sie dann selbst die Klagelaute hörten.

1016 Der Bote trat auch sogleich an das Lager, auf dem der König lag. Der Herr Siegmund schlief nicht. Ich glaube, sein Herz ließ ihn bereits ahnen, was ihm widerfahren war: er sollte seinen geliebten Sohn niemals lebend wiedersehen.

1017 »Wacht auf, Herr Siegmund! Kriemhild, meine Herrin, gab mir den Auftrag, zu Euch zu eilen. Ihr ist ein Schmerz zugefügt worden, der tiefer als alle anderen in ihr Herz schneidet. Ihr sollt ihr helfen zu klagen, denn auch Euch trifft es schwer.«

1018 Da richtete Siegmund sich auf und sagte: »Was ist das für ein Schmerz der schönen Kriemhild, von dem Du mir berichtest?« Unter Weinen sagte der Bote: »Ich kann es Euch ja doch nicht verschweigen: Ja, es ist wahr, der tapfere Siegfried von Niederland ist erschlagen worden.«

1019 Da sagte der Herr Siegmund: »Ich bitte Euch: Treibt nicht Euren Spott mit solch schrecklichen Geschichten, daß Ihr jemandem erzählt, Siegfried sei erschlagen worden! Denn ich könnte seinen Verlust vor meinem Tod niemals verschmerzen.«

1020 »Wenn Ihr den Worten, die Ihr mich sagen hört, keinen Glauben schenkt, dann solltet Ihr selbst vernehmen, wie Kriemhild und ihre ganze Dienerschaft den Tod Siegfrieds beklagen.« Da erschrak Siegmund heftig. Und er hatte allen Grund dazu.

1021 Mit hundert sînen mannen   er von dem bette spranc.   *962*
      si zuhten zuo den handen   diu scharpfen wâfen lanc,   *(1033)*
      si liefen zuo dem wuofe   vil jâmerlîche dan.
      dô komen tûsent recken,   des küenen Sîfrides man.

1022 Dô si sô jæmerlîche   die frouwen hôrten klagen,   *963*
      dô wânden sumelîche,   si solden kleider tragen.   *(1034)*
      jane môhten si der sinne   vor leide niht gehaben.
      in wart vil michel swære   in ir hérzén begraben.

1023 Dô kom der künec Sigemunt   da er Krîemhílde vant.   *964*
      er sprach: »owê der reise   her in ditze lant.   *(1035)*
      wer hât mich mînes kindes   und iuch des iuwern man
      bî alsô guoten friunden   sus mortlîch âne getân?«

1024 »Hei soldę ich den bekennen«,   sprach daz vil edel
                                                        wîp,   *965*
      »hólt wúrdę im nimmer   mîn herzę unt ouch mîn lîp.   *(1036)*
      ich gieretę im alsô leide   daz die friunde sîn
      von den mînen schulden   müesen wéinénde sîn.«

1025 Sigemunt der herre   den fürsten umbeslôz.   *966*
      dô wart von sînen friunden   der jâmer alsô grôz,   *(1037)*
      daz von dem starken wuofe   palas unde sal
      und ouch die stat ze Wormze   von ir wéinén erschal.

1026 Done kúnde níemen getrœsten   daz Sîfrides wîp.   *967*
      man zôch ûz den kleidern   sînen schœnen lîp.   *(1038)*
      man wuosch im sîne wunden   unt leitę in ûf den rê.
      dô was sînen liuten   von grôzem jâmer starke wê.

1027 Dô sprâchen sîne recken   von Nibelunge lant: *968*
      »in sol immer rechen   mit willen unser hant.   *(1039)*
      er ist in dirre bürge,   der ez hât getân.«
      dô îlten nâch den wâfen   alle Sîfrides man.

1028 Die ûz erwelten degene   mit schilden kômen dar,   *969*
      einlef hundert recken;   die hetę an sîner schâr   *(1040)*
      Sigemunt der herre.   sînes sunes tôt
      den woldę er gerne rechen.   des gie im wærlîchen nôt.

1029 Sine wéssen wen si solden   mit strîte dô bestân,   *970*
      sine tæten ez danne Gunther   únd sîne man,   *(1041)*
      mit den der herre Sîfrit   an daz gejegde reit.
      Krîemhilt sach si gewâfent,   daz was ir grœzlîche leit.

1030 Swie michel wærę ir jâmer   und swie starc ir nôt,   *971*
      dô vórhté si harte   der Nibelunge tôt   *(1042)*
      von ir bruoder mannen,   daz si ez understuont.
      si warntę si güetlîche   sô friunde liebe friunde tuont.

1021 Zusammen mit hundert Gefolgsleuten sprang er vom Lager auf. Sie rissen die scharfen langen Schwerter an sich und rannten unter lautem Wehklagen auf das Geschrei zu. Da kamen tausend Recken, die Gefolgsleute des tapferen Siegfried, herbei.

1022 Als sie nun die Frauen so heftig wehklagen hörten, da glaubten einige, sie müßten sich erst einmal ordentlich anziehen. Denn vor Schmerz waren sie wie von Sinnen gewesen, und ihr Herz war ihnen schwer.

1023 Da trat der König Siegmund zu Kriemhild und sagte: »Weh über die Reise, die uns in dieses Land führte! Welche Mörderhand hat mir den Sohn und Euch den Gemahl geraubt, wo wir doch unter guten Freunden zu sein glaubten?«

1024 »Ach, wenn ich den nur kennte!« sagte die edle Frau, »er würde niemals mehr Gnade vor mir finden. Ich würde ihm ein so schreckliches Ende bereiten, daß seine Verwandten über das, was ich ihm antäte, nur noch bitter weinen könnten.«

1025 Als nun der Herr Siegmund den königlichen Leichnam in seine Arme schloß, da klagten seine Freunde so laut und heftig, daß Palas und Saal von ihrem großen Lärm und auch die Stadt Worms von ihrem Wehklagen widerhallten.

1026 Da wußte niemand, wie man die Witwe Siegfrieds hätte trösten können. Siegfrieds schöner Leichnam wurde nun entkleidet; man wusch ihm seine Wunden und legte ihn auf eine Bahre. Da ergriff erneut heftiger Schmerz die Gefolgsleute.

1027 Da sagten seine Recken aus dem Land der Nibelungen: »Wir werden jederzeit bereit sein, ihn mit unseren eigenen Händen zu rächen. Der Mann, der dies getan hat, muß hier irgendwo in der Burg sein.« Da eilten alle Leute Siegfrieds zu ihren Waffen.

1028 Elfhundert auserwählte Helden kamen mit ihren Schilden dorthin zurück; sie alle standen jetzt unter dem Befehl Siegmunds, der darauf drängte, Rache zu nehmen für den Tod Siegfrieds. Und er hatte allen Grund dazu.

1029 Doch sie wußten nicht, gegen wen sie sich wenden sollten, es sei denn gegen Gunther und seine Leute, mit denen der Herr Siegfried auf die Jagd geritten war. Als Kriemhild die Männer in Waffen sah, da erschrak sie sehr.

1030 Wie groß ihr Kummer auch war und wie tief ihr Schmerz, sie erkannte doch klar genug, daß von seiten der Gefolgsleute ihrer Brüder den Nibelungen eine tödliche Gefahr drohte. So erhob sie Einspruch und, wie enge Freunde es untereinander zu tun pflegen, warnte sie mit behutsamen Worten.

1031 Dô sprach diu jâmers rîche: »mîn herre Sigemunt,   972
     wes welt ir beginnen? iu ist niht rehte kunt: (1043)
     jâ hât der künec Gunther sô manegen küenen man.
     ir welt iuch alle verliesen, welt ir die réckén bestân.«

1032 Mit ûf erburten schilden in was ze strîte nôt.   973
     diu edel küneginne bat und ouch gebôt   (1044)
     daz siz mîden solden, die recken vil gemeit.
     dô siz niht lâzen wolden, daz was ir wærlîchen leit.

1033 Si sprach: »herre Sigemunt, ir sult ez lâzen stân   974
     unz ez sich baz gefüege: sô wil ich mînen man   (1045)
     immer mit iu rechen. der mir in hât benomen,
     werdẹ ich des bewîset, ich sol im schädelîche komen.

1034 Ez ist der übermüeten hie bî Rîne vil,   975
     dâ von ich iu des strîtes râten niht enwil.   (1046)
     si habent wider einen ie wol drîzec man.
     nu lâzẹ in got gelingen als si umbẹ uns gedienet hân.

1035 Ir sult hie belîben, unt dolt mit mir diu leit;   976
     als ez tagen beginne, ir helde vil gemeit,   (1047)
     sô helfet mir besarken mînen lieben man.«
     dô sprâchén die degene: »daz sol wérdén getân.«

1036 Iu enkunde niemen daz wunder vólságen   977
     von rittern unt von frouwen, wie man die hôrte
                                             klagen,   (1048)
     sô daz man des wuofes wart in der stat gewar.
     die edelen burgære kômen gâhénde dar.

1037 Si klageten mit den gesten, want in was harte leit.   978
     die Sifrides schulde in niemen het geseit,   (1049)
     durch waz der edel recke verlür den sînen lîp.
     dô weinten mit den frouwen der guoten burgære wîp.

1038 Smide hiez man gâhen, wurken einen sarc   979
     von silber und von golde, michel unde starc.   (1050)
     man hiez in vaste spengen mit stahel, der was guot.
     dô was allen liuten harte trûréc der muot.

1039 Diu náht wás zergangen: man sagtẹ, ez wolde tagen.   980
     dô hiez die edel frouwe zuo dem münster tragen   (1051)
     Sîfríden den herren, ir vil lieben man.
     swaz er dâ friunde hête, die sach man wéinénde gân.

1040 Do sị in zem münster brâhten, vil der glocken klanc.   981
     dô hôrte man allenthalben vil maneges pfaffen sanc.   (1052)
     dô kom der künec Gunther mit den sînen man
     und ouch der grimme Hagene zuo dem wúofé gegân.

1031 Da sagte die schmerzerfüllte Frau: »Mein Herr Siegmund, was habt Ihr vor? Ihr kennt die Lage nicht gut genug: König Gunther hat so viele tapfere Leute. Ihr werdet Euch alle zugrunde richten, wenn Ihr die Recken angreift.«

1032 Doch sie erhoben ihre Schilde und wollten kämpfen. Die edle Königin flehte und befahl, die stolzen Recken sollten doch von ihrem Vorhaben ablassen. Als sie es nicht wollten, war sie tief bekümmert.

1033 Sie sagte: »Herr Siegmund, unterlaßt es, bis sich eine günstige Gelegenheit bietet. Dann werde ich jederzeit bereit sein, mit Euch zusammen meinen Mann zu rächen. Wenn ich erst Beweise dafür habe, wer ihn mir genommen hat, dann soll es dem Mörder schlecht ergehen.

1034 Hier am Rhein gibt es so viele verwegene Männer, daß ich nur vom Kampf abraten kann: auf einen von Euch kommen immer dreißig Männer von ihnen. Gott gebe es, daß ihnen geschieht, wie sie es um uns verdient haben.

1035 Bleibt hier und helft mir dieses Leid zu tragen. Ihr stolzen Helden, sobald es tagt, steht mir bei, meinen geliebten Mann in seinen Sarg zu legen.« Da sagten die Helden: »So soll es sein.«

1036 Niemand wäre in der Lage, Euch einen genauen Bericht davon zu geben, wie heftig die Ritter und die Damen zu klagen begannen: so laut, daß das Schreien noch in der Stadt vernehmbar war. Die edlen Bürger kamen zur Burg gelaufen.

1037 Mit den Gästen stimmten sie in die Wehrufe ein, denn sie empfanden tiefen Schmerz. Niemand hatte ihnen gesagt, wegen welcher Schuld denn der edle Recke sein Leben verloren hatte. Da weinten die Frauen der Patrizier mit den Damen des Hofes.

1038 Schmieden gab man den Auftrag, einen stattlichen, festen Sarg aus Silber und Gold zu fertigen. Den ließ man mit starken Stahlspangen umschließen. Da trauerten alle Leute um den Toten.

1039 Die Nacht war nun vergangen, und es hieß, der Morgen nahe heran. Da ließ die edle Herrin ihren geliebten Gemahl, den Herrn Siegfried, zum Münster tragen. Alle, die seine Freunde waren, sah man weinend dem Sarg folgen.

1040 Als sie ihn nun zum Münster trugen, da läuteten viele Glocken. Da hörte man von allen Seiten den Gesang unzähliger Geistlicher. Da schlossen sich Gunther mit seinen Gefolgsleuten und auch der finstere Hagen den Wehklagenden an.

1041 Er sprach: »vil liebiu swester,   owê der leide dîn,   *982*
    daz wir niht kunden âne   des grôzen schaden sîn.   *(1053)*
    wir müezen klagen immer   den Sîfrides lîp.«
    »daz tuot ir âne schulde«,   sprach daz jâmerhafte wîp.

1042 »Wærę iu dar umbe leide,   son wærę es niht geschehen. *983*
    ir hetet mîn vergezzen,   des mag ich nu wol jehen,   *(1054)*
    da ich dâ wart gescheiden   und mîn lieber man.
    daz wolde got«, sprach Kriemhilt,   »wærę ez mir sélbér
                                                          getân.«

1043 Si buten vastę ir lougen.   Kríemhilt begunde jehen: *984*
    »swelher sî unschuldec,   der lâze daz gesehen!   *(1055)*
    der sol zuo der bâre   vor den liúten gên.
    dâ bî mac man die wârheit   harte schíeré verstên.«

1044 Daz ist ein michel wunder;   vil dicke ez noch geschiht: *985*
    swâ man den mortmeilen   bî dem tôten siht,   *(1056)*
    sô bluotent im die wunden,   als ouch dâ geschach.
    dâ von man die schulde   dâ ze Hagene gesach.

1045 Die wunden vluzzen sêre   alsam si tâten ê.   *986*
    die ê dâ sêre klageten,   des wart nu michel mê.   *(1057)*
    dô sprach der künec Gunther: »ich wilz iuch wizzen lân.
    in sluogen schâchære,   Hagene hât es niht getân.«

1046 »Mir sínt die schâchære«,   sprach si, »wol bekant.   *987*
    nu lâzę ez got errechen   noch sîner friunde hant.   *(1058)*
    Gunther und Hagene,   jâ habet ir ez getân.«
    die Sîfrides degene   hétén ze strîte wân.

1047 Dô sprach aber Kriemhilt: »nu tragt mit mir die nôt.« *988*
    dô kômen dise beide   dâ si in funden tôt,   *(1059)*
    Gêrnôt ir bruoder   und Gîselher daz kint.
    in triuwen si in klageten   mit den ándéren sint.

1048 Si weinten inneclîchen   den Kriemhilde man.   *989*
    man solde messe singen.   zuo dem münster dan   *(1060)*
    giengen allenthalben   wîp man unt kint.
    die sîn doch lîhtę enbâren,   die weinten Sîfriden sint.

1049 Gêrnôt und Gîselher   sprâchen: »swester mîn,   *990*
    nu trœste dich nâch tôde,   als ez doch muoz sîn.   *(1061)*
    wir wellen dichs ergetzen   die wîle wir geleben.«
    done kúndę ir trôst deheinen   zer werlde níemén gegeben.

1050 Sîn sarc was bereitet   wol umb mitten tac.   *991*
    man huop in von der bâre   dâ er ûfe lac.   *(1062)*
    ine wólde noch diu frouwe   lâzen niht begraben.
    des muosen al die liute   michel arbeite haben.

1041 Gunther sagte: »Meine liebe Schwester, ach, wie mußt Du leiden! Wäre uns doch dieser Verlust erspart geblieben! Allezeit wird es uns ein Bedürfnis sein, um Siegfried zu klagen.« »Dazu habt Ihr gar keinen Grund!« sagte da die trauernde Frau.

1042 »Wäre es wirklich ein Schmerz für Euch, dann wäre die Tat nie geschehen. Ich sage es Euch auf den Kopf zu: als ich und mein geliebter Gemahl voneinander getrennt wurden, da habt Ihr überhaupt nicht an mich gedacht. Wollte Gott«, so sagte Kriemhild, »Ihr hättet mich getötet.«

1043 Sie leugneten es mit Entschiedenheit. Doch Kriemhild sagte: »Wer unschuldig ist, der soll das auch öffentlich zeigen und vor den Augen aller Leute zu der Totenbahre treten. Dann wird man sehr schnell die volle Wahrheit erkennen.«

1044 Es grenzt ans Wunderbare, und dennoch geschieht es noch heute: Wo ein mordbefleckter Mensch an den Leichnam seines Opfers tritt, da bluten die Wunden von neuem, so wie es auch da geschah. Daran wurde offenbar, daß die Schuld bei Hagen lag.

1045 So wie vorher floß nun wieder heftig das Blut, und wer vorher bereits Wehe gerufen hatte, der verstärkte nun sein Klagen. Da sagte der König Gunther: »Ich will Euch die Wahrheit sagen: Räuber haben ihn erschlagen, Hagen war es nicht.«

1046 »Diese Räuber«, sagte Kriemhild, »kenne ich genau. Gebe Gott, daß seine Verwandten dafür noch mit eigener Hand Rache nehmen können. Gunther und Hagen, Ihr wart die Mörder!« Da wollten sich Siegfrieds Helden schon zum Kampf bereitmachen.

1047 Da sagte wiederum Kriemhild: »Helft mir nun mein schweres Los tragen!« Da traten ihr Bruder Gernot und der junge Giselher an die Bahre Siegfrieds und klagten zusammen mit den anderen aufrichtig um den Toten.

1048 Von Herzen weinten sie um den Gemahl Kriemhilds. Nun war es Zeit, die Messe zu singen, und von allen Seiten strömte man zum Münster, Mann und Frau und Kind. Sogar die Leute, denen sein Verlust nichts bedeutete, trauerten nun um Siegfried.

1049 Gernot und Giselher sagten: »Liebe Schwester, nun laß Dich doch nach diesem schweren Verlust trösten. Es ist doch nicht zu ändern! Solange wir leben, wollen wir Dir helfen, über Deinen Schmerz hinwegzukommen.« Da konnte ihr aber niemand auf dieser Welt einen Trost geben.

1050 Sein Sarg war nun um Mittag fertig, und man hob ihn von der Bahre, auf der er lag. Doch die Herrin wollte noch nicht zulassen, daß sie ihn begrüben. So wurden alle Trauernden erneut in tiefstes Leid gestürzt.

1051 In einen rîchen pfellel man den tôten want. 992
  ich wæne man dâ iemen âne weinen vant. (1063)
  dô klagete herzenlîche Uote, ein edel wîp,
  und allez ir gesinde den sînen wætlîchen lîp.

1052 Dô man daz gehôrte, daz man zem münster sanc, 993
  unt man ín gesarket hête, dô huop sich grôz
  gedranc: (1064)
  durch willen sîner sêle waz opfers man dô truoc!
  er hete bî den vînden doch guoter fríundé genuoc.

1053 Kriemhilt diu arme zir kameræren sprach: 994
  »si suln durch mîne liebe lîden ungemach,
  die im iht guotes günnen und mir wesen holt.
  durch Sîfrides sêle sol man téilén sîn golt.«

1054 Dehein kint was dâ sô kleine daz iht witze mohte
  haben 995
  daz muose gên zem opfer. ê er wúrde begraben,
  báz danne húndert messe man dâ des tages sanc.
  von Sîfrides friunden wart dâ grôzér gedranc.

1055 Dô man hete gesungen, daz vólc húop sich dan. 996
  dô sprach diu frouwe Kriemhilt: »irn sult niht eine
  lân (1065)
  hînte mich bewachen den ûz erwelten degen.
  ez ist an sînem lîbe al mîn fréudé gelegen.

1056 Drî tage und drî nahte wil ich in lâzen stân, 997
  unz ich mich geniete mînes vil líeben man. (1066)
  waz ob daz got gebiutet, daz mich ouch nimt der tôt?
  sô wære wol verendet mîn armer Kriemhilde nôt.«

1057 Zen herbergen giengen die liute von der stat. 998
  pfaffen unde münche si belîben bat (1067)
  und allez sîn gesinde, daz des heldes pflac.
  si heten naht vil arge unt vil müelîchen tac.

1058 Âne ézzen und âne trinken beleip dâ manec man. 999
  die ez dâ nemen wolden, den wart daz kunt getân, (1068)
  daz mans ín den vollen gæbe: daz schuof her Sigemunt.
  dô was den Nibelungen vil michel arbeite kunt.

1059 Die drîe tagezîte, sô wir hœren sagen, (1069)
  die dâ kunden singen, daz si muosen tragen
  vil der arbeite. waz man in opfers truoc!
  die vil arme wâren, die wurden rîché genuoc.

1051 Man hüllte den Leichnam in kostbare Tücher. Ich glaube, niemand war da, der nicht geweint hätte. Die edle Frau Ute und ihr gesamtes Gefolge beklagten den stattlichen Helden von Herzen.

1052 Als man nun hörte, daß man im Münster bereits den Meßgesang anstimmte und man ihn in den Sarg gelegt hatte, da entstand ein schreckliches Gedränge; denn jeder wollte für Siegfrieds Seelenheil eine Opfergabe bringen. In dieser feindlichen Umgebung hatte er immerhin doch viele gute Freunde.

1053 Die arme Kriemhild sagte zu ihren Kämmerern: »Wer dem Toten noch eine Ehre erweisen möchte und mir freundlich gesinnt ist, der soll aus Liebe zu mir die Mühen der Totenwache auf sich nehmen. Für das Seelenheil Siegfrieds möge man sein Gold unter die Leute verteilen.«

1054 Kein Kind, das bereits etwas Verstand besaß, war zu klein, als daß es nicht zum Meßopfer gehen mußte. Bevor er ins Grab gelegt wurde, sang man im Münster an diesem Tage mehr als hundert Messen. Siegfrieds Freunde drängten sich noch einmal um die Bahre.

1055 Als man die Messen gesungen hatte, zerstreute sich die Menge. Da sagte Frau Kriemhild: »Laßt mich bei diesem auserwählten Helden heute nicht allein die Totenwache halten. Mit ihm sinkt all mein Glück ins Grab.

1056 Drei Tage und drei Nächte will ich ihn aufgebahrt lassen, bis ich mich vom Anblick meines lieben Gemahls trennen kann. Vielleicht ist es Gottes Wille, daß auch mich der Tod dahinrafft! Dann wäre alle Qual der armen Kriemhild auf einmal zu Ende.«

1057 Die Leute aus der Stadt kehrten in ihre Quartiere zurück. Die Priester und Mönche und auch die gesamte Dienerschaft, die für den Helden die Totenwache hielten, forderte Kriemhild auf zu bleiben. So verbrachte sie eine betrübliche Nacht und einen beschwerlichen Tag.

1058 Viele harrten da ohne Essen und Trinken aus. Wer jedoch zu essen wünschte, dem wurde gesagt, daß man ihnen einen reichen Totenschmaus böte. Herr Siegmund hatte das angeordnet. Die Nibelungen aber nahmen große Mühsal auf sich:

1059 Wer Messe singen konnte, so wird uns berichtet, hatte drei anstrengende Tage durchzustehen. Dafür brachte man ihm aber auch reiche Opfergaben. Viele, die früher arm gewesen waren, wurden jetzt auf einmal reich.

1060 Swaz man vant der armen   die es niht mohten hân,   *1000*
    die hiez man doch zem opfer   mit dem golde gân
    ûz sîn selbes kameren.   dô er niht solde leben,
    umb sîne sêle   wart manec tûsent marc gegeben.

1061 Urbor ûf der erden   teilte sị in diu lant,   *1001*
    swâ sô man diu klôster   und guote liute vant.   *(1070)*
    silber und wæte   gap mán den ármen genúoc.
    si tet dem wol gelîche   daz sị im holden willen truoc.

1062 An dem dritten morgen   ze rehter messezît   *1002*
    sô was bî dem münster   der kirchof alsô wît   *(1071)*
    von den lantliuten   weinens alsô vol.
    si dienten im nâch tôde   also man lieben friunden sol.

1063 In den tagen vieren,   man hât gesaget daz   *1003*
    ze drîzec tûsent marken,   oder dannoch baz,   *(1072)*
    wart durch sîne sêle   den armen dâ gegeben.
    dô was gelegen ringe   sîn grôziu schœne und ouch sîn leben.

1064 Dô got dâ wart gedienet   daz man vol gesanc,   *1004*
    mit ungefüegem leide   vil des volkes ranc.   *(1073)*
    man hiez in ûz dem münster   zuo dem grabe tragen.
    die sîn ungérnẹ enbâren,   die sach man weinen unde klagen.

1065 Vil lûte schrîénde   daz liut gie mit im dan.   *1005*
    vrô enwas dâ niemen,   weder wîp noch man.   *(1074)*
    ê daz man in begrüebe,   man sanc unde las.
    hei waz guoter pfaffen   ze sîner bîfîlde was!

1066 Ê daz zem grabe kœme   daz Sîfrides wîp,   *1006*
    dô ranc mit solhem jâmer   ir getriuwer lîp,   *(1075)*
    daz man si mit dem brunnen   vil dicke dâ vergôz.
    ez was ir ungemüete   vil hartẹ unmæzlîchen grôz.

1067 Ez was ein michel wunder   daz si ie genas.   *1007*
    mit klagẹ ir hélfénde   manec frouwe was.   *(1076)*
    dô sprach diu küneginne: »ir Sîfrides man,
    ir sult durch iuwer triuwe   an mír genấdé begân.

1068 Lât mir nâch mînem leide   daz kleine liep geschehen,   *1008*
    daz ich sîn schœne houbet   noch eines müeze sehen.«   *(1077)*
    dô bat sis alsô lange   mit jâmers sinnen starc,
    daz man zebrechen muose   dén hêrlîchen sarc.

1069 Dô brâhte man die frouwen   dâ si in ligen vant.   *1009*
    si huop sîn schœne houbet   mit ir vil wîzen hant;   *(1078)*
    dô kustes alsô tôten   den edeln ritter guot.
    diu ir vil liehten ougen   vor léîdé wéinten bluot.

1060 Wenn Arme kamen, die nichts besaßen, dann ließ man sie mit Gold aus Siegfrieds eigener Schatzkammer zum Opfer schreiten. Da er nun einmal nicht wieder lebendig werden konnte, gab man wenigstens viele tausend Mark für sein Seelenheil dahin.

1061 Erträge aus Grundbesitz verteilte Kriemhild ringsherum im Lande, an Klöster und an kranke Leute; viel Silber und Kleidung verschenkte man an die Armen. Durch ihr Handeln zeigte sie, wie sehr sie Siegfried geliebt hatte.

1062 Am dritten Morgen danach füllte sich zur Zeit der Messe der riesige Kirchhof vor dem Münster mit weinenden Leuten. Dem Toten erwiesen sie die letzte Ehre, so wie man es nahen Verwandten gegenüber schuldig ist.

1063 Man hat erzählt, daß man in diesen vier Tagen für Siegfrieds Seelenheil gegen dreißigtausend Mark oder sogar noch mehr an die Armen verteilt hat. Doch mit seiner männlichen Schönheit und mit seiner Lebenskraft war es jetzt zu Ende.

1064 Als man Gott zum Dienst die Messe gesungen hatte, da wurden wieder viele Leute von heftigem Schmerz ergriffen. Nun ließ man ihn aus dem Münster hinaus zum Grab tragen. Die ihn nicht missen wollten, die hörte man nun unbändig klagen.

1065 Laut schreiend folgten die Leute dem Sarg. Niemand war da fröhlich, weder Mann noch Frau. Bevor man ihn dann begrub, sang und betete man noch. Unzählige hohe Geistliche nahmen an seinem Begräbnis teil.

1066 Bevor die treue Gemahlin Siegfrieds an das Grab kam, wurde sie von so heftigem Schmerz befallen, daß man sie immer wieder mit frischem Wasser benetzen mußte. Ihre Verzweiflung kannte keine Grenzen mehr.

1067 So war es ein großes Wunder, daß sie überhaupt am Leben blieb. Viele Frauen standen der Klagenden zur Seite. Da sagte die Königin: »Ihr Leute Siegfrieds, bei Eurer Treue bitte ich Euch, mir einen Wunsch zu erfüllen.

1068 Gewährt mir nach alledem, was ich durchgemacht habe, die kleine Gunst, daß ich sein schönes Haupt noch einmal sehen darf.« Mit der Leidenschaft tiefer Trauer flehte sie so lange, daß man schließlich nicht mehr umhinkonnte, den herrlichen Sarg aufzubrechen.

1069 Da geleitete man die Herrin zu dem Toten. Mit ihrer zarten Hand hob sie seinen schönen Kopf in die Höhe und küßte den edlen, tapferen Ritter, wie er da tot vor ihr lag. Ihre strahlenden Augen weinten vor Schmerz blutige Tränen.

1070 Ein jâmerlîchez scheiden   wart dô dâ getân.   *1010*
    dô truoc man si von dannen;   sine kúnde niht gegân. *(1079)*
    dô vant man sinnelôse   daz hêrlîche wîp.
    vor leide möhte ersterben   der ir vil wünneclîcher lîp.

1071 Dô man den edelen herren   hete nu begraben,   *1011*
    léit âne mâze   sach man die alle haben,   *(1080)*
    die mit im komen wâren   von Nibelunge lant.
    vil selten vrœlîchen   man dô Sigemunden vant.

1072 Dô was der etelîcher,   der drîer tage lanc   *1012*
    vor dem grôzem leide   niht âz noch entranc.   *(1081)*
    doch mohten si dem lîbe   sô gar geswîchen niht:
    si nerten sich nâch sorgen,   sô noch genúogén geschiht.

18. Âventiure
Wie Sigemunt wider heim ze lande fuor

1073 Der swéher Kriemhilde   gie dâ er si vant.   *1013*
    er sprach zer küneginne: »wir suln in unser lant! *(1084)*
    wir wæn unmǽre geste   bî dem Rîne sîn.
    Kríemhilt, vil liebiu frouwe,   nu vart ir zuo den landen mîn.

1074 Sît daz uns untriuwe   âne hât getân   *1014*
    hie in disen landen   des iuwern edeln man,   *(1085)*
    des sult ir niht engelten: ich wil iu wæge sîn
    durch mînes suns liebe,   des sult ir âne zwîvel sîn.

1075 Ir sult ouch haben, frouwe,   allen den gewalt,   *1015*
    den iu ê tete künde   Sîfrit der degen balt.   *(1086)*
    daz lant und ouch diu krône,   daz sî iu undertân.
    iu suln gerne dienen   alle Sîfrides man.«

1076 Dô sagete man den knehten,   si solden rîten dan.   *1016*
    dô wart ein michel gâhen   nâch róssén getân.   *(1087)*
    bî ir starken vienden   was in ze wesen leit.
    frouwen unde megeden   hiez man súochén diu kleit.

1077 Dô der künec Sigemunt   wolde sîn geriten,   *1017*
    dô begunden Kriemhilt   ir mâge biten   *(1088)*
    daz si bî ir muoter   solde dâ bestân.
    dô sprach diu frouwe hêre: »daz kunde niemêr ergân.

1078 Wie möhte ich den mit ougen   immer an gesehen,   *1018*
    von dem mir armem wîbe   sô leide ist geschehen?« *(1089)*
    dô sprach der junge Gîselher: »vil liebiu swester mîn,
    du solt durch dîne triuwe   hie bî dîner muoter sîn.

1070 Unter heftigem Klagen nahm sie von Siegfried Abschied. Da
mußte man Kriemhild von dannen tragen, die Füße versagten
ihr den Dienst. Die schöne Frau war völlig bewußtlos, und es
bestand die Gefahr, daß sie vor Schmerz stürbe.

1071 Als man den edlen Herrn nun begraben hatte, da sah man alle,
die mit ihm aus dem Nibelungenland gekommen waren, in
tiefstem Schmerz, und auch König Siegmund bot von jetzt an
einen freudlosen Anblick.

1072 Es waren nicht wenige, die vor heftigem Schmerz drei Tage
lang weder esssen noch trinken mochten. Dennoch konnten
sie sich nicht völlig aufgeben, und so nahmen sie, wie es auch
heute noch zu sein pflegt, nach all ihrer Trauer doch wieder
Nahrung zu sich.

18. Aventiure
Wie Siegmund wieder in sein Reich zurückkehrte

1073 Kriemhilds Schwiegervater ging zur Königin und sagte: »Wir
sollten in unser Land zurückkehren, denn hier am Rhein, so
meine ich, sind wir ungebetene Gäste. Liebe Frau Kriemhild,
begleitet mich in mein Reich!

1074 Da uns hier in diesen Ländern Treulosigkeit Euren edlen Ge-
mahl geraubt hat, sollt nicht Ihr die Leidtragende sein. Ihr
könnt Euch fest darauf verlassen: aus Liebe zu meinem Sohn
bleibe ich Euch gewogen.

1075 Auch sollt Ihr, Herrin, alle Herrschaftsrechte ausüben, mit
deren Wahrnehmung Euch Siegfried, der kühne Held, be-
traut hat. Land und Krone bleiben in Eurer Hand, und alle Ge-
folgsleute Siegfrieds werden nichts sehnlicher wünschen, als
Euch zu dienen.«

1076 Da ließ man die Knechte wissen, man werde aufbrechen, und
sogleich eilte man zu den Rossen. Denn es fiel ihnen schwer,
länger bei ihren Todfeinden zu verweilen. Auch die Frauen
und Mädchen hatten jetzt ihre Kleider zu packen.

1077 Während nun der König Siegmund am liebsten schon fort-
gezogen wäre, baten Kriemhilds Verwandte, die Königin mö-
ge doch bei ihrer Mutter bleiben. Da sagte die stolze Herrin:
»Niemals werde ich das tun!

1078 Wie könnte ich es aushalten, den immer vor Augen zu haben,
der mir schwachem Weib solches Leid zugefügt hat?« Da sagte
der junge Giselher: »Liebe Schwester, bleib doch aus Liebe zu
Deiner Mutter hier!

1079 Die dir dâ habent beswæret   und betrűebét den muot,   *1019*
    der bedárftu niht ze dienste.   nu zer mîn eines guot.«   *(1090)*
    si sprach zuo dem recken :   »jane mác es niht geschehen.
    vor leide müese ich sterben,   swenne ich Hagenen solde
                                                            sehen.«

1080 »Des tuon ich dir ze râte,   vil liebiu swester mîn.   *1020*
    du solt bî dînem bruoder   Gîselhere sîn.   *(1091)*
    jâ wil ich dich ergetzen   dînes mannes tôt.«
    dô sprach diu gotes arme :   »des wære Kriemhilde nôt.«

1081 Dô ez ír der junge Gîselher   sô güetlîch erbôt,   *1021*
    dô begunde vlêhen   Uote und Gêrnôt   *(1092)*
    und ir getriuwe mâge.   si bâten si dâ bestân.
    si hete lützel künnes   under Sifrides man.

1082 »Si sint iu alle vremde«,   sô sprach Gêrnôt.   *1022*
    »ez enlébet sô stárker niemen   erne műeze ligen tôt.   *(1093)*
    daz bedénkt, liebiu swester,   und trœstet iuwern muot.
    belîbet bî den friunden ;   daz wirt iu wærlîchen guot.«

1083 Si lobte Gîselhêren,   si wolde dâ bestân.   *1023*
    diu ross gezogen wâren   den Sigemundes man,   *(1094)*
    als si wolden rîten   zer Nibelunge lant.
    dô was ouch ûf gesoumet   al der réckén gewant.

1084 Dô gie der herre Sigemunt   zuo Kríemhilde stân.   *1024*
    er sprach zuo der frouwen :   »die Sîfrides man   *(1095)*
    iu wartent bî den rossen.   nu sul wir rîten hin,
    wande ich vil ungerne   bî den Burgonden bin.«

1085 Dô sprach diu frouwe Kriemhilt :   »mir râtent friunde
                                            mîn,   *1025*
    swaz ich hân der getriuwen,   ich sűl hie bî in sîn.   *(1096)*
    ich habe niemen mâge   in Nibelunge lant.«
    vil léit was ez Sígemunde,   dô erz an Kríemhíldę ervant.

1086 Dô sprach der künec Sigemunt :   »daz lât iu niemen
                                            sagen !   *1026*
    vor allen mînen mâgen   sult ir die krône tragen   *(1097)*
    alsô gewalteclîche   als ir ê habt getân.
    ir ensúlt des niht engelten,   daz wir den helt verloren hân.«

1087 Und vart ouch mit uns widere   durch iuwer
                                            kindelîn.   *1027*
    daz ensúlt ir níht, fróuwe,   weise lâzen sîn.   *(1098)*
    swenne iuwer sun gewahset,   der trœstet iu den muot.
    die wîle sol iu dienen   manec hélt kűene únde guot.«

1079 Mit denen, die Dich so tief verletzt haben, brauchst Du Dich doch gar nicht mehr einzulassen. Du kannst von meinen eigenen Einkünften leben.« Doch sie sagte zu dem Recken: »Es kann nicht sein. Vor Schmerz müßte mein Herz stillstehen, sollte ich Hagen begegnen.«

1080 »Ich werde Dich davor bewahren, liebe Schwester. Bleib doch bei Deinem Bruder Giselher. Ich will versuchen, Dir über den Verlust Deines Mannes hinwegzuhelfen.« Da sagte die völlig verlassene Frau: »Die arme Kriemhild hätte das bitter nötig.«

1081 Nachdem der junge Giselher ihr so brüderlich zugesprochen hatte, da flehten auch Ute, Gernot und die Treuen unter ihren Verwandten sie an, in Worms zu bleiben: Sie hätte doch auch gar keine Blutsverwandten unter Siegfrieds Leuten.

1082 »Es sind doch alles Fremde für Euch«, sagte Gernot. »Und dann bedenkt, liebe Schwester, und laßt es Euch ein Trost sein: Niemand ist so stark, er müßte nicht doch am Ende sterben. Bleibt doch hier bei Euren Verwandten. Das ist wirklich das beste für Euch!«

1083 Und so versprach sie ihrem Bruder Giselher, in Worms zu bleiben. Den Leuten Siegmunds hatte man, als sie in das Land der Nibelungen reiten wollten, bereits die Rosse aus dem Stall gezogen, und die gesamte Ausrüstung der Helden war auf die Saumtiere verpackt.

1084 Da trat der Herr Siegmund vor Kriemhild und sagte zu ihr: »Siegfrieds Leute warten bei ihren Pferden nur noch auf Euch. Laßt uns nun fortreiten, denn ich will keinen Augenblick länger hier bei den Burgunden verweilen.«

1085 Da sagte Frau Kriemhild: »Meine Verwandten geben mir den Rat, ich solle doch hier bei all denen bleiben, die mir treu gesinnt sind. Im Land der Nibelungen habe ich dagegen keinen einzigen Blutsverwandten.« Für Siegmund war es schmerzlich, dies von Kriemhild zu hören.

1086 Da sagte der König Siegmund: »Laßt Euch doch nichts erzählen! Genauso gewaltig, wie Ihr es früher getan habt, werdet Ihr am Hofe herrschen, und zwar vor allen meinen übrigen Verwandten. Ihr sollt nicht dafür büßen, daß wir den Helden verloren haben.

1087 Und kommt vor allem auch wegen Eures kleinen Kindes mit uns. Herrin, das dürft Ihr doch nicht als Waise aufwachsen lassen! Wenn Euer Sohn zum Mann herangewachsen ist, dann wird er Euer Trost sein. Unterdessen werden viele tapfere, treffliche Helden Euch zu Diensten sein.«

1088 Si sprach: »herre Sigemunt,   jane mác ich rîten niht.   *1028*
     ich muoz hie belîben,   swaz halt mir geschiht,   *(1099)*
     bî den mînen mâgen,   die mir helfen klagen.«
     do begúnden disiu mære   den guoten recken missehagen.

1089 Si sprâchen al gelîche: »sô möhten wir wol jehen   *1029*
     daz uns aller êrste   wære leit geschehen.   *(1100)*
     woldet ir belîben   bî unsern vînden hie,
     so gerîten hovereise   noch helde sorclîcher nie.«

1090 »Ir sult âne sorge   got bevolhen varn.   *1030*
     man gît iu guot geleite   (ich heizę iuch wol bewarn)   *(1101)*
     zuo Sigemundes lande.   mîn liebez kindelîn
     daz sol ûf genâde   iu recken wol bevolhen sîn.«

1091 Dô si wol vernâmen   daz si niht wolde dan,   *1031*
     dô weinten al gelîche   die Sigemundes man.   *(1102)*
     wie rehte jâmerlîche   schiet dô Sigemunt
     von froun Kriemhilde!   dô was im ungemüete kunt.

1092 »Sô wê der hôchgezîte«,   sprach dô der künec hêr.   *1032*
     »ez geschíht von kurzwîle   hin für nimmer mêr   *(1103)*
     künege noch sînen mâgen   daz uns ist geschehen.
     man sol uns nimmer mêre   hie zen Burgonden sehen.«

1093 Dô sprâchen offenlîche   die Sîfrides man: *1033*
     »ez möhte noch diu reise   in diz lant ergân,   *(1104)*
     sô wir den rehtę erfunden,   der uns den herren sluoc.
     si habent von sînen mâgen   starker vîendę genuoc.«

1094 Er kuste Kriemhilden.   wie jâmerlîchen er sprach,   *1034*
     dô si belîben wolde   und er daz rehtę ersach: *(1105)*
     »nu rîten freuden âne   heim in unser lant.
     alle mîne sorge   sint mir êrste nu bekant.«

1095 Si riten âne geleite   von Wormez an den Rîn.   *1035*
     si mohten wol des muotes   vil sicherlîchen sîn,   *(1106)*
     ob si in vientschefte   würden an gerant,
     daz sich weren wolde   der küenen Nibelunge hant.

1096 Sine gérten úrloubes   dâ ze keinem man.   *1036*
     dô sach man Gêrnôten   und Gîselheren gân   *(1107)*
     zuo zim minneclîchen.   in was sîn schade leit.
     des brâhten in wol innen   die helde küenę und gemeit.

1097 Dô sprach gezogenlîchen   der fürste Gêrnôt: *1037*
     »got weiz daz wol von himele,   an Sîfrides tôt   *(1108)*
     gewan ich nie die schulde,   daz ich daz hôrte sagen,
     wer im hie vîent wære.   ich sol in billîche klagen.«

1088 Sie sagte: »Herr Siegmund, ich möchte aber nicht mit Euch reiten. Wie es mir auch ergehen mag, ich muß hier bei meinen Verwandten bleiben, die mir in meinem Leid beistehen.« Diese Erklärung mißfiel den trefflichen Recken.

1089 Sie sagten alle übereinstimmend: »Wenn das so ist, dann dürfen wir wohl behaupten, daß nun erst das Maß unseres Leides voll ist. Wenn Ihr auch noch hier bei unseren Feinden bleibt, dann sind niemals zuvor Helden unter gefährlicheren Bedingungen von einem Fest nach Hause geritten.«

1090 »Seid unbesorgt, Gott wird Euch behüten, denn man wird Euch bis in Siegmunds Land einen guten Geleitschutz mitgeben, und ich werde dafür sorgen, daß Euch nichts zustößt. Meinen lieben Sohn aber stelle ich in Euren Schutz, Ihr Recken!«

1091 Als sie nun endgültig wußten, daß sie nicht mit fort wollte, da weinten alle Leute Siegmunds. Ach, welch tiefer Schmerz bewegte Siegmund, als er von Frau Kriemhild Abschied nahm! Er war wirklich tief bekümmert.

1092 »Fluch über dieses Fest!« so sagte der edle König. »Niemals wieder wird eine bloße Lustbarkeit dazu führen, daß einem Könige oder seinen Verwandten geschieht, was uns hier widerfahren ist. Im Lande der Burgunden wird man uns nie wieder sehen.«

1093 Da sagten aber Siegfrieds Gefolgsleute vor aller Ohren: »Es könnte vielleicht doch noch eine Fahrt in dieses Land stattfinden, wenn wir erst genau wissen, wer unseren Herrn erschlagen hat. Der wird unter Siegfrieds Verwandten mehr starke Feinde finden, als ihm lieb ist.«

1094 Siegmund küßte Kriemhild, und als sie nun bleiben wollte, und er ihre feste Entschlossenheit erkannte, da sagte er unter Tränen: »Nun laßt uns freudlos in unser Land zurückreiten. Erst jetzt kenne ich das volle Ausmaß meines Schmerzes.«

1095 Ohne Geleit ritten sie von Worms an den Rhein. Die tapferen Nibelungen setzten ihr festes Vertrauen auf ihre Entschlossenheit, sich zur Wehr zu setzen, wenn sie von Feinden angegriffen würden.

1096 Sie nahmen von keinem einzigen Menschen Abschied. Gernot und Giselher jedoch traten freundschaftlich auf Siegmund zu. Die beiden tapferen, stolzen Helden zeigten dem König, wie sehr ihnen sein Verlust naheging.

1097 Da sagte Gernot, wie es sich für ihn als einen Fürsten geziemte: »Ich rufe Gott im Himmel zum Zeugen an, daß ich an Siegfrieds Tod keinen Anteil habe, ich habe noch nicht einmal die Schuld zu wissen, wer hier sein Feind war. Ich habe wahrlich Ursache, ihn zu beklagen.«

1098 Dô gap in guot geleite   Gîselher daz kint.   *1038*
     er brâhte sórgénde   ûz dem lande sint   *(1109)*
     den künec mit sînen recken   heim ze Niderlant.
     wie lützel man der mâge   dar inne vrœlîchen vant!

1099 Wie sie nu gefüeren,   des kan ich niht gesagen.   *1039*
     man hôrte hie zę állen zîten   Kriemhilde klagen,   *(1110)*
     daz ir niemen trôste   daz herzę unt ouch den muot,
     ez entæte Gîselher,   der was getriuwę unde guot.

1100 Prünhilt diu schœne   mit übermüete saz.   *1040*
     swaz geweinte Kriemhilt,   unmære was ir daz.   *(1111)*
     sine wárt ir guoter triuwe   nimmer mê bereit.
     sît getét ouch ir frou Kriemhilt   diu vil herzenlîchen leit.

19. Âventiure
Wie der Nibelunge hort ze Wormez brâht wart

1101 Dô diu edel Kriemhilt   alsô verwitwet wart,   *1041*
     bî ir ime lande   der grâvę Eckewart   *(1112)*
     beleip mit sînen mannen,   der dientę ir zallen tagen.
     der half ouch sîner frouwen   sînen herren dicke klagen.

1102 Ze Wormez bî dem münster   ein gezímber man ir slôz,
     wît únd vil michel,   rîch únde grôz,   *1042*
     dâ si mit ir gesinde   sît âne freude saz.   *(1113)*
     si was zer kirchen gerne   und tet vil güetlîchen daz.

1103 Dâ man begroup ir vriedel,   wie selten si daz lie,   *1043*
     mit trûregem muote   si alle zît dar gie.   *(1114)*
     si bat got den guoten   sîner sêle pflegen.
     vil dicke wart beweinet   mit grôzen tríuwén der degen.

1104 Uotę und ir gesinde   si trôsten zaller stunt.   *1044*
     dô was ir daz herze   sô grœzlîche wunt: *(1115)*
     ez kunde niht vervâhen,   swaz man ir trôstes bôt.
     si hete nâch liebem friunde   die aller grœzesten nôt,

1105 Die nâch liebem manne   ie mêr wîp gewan.   *1045*
     man mohtę ir michel tugende   kiesen wol dar an.   *(1116)*
     si klágetę unz án ir ende   die wîle wertę ir lîp.
     sît rach sich wol mit ellen   des küenen Sîfrides wîp.

1106 Sus saz si nâch ir leide,   daz ist alwâr,   *1046*
     nâch ir mannes tôde   wol vierdehalbez jâr,   *(1117)*
     dáz sí ze Gunther   níe dehein wórt gesprach
     unt ouch ir vîent Hagenen   in der zîte nie gesach.

1098 Da gab ihnen der junge Giselher das Geleit. Fürsorglich brachte er den König und seine Helden aus dem Burgundenland heim in die Niederlande. Es gab niemanden unter Siegfrieds Verwandten, der nicht heftig trauerte.

1099 Wie ihre Fahrt verlief, darüber weiß ich nichts zu erzählen. In Worms aber hörte Kriemhild nicht auf darüber zu klagen, daß niemand außer dem treuen, brüderlichen Giselher ihrer Seele Trost spendete.

1100 In stolzer Genugtuung saß die schöne Brunhild jetzt auf ihrem Thron und kümmerte sich nicht darum, daß Kriemhild bitter weinte. Niemals wieder war sie dazu zu bewegen, freundschaftlich mit ihr zu verkehren. Später wurde auch sie von Frau Kriemhild in das tiefste Leid gestürzt.

19. Aventiure
Wie der Hort der Nibelungen nach Worms gebracht wurde

1101 Als die edle Kriemhild nun auf diese Weise zur Witwe geworden war, blieb der Graf Eckewart mit seinen Gefolgsleuten bei ihr im Land. Er war ihr ständig zu Diensten und half ihr auch, unaufhörlich seinen Herrn zu beklagen.

1102 Am Münster in Worms baute man ihr ein großes, hohes, geräumiges und prächtiges Haus, in dem sie seitdem zusammen mit ihrer Dienerschaft in ihrer Freudlosigkeit lebte. Gerne, ja geradezu mit religiöser Inbrunst, ging sie zur Kirche.

1103 Sie unterließ es nie, voll Trauer an das Grab ihres geliebten Mannes zu treten und dem guten himmlischen Vater seine Seele anzubefehlen. Mit nicht endender Treue wurde der Held beklagt.

1104 Ute und ihre Dienerschaft spendeten ihr immer wieder Trost. Doch ihr Herz war tödlich verwundet, so daß aller Trost nichts auszurichten vermochte. Denn es quälte sie eine solche Sehnsucht nach ihrem geliebten Mann,

1105 wie sie wohl keine Frau je wieder empfunden hat. Man konnte daran ihren inneren Wert ermessen. Bis an ihr Lebensende klagte Kriemhild um ihren tapferen Gemahl, doch einige Zeit später nahm sie gewaltige Rache.

1106 Nach dem schmerzlichen Verlust ihres Mannes, dafür verbürge ich mich, lebte sie noch dreiundeinhalb Jahre, ohne daß sie in dieser Zeit mit Gunther auch nur ein einziges Wort sprach oder ihren Feind Hagen jemals sah.

1107 Dô sprach von Tronege Hagene: »möht ir daz tragen
an, *1047*
daz ir iuwer swester ze friunde möhtet hân, *(1118)*
sô kœme ze disen landen daz Nibelunges golt.
des möht ir vil gewinnen, würdę uns diu küneginne holt.«

1108 Er sprach: »wir sulnz versuochen. mîne bruoder sint ir
bî. *1048*
die suln wír ez biten werben, daz si únser vríunt sî, *(1119)*
ob wir ir an gewinnen, daz si daz gerne sehe.«
»ine trûwes niht«, sprach Hagene, »daz daz ímmér
geschehe.«

1109 Dô hiez er Ortwînen hin ze hove gân *1049*
unt den márcgrâven Gêren. dô daz was getân, *(1120)*
man brâhtę ouch Gêrnôten und Gîselher daz kint.
si versúochten friuntlîche an froun Kriemhilde sint.

1110 Dô sprach von Burgonden der küene Gêrnôt: *1050*
»frouwę, ir klaget ze lange den Sîfrides tôt. *(1121)*
iu wil der künec rihten daz er sîn niht hât erslagen.
man hœrt iuch zallen zîten sô rehte grœzlîchen klagen.«

1111 Si sprach: »des zîhet in niemen: in sluoc diu Hagenen
hant. *1051*
wâ man in verhouwen solde, do ęr daz an mir
ervant, *(1122)*
wie mohtę ich des getrûwen, daz er im trüege haz?
ich hete wol behüetet«, sprach diu küneginne, »daz.

1112 Daz ich níht vermeldet hete sînen schœnen lîp! *1052*
sô liezę ich nu mîn weinen, ich vil armez wîp. *(1123)*
holt wirdę ich in nimmer, die ez dâ hânt getân.«
do begúnde vlêhen Gîselher, der vil wætlîche man.

1113 »Ich wil den künec grüezen«, dô sį im des verjach, *1053*
mit sînen besten friunden man in vor ir sach. *(1126)*
dône torste Hagene für si niht gegân.
wol wessę er sîne schulde, er het ir léidé getân.

1114 Dô si verkiesen wolde ûf Gunthern den haz, *1054*
ob er si küssen solde, ez zæmę im dester baz. *(1127)*
wærę ir von sînem râte leide niht getân,
sô möhtę er vreveltlîchen zúo Kríemhilde gân.

244

1107 Da sagte Hagen von Tronje: »Könntet Ihr Eure Schwester
wieder freundlich stimmen, dann käme das Gold Nibelungs
hierher in unser Land. Wenn die Königin uns wieder hold
wird, dann könntet Ihr einen großen Schatz erlangen.«

1108 Er sagte: »Wir müssen es versuchen. Meine Brüder stehen ja
mit ihr in Verbindung. Die können wir darum bitten, ob wir
nicht durch ihre Vermittlung erreichen können, daß sie uns
wieder freund ist und geradezu den Wunsch äußert, den Schatz
hier bei sich zu sehen.« Hagen aber sagte: »Ich glaube nicht, daß
das geschehen wird.«

1109 Da gab er Ortwin und dem Markgrafen Gere den Auftrag, zu
Kriemhild zu gehen, und als sie da waren, holte man auch Ger-
not und den jungen Giselher hinzu. Alle vier versuchten nun,
Frau Kriemhild mit freundlichen Worten zu beeinflussen.

1110 Da sagte der tapfere Gernot vom Burgundenland: »Herrin, Ihr
beklagt den Verlust Siegfrieds nun schon zu lange Zeit. Der
König ist bereit, vor Gericht darzulegen, daß er an diesem Tod
keinerlei Anteil hat. Euch aber hört man unentwegt aus tiefem
Herzen jammern.«

1111 Sie sagte: »Den König hat niemand verdächtigt: Hagen hat
Siegfried erschlagen. Als er aus mir herausbrachte, wo man
ihn verwunden könnte, wie konnte ich da glauben, daß er sein
Feind war? Sonst«, so sagte die Königin, »hätte ich das Geheim-
nis doch für mich behalten!

1112 Hätte ich den schönen Siegfried doch nicht verraten! Dann
ließe ich arme Frau jetzt mein Weinen. Denen, die den Mord
ausgeführt haben, werde ich niemals wieder freund sein.« Da
begann Giselher, der stattliche Jüngling, sie anzuflehen.

1113 Schließlich versprach sie ihm: »Gut, ich werde den König
empfangen!« Zusammen mit seinen engsten Verwandten er-
schien Gunther vor ihr. Hagen aber wagte nicht, vor sie zu
treten. Denn er kannte seine Verfehlung und das Leid, das er
ihr zugefügt hatte.

1114 Als sie Gunther gegenüber ihre feindliche Haltung aufzugeben
bereit war, wäre es auf jeden Fall seine Pflicht gewesen, ihr
den Versöhnungskuß zu geben. Nur hätte er unbeschwerter
auf sie zutreten können, wenn nicht sein Ratschlag sie in ihr
großes Leid gestürzt hätte.

1115 Ez enwart nie suone   mit sô vil trähen mê   1055
     gefüeget under friunden.   ir tet ir schade wê.   (1128)
     si verkôs   ûf si alle   wan ûf den einen man.
     in het erslagen niemen,   het ez Hagene niht getân.

1116 Dar nâch vil unlange   truogen si daz an,   1056
     daz diu frouwe Kriemhilt   den grôzen hort gewan   (1129)
     von Nibelunges lande   und fuortę in an den Rîn.
     er was ir morgengâbe,   er soltę ir billîche sîn.

1117 Dar nâch fuor dô Gîselher   únd Gêrnôt.   1057
     ahzec hundert mannen   Kriemhilt dô gebôt   (1130)
     daz si in holen solden   da er verborgen lac,
     dâ sîn der degen Albrîch   mit sînen besten friunden pflac.

1118 Dô man die von dem Rîne   nâch dem schátze komen sach,   1058
     Albrîch der vil küene   zuo sînen friunden sprach: (1131)
     »wir turren ir des hordes   vor gehaben niht,
     sît sîn ze morgengâbe   diu edel küneginne giht.

1119 Doch wurdez nimmer«, sprach Albrîch, »getân,   1059
     niwan daz wir übele   dâ verlorn hân   (1132)
     mit samt Sîfrîde   die guoten tarnhût,
     want díe truoc alle zîte   der schœnen Kriemhilde trût.

1120 Nu ist ez Sîfrîde   leider übel komen   1060
     daz uns die tarnkappen   het der helt benomen   (1133)
     unt daz im muose dienen   allez ditze lant.«
     dô gie der kamerære   da er die slüzzéle vant.

1121 Ez stuonden vor dem berge   die Kriemhilde man,   1061
     und ouch ein teil ir mâge.   den schâz truoc man dan   (1134)
     zúo dém sêwe   an diu schiffelîn.
     den fúorte man ûf den ünden   unz ze bérgę án den Rîn.

1122 Nu muget ir von dem horde   wunder hœren sagen: 1062
     swaz zwélf kánzwägene   meiste mohten tragen   (1135)
     in vier tagen und nahten   von dem berge dan.
     ouch muosę ir ietslîcher   des tages drîstunde gân.

1123 Ez enwas niht anders   wan gestéinę unde golt.   1063
     unt ob man al die werlde   het dâ von versolt,   (1136)
     sîn wǽré niht mínner   einer marke wert.
     jane hét es âne schulde   niht gar Hagene gegert.

1124 Der wúnsch lác darunder,   von goldę ein rüetelîn.   1064
     der daz het erkunnet,   der möhte meister sîn   (1137)
     wol in aller werlde   über íetslîchen man.
     der Albrîches mâge   kom vil mit Gêrnôte dan.

246

1115 Nie wieder ist zwischen Verwandten eine Versöhnung unter so vielen Tränen zustande gekommen. Zwar schmerzte ihr Verlust sie tief, doch reichte sie allen die Hand zur Versöhnung: nur Hagen nicht, denn niemand außer ihm konnte Siegfried erschlagen haben.

1116 Einige Zeit danach legten sie es der Frau Kriemhild nahe, den riesigen Hort aus dem Land Nibelungs holen zu lassen und nach Worms an den Rhein zu überführen, ihre Morgengabe, die sie mit Recht ihr eigen nannte.

1117 Giselher und Gernot fuhren zum Hort. Kriemhild gab den Befehl, achttausend Mann sollten ihn dort abholen, wo er versteckt lag und der Held Alberich mit seinen Leuten darüber wachte.

1118 Als man die Männer vom Rhein nun kommen sah, um den Schatz zu holen, da sagte der tapfere Alberich zu seinen Freunden:»Wir haben kein Recht, ihr etwas vom Hort vorzuenthalten, da die edle Königin uns ihre Morgengabe abfordern kann.

1119 Und dennoch«, so sagte Alberich, »ich täte es nicht, wenn wir nicht zu unserem Schaden zugleich mit Siegfried auch den nützlichen Tarnmantel verloren hätten. Den hatte der geliebte Mann der schönen Kriemhild nämlich immer bei sich.

1120 Nun hat Siegfried selbst darunter leiden müssen, daß er uns den Tarnmantel abgenommen hat und daß ihm dieses ganze Land hat dienen müssen.« Da ging der Kämmerer und holte die Schlüssel.

1121 Vor dem Berg standen Kriemhilds Leute und auch einige ihrer Verwandten. Den Hort trug man nun zum Meer hinunter, um ihn auf die Schiffe zu laden und dann stromaufwärts zu Wasser an den Rhein zu bringen.

1122 Nun sollt Ihr über den Schatz Wunderdinge berichten hören: Er enthielt, was zwölf riesige Wagen in vier Tagen und Nächten im günstigsten Falle aus dem Berge herausschaffen konnten, und dabei mußte jeder von ihnen an einem Tage dreimal hin- und herfahren.

1123 Es waren nur Gold und Edelsteine. Hätte man allen Menschen davon abgegeben, wäre sein Wert kaum um eine Mark gemindert worden. Ja, Hagen hatte schon Grund, diesen Hort ganz und gar für die Burgunden zu fordern.

1124 Als schönstes Stück befand sich auch eine goldene Wünschelrute unter dem Hort. Wer die ausprobiert hätte, der wäre Herr über alle Menschen geworden. Viele von den Verwandten Alberichs schlossen sich beim Aufbruch dem Zuge Gernots an.

1125 Dô si den hort behielten   in Guntheres lant   *1065*
    und sich es diu küneginne   alles underwant,   *(1139)*
    kamer unde türne   sîn wurden vol getragen.
    man gehôrte nie daz wunder   von guote mêré gesagen.

1126 Und wære sîn tûsent stunde   noch alse vil gewesen,   *1066*
    und soltę der herre Sîfrit   gesunder sîn genesen,   *(1140)*
    bî im wære Kriemhilt   hendeblôz bestân.
    getriuwer wîbes künne   ein helt nie mêré gewan.

1127 Dô si den hort nu hête,   dô brâhte sį in daz lant   *1067*
    vil unkunder recken.   jâ gap der frouwen hant,   *(1141)*
    daz man sô grôzer milte   mêre nie gesach.
    si pflac vil grôzer tugende,   des man der küneginne jach.

1128 Den armen unt den rîchen   begunde si nu geben   *1068*
    daz dâ reite Hagene,   ob si solde leben   *(1142)*
    noch deheine wîle,   daz si sô manegen man
    in ir dienst gewunne   daz ez in leide müesę ergân.

1129 Dô sprach der künec Gunther: »ír ist lîp und guot.   *1069*
    zwiu sol ich daz wenden,   swaz si dâ mit getuot?   *(1143)*
    ja ęrwarp ich daz vil kûme,   daz si mir wart sô holt.
    nu ęnruochen war si teile   ir silber und ir golt.«

1130 Hágene sprách ze dem kűnege: »ez soldę ein frumer man
    deheinem einem wîbe   niht des hordes lân.   *1070*
    si bringet ez mit gâbe   noch unz ûf den tac   *(1144)*
    dâz vil wol geriuwen   die küenen Burgonden mac.«

1131 Dô sprach der künec Gunther: »ich swuor ir einen
                                   eit   *1071*
    daz ich ir getæte   nimmer mêre leit   *(1145)*
    und wil es fürbaz hüeten: sį ist diu swester mîn.«
    dô sprach aber Hagene: »lât mich den schúldégen sîn.«

1132 Ir sumelîcher eide   wâren umbehuot.   *1072*
    dô nâmen si der witwen   daz kréftége guot.   *(1146)*
    Hagene sich der slüzzel   aller underwant.
    daz zurndę ir bruoder Gêrnôt,   do er daz réhté bevant.

1133 Dô sprach der herre Gîselher: »Hagene hât getân   *1073*
    vil leides mîner swester;   ich soldę ez understân.   *(1147)*
    wærę er niht mîn mâc,   ez giengę im an den lîp.«
    iteniuwez weinen   tet dô Sîfrides wîp.

1125 Als sie nun den Schatz im Lande Gunthers hatten und die Königin alles in ihre Verwahrung nahm, da füllten sich Kammern und Türme bis obenhin. Niemals wieder hat man über einen solchen Schatz solche Wunderdinge erzählen hören.

1126 Doch wäre es auch tausendmal soviel gewesen und Herr Siegfried wäre am Leben geblieben, Kriemhild hätte lieber mit leeren Händen an seiner Seite gestanden. Ein treueres Weib hätte ein Held in dieser Welt niemals finden können.

1127 Als sie den Schatz nun besaß, da lockte sie viele fremde Helden in das Land, und sie schenkte ihnen so viel, daß man niemals eine freigebigere Fürstin hätte sehen können. Ja, sie übte alle Herrschertugend, und man pries die Königin dafür.

1128 An die Armen und die Mächtigen verteilte sie nun ihr Gut, so daß Hagen die Warnung aussprach: sie würde, wenn sie noch eine Zeitlang am Leben bliebe, so viele Männer in ihren Dienst verpflichten, daß es für die Burgunden gefährlich werden könnte.

1129 Da sagte der König Gunther: »Sie ist frei und kann über ihr Gut verfügen. Weshalb sollte ich ihr verwehren, was sie damit zu tun gedenkt? Nur mit Mühe habe ich es erreicht, daß sie sich wieder mit mir versöhnt hat. Nun sollten wir uns wirklich keine Gedanken mehr machen, wohin sie ihr Silber und Gold verteilt.«

1130 Hagen sagte zum König: »Ein verständiger Mann sollte einen solchen Schatz nicht in den Händen einer einzigen Frau lassen! Mit ihren Geschenken wird sie es noch so weit bringen, daß es für die tapferen Burgunden ein böses Ende nimmt.«

1131 Da sagte der König Gunther: »Ich habe ihr geschworen, ihr keinerlei Leid mehr zuzufügen, und ich will diesen Eid auch weiterhin halten. Schließlich ist sie ja doch meine Schwester!« Da sagte wiederum Hagen: »Laßt nur mich die Schuld auf mich nehmen!«

1132 Auf manch einen Eid fiel da ein Makel: Zunächst einmal nahmen sie der Witwe ihren riesigen Hort, und Hagen setzte sich in den Besitz aller Schlüssel. Als Gernot das hörte, da wurde er zornig.

1133 Da sagte der Herr Giselher: »Hagen hat meiner Schwester wieder einmal übel mitgespielt, und ich sollte eigentlich dagegen einschreiten. Wäre er nicht mein Verwandter, dann wäre sein Leben jetzt verwirkt.« Da begann Siegfrieds Witwe erneut heftig zu weinen.

1134 Dô sprach der herre Gêrnôt: »ê daz wir immer sîn   *1074*
     gemüet mit dem golde,   wir soldenz in den Rîn   *(1148)*
     allez heizen senken,   daz ez nímmer wurde man.«
     si gie vil klegelîche   für ir brúoder Gîselheren stân.

1135 Si sprach:»vil lieber bruoder,   du solt gedenken mîn.   *1075*
     beidiu lîbes unde guotes   soltu mîn voget sîn.«   *(1149)*
     dô sprach er zuo der frouwen: »daz sol sîn getân,
     als wir nu komen widere;   wir haben rîténnes wân.«

1136 Der künec und sîne mâge   rûmten dô daz lant,   *1076*
     die aller bésten darúnder,   die man inder vant,   *(1150)*
     niwan Hágenę aléine,   der beléip dâ durch haz,
     den er truoc Kriemhílde,   unt tet vil willeclîche daz.

1137 Ê daz der künec rîche   wider wære komen,   *1077*
     die wîle hete Hagene   den schaz vil gar genomen.   *(1152)*
     er sanctę in dâ ze Lôche   allen in den Rîn.
     er wandę er soldę in niezen: des enkunde niht gesîn.

1138 Die fürsten kômen widere,   mit in vil manec man.   *1078*
     Kríemhilt ir schaden grôzen   klagen dô began   *(1154)*
     mit meiden unt mit frouwen: in was harte leit.
     gerne wærę ir Gîselher   aller tríuwén bereit.

1139 Dô sprâchen si gemeine: »er hât úbelé getân.«   *1079*
     er entwéich der fürsten zorne   alsô lange dan   *(1155)*
     unz er gewan ir hulde;   si liezen in genesen.
     dône kundę im Kriemhilt   nimmer vîendér gewesen.

1140 Ê daz von Tronege Hagene   den schaz alsô verbarc,   *1080*
     dô heten siz gevestent   mit eiden alsô starc,
     daz er verholn wære   unz ir éiner möhte leben.
     sît enkúnden sis in selben   noch ander níemén gegeben.

1141 Mit iteniuwen leiden   beswæret was ir muot,   *1081*
     umb ir mannes ende,   unt dô sį ir daz guot   *(1156)*
     alsô gar genâmen.   dône gestúont ir klage
     des lîbes nimmer mêre   unz an ir júngésten tage.

1142 Nâch Sîfrides tôde,   dáz ist álwâr,   *1082*
     si wontę in manegem sêre   dríuzéhen jâr,   *(1157)*
     daz si des recken tôdes   vergezzen kunde niht.
     si was im getriuwe,   des ir diu meiste menege giht.

1134 Da sagte der Herr Gernot: »Ehe daß wir uns selbst auf immer
mit diesem Schatz belasten, sollten wir lieber alles in den Rhein
versenken lassen, damit niemand wieder in seinen Besitz ge-
langt.« Da trat Kriemhild unter heftigem Klagen vor ihren
Bruder Giselher.

1135 Sie sagte: »Lieber Bruder, wenigstens Du solltest auch an mich
denken und mein Leben und mein Gut beschützen.« Da sagte
er zu der Herrin: »Das werde ich auch tun, sobald wir wieder
da sind. Nun müssen wir leider dringend ausreiten!«

1136 Der König Gunther und seine Verwandten ritten außer Lan-
des und mit ihnen die besten Helden, die es dort überhaupt
gab; nur Hagen, Kriemhilds Todfeind, freute sich, daheim zu
bleiben.

1137 Bevor der mächtige König wieder ins Land zurückkam, hatte
Hagen den ganzen gewaltigen Schatz geraubt und ihn bei
Lochheim in den Rhein gesenkt. Er hoffte immer noch, sie
könnten ihn eines Tages wieder nutzen, aber dazu sollte es
nicht mehr kommen.

1138 Die Fürsten kamen nun wieder zurück, und mit ihnen kam
ihre große Gefolgschaft. Unterstützt von ihren Mädchen und
Frauen, führte Kriemhild heftige Klage über den Verlust des
Schatzes. Den Fürsten mißfiel es sehr, und besonders Giselher
hätte sich nun gerne ganz auf ihre Seite gestellt.

1139 Da sagten sie alle übereinstimmend: »Hagen hat sich schwer
vergangen!« Eine Zeitlang zog sich Hagen vor dem Zorn der
Fürsten zurück, bis er dann wieder ihre Gunst erlangte und
ohne Strafe blieb. Feindlicher als sie es war, hätte Kriemhild
ihm da gar nicht sein können.

1140 Bevor Hagen von Tronje den Schatz in den Rhein versenkt
hatte, da hatten sie untereinander feste Eide geschworen, daß
niemand etwas sagen sollte, solange einer von ihnen noch am
Leben sei. Doch in späterer Zeit konnten weder sie selbst ihn
nutzen noch hätten sie ihn einem anderen geben können.

1141 Da Siegfried tot war und ihr der Schatz völlig geraubt wor-
den war, wurde Kriemhild immer wieder von heftigem
Schmerz ergriffen, und bis zu ihrem Tod fand ihr Klagen kein
Ende mehr.

1142 Und dies ist die Wahrheit: Nach Siegfrieds Tod lebte sie in
ihrem großen Leid dreizehn Jahre lang, ohne den Tod des
Recken vergessen zu können. Wie alle Welt ihr zugestehen
muß, hielt sie ihm die Treue.

Nachwort

Im Jahre 1952 leitete der damals nahezu 80jährige Friedrich Panzer, Germanist in Heidelberg und Nestor der Deutsch-Philologen, seine Monographie zum Nibelungenlied nach alter germanistischer Sitte mit einem persönlichen Bekenntnis ein: »Mit dem Nibelungenliede ist es mir just so gegangen, wie Friedrich Hebbel im Widmungsgedicht zu seiner Nibelungentragödie von sich erzählt. Als neunjähriger Knabe wurde ich zuerst mit ihm bekannt ... Ich erinnere mich genau des sonnigen Tages, an dem ich allein in der großen Stube über dem Buche saß. Die Fenster standen offen, vom Garten wehte der Sommerwind lockenden Blumenduft herauf, aber das Buch ließ mich nicht los. Ich wußte mich der Beteiligung an einem Ausflug ... zu entziehen und las und las die unerhörte Mär bis zum traurigen Ende ... Ein Jahrzehnt nach jener ersten Kenntnisnahme hörte ich bei Friedrich Zarncke in Leipzig eine vierstündige Vorlesung ... Und wenige Jahre später als ich selbst als junger Privatdozent darüber. In einer durch mehr als ein halbes Jahrhundert ausgedehnten Lehrtätigkeit hatte ich dann Gelegenheit genug, an verschiedenen deutschen Hochschulen über das Lied vorzutragen.«

Erstaunlich, wie lebendig der Greis die eigene Jugend zu vergegenwärtigen, mit welcher ungebrochenen und naiv spontanen Begeisterung er sich auf die Kontinuität eines jahrzehntelangen Forschens zu berufen und mit seinem Lebenswerk zu identifizieren vermag. Erstaunlich – doch in solches Erstaunen mischt sich Befremden über eine Haltung, die für das Verhältnis ganzer Philologen-Generationen zu ihrem Gegenstand, zur literarischen Tradition, als charakteristisch gelten darf: Sie kennt keine Distanz zum Objekt, weiß sich, im Bewußtsein bildungsbürgerlicher Kontinuität, in unmittelbarem Einvernehmen mit ihm und kann, in vorab getroffener Identifikation mit den Werten des kulturellen Erbes, diese Haltung, ohne sie zu problematisieren, weiter reproduzieren.

Den langen, wirkungsmächtigen Prozeß, in dem sich solche Identifikationsmuster ausbildeten, an der Rezeptionsgeschichte des Nibelungenliedes zu verfolgen, scheint aus mehreren Gründen sinnvoll: Zum einen hat dieses Epos, im Unterschied zu anderen Werken der literarischen Tradition, die als Hort nationaler Bildung galten, im Zentrum des Interesses gestanden, seitdem es so etwas wie eine deutsche Philologie überhaupt gab; zum anderen zeigt diese Rezeption, besser als vergleichbare andere, die Implikationen einer ideologisch fixierten Bildungstradition und bildet, indem sie bestimmte, politisch wirksame Leitbilder und Stereotype ausformt, eine wichtige, wenngleich unheilvolle Komponente der deutschen Geschichte des 19. und beginnenden 20. Jahrhunderts.

Im Jahre 1755 entdeckte der Arzt Jakob Hermann Obereit in der Bibliothek der Grafen von Hohenems in Vorarlberg eine der mittelalterlichen Handschriften des Nibelungenliedes, die Jahrhunderte unbeachtet geblieben war. Doch die Wiederentdeckung des Werkes und die ersten Publikationen (1757 durch Bodmer, 1782 durch Myller) stießen im Griechenland-begeisterten Zeitalter Winckelmanns noch nicht auf breiteres Interesse, und nur einzelne gaben dem Epos schon damals einen höheren Rang als den einer altdeutschen Kuriosität: Der Schweizer Historiker Johannes von Müller verstieg sich zu der damals unglaublich klingenden Erwartung, dieses Werk könne »die teutsche Ilias« werden.

Wenig später, in der Zeit der Romantik, griff man dies begeistert auf und meinte, im Nibelungenlied das Nationalgedicht der Deutschen gefunden zu haben, das »erhabenste und vollkommenste Denkmal einer so lange verdunkelten Nationalpoesie« (von der Hagen). Doch weshalb war es so wichtig, ein Nationalgedicht zu besitzen?

Man kann diese Frage nicht beantworten, ohne die politische Geschichte der ersten Jahrzehnte des 19. Jahrhunderts heranzuziehen. 1805 war es zum Krieg zwischen Preußen und Frankreich gekommen. Die Schlachten bei Jena und Auerstädt besiegelten das Schicksal des kleineren Staates, der König floh, und Napoleon hielt seinen Einzug in Berlin.

Die Folge dieser historischen Konstellation war, wenn man die Lage allgemein betrachtet: die Aufstauung gewaltiger patriotischer Affekte; wenn man nur den germanistischen Bereich ins Auge faßt: eine unvorstellbare, später niemals wieder mögliche Belebung der altdeutschen Studien, in deren Zentrum das Nibelungenlied stand und von da an auch blieb. Unter dem retrospektiven Verklärungsblick der Romantik wurde das Epos zum Bild eines mächtigen, einigen mittelalterlichen Deutschland. Es diente der zerfallenen Nation »ein Bild ihres alten Ruhmes, ihrer alten Würde und Freiheit im Spiegel ihrer Vorzeit vorzuhalten und dadurch jeden Funken von Nationalgefühl anzufachen« (Friedrich Schlegel). Solche Zielsetzung führte allerdings schon damals zu gröberen Verzeichnungen und Mißinterpretationen. So schreibt 1807 der Schlegel-Schüler Friedrich Heinrich von der Hagen, indem er den Schluß des Werkes, den grauenhaften Untergang der Burgunden am Hunnenhof einfach ignoriert, dieses Gedicht könne den Leser mit Stolz und Vertrauen auf Vaterland und Volk, mit Hoffnung auf dereinstige Wiederkehr deutscher Glorie und Weltherrschaft erfüllen.

Unfähig und auch nicht willens, die mittelalterliche Dichtung in ihrem eigenen gesellschaftlich-historischen Zusammenhang zu bestimmen, stellen die patriotisch gesinnten Romantiker sie in ahistorischer Weise in ihren eigenen Interpretationsrahmen, der selbst Produkt einer bestimmten historischen Situation ist. Begriffe wie Volksepos und Nationalepos gewinnen in dieser Zeit ihren spezifischen Inhalt. Sie sind einerseits progressiv, indem sie die emanzipatorischen Widerstände des Bürgertums gegen den Absolutismus, gegen Kleinstaaterei und ständische Ordnung aufnehmen und einen einheitlichen Staat vorbereiten helfen. Zugleich bereiten sie durch ihre Inhalte, jene angeblich alten deutschen Tugenden wie Treue und Ehre, Biederkeit und Verläßlichkeit, schon damals den reaktionären Verwendungszusammenhang vor, indem sie die tatsächliche Situation Deutschlands zu Beginn der Industrialisierung verschleiern helfen und von längst abständigen Idealen, die man in kühner Fehlinterpretation als mittelalterlich bezeichnete, eine Erneuerung erwarten lassen.

In der Folgezeit, vor allem nach der gescheiterten Revolution von 1848, werden die damals entwickelten Muster immer mehr zu stereotypen Versatzstücken, mit denen das Bürgertum seine Ohnmacht gegenüber dem Staat und seiner feudalen Spitze kompensiert: »Urbild reiner echter Deutschheit; Evangelium der Treue; Spiegel noch immer gültiger Hoheit der Gesittung; Siegfried, das Inbild deutschen Heldentums; der Nibelungenhort, das versunkene, noch zu hebende Deutschtum.« Nun beginnt der eigentliche Verwertungsprozeß des Nibelungenliedes durch die Nationalerziehung, die rückgewandte Utopie der Romantiker wird mehr und mehr instrumentalisiert, um die Bürger, im Namen eines irrationalen mythischen Begriffs von Volkstum, auf nationalen Gehorsam zu verpflichten und in ihnen Liebe zu König und Vaterland zu wecken.

Als mit der Reichsgründung der einheitliche Staat verwirklicht ist, wenn auch anders als die fortschrittliche Liberalität gewünscht hätte, kommt dem Nibelungenlied als Kernstück der Nationalliteratur die Aufgabe zu, mit seinen Traditionsgehalten den Nationalismus des neu etablierten Staates zu stärken oder, nach 1918, die Erinnerung an den alten Glanz wachzuhalten.

Daß der Zusammenbruch der Monarchie nicht auch zum Zusammenbruch der nationalen Ideologie führte, lag in ihrer inneren Konsequenz. Eine Ideologie, die das Nationale als das schlechthin Bessere, das Fremde als das Schlechtere voraussetzt, macht eine Reflexion auf die tatsächlichen Ursachen des Zusammenbruchs, die Diskrepanz zwischen industrieller Macht und politisch-sozialer Realität, von vornherein unmöglich. Im Gegenteil: In Zeiten nationaler Krisen verstärkt sich nur noch das Bedürfnis nach irrationaler Identifikation und Selbstbestätigung. Die planmäßige Konsequenz war eine noch stärkere Ausrichtung der Lehr- und Erziehungspläne auf nationale Inhalte. Was sich in den Jahren nach dem Ersten Weltkrieg hinter der vagen Bestimmung »Erziehung zum Deutschtum« verbarg, wurde unter dem Nationalsozialismus zur unabdingbaren Forderung, alle Erziehungsarbeit in den Dienst einer nationalen Erneuerung zu stellen, in der – wie man meinte – zum ersten Mal in der deutschen Geschichte Staatsform und germanisch-deutsche Wesensidee, Führer und Volk, völlig eins werden. Bedingungslosen Einsatz für den Führer, das gibt man in dieser Zeit als Botschaft des Nibelungenliedes aus und verweist auf die hehren Gestalten der Heldensage, ihre unverbrüchliche Gefolgschaftstreue und ihren Todestrotz.

Ein Blick auf das mittelalterliche Werk kann darüber belehren, daß solche Interpretation haltlos ist: Sie verabsolutiert ein einziges, zwar im Nibelungenlied angelegtes, aber nicht einmal dominantes Moment und läßt alles aus, was solche Ausdeutung relativieren oder gar aufheben könnte. Um es an einem Beispiel zu sagen: Mit demselben Recht, wie zur Zeit einer national-pädagogischen Bewegung der Nibelungen-Text als Hohes Lied der Treue oder zur Zeit des Nationalsozialismus als Verherrlichung eines blinden Gefolgschaftskultes ausgelegt wurde, könnte man es, ebenso einseitig, als Geschichte des tückischen, hinterlistigen, treulosen Verrates an Siegfried lesen.

Nun muß man sehen, daß die Perversion, die das Lied im Nationalsozialismus erfuhr, nur die letzte Übersteigerung einer seit den Anfängen, im Lauf der Tradition stetig zunehmenden Verfälschung des Textes darstellt, von der übrigens, sieht man von einzelnen Verherrlichern des nationalsozialistischen Gedankens ab, die spezialisierte Nibelungen-Forschung, die sich an einen jahrzehntelangen erbitterten Streit um die Handschriftenfrage und die Sagenstufen verlor, kaum Notiz genommen hat. Doch neben dieser engeren, elitären wissenschaftlichen Tradition gab es die beschriebene wirkungsmächtige populäre Rezeption, die nicht nur von akademisch verbildeten Oberlehrern, sondern sehr wesentlich von den Universitätslehrern mitgetragen worden ist. Um es am Beispiel des oben zitierten Friedrich Panzer zu belegen: Es wäre unberechtigt, ihm den Vorwurf zu machen, er habe irgendwo in seinen wissenschaftlichen Arbeiten zum Nibelungenlied nationalistische Interpretationsmuster aufgegriffen. Dennoch hat er in seinen deutschkundlichen Arbeiten Positionen vertreten, die, in gerader Kontinuität der bürgerlich-patriotischen Germanistik, eine nationale Ausrichtung des Deutschunterrichts forderten und damit der Verfälschung des Nibelungenliedes zum mindesten eine Grundlage und Legitimation verschafften. Der ideologiekritische Ansatz kann an dieser Stelle nur angedeutet werden. Er fordert eine eingehende, umfangreiche Untersuchung und Dokumentation, die ich an anderem Ort demnächst vorlegen werde und die, deutlicher als es hier geschehen kann, den historischen Begründungs- und Verwendungszusammenhang einer ideologischen Verzeichnung des Nibelungenliedes anhand der sozio-ökonomischen, politischen und kulturellen Bedingungen ihrer Genese zeigen muß.

Eine Beschäftigung mit dem Nibelungenlied, oder gar eine Neuherausgabe und Übersetzung, kann solch ein Ansatz wohl mitbegründen, doch nicht allein legitimieren. Hinzu kommen muß, gleichsam als positive Entsprechung, eine im Werk selbst begründete Motivation, in der ein heutiges Interesse mit dem historischen

Gegenstand vermittelt ist. Auch dieser Ansatz kann hier nur angedeutet werden.

Dem heutigen Leser mag es befremdlich sein, daß das Nibelungenlied so wenig stringent erzählt. Er mag sich fragen, weshalb es nötig ist, etwa die Auftritte der Damen in einer durch den Erzählvorgang scheinbar nicht gerechtfertigten Weise an der Beschreibung ihrer Kleider und ihres Schmuckes so breit zu entfalten; weshalb es nötig ist, auf Ankünfte und Empfänge, Botenberichte und Unterredungen, Reise- und Festvorbereitungen in einer Ausführlichkeit einzugehen, die, zum Unwillen vieler Philologen, gegenüber den für das bloße Vorgangsgeschehen wichtigen Partien quantitativ oftmals sogar überwiegen. Ein Versuch, sie rein werkimmanent zu behandeln, könnte zu einer Konsequenz führen, die manche Interpreten des Werkes zu ziehen bereit waren: Die üppigsten Szenen dieser Art, jene vielgerügten Kleiderstrophen, aus dem Werk zu entfernen.

Nichts wäre falscher als ein solches Verfahren. Denn jene Vorgänge und Szenen sind dem Werk keineswegs äußerlich, erweisen sich im Gegenteil als die Sache selbst. Wir bezeichnen sie als »höfisch« und meinen damit eine bestimmte, geregelte Form des Verhaltens, wie sie am Hofe oder an Höfen üblich ist, Normen, zeremonielle Handlungen, in denen sich der Hof repräsentiert. Das geht über das, was wir heute als äußere Gesten und Umgangsformen bezeichnen, weit hinaus; denn in diesem Umkreis ist überhaupt jegliches Verhalten auf ein gültiges Beziehungssystem bezogen, jedem Ding sein bestimmter Platz in einer hierarchisch geordneten, festen Wertwelt zugewiesen.

Stilistisch entspricht diesem Wertsystem eine bestimmte, überall hervortretende, für uns geradezu penetrant wirkende, in sich stabile und nicht sehr variable Terminologie. Mit nur wenigen Ausnahmen sind alle Frauen: *edel, hêr, hêrlich, minneclich, hôch, hövesch, schœne, süeze, wætlich*; die Männer: *balt, biderbe, edel, gemeit, gezogenlîche, guot, rîche, schœne, stolz, tiure, wætlich, wert*. Ihr Leben wird beschrieben in Begriffen, die ein gesellschaftlich geordnetes Leben auf wenige generelle, ständig wiederkehrende Formen bringen und einer Ausbildung von so etwas wie Individualität noch wenig oder gar keinen Spielraum zu lassen scheinen: *dienest, êre, gnâde, gruoz, hôchgemüete, hôchzît, hôher muot, hulde, liebe, lop, mâze, milte, minne, prîs, triuwe, tugent, freude, zuht.*

Die Höfe, Worms und Xanten, an denen sich dieses gesellschaftliche Leben vollzieht, sind Stätten äußerster Prachtentfaltung, weitreichender Macht und konzentrierten Reichtums. Ihr Zentrum ist der König, dessen Ruhm weithin durch die Länder dringt. Die Feste, die er veranstaltet, sind von erlesener Pracht, die Turniere von den besten Rittern besucht, von den schönsten Damen verschönt. Der Umgang mit den Frauen ist durch feine Sitte und Anstand gekennzeichnet; die Gebote einer äußerst sorgfältigen Erziehung regeln alle Formen des Zusammenlebens: auch und gerade die festen Konventionen, in denen sich eine Minnehandlung bewegt (Siegfried–Kriemhild).

Einerseits wäre an solchen höfischen Formen der Kontrast sichtbar zu machen, in dem unsere heutige, formlosere Welt zu dieser höfischen Ordnung steht; andererseits, wichtiger als jenes, der genetische Prozeß, der die – unsere Welt auch heute noch beherrschenden – Formen eines »höflichen« Umgangs auf die in höfischer Zeit entwickelten Formen zurückführen läßt, d. h. der Prozeß, den Norbert Elias als »Prozeß der Zivilisation« beschrieben hat.

Hier wäre jedoch weiterzugehen. Der methodische Ansatz von Elias, der sich an den Untersuchungsmethoden der empirisch-analytischen Wissenschaften orientiert, gibt zwar Mittel an die Hand, die höfischen Interaktionsmodelle zu beschreiben, er gründet diese Beschreibung jedoch weder auf eine verläßliche Theorie noch stellt er das Instrumentarium bereit, die diesen Modellen zugrundeliegenden Sozialstrukturen aus ihren sozio-ökonomischen Bedingungen und deren Genese herzuleiten und so zu erklären. Hier muß allerdings, wie an unserem Gegenstand, dem Nibelungenlied, erkennbar wird, vor einem Optimismus gewarnt werden:

Wir nennen die Ausprägung höfischen Lebens, die sich im Nibelungenlied darstellt, höfisch-ritterlich. Daß sie der literarische Reflex des Feudalismus, der um 1200 in Europa herrschenden Gesellschaftsordnung, ist, dürfte außer Frage stehen. Schwieriger, und nach dem heutigen Stand der Forschung kaum zu beantworten, ist die Frage nach der Art der Abbildung, d. h. nach dem Verhältnis von Ideal und Wirklichkeit.

Sicherlich, die Grundzüge des Lehnswesens ließen sich darstellen: die Formen einer wirtschaftlichen, sozialen und politischen Ordnung, die sich auf die Bindungen zwischen Feudalherren und Vasallen gründet, auf die Übergabe eines Lehens an einen Angehörigen der Kriegerkaste und die daraus resultierende Treue gegenüber dem Dienstherrn. Auch die dadurch bedingte Ausbildung zentraler Feudalhöfe, deren herrschaftsstabilisierende Funktion und deren grundwirtschaftliche Bedingungen ließen sich beschreiben. Beschreiben ließe sich auch die damit zusammengehörende Wandlung des Ritterbegriffs: wie ein ursprüngliches Dienstwort, das einen schwergepanzerten Reiter bezeichnet, zum Schlüsselwort einer ganzen Kultur, eines ästhetischen und ethischen Programms wird (Bumke). Beschreiben ließe sich der Aufstieg der Ministerialität, der offenbar die Ausbildung der spezifischen Ritterideologie entscheidend bestimmt hat: Der große Machtzuwachs der Feudalherren seit dem 11. Jahrhundert machte die Ausbildung neuer Herrschaftsformen nötig. Die durch das Dienstverhältnis an ihre Herren gebundenen Ministerialen werden immer stärker eingesetzt, um wichtige Aufgaben bei der Verwaltung der Territorien zu erledigen. Dieser Dienst, für den sie vom Adel belohnt wurden, hat manche von ihnen nach oben gebracht, und mit ihrem Aufstieg erhielt das alte Dienstwort »Ritter«, unter dem die Ministerialen sich begriffen, offenbar einen neuen, positiven Inhalt.

Gewiß, dies alles ließe sich beschreiben. Doch elementare Fragen, durch deren Beantwortung diese Phänomene erst in einen Zusammenhang gebracht werden könnten, wissen wir bis heute noch nicht genauer zu klären: Welche Auswirkungen hatten z. B. die durch die Genese des Ministerialenstandes bedingten, quasi inner-ritterlichen Spannungen auf die Ausbildung der literarischen Ritterideologie und welche Auswirkungen hatte die literarisch fixierte Ritterideologie wiederum auf die reale ständische Ordnung und ihre Ideale? Oder: Welche sozialen Faktoren schufen die Voraussetzungen dafür, daß die Feudalherren es sich als Ehre anrechneten, sich mit dem ehemaligen Dienstwort zu bezeichnen? Der Erklärung Bumkes, daß es sich lediglich um den Aufstieg eines Wortes handelte, müßte weiter nachgegangen werden; denn es wäre doch zu fragen, wodurch es zu diesem Aufstieg des Wortes kam.

Die Erscheinungsformen höfisch-ritterlichen Lebens – die Pracht und Ehre der Höfe, ihre Macht und ihr Reichtum, die zeremoniellen Formen und die Tugendideale – ließen sich am Nibelungenlied beschreiben. Es ließe sich aber auch zeigen, wie das Geschehen selbst, dessen Leitlinien in vor-höfischer Zeit entworfen wurden, von Prinzipien bestimmt ist, die solcher Idealität diametral entgegengesetzt sind. Das läßt bereits die bloße, umrißhafte Struktur der Handlung erkennen:

1. Kriemhild-Siegfried-Handlung:
Vorstellung Kriemhilds und des burgundischen Hofes, Vorausdeutung auf das Ende durch den Falkentraum (Aventiure 1).
Vorstellung Siegfrieds und des Xantener Hofes, Schwertleite (Aventiure 2).
Siegfrieds Plan, um Kriemhild zu werben. Abreise nach Worms mit nur wenigen Recken. Ankunft und Empfang. (Rückblick auf Siegfrieds Jugendtaten.) Siegfried fordert Gunther zum Zweikampf um das Land auf. Der Streit wird beigelegt. Siegfried bleibt als Gast in Worms (Aventiure 3).
Siegfried führt für Gunther den Kampf gegen die Sachsen. Nach dem Sieg berichten Boten am Wormser Hof (und heimlich auch bei Kriemhild) von Siegfrieds Heldentaten. Vorbereitungen für Empfang und Siegesfest (Aventiure 4).
Beim Siegesfest treffen Kriemhild und Siegfried zum ersten Mal zusammen (Aventiure 5).

2. Island-Handlung:
Gunthers Plan, um Brünhild zu werben. Abreise mit nur wenigen Recken (Aventiure 6).
Ankunft und Empfang. Brünhild fordert Gunther zum Zweikampf

auf. Siegfried führt heimlich für Gunther den Kampf und siegt. Brünhild besendet ihre Leute (Aventiure 7).

Siegfried holt aus dem Nibelungenland Verstärkung herbei (Aventiure 8).

Siegfried berichtet als Bote am Wormser Hof vom glücklichen Ausgang. Vorbereitungen für Empfang und Fest (Aventiure 9).

Auf dem Fest werden Siegfried und Kriemhild verlobt. Hochzeit beider Paare. Ungleiche Hochzeitsnacht. Siegfried bezwingt Brünhild (Aventiure 10).

3. Trugschluß:
Siegfried zieht mit Kriemhild nach Xanten (Aventiure 11).

4. Konflikt:
Einladung nach Worms (12. Aventiure).
Kriemhild und Siegfried ziehen auf das Fest (13. Aventiure).
Streit der Königinnen: Beim Turnier, vor dem Münster, nach dem Gottesdienst. Scheinbare Beilegung des Streites durch Gunther. Plan der Ermordung Siegfrieds (14. Aventiure).

5. Lösung des Konfliktes:
Einleitung des Mordplanes. Fingierte Kriegserklärung. Kriemhild verrät das Geheimnis der Verwundbarkeit Siegfrieds (15. Aventiure).
Beschreibung der Heldentaten Siegfrieds auf der Jagd. Ermordung Siegfrieds durch die Verwandten (16. Aventiure).

6. Nachspiel:
Siegfrieds Leiche wird nach Worms gebracht, von Kriemhild aufgefunden und, nachdem eine Bahrprobe (1043 f.) Hagens Schuld offenbar gemacht hat, mit allen königlichen Zeremonien begraben (17. Aventiure).

Siegmund kehrt ohne Kriemhild nach Xanten zurück (18. Aventiure).

Nach langem Zureden gelingt es Gernot und Giselher, Kriemhild und Gunther zu versöhnen. Kriemhild gibt ihre Einwilligung, den Nibelungenhort nach Worms bringen zu lassen. Er wird von Hagen geraubt und im Rhein versenkt, da man meint, daß er in der Hand der Witwe, die die Ermordung ihres Mannes nicht verwinden kann, zu gefährlich ist (19. Aventiure).

Die beiden Expositionen 1 und 2 sind strukturell ähnlich exponiert und greifen eng ineinander. Gunther ist zwar ein mächtiger König und muß als solcher die Zustimmung zur Heirat seiner Schwester geben, anderseits reicht seine Kraft nicht aus, das Îslant-Abenteuer allein zu bestehen. Er braucht daher Siegfried, der Mächtige braucht den Kraftvollen: der ausbedungene Lohn ist die Hand der Königstochter. So ist die Exposition 1 nicht vollendbar, bevor nicht die zweite ihren Abschluß gefunden hat, deren Voraussetzung wiederum das zielstrebige, aber zwielichtige Verhalten Siegfrieds und Gunthers, d. h. der auf Island geübte, später in der Hochzeitsnacht wiederholte Betrug ist.

Die Heimkehr nach Xanten kann nur einen Trugschluß bieten. Zwar scheint die Handlung abgeschlossen, doch die in der Exposition enthaltenen Verdachtsmomente – einerseits Siegfrieds Steigbügeldienst (396 ff.), seine Behauptung, er sei Gunthers *man* (420 ff.), seine Abwesenheit bei den Kampfspielen (470 ff.), anderseits die übereilte und nach Beginn einer anderen zeremoniellen Handlung eingeleitete Verlobung des vermeintlichen oder angeblichen *dienestman* mit der Königstochter (606 ff.), seine gleichrangige Behandlung bei der Tafel und die Huldigung durch die *Nibelunge* (617 ff.) – lassen sich nicht beschwichtigen, wirken weiter, wenn auch der Drohung Brünhilds (622), sie werde Gunther die ehelichen Rechte verweigern, durch den zweiten Betrug in der Brautnacht begegnet werden kann.

Auf dem Fest in Worms kommt es zur erbitterten Auseinandersetzung zwischen Brünhild und Kriemhild um den Vorrang ihrer Männer (14. Aventiure). Dieser Streit ist der Wendepunkt, in dem sich alle Handlungslinien des 1. Teiles treffen oder wenigstens berühren. Die Szene löst die Entwicklung aus, die folgerichtig und sehr rasch zur Katastrophe führt, zur Ermordung Siegfrieds.

Ursprünglich – das klingt im Nibelungenlied gelegentlich noch an (etwa beim ersten Auftritt Siegfrieds am Wormser Hof) – mag Siegfried kein Königssohn gewesen sein, sondern ein Recke, den tatsächlich ein Rangunterschied von den Königen trennte. Ursprünglich also mag die Frage der Rangminderung eine real begründete Frage gewesen sein. Hier im Nibelungenlied ist diese alte Schicht überlagert durch eine neue Konzeption, in der das *eigenman*-Motiv seltsam fremd steht. Es dient hier offenbar dazu, den ursprünglich feudalen Konflikt zwischen dem schwächeren Lehnsherren und seinem stärkeren *dienestman* zu entschärfen, indem dieser Konflikt als bloße Täuschung in das Bewußtsein zweier Königinnen transponiert wird, die beide nur einen Teil der Wahrheit, eben ihre Wahrheit, kennen.

Der Konflikt ist ein vornehmlich politischer, und von daher ist auch der Aufbau der Szene zu verstehen. Indem die Entscheidung aus der privaten Sphäre heraus in den Bereich der Öffentlichkeit (Auftritt vor der Kirche) verlegt wird, wird ein symbolisches Schaubild (Bumke) entwickelt. Die Öffentlichkeit ist repräsentativ, d. h. der Anspruch beider Königinnen geht dahin, höhere Gewalt zu zeigen, zu verkörpern vor dem Volk durch die hier als wichtig herausgearbeiteten Attribute ihrer Macht. Darum geht es, und nicht um einen rein menschlichen Konflikt, als der er so oft interpretiert worden ist. Heusler hat hier Richtiges gesehen, wenn er die Figur von ihrer Rolle her begreift: »Die Rolle prägt den Kopf«. In der Tat, nur bedarf dies der Erläuterung: Der Hof, den uns das Nibelungenlied vorführt, stellt, wie Norbert Elias an einem anderen Modell gezeigt hat, ein ganz bestimmtes Netzwerk von Interdependenzen dar, in das die Individuen kraft ihrer Positionen verflochten sind. Sie sind nicht primär Individuen, sondern werden in ihren Handlungen und Entscheidungen, ihrem Wünschen und Denken geprägt durch die Position, die ihnen im Gesamtgefüge zukommt. Diese Figuren existieren nicht als selbständige, mehr oder weniger private Konflikte auslösende Charaktere außerhalb der Gesellschaft, die sie miteinander bilden.

Das wird besonders deutlich an der 19. Aventiure, die schildert, wie in einem raffiniert verschleierten Verfahren, in einer durch die königliche Machtgruppe selbst in Gang gesetzten und gelenkten Regelverletzung Kriemhild die Verfügung über den Nibelungenhort entzogen wird. An solchen Szenen zeigt sich, daß auch der König nicht nur der Wahrer einer schlechthin gültigen, alle Handlungen bestimmenden höfischen Idealität ist, sondern letztlich auch nur funktional im Rahmen des Gesamtgefüges machtpolitisch orientierter Entscheidungen, die mit den Geboten der höfischen Idealität divergieren. Ja, mehr noch: die höfische Idealität wird, wie man an der Ermordung Siegfrieds oder am Betrug auf Isenstein sieht, in die realpolitische Handlungsstrategie einbezogen.

Hier können wir auf die Frage zurücklenken, die uns oben bereits beschäftigte. Joachim Bumke hat in seinem Buch ›Studien zum Ritterbegriff‹ (1964) mit Recht davor gewarnt, das aus der Dichtung gewonnene Idealbild, so wie es sich im Artusroman zeigt, auf eine als selbstverständlich vorausgesetzte Wirklichkeit (Ihlenburg) zu beziehen: »Das adlige Rittertum, von dem die höfische Dichtung erzählt, kann nicht aus Verschiebungen in der Ständeordnung erklärt werden; es ist ein Erziehungs- und Bildungsgedanke von weitreichender Bedeutung und ein Phänomen der Geistesgeschichte mehr als der Sozialgeschichte. Die Wirklichkeit des Adels um 1200 sah offenbar ganz anders aus. Wir hören von politischen Morden, und die Fehden der Großen wurden mit Verrat, Erpressung, Raub und Brandschatzung geführt. Gegen diese harte Wirklichkeit haben die Dichter das ritterliche Tugendideal gestellt, den Traum vom adligen Menschen, der die Demut in seinen Adel aufgenommen hat und der darum ringt, zugleich den Pflichten der Welt und dem Anspruch Gottes zu genügen. Keine Quelle berichtet uns, daß dieses Bild die Adelswelt der Zeit verändert hat« (S. 148).

Im Nibelungenlied, so scheint mir, wird beides – Wirklichkeit des Adels um 1200 und ritterlich-höfische Idealität – deutlicher, als es im gleichzeitigen Artusroman in der Regel der Fall ist, im dichterischen Werk selbst vermittelt. Nicht wird einer krassen Wirklichkeit ein idealer Entwurf entgegengestellt, sondern gezeigt, daß in der angeblich so idealen höfischen Welt die Gesetze einer krassen Realität wirksam werden, ohne daß die Gesetze der Idealität bezweifelt oder gar aufgehoben würden.

Freilich, damit ist nur etwas sehr Allgemeines gesagt, und es käme darauf an, das Verhältnis dieser literarischen Vermittlung zur historischen Realität von 1200 zu konkretisieren; es käme weiter darauf an, die Stichhaltigkeit einer möglichen Konkretisierung anhand der Epengenese zu überprüfen. Erst wenn das getan ist, kann man weiterfragen, ob und wie das Nibelungenlied eine oder die Krise der Zeit um 1200 widerspiegelt. Über eine Problematisierung kommen wir zum gegenwärtigen Zeitpunkt noch nicht hinaus.

Ich sprach oben von der Rechtfertigung einer Übersetzung des Nibelungenliedes und bezweifelte, daß die Ideologiekritik der Rezeptionsgeschichte allein ausreiche, um eine Beschäftigung mit dem Werk zu legitimieren. Worin kann sie dann liegen? Nun, es ist heute sehr schwer, eine Lanze für die ältere deutsche Literatur zu brechen, da dieses Fach in der Öffentlichkeit, in Presse und Rundfunk, immer dann herhalten muß, wenn das Mißverhältnis zwischen Hochschulstudium und Schulpraxis besonders deutlich gemacht werden soll. Dann wird verwiesen auf das unverantwortliche semesterlange Erlernen des Althochdeutschen und Gotischen, von Sprachen also, die im Schulunterricht später keinerlei Bedeutung mehr haben.

Auffassungen dieser Art sind die verständliche Reaktion auf eine schlechte Praxis, wie sie jahrzehntelang an der Universität betrieben wurde; auf eine Praxis, in der niemals die Frage aufkam, worin der Sinn des Erlernens von Ablautreihen und Versformen, von Rückumlaut und literarischen Daten für den künftigen Deutschlehrer eigentlich bestehen könnte. Diese schlechte Praxis ist in den 60er Jahren kritisiert und der Schluß gezogen worden, die Altgermanistik solle sich ganz aus der Schulausbildung zurückziehen und nur wenige, speziell interessierte Studenten ausbilden.

Es wäre einmal an der Zeit zu fragen, ob das der einzige, ob es der richtige Schluß war. Auf jeden Fall hätte, bevor solche Konsequenzen gezogen wurden, noch geprüft werden müssen, ob es eine bessere Praxis geben könnte. Es wäre an der Zeit zu fragen, ob denn die Fragen, die man an die Altgermanistik gestellt hat, überhaupt sinnvoll waren. Falsche Fragen jedenfalls bedingen falsche Antworten. Gewiß, Hans Sachs oder Wolfram, das Nibelungenlied oder Walther von der Vogelweide helfen niemandem, der sich mit Goethe oder mit Hofmannsthal beschäftigen will. Aber, das Umgekehrte gilt auch. Hier scheint mir doch der verhängnisvolle Irrtum zu bestehen, der modernere Text sei schon deshalb wichtiger für uns, weil er uns nähersteht. Immerhin liest man in einer neueren Auseinandersetzung: »Es klingt zunächst wohl eher harmlos, wenn ich mir eine Germanistik wünsche, die sich versteht als historische Poetik, mit den Produktionsweisen, den Wirkungsarten und Rezeptionsverläufen literarischer Werke als Lehr- und Forschungsgegenstand. Doch schon das hätte Konsequenzen. Man könnte sich dann eben nicht mehr illusionär verbrüdern mit den fernen Zeiten und Werken, sondern hätte gerade deren Fremdheit herzustellen, als eine allerdings verstehbare Fremdheit. Über die fremden Dokumente gebeugt, ließe sich dann nicht mehr sagen: ... Nimms probeweise als Vorbild, machs innerlich fromm nach, sondern nur: So war das einmal, das sind nicht wir, das ist aber unsere Vergangenheit« (Baumgart).

Und dies sollte nicht gelten für die Werke der älteren deutschen Literatur? Sie sollten an einem Modell von Literatur gemessen werden dürfen, das nicht selbst unter dieses Verdikt fiele? Wer liest denn noch, anders als aus literarischem Interesse, Goethe oder Stifter, Schiller oder Hölderlin? Auch sie sind heute bereits in die geschichtliche Distanz gerückt.

Und hier sehe ich gerade den Sinn einer Beschäftigung mit der älteren deutschen Literatur: Als Modelle einer Literatur, die noch ganz und gar gesellschaftlich funktional, noch nicht durch eine absolut gesetzte Ästhetik vermittelt ist, böten gerade die Werke des Mittelalters die Chance, die Geschichtlichkeit des eigenen Standorts am Gegenbild zu erkennen; böten die Chance, literarische Produkte kennenzulernen, deren gesellschaftlich vermittelte und gesellschaftlich begründete Form und Symbolsprache von einer ästhetischen Praxis zeugen, für die wir heute wieder mehr Verständnis gewinnen.

Dafür wären allerdings die werkimmanenten Fragestellungen zu transzendieren, wären Forschungen anzustellen, für die es heute in unserer Disziplin erst einige Ansätze gibt: Forschungen über Autor und Publikum, über mittelalterliche Handschriftenproduktion und Tradierungsvorgänge, über soziale Lebensformen und gesellschaftliche Mobilität, über die gesamten Bedingungen literarischer Produktion und Kommunikation, über die Sozio-Ökonomie wie die politische Geschichte und die ästhetische Formtradition.

Alle diese Forschungen wären die Grundlage für die Erforschung eines Prozesses, den Norbert Elias als »Prozeß der Zivilisation« beschrieben hat und für den das Mittelalter und die daran sich anschließenden Jahrhunderte wesentliche Stationen darstellen – Stationen eines Emanzipationsprozesses, dessen zerklüftete Kontinuität für uns doch wichtiger sein dürfte als die Diskontinuität, auf die rekurriert, wer dem mittelalterlichen Menschen den neuen Menschen der Renaissance entgegensetzt: Eine Gegenüberstellung, die ohnehin als Ideologie zu entlarven wäre, da sie den geschichtlichen Prozeß allzusehr im Sinne eines geradlinigen Progresses interpretiert und ihn nicht dialektisch versteht als die permanente Aufhebung von Neu und Alt in einem anderen, dessen Neues nicht ohne das Alte denkbar ist. Von einem dialektischen Geschichtsbegriff her wäre die Einbeziehung der geschichtlichen Dimension nicht nur eine Möglichkeit, sondern eine Notwendigkeit, um unsere eigene Position zu gewärtigen.

Solche Vergegenwärtigung wäre nicht gleichzusetzen mit einer schlechten Aktualisierung, wie sie uns am Beispiel der Rezeptionsgeschichte des Nibelungenliedes immer wieder vorgeführt wird. Sie bedeutete eben nicht Verbrüderung mit den fernen Zeiten und Werken, bedeutete nicht regressive Verpflichtung auf das längst Abständige, Überlebte, Veraltete, sondern Aufdeckung von Transformationen, die aus dem Fremden das Eigene machten.

In einer Zeit, in der der technologische Prozeß allmählich alles in graue Wesenlosigkeit verwandelt, ist es nötig, personale Existenz zu bewahren; die Einsicht in die Geschichtlichkeit der eigenen Position, wie sie am historischen Gegenstand erfahren werden kann, könnte die Distanz schaffen, derer es heute bedarf, um nicht Entwicklungen und Trends blind zu verfallen. Ob man solche Einsichten am Nibelungenlied gewinnt oder an anderen Werken der älteren deutschen Literatur oder wo auch immer sonst – entscheidend allein ist, daß man sie auch hier und sogar besonders gut gewinnen kann. Der Deutschunterricht der Zukunft wird exemplarischer sein müssen als der bisherige; er wird die Konzeption, eine kontinuierliche, geschlossene Bildungstradition in ihrer Gänze vermitteln zu können, aufgeben müssen. In einer neuen Konzeption könnten historische Gegenstände wie das Nibelungenlied, neben allem, was heute wichtig ist, von der Linguistik bis zur Medienkritik, ihren unverächtlichen, freilich gegenüber der früheren Praxis reduzierten Raum behalten.

Anhang

1. Überlieferung und Handschriftenkritik

Es sind 34 teils vollständige, teils fragmentarische Handschriften über-
liefert, von denen keine das Original repräsentiert. Die ältesten Manu-
skripte stammen aus dem 13., die jüngsten aus dem 16. Jahrhundert,
danach bricht die Überlieferung, die man im Vergleich zu der Über-
lieferung anderer mittelalterlicher Werke als reich bezeichnen darf,
ab.

Die wichtigsten Handschriften, unter ihnen die durch den Philologen-
streit des 19. und beginnenden 20. Jahrhunderts berühmt gewordenen
Handschriften A B C, seien hier nur kurz erwähnt:

a) die (Hohenems-Münchener) Handschrift A, 2316 Strophen, letztes
   Viertel des 13. Jahrhunderts;

b) die (St. Gallener) Handschrift B, 2376 Strophen, Mitte des 13. Jahr-
   hunderts;

c) die (Donaueschinger) Handschrift C, 2442 Strophen, erste Hälfte
   des 13. Jahrhunderts;

d) die (Ambraser) Handschrift d, eine späte Abschrift einer offenbar
   sehr guten alten Vorlage, bricht nach Str. 2071 ab. Zwischen 1504
   und 1515 von Hans Ried im Auftrag Kaiser Maximilians geschrie-
   ben.

e) Genannt seien noch die Handschrift D aus dem letzten Drittel des
   14. Jahrhunderts und die Handschrift I von 1323.

Aus romantischen Impulsen heraus suchte man seit der Zeit der
Wiederentdeckung des Werkes nach der echten, wahren, ursprüng-
lichen, originalen Textgestalt. Karl Lachmann, der Begründer der
textkritischen Methode, legte die Handschrift A, da er ihre Uneben-
heiten und Fehlerhaftigkeit sowie ihre Kürze als Zeichen ihrer Archaik
verstand, seiner Ausgabe von 1826 zugrunde. In der Folgezeit wurde
diese Auffassung mit großer Heftigkeit kritisiert. Aus den Varianten
aller Handschriften glaubte man, zwei voneinander abweichende Ver-
sionen des Liedes erschließen zu können, die selbst nicht erhalten sind,
sich jedoch aus dem vorhandenen Material rekonstruieren lassen. Nach
den Handschriften, die diese beiden Fassungen am reinsten reprä-
sentieren, bezeichnet man sie als B*- bzw. C*-Version. Die Handschrift A
fungiert in dieser Auslegung nur als eine, noch dazu sehr schlechte
Einzelhandschrift der Gruppe B*. In der Frage des Vorranges von B*
oder C* entschieden sich Bartsch und Braune für die B*-, Holtzmann
und Zarncke für die C*-Fassung. Nach Braunes grundlegender Un-
tersuchung von 1900 galt in der Forschung als Communis Opinio,
daß die Handschrift B dem Original am nächsten komme.

Von verschiedenen Seiten ist diese Auffassung in neuerer Zeit ange-
zweifelt und die Grundlage des imposanten Brauneschen Systems in
Frage gestellt worden. Die Konstruktion eines übersichtlichen Stamm-
baumes, der die Verwandtschaftsverhältnisse der Handschriften unter-
einander und den Grad ihrer Abhängigkeit von einem ihnen allen
gemeinsamen Original abbildet, scheint dieser Überlieferung nicht
angemessen: zum einen muß damit gerechnet werden, daß bereits
vor der schriftlichen Fixierung eine Periode mündlicher Überlieferung
liegt, die weiterwirkte und jederzeit von den späteren Bearbeitern
aufgegriffen werden konnte. Zum anderen ist uns der Begriff und
Wert des Originals problematisch geworden. Selbst wenn sich das illu-
sionäre Ziel der Handschriftenkritik des 19. Jahrhunderts realisieren
und sich eine Urfassung herstellen ließe, dann wäre es eine Version,
die zum mindesten für die Zeitgenossen und Kopisten nicht die kano-
nische Geltung besaß, die Braunes Handschriftenkritik voraussetzt.
Das beste Beispiel dafür ist die Version C*, die nur wenige Jahre nach
der B*-Version entstanden sein müßte und unbekümmert änderte
und stilisierte. Offenbar gehörte die Variabilität des Textes, jedenfalls
für eine lange Phase der mündlichen und schriftlichen Tradition, zu
den konstitutiven Merkmalen dieser Überlieferung selbst. Eine jede
Fixierung hielt mithin immer nur eine der reicheren Möglichkeiten
fest, die die Tradition anbot. Ein kritischer Text hätte solche Varia-
bilität zu spiegeln.

2. Zur Textgestalt dieser Ausgabe

Der Text, der hier vorgelegt wird, kann und soll nicht den Anspruch
erheben, ein kritischer Text zu sein. Nach wie vor ist es meine Mei-
nung, daß es bei dieser Überlieferung notwendig wäre, parallele
Fassungen abzudrucken, die die Präsumptivvarianten nicht irgendwo
in die Anmerkungen verbannen, sondern die Lebendigkeit der Über-
lieferung erkennen lassen. Für die Zwecke dieser Ausgabe, die einer
neuhochdeutschen Prosaübersetzung einen lesbaren Text an die Seite
stellen soll, verbot sich diese Lösung. Es kam hier nur eine Fassung
infrage. Doch, wie sollte die aussehen? Sieht man sich die bisherigen
Ausgaben an, dann wird man bei einiger Detailkenntnis feststellen,
daß sie sehr uneinheitlich sind: sie prätendieren, einer bestimmten,
d. h. der für sie maßgebenden Handschrift (Lachmann nach A,
Zarncke nach C) oder Handschriftenkonstellation (Bartsch nach B*,
de Boor nach Bd) zu folgen, ohne doch im einzelnen diese Entschei-
dung realisieren zu können. Die durch die Vorentscheidung notwen-
dige Uneinheitlichkeit sucht diese Ausgabe in der Erkenntnis, daß sie
aus den genannten Gründen doch keine kritische Edition, sondern
nur einen Lesetext bieten kann, zu vermeiden: Zum einen dadurch,
daß hier, in einem für ein breiteres Publikum bestimmten Text, ein-
heitliche Schreibungen hergestellt werden (so schreibe ich, statt dem

uneinheitlichen Verfahren einer Handschrift zu folgen, immer *freude*, *frouwen, die, wie, friunden, durch, schænen, ritter, künec, manec* etc.); zum anderen dadurch, daß ich versucht habe, die Textgestalt jeweils auf einheitliche Kriterien zu gründen. Das bedarf der Erläuterung.

Die Ergebnisse der neueren Textkritik haben gezeigt, daß die Illusion, mit Hilfe einer bestimmten Handschriftenkonstellation den originalen Text oder auch nur den Archetypus des Nibelungenliedes zurückzugewinnen, zu begraben ist. Wenn man nun nicht, was wissenschaftlichen Zwecken durchaus angemessen wäre, parallele Handschriftenabdrucke edieren kann, dann muß der Text, falls es sich nicht um die Transskription einer einzigen Handschrift handelt, auf jeden Fall hergestellt sein. Die Entscheidung für eine einzige beste Handschrift oder für eine einzige beste Handschriftengruppe, nach der die Herstellung sich richten könnte, ist uns jedoch fragwürdig geworden. Der Ausweg aus dem Dilemma ergibt sich nur dadurch, daß man, in der klaren Erkenntnis, e i n e n Text und nicht d e n originalen Text herzustellen, die Kriterien, nach denen man vorgeht, einheitlich wählt. Meine Kriterien sind:

a) mehrfache Bezeugung. (Daher der Strophenbestand nach B). Sonderlesarten einzelner Handschriften werden grundsätzlich, wenn überhaupt, nur im Anmerkungsteil verzeichnet; es sei denn sie führen, wie an einigen Stellen, zu notwendigen Textverbesserungen.

b) das Prinzip der Lectio difficilior, das am Sprachgebrauch des Nibelungenliedes kontrolliert wird. Damit gehört zusammen, daß ich mich, falls die Handschriften in einer bezeichnenden Weise auseinandertreten und der Grund in einer Anstößigkeit des zugrunde liegenden Textes gesehen werden kann, grundsätzlich für den

c) metrisch härteren Typ entschieden habe. Dadurch bin ich an zahlreichen Stellen, de Boor verlassend, auf den alten, zu Unrecht aufgegebenen Standpunkt von Bartsch zurückgekehrt. Zu diesen Kriterien ist zu sagen, daß sie keine absolute Gültigkeit beanspruchen, sondern auf einer Vorentscheidung beruhen, die auch anders getroffen werden könnte (z. B. könnte man sich dafür entscheiden, den metrisch glattesten Text, die am stärksten höfische oder die am wenigsten formelhafte Version herzustellen. Auch damit folgte man einer einheitlichen Linie). Keineswegs, das sei nochmals betont, erhebe ich den Anspruch, den richtigen Text, sondern lediglich eine jeweils mögliche Textgestalt hergestellt zu haben.

3. Zur Übersetzung

Das Nibelungenlied ist wiederholt ins Neuhochdeutsche übertragen worden, allerdings meist in poetischer Form. Hier wird mit Entschiedenheit die Prosa gewählt, zum einen weil die mittelalterliche Form für uns unerreichbar bleibt, zum andern weil der Übersetzung der mittelhochdeutsche Text beigegeben ist und ihr daher nur eine

Hilfsfunktion zum besseren Verständnis des Epos zukommt, und schließlich weil überhaupt der Vorstellung vorgebeugt werden soll, der Text einer vergangenen historischen Epoche, der in einer einmaligen kulturellen, sozio-ökonomischen und historisch-politischen Situation seine Sprachform erhielt, der höfisch-feudale Text, sei in die Sprache einer spätbürgerlichen Zeit zu übertragen.

Die Probleme beginnen schon mit den zahllosen höfischen Begriffen wie *freude, hövesch, stæte, êre, hôher muot, tugent, minne*, für die wir in unserer Sprache keine Entsprechungen mehr besitzen. Man kann sich mit Umschreibungen behelfen, ohne indessen dadurch der Schwierigkeiten wirklich Herr zu werden. In den Anmerkungen und im Wörterverzeichnis soll versucht werden, auch in dieser Hinsicht hilfreiche Erläuterungen zu geben.

Ein weiteres Problem stellt die durchgängige Formelhaftigkeit dar: Jede dritte Strophe beginnt, alter epischer Tradition entsprechend, mit dem Eingang *dô sprach*; die handelnden Figuren erhalten stereotype Beiwörter, Epitheta ornantia (*diu schoene Kriemhilt, der küene Sîvrit* etc.); bestimmte, wiederkehrende Gesten und Verhalten werden durch genau dieselbe Formel wiedergegeben (*daz was in leit, daz wart mit vlîze getân, als im diu triuwe gebôt* etc.). Hier lag es nahe, die Monotonie durch verschiedene neuhochdeutsche Entsprechungen aufzulockern. Dieser Versuchung habe ich indessen zu widerstehen versucht, weil ich meine, daß dieser Gleichlauf der Formeln als ein wesentliches Merkmal der epischen Sprache erhalten bleiben sollte.

Generell gilt für diese Übersetzung: Bei grundsätzlichem Zweifel an der Übertragbarkeit früherer Texte möchte sie dem Leser, um ihm an dem alten Text die Historizität auch seines eigenen Standpunktes klarzumachen, so viel vom fremden Bewußtsein vermitteln als irgend möglich.

Zu einzelnen Stellen:

Die Interpunktion ist am Ende dieses Abschnittes behandelt. Erklärung der Abkürzungen: ABCDEIOS sind die Siglen der (meist frühen) Pergament-, abdh die Siglen der (meist späteren) Papierhandschriften bzw. -fragmente. In Klammern stehende Siglen beziehen sich auf die Ausgaben: (Ba) = Bartsch, (deB) = Bartsch-de Boor, (La) = Lachmann. – rell. = alle übrigen Handschriften. – str. = Strophe oder Strophen.

14,4 *enwelle* BD, *welle* (La Ba deB). – *verloren* AI, *vloren* (La Ba deB) nach BC

15,3 *wil ich* ADId, *ich wil* (Ba deB) nach BC

27,4 *ross und guot gew.* (deB) nach Bd

31,4 *da sin sun Sivrit*] *da Sivrit* A, *do sin sun* Ih, *da sin sun Sivrit wol* Bd (*da sin sun wol* deB, *da Sivrit* La Ba)

36,1 *dan* fehlt ABd (deB). Doch steht *ziehen* = »wegführen« sonst immer mit *dan* (vgl. 76,1. 398,1. 1879,2).

39,1 *herre der* Bd (deB)

53,4 *hochvertegen* AIdh (La); zur Lesung *hochverten* rell. (deB Ba) vgl. die Lesarten zu 727,4. 1882,4. 1891,4.

64,2 *ze der* Ad (La), *zer* rell. (Ba deB)

76,4 *vil guoten* Bd (deB), *guoten* rell. (La Ba)

78,4 *vil manegen* Bd (deB)

85 Bd (deB) setzen diese Strophe durchgängig in die Form der indirekten Rede. Bezeichnender für den Stil des Nibelungenliedes scheint mir jedoch das Ineinander von direkter und indirekter Rede zu sein, wie es die anderen Handschriften sowie (La Ba) aufweisen.

105,4 aus den Strr. 101 ff. geht hervor, daß es hier statt *in* rell. (deB Ba) *im* heißen muß, wie AIh (La) lesen.

106,4 *ze dem* AD (La), *zem* rell. (Ba deB)

108,4 *ne* fehlt BDIh (deB)

112,3 *verliesen* ADIbd, *vliesen* B (deB)

113,4 *dus* A (La) statt *duz* rell. (deB Ba). *dus = du si*, bezogen auf *diu erbe*.

116,4 *suone diu* BIdh (deB)

119,4 *ein ritter* AIh, *der ritter* BCD (deB Ba)

129,3 *het* BId (deB)

138,4 *vil leide*, alle außer AIbh (La)

143,4 *die wellent suchen iwer lant* CD, *w. s. in iuwer l.* Ibh, *die wellent suochen her enlant* B, *die wellent heer suochen ewer lant* d, *d. w. iuch suochen inz l.* A, *die wellent suochen her in iuwer lant* (deB), *d. w. suochen her enlant* (Ba)

148,1 *vil richen* Bd (deB)

154,2 *ir so habet* rell. (deB), *habet ir so* BC (Ba)

165,1 *den* (Ba), *den starken* ABd (deB La), *den beiden* D, *al den* Ih

208,1 Außer AIh lesen die Hss. *ein m. dr.* Vgl. 1867,4. 280,2. 595,1

209,3 So lesen alle Hss.; doch gilt die Lesart im allgemeinen als Fehler des Archetypus und wird in fast allen Ausgaben durch *niht wesser* ersetzt. Im Hinblick auf 648,2 interpretiere ich *wizzen* als ›ahnen, vermuten‹ und behalte die handschriftliche Lesung bei.

219,4 *werlicher* Bd (deB)

224,4 *ir vil liebez* BCd (deB Ba)

228,2 *ander skuniges* B (Ba deB La), *anders kuniges* A, *ander des kuniges* CDISbh

229,2 *vol* b, *wol* rell. Vgl. 1064,1.1181,3.

246,3 *verlorn* ADbd, *vloren* rell. (La Ba deB)

251,4 *bot* L. BIdh, *bot do L.* rell. (Ba La)

256,3 *künec gie* BIdh, *künec do gie* rell. (deB)

260,4 Nach A. – *in daz* B (deB), *in des* d. C liest *heim in sines vater l.*

263,1 *si da* AB (deB La Ba), *da* fehlt CDIbh

264,2 *vil manec frouwe und meit* nach d (deB), *vil m. fr. und manec meit* B, *vil frouwen und meit* Ab, *manic frawe gemeit* Ih.

269,1 *peyen* CE, *poyen* D, *betten* BIh, *beten* A. *beien = Fensternischen*, wo die Verwundeten wegen der frischen Luft und wegen des

von ihnen verbreiteten Wundgeruches gelagert wurden, konnte
leicht trivialisiert werden zu *betten*.

274,4 *rat der* BDIh (deB). – *vil manegem*] *vil* fehlt BDIh (deB)
276,4 *vil manec* BCd (deB Ba)
284,1 *ir* BDIbdh (deB), *in* ACE (Ba La)
284,2 *wolden des* ADIbdh (La), *wolden daz* BC (Ba deB)
286,1 *Siglinde kint* ADIbh (La)
289,4 *den vil* BDd (deB Ba)
290,1 *giengen des* AIb, *giengen* d, *gie des* D, *giengens* BCE (Ba La);
      giengen swirtes (deB)
297,4 *in dirre werlde* DIh, *ze d. w.* A, *in al der w.* Bd (deB), *bi sinem*
      lebene CE
321,3 *und ouch* BCd (deB Ba)
327,1 *stein den* BCDb (deB).
333,1 *der S. sun* Bd (deB), *des S. sun* b
334,1 *sprach do* BCD (deB)
336,2 *helt vil* BCD (deB)
349,2 *so sprach* BCD (deB)
369,3 *kurz und ouch* Bd (deB)
376,4 *vil michel* BCd (deB)
381,1 *ir vil* BCd
383,4 *und ouch* BCDd (deB)
393,3 *der muot* BCd (deB)
395,1 *gegen den* BCd (deB)
402,1 *komen* Bd (deB)
410,2 *die* AIh, *di vil* B, *dise* Db
423,2 *getar er* BIh (deB)
428,2 *daz* AD, *do* B, *do daz* d
435,4 *vil* fehlt Bd
437,2 *solde tragen* Bd (deB)
438,3 *verliesen* ADbd
446,4 *der starken* B
448,3 *vil snelle* BDd, *küene* AIbh
450,3 *waffen do* B, *waffen sprach der* d, *wafen sprach* A (deB)
455,2 *vil lützel* BC
457,1 *gebrach* ABb
460,2 *schuz den* BDd
464,1 *der was* BDId
469,3 *man ez* B (deB)
470,1 *wise was* BDIdah
489,3 *uf do* BCd (deB)
503,2 *die* fehlt BC (Ba)
507,4 *ritterliche* BC (Ba)
520,2 *lazet mich* BDbd, *nu lat mir* AIh
529,4 *iwer boten* AB, *die iwer* rell. (deB)
530,3 *her Hagene* BD
538,2 *den sult* Bd (deB)

543,1 *vil hohe* BCD (deB)

547,3 *treit ouch* BIh, *treit doch* CD, *treit vil* A

552,3 *haben* CDIh (Ba), *han* AB (deB)

555,4 *und* b (Ba), *und ir* BIdh (deB), *und ouch* DC

556,4 *sus* ACa (Ba), fehlt BDbd (deB)

565,4 *diu huop* Bd (deB)

569,4 *diu kunden* (deB)

572,4 *vil manic* ACDd (deB)

584,3 *der vil* BDd (deB)

591,4 *vil manigem* BCDd (deB)

608,4 *vil michel* ACD (Ba)

617,4 *mit* A (La), *alda mit* Ih, *mit samt* BDbd (deB). C ändert: *nach im*
     an den sedel gan. Vgl. 627,4

619,2 *vil liehter* BDd (deB)

619,3 *wan iu* CDdIh

627,4 *mit* Aabd, *dannen mit* D, *dan mit* BC, *alda mit* Ih, *danne mit* (deB),
     samet (Ba)

635,3 *merken* ABd, *wizzen* rell.

646,3 *in der Burgonde* Bd (deB)

666,1 *der iuncvrouwen* BC (deB), *der frouwen nahen* Ih, *nacket der schoe-*
     nen frouwen D, *der küneginne* A, *der frouwen* b

667,4 *vil harte* BDd (deB)

670,1 *uf do* BDd (deB)

675,1 *e daz* alle außer AB

677,1 *zu ir* D, *hin zir* B (deB), *hin zu* b, *hin zu ir* d, *zuo der* AIh

679,1 *der stuont* ACDd. – 4 *diu vil* DIh, C weicht völlig ab.

686,1 *diu werte* AD, *do werte* BC, *da werete* d, *werte* Ih

702,1 *vil verre* BCd (deB)

704,2 *diu vil* BDd (deB). – 4 *min sun der edel Sifrit* BDbd, *Sifrit der edel*
     Ih, *Sivrit der vil küene* C

715,4 *wol ergan* alle außer BIah.

739,3 *da funden* BDb (deB)

752,2 *diu hat* ACD (deB)

759,2 *ich* BDb

764,4 *die treip* BCD (deB)

766,2 *in* BIdh, *im* rell. (Wohl zu beziehen auf 765,1 = *in*)

778,2 *und ouch* BCd (deB). – 4 *riche* Bd (deB)

783,2 *daz] min* Bd

789,4 *der* fehlt Ad

793,4 *den] ir* Bd

795,2 *wirt daz* B, *wirt den* Dbd

796,3 *des* Ad, *daz* rell.

797,3 *daz* fehlt AB

805,2 *di hiez* BDbd (deB)

809,1 *vil* fehlt AC. – *vil manigen* BDbd (deB)

839,4 *werden immer* Bd (deB)

845,4 *sich es* B (deB)

852,3 *iht* nur in ABd (deB)

855,4 *den hiez* BDd

858,1 *der starke* Bbd (deB)

878,2 außer ABd lesen die Hss. *die Liudegeres*

884,1 *herre* Bd (deB)

902,2 *ritter* Bd (deB)

914,1 *niht nemen* ABDILbdh, *niht nemen wan* (deB), *niht wan* (Ba)

918,3 *und siner* BIh

928,3 *da jagen* ABCb (deB)

934,2 *der vil* BCDbd (deB)

936,4 *die sagten* BCDd (deB)

938,1 *den vant* BCDd (deB). – 4 *küenen helt* ACDb (deB)

946,3 *tier vil* BCDbd (deB)

948,3 *niwet* B (deB)

951,3 *hin nider* BDbd (deB)

952,2 *den sach* alle außer AIh

955,4 *der was* alle außer ABa

966,1 *baz* fehlt allen außer BDbd. – 2 *von dem* alle außer Bbd. – 4 *daz*
      ist BDbd (deB). Präsumptiv wäre: *man solz iu gerne büezen!*
      swaz wir gebresten han, daz ist von Hagenen schulden …

969,2 *hie bi* BDSd, *hie bi vil* Ih, *hie vil* rell.

974,4 *lieb ez* Bdb

982,2 *dem herzen* alle außer A

989,1 *ir vil* BCDbd (deB), *ir* AIQah

993,4 *daz ich* ADIabdh, *deich* BC (deB Ba)

995,1 *daz ich* ADIabdh (deB), *deich* BC (Ba)

1012,2 *owe mich mines* Bd (deB), *we mir dises* A, *owe mir dines (libes)*
       DIbh. – 4 *und wesse* CDIh

1016,2 *des] deheines* Ih, *der* BLbd (deB)

1026,2 *den sinen* alle außer AIdh

1029,2 *und ouch* A, *unde* b, *und die* Ih, *und alle* D

1031,4 *verliesen* DIbh. – *sult ir* Bd (deB)

1032,1 *erburten* CIh, *erporten* b, *erbunden* ABd (deB). – deB liest *helmen*
       statt *schilden*, da er die offenbar verlesene Lesart von ABd als
       richtig voraussetzt und mit *schilden* nicht in Einklang bringen
       kann. Vgl. 1929,3.

1035,3 *den minen* alle außer Adb

1036,4 *die komen* alle außer AIQh

1038,2 *vil michel* alle außer AIbh

1046,1 *vil wol* alle außer DIQbh. – 4 *ze] do zuo* A, *ze* a, *do gen* DIb,
       do hen h, *gegen* B, *gen euch* d

1049,1 *die sprachen* alle außer BDbd

1050,1 *sarc der* BCDb (deB)

1054,1 *daz iht* Bd, *daz* rell.

1055,1 *man da* BCbd (deB). – *von dan* alle außer AIQh

1057,3 *daz ez* Bd (deB)

1061,3 *silbers* Bd (deB)

1062,1 *ze der rehten* Bd (deB). Vgl. 1250,1

1068,4 *den* b, *do den* Bd (deB), *den vil* rell.

1076,4 *den fr. und den m.* B (deB), *der fr. und ir m.* Idh

1077,4 *niemer*] *müelich* AC (Ba)

1079,4 *solde*] *müese* Bd (deB)

1107,1 *der helt von Tronege* Bbd (deB)

1108,4 *daz ez* alle außer BIdh

1112,1 *schoenen* fehlt BCd (Ba)

1114,4 Bb] *wol zuo* Kr. *gan* Od (deB), *zu vroun* Kr. *gan* D, *dicke sin*
 zuo ir gegan A, *wol zuo siner swester gan* Ih, C weicht völlig ab.

1116,1 *do truogen* alle außer BIh

1117,1 *und* BOd, *und ouch* ADIbh

1121,2 *trueg mann* a, *man truge* C, *si truogen* A, *hiez man* Ih, *den hiez*
 man Bd (deB), *hiez man tragen dan* Db. – 3 *zuo dem sewe*] *tragen*
 zuo dem sewe BIdh, *zuo dem wilden see* D, *nider zuo den ünden* C

1126,2 alle außer ACab lesen *gewesen.*

1127,4 *grozer*] *guter* Bd (deB), *maniger* Ih

Bezugspunkt für die folgende Zusammenstellung ist die heute ge-
bräuchliche Ausgabe von Bartsch-de Boor. Folgende Änderungen der
Interpunktion sind hier nicht aufgeführt: Ersetzung eines Ausrufe-
zeichens durch einen Punkt oder ein Semikolon; Ersetzung eines
Semikolons durch einen Punkt oder ein Ausrufezeichen; Ersetzung
eines Doppelpunktes durch einen Punkt oder ein Semikolon; Er-
setzung einer Klammer durch Kommata.
Ein Semikolon tritt an die Stelle eines Kommas: 26,3. 43,2. 44,3. 50,2.
84,1. 130,2. 142,1. 505,1. 509,1. 568,3. 738,2. 1016,1. – Ein Frage-
zeichen tritt an die Stelle eines Kommas: 83,3. 294,2. – Ein Punkt tritt
an die Stelle eines Kommas: 276,1. 315,3. 514,2. 589,3. 655,3. – Ein
Ausrufezeichen tritt ein für ein a) Komma: 120,1. 159,2. 174,1. 194,2.
443,3. 610,3. b) Fragezeichen: 930,2. – Ein Komma tritt ein für a)
einen Punkt: 194,3. 635,2. 685,4. 714,3. 746,4 b. b) ein Semikolon:
511,1. c) einen Doppelpunkt: 655,3. 760,3. – Ein Doppelpunkt tritt
ein für ein Komma: 154,1. 308,4. 331,3. 380,4. 558,3. – Neu einge-
führt werden a) ein Punkt: 926,1. b) ein Komma: 108,1. 140,2. 601,1.
714,3. c) ein Ausrufezeichen: 635,1. – Getilgt wird ein Komma:
926,2 a. 1016,2. – 818,4 wird das Komma verschoben.

Zur Einrichtung der Ausgabe:
Die Zählung der Strophen richtet sich nach der Ausgabe von Bartsch,
doch sind rechts neben dem Text die Zählungen nach Lachmann und
(in Klammern) nach Holtzmann-Zarncke angegeben. Als Lesehilfe
sind an einigen Stellen Akzente angebracht (z. B. á, í oder ā́, ī́). Punkte
unter einem Vokal besagen, daß er mit dem folgenden Vokal zusam-
mengezogen wird (Elision).

1 Auf der Zäsur durchgereimt wie Str. 17. Zäsurreim gilt in der Forschung als
Zeichen für geringes Alter; Heusler spricht von ›jüngstem Flugsand‹. Die
Frage ist, ob nicht für die erste Strophe eines Epos stärkere Ausschmückung
sogar das Wahrscheinliche ist. Syntaktisch ist die Strophe in einen einzigen
großen Spannungsbogen gebracht durch die Konstruktion des Apo Koinou,
d. h. *von helden lobebæren* (2a) bis *recken strîten* (4a) bezieht sich als gemeinsamer
Satzteil auf das Vorhergehende wie das Folgende.

2,2 Zum konsekutiven *daz* ist im Nhd. ein Zwischenglied zu ergänzen, das der
mhd. Text auslässt. – 4 Die erste der zahllosen Vorausdeutungen, die fast
ausschließlich düster, nur an wenigen Stellen heiter sind. Sie stehen meist im
4. Vers und sind mehr als nur eine bequeme Strophenfüllung, sind erzähleri-
sches Mittel, trotz des vorrangigen Interesses am Moment und am einzelnen
das Ganze nicht aus dem Auge zu verlieren.

4,2 Die Ausdrücke *recke, degen, wîgant* vertreten gegenüber dem um 1200 üblichen
ritter eine ältere Schicht, haben archaische Patina.

13 Hier könnte der Beginn eines alten Falkentraumliedes anzusetzen sein; viel-
leicht noch deutlicher erkennbar an der Lesung der Hss. A und I: *Ez troumde
Chriemhilde in tugenden der si pflac, wie si einen valken wilden züge manigen tac.* –
Der *valke* ist auch im Minnesang das Sinnbild des Geliebten.

15,4 Beides wäre im Mhd. möglich: durch die Liebe eines Mannes, durch die Liebe
zu einem Mann.

17,1 Kriemhild redet ihre Mutter mit *frouwe* = Herrin an. Vgl. 61,3. Der Text
führt uns in einen Bereich strenger Etikette, höfischer Umgangsformen und
Verhaltensnormen. Die Forderungen, die eine hierarchische Hofkultur an
die Glieder des Hofes stellt, schlagen sich stilistisch z. B. auch in den (für
moderne Ohren sicherlich penetranten) Wiederholungen ein und derselben
Wertbegriffe nieder: *êre, stæte, triuwe, milte, güete, ellen, prîs, edel, rîch, guot,
lobelîch, hôch* etc. – 3 diese Zeile wird am Ende des Epos wieder aufgegriffen:
2378,4 *als ie diu liebe leide ze aller jungeste gît.*

23,1 D. h. wie es ihm als Königssohn zukam. Die Erziehung des Fürsten, der ein
›gerechtes Auge‹ werden sollte, war von entscheidender Bedeutung für das
spätere Wohl oder Wehe eines ganzen Landes. Darin liegt wohl der Haupt-
grund für die Reichhaltigkeit der Fürstenspiegeltradition.

28,4 Das Fest der Schwertleite, auf dem Siegfried das Ritterschwert erhält, beendet
die Zeit seiner Erziehung. Kurz darauf wollen die Untertanen ihn bereits zum
König haben (Str. 42 f.).

29 Hier wie auch später sind Feste Gelegenheit, die königliche *milte* breit dar-
zustellen. Die Fürsten überbieten einander in Freigebigkeit, verschwende-
rischem Schenken.

30,2 ff. Hier wie auch später treten Strophen oder ganze Partien auf, in denen von
Kleidern die Rede ist. Einer an individueller Gestaltung interessierten Philolo-
gie galten diese sog. Kleiderstrophen immer als suspekt. Es gilt jedoch, sie ganz
ernst zu nehmen und auch in ihnen notwendige höfische Formerfüllung, und
das meint in diesem Zusammenhang: höfische Selbstdarstellung zu sehen.

31,4 Sitze für das Zeremoniell und dann später für das gemeinsame Gastmahl.

34,3 Der Hauptbau der Burg, wo die Festräume sich befinden, ist der *palas*; *sal*
ist der große Festsaal. *palas unde sal* = die ganze Burg.

38,2 Ein höfisches Fest lockt Scharen von Fahrenden an, die auf dem Fest ihre
Künste zeigen und darauf hoffen, reich belohnt zu werden.

39,1 Zum ersten Mal tritt Siegfried in seiner herrscherlichen Funktion hervor; zugleich wird die Kontinuität herrscherlichens Verhaltens bekräftigt: *als er het ê getan.*

43 Die Str. faßt Siegfrieds Vorbildlichkeit noch einmal zusammen: liebevolle Pietät gegenüber den Eltern, energischer Einsatz für den Schutz der Untertanen, die gemäß der mittelalterlichen Sozialstruktur darauf einen Anspruch haben.

46,2 Wörtlich: Kriemhild gestand es sich in ihrem Sinn niemals ein. *ir selber* = refl. pron. dat.

48,3 Die Ebenbürtigkeit ist in der hierarchisch geordneten höfischen Welt eine entscheidende Bedingung. Der spätere Konflikt Brünhild–Kriemhild wird weitgehend vom Motiv der Ebenbürtigkeit Siegfrieds bestimmt, vgl. etwa 620 ff.

50,3 *der wille sînes kindes* steht Apo Koinou (vgl. zu Str. 1).

52,3 ist nach der Ausgabe von Bartsch-de Boor übersetzt.

57,4 Wörtlich: wenn wir irgend Freunde haben.

59,3 Wörtlich: dahin sollt Ihr mir helfen.

62 Zu den Kleiderstrophen vgl. Anm. zu 30,2 ff.

68,2 f. Wörtlich: wenn irgendjemand sich stolzer gefühlt hätte als Siegfried und sein Gefolge, dann gab es dafür keine Veranlassung.

70,2 ff. Der Erzähler mischt sich des öfteren ein, meist um die Emotion durch eine Vorausdeutung zu erhöhen.

72,4 Die hyperbolische Form der Aussage gehört zu den wesentlichen Merkmalen des höfischen wie des epischen Stils: der gegenwärtige Eindruck ist immer der stärkste, er feiert das Bestehende.

79,1 Hier wird, wie so oft im Nibelungenlied, die vorige Szene (Ankunft Siegfrieds) unterbrochen. Der Perspektivenwechsel zieht alle Aufmerksamkeit auf die neue Szene (Reaktion der Burgunden), die frühere Szene bleibt gleichsam stehen, bis Hagen seinen Bericht gegeben hat (86–100), erst Strophe 105 lenkt wieder auf Siegfried zurück. Gleichzeitige Geschehnisse werden im Nacheinander erzählt. Daher übersetze ich *nu* mit ›nun‹, nicht wie de Boor mit ›unterdessen‹.

81,3 ff. Ein wichtiger Zug des Ratgebers ist sein aus weltläufiger Erfahrung gewonnenes Wissen. Vgl. etwa Strophe 330 ff., wo Siegfried diese, in damaligen Lebensverhältnissen entscheidende Rolle übernimmt.

84,3 Dem Interesse der Helden an einer Ausstattung, mit der sie Ehre einlegen können (vgl. Anm. zu Str. 30), entspricht, daß diese Ausstattung, wenn sie gut ist, von den anderen mit Befriedigung wahrgenommen wird. Wechselseitige Bestätigung der Lebensform. Kleider machen Leute, aber in dem Sinn, daß eine totale Übereinstimmung von Kleidern und Position vorausgesetzt wird. Die Kleider zeigen, daß die Ankömmlinge Fürsten oder *fürsten boten* und daß sie *hôch gemuot* sind (Str. 85). Vgl. oben zu 30,2.

87 Es folgt bis zur Str. 100 Siegfrieds Jugendgeschichte, die sich allerdings beschränkt auf das für das Nibelungenlied Notwendige (Gewinnung des Hortes und der Hornhaut) und alle weiteren Details, wie wir sie aus den nordischen Versionen des Siegfried-Stoffes kennen (Altes Sigurdlied, Jüngeres Sigurdlied), beiseite läßt. Das Motiv, daß Siegfried mit sich und seinen Eltern unbekannt bei einem Schmied im Wald aufwächst, hat im Nibelungenlied, das in der zweiten Aventiure vom Königssohn Siegfried handelt, keinen Platz. Ein Nachklang scheint sich in der Art seines Auftretens (Str. 106 ff.) erhalten zu haben. Die Partie der Str. 87–100 ist übrigens die einzige Rückschau in dem ganzen Werk. – 3 *Schilbunc* und *Nibelunc* sind Söhne *Nibeluncs.* Nach ihm heißt der Schatz *hort der Nibelunges* (89,1). Mit der Besitzübernahme wechselt offen-

bar der Name auf Siegfried (obwohl er nie *Nibelunc* genannt wird) und dann im zweiten Teil auf die Burgunden (1523,1).

90,1 wörtlich: daß er die Helden sehen konnte und auch ihn die Helden.

100 Anspielung auf eine Version, wie sie im Lied vom Hürnen Seifried (Drucke aus dem 16. Jh., wahrscheinlich nach einer Version aus der Mitte des 13. Jhs.) vorliegt.

101 Siegfried freundlich zu begrüßen, wird hier mit seiner Stärke und Tapferkeit begründet (was wohl die ursprüngliche Motivation ist); die höfische Begründung wird nachgeholt: vgl. 103,2. Zunächst verhält sich auch Siegfried höflich (105,3) und korrespondiert dadurch der Str. 103. Dann aber (ab 106,4) sehen wir wieder den früheren Siegfried vor uns. Ab Str. 106,4 wechselt das Bild, und die archaischen Züge (Verwegenheit, Pochen auf die eigene Stärke) treten hervor. Man muß den Mißklang hören, der durch einen Anspruch, wie er in den Str. 113f. vertreten wird, in diese Welt höfischer Kultiviertheit hineingetragen wird. Dabei ist durchaus erkennbar, daß die Szene darauf abgestimmt werden sollte, daß Siegfried jetzt Königssohn ist (vgl. seine Antwort an Ortwin in V. 118,3).

123 Mit dieser Strophe lenkt die Handlung wieder in die höfischen Bahnen ein: mit Gernots Schlichtungsversuch und Siegfrieds Gedanken an Kriemhild, die unterdessen völlig aus den Augen verloren worden war.

131 In den folgenden Strophen finden sich eine ganze Reihe Termini, die auch im Minnesang eine wichtige Rolle spielen: *hôhe minne, heimlîche, güetlîchen, herze, minneclîchen, herzen liebe*. Auch die Selbstreflexion des Mannes (Str. 136) ist der Heldendichtung eigentlich fremd. Ähnliches gilt für die Partie, in der die erste Begegnung Kriemhild-Siegfried geschildert wird: 281ff., 291ff.

138,3 Die jungen Mädchen werden in der Abgeschiedenheit der Kemenate erzogen. Erst in der 5. Aventiure darf Kriemhild, Siegfried zu Ehren, *bî hove* erscheinen (Str. 274ff.).

143,4 Wörtlich: die wollen Euch hierher in Euer Land heimsuchen. Die Richtung kann im Nhd. bei ›heimsuchen‹ nicht mit angegeben werden.

147,3/4 *disiu st. maere* bezieht sich auf das Vorhergehende (*verdagen*) und auf das Folgende (*klagen*).

151,2 Der *übermuot* ist darin zu sehen, daß sie den Burgunden keine Zeit lassen, sich zu besenden.

156 Diese Versicherung der Freundschaft, die in Str. 157 von Gunther erwidert wird, wird später immer wieder zum Thema, besonders vor der *Îsland*-Episode 332ff., 453ff., und beim Verrat 868ff., 884ff., 989ff.

164,4 Die Boten stehen unter dem Schutz des Königs, der ihnen *sîn geleite* gibt.

166,2 Wörtlich: derer (*der gâbe*) hatte Gunther ihnen genug zu geben.

171,3 *des gie den helden nôt,* hier übersetzt: wie die bedrohliche Lage es erforderte; wörtlich: wozu die Helden allen Grund hatten.

176,3 In diesem kurzen Vers wird ein realistischeres Bild des Kriegszuges deutlich: Raub, Brand, Verwüstung. Man halte dagegen die Idealität der höfischen Welt.

194,2 Der Vorteil besteht, wie Bartsch–de Boor in ihrer Anmerkung zur Stelle schreiben, darin, die Verwirrung der Feinde auszunutzen.

197,2 D. h. Siegfrieds zwölf Recken.

218,1 D. h. die Hauptleute beider Seiten kamen darin überein.

219,1 Die Unterwerfung der Sachsen ist also bedingungslos. Keiner, auch nicht die Könige sind davon ausgenommen, als Geiseln mit nach Worms zu müssen.

226 Kriemhild darf nicht direkt nach Siegfried fragen, das wäre gegen die höfische Etikette. Doch in dem Halbvers *oder wer tet da daz beste?* ist indirekt die Frage nach Siegfrieds Rolle enthalten. Der Bote merkt offenbar, worauf es

ihr ankommt, und spricht zunächst einmal nur von Siegfried (227–230), dann von anderen Helden, um dann zum Schluß wieder breit auf Siegfrieds Taten einzugehen (236–239).

236   Die Konstruktion ist im Nhd. nicht nachzumachen: wörtl. die höchsten Kriegstaten, die vom ersten bis zum letzten Tage da geschahen, die jemals ein Mensch sah, die vollführte bereitwillig die Hand Siegfrieds.

248,1   Wörtl.: in die Stadt. Doch die Richtungsangabe ist im Nhd. nicht nachzuahmen.

250,3/4 In der nhd. Übertragung ist 250a und 250,3a und 250,4 gleichgestellt. Wörtl.: um anständige Behandlung geben wir großes Gut, auf daß Ihr Euch Euren Feinden gegenüber freundlich erweist. Auch hier steht im Hintergrund, daß es offenbar nicht das Übliche war, die Gefangenen angemessen zu versorgen. – 255,2 = Silber in großen, ungewogenen Mengen.

259,1   Der erste Vers ist in der nhd. Übersetzung ans Ende der Strophe gestellt.

269,1   Zu *beien* vgl. den textkritischen Kommentar zur Stelle.

271,1   Wie im Artusroman findet das Fest am Pfingsttag statt. Vgl. etwa den Anfang von Hartmanns Iwein.

273,2 ff. Der Auftritt der Frauen gehört zum höfischen Fest. Ihre Gegenwart bringt den Rittern *freude*, versetzt sie in die Stimmung des *hôhen muotes,* und das gehört wiederum zur vollen *êre* des Festes. Deshalb drängen sich die Helden später, Kriemhild zu sehen (280,2 ff., 300).

281   Vgl. zu dieser Strophe wie den folgenden Strophen die Anm. zu 131.

284,4   Siegfried steht unter der Wirkung der Minne. Er zeigt die Symptome, die auch im Minnesang geschildert werden: Wechsel der Gesichtsfarbe 285,4. Selbstquälerische Reflexion 285.

285,4   Wörtl.: wurde häufig bleich und rot.

289,3   Unterstreicht die Bedeutsamkeit der Auszeichnung.

293,4   Nach dem höfischen Comment des Minnedienstes ist es den Liebenden nicht gestattet, ihre Liebesbeziehung durch intime Gesten vor aller Augen zu zeigen. So ist auch der Kuß (297,3) nur eine ehrende, keine liebende Geste.

299,4   In der Kirche sitzen Ritter und Frauen für sich. Vgl. den Konflikt der Königinnen in der 14. Aventiure.

308,4   Hatto übersetzt ähnlich: *numerous strong men joined in with them* (S. 50).

315   An dem Rat, den Siegfried Gunther gibt, die Sachsen und Dänen ohne Lösegeld freizulassen, wird die vorbildliche ritterliche Haltung des Königs gezeigt. Es scheint mir indessen an etwas Wesentlichem vorbeizugehen, wenn Ihlenburg in seinem Buch (passim) Gunthers Schwäche daran demonstriert, daß er seine Leute immer um Rat fragt und nicht selbstherrlicher handelt. Darin eben unterscheidet sich ein mittelalterlicher Herrscher von seinen selbstgewissen absoluten Nachfahren, daß er, Vorbildlichkeit zu finden, auf den Rat seiner Leute angewiesen ist.

317,3   Eine ziemliche Summe, wenn man bedenkt, daß die kölnische Mark in dieser Zeit etwas über 200 gr. Gold schwer ist.

326   Dieser Eingang klingt wie der Eingang eines alten selbständigen Liedes. Vgl. Anm. zu Str. 13 und vgl. Str. 2.

330   Siegfried tritt auf als weltläufiger Kenner der Verhältnisse in *Íslant* (= Land um die Burg *Ísenstein;* sicherlich ist nicht das heutige Island gemeint). Er scheint Brünhild bekannt zu sein: Vgl. 378, 382,4 ff., 393, 406,4 f. sowie Anm. 416.

336,1   Mit der *kappen* ist der Tarnmantel gemeint, von dem die Str. 97 die Rede war. Mhd. *kappe* = mantelartiges Kleidungsstück mit Kapuze. Später wird nur die Kapuze Kappe genannt.

341,1   *in recken wîse* = wie die alten Recken, d. h. die allein umherziehenden, heimatlosen Helden. Diese Art der Reise steht in deutlichem Gegensatz zu der höfischen Pracht der Ausstattung, die ab Str. 343 breit beschrieben wird.

347 ff. Auch der Umgang zwischen den Geschwistern ist an die Regeln höfischer Etikette gebunden: Gunther fragt zunächst an (347), Kriemhild bereitet sich auf den Empfang vor (347,3 ff.). Am deutlichsten kommt dies in dem Ausdruck *ze hove gân* heraus, den Kriemhild auf das Kommen des königlichen Bruders anwendet. Bei aller Freundlichkeit wird dadurch auch wieder die der höfischen Welt so wichtige Distanz geschaffen.

354 Auch für diese Kleiderszene gilt das oben zu Str. 30 Gesagte.

360,2 f. Gunther allein braucht also, um vor Brünhild zu bestehen, schon zwölf verschiedene Kleider. Kein Wunder, daß – bei einer solchen Bestellung – dreißig Mädchen, noch dazu sehr geübte (361,4), sieben Wochen lang arbeiten müssen (366,3).

362,2 Aus den Namen *Zazamanc* und *Azagouc* (439,2), die auch in Wolframs von Eschenbach Parzival vorkommen, hat man ein Argument für die Datierung des Nibelungenliedes gewinnen wollen. Vgl. im Anhang den Abschnitt über die Datierung. – Syntaktisch steht *von Zazamanc* parallel zu *arâbîschen*, beides bezogen auf *sîden*. Die Stelle setzt voraus, daß *Zazamanc* nicht wie bei Wolfram ein orientalischer Ländername, sondern ein Städtename ist (Salamanca?).

378 Vgl. die Anm. zu 330.

379 Hier bricht offenbar wieder eine archaische Schicht durch. Selbst Gunther nimmt eine Ruderstange zur Hand. Doch in der nächsten Strophe scheint das schon wieder vergessen zu sein.

382,4 ff. Zum Motiv der Bekanntschaft Siegfrieds mit *Îslant* vgl. die Anm. zu 330.

385,1 ff. Der Rat, den Siegfried hier gibt, daß nämlich alle übereinstimmend aussagen, *Gunther sî sîn herre* und *er sîn man* (386,3) findet im Werk selbst eigentlich keine Erklärung. Weshalb ist es für die Werbung nötig, daß Siegfried sich erniedrigt? Das Motiv ist eigentlich nur erklärbar, wenn es dazu dient, Siegfried als potentiellen Werber von vornherein auszuschließen. Die Voraussetzung dafür ist aber eigentlich, daß auch Brünhild Siegfried kennt und auf seine Werbung wartet.

396 Dem Rat von Str. 385 entspricht die Geste. Siegfried bringt dem König Gunther das Pferd ans Ufer und hält ihm den Steigbügel (397). Nie vorher hatte er solch einen *dienest* getan, durch den er sich vor aller Augen (es wird öfter als sonst betont, daß die Szene wahrgenommen wird: 395,3 f., 396,3. 398,4) als Gunthers *man* ausgibt. Von nun an, und das ist für die Interpretation des Folgenden wichtig, gibt es zwei Wahrheiten: die des Augenscheins und die nur für wenige einsichtige des Betruges.

399 Der Ungleichheit, die die Stegreif-Szene vorspiegelt, widerspricht das Auftreten der beiden Könige Gunther und Siegfried. Sie sind durch gleiche Ausrüstung von den Lehnsleuten Hagen und Dankwart abgehoben. Wenn das erstere ein symbolisches Schaubild ist, so auch das zweite. In dem Gegeneinander wird bereits vor dem tatsächlichen Betrugsvollzug der Betrug manifest: *daz sach allez Prünhilt* (401,4).

409 De Boor macht auf die Schichtung aufmerksam: 392 ff. die Mauerschau scheint ihm jünger, höfischer; 409 mit der neuerlichen Meldung älter, ursprünglicher.

416 Hier wie 419 rechnet die Königin nur damit, daß Siegfried der Werbende ist. Mit ihm, dem vielgerühmten, starken Helden will sie sich messen. Wie ja überhaupt das Motiv der Heldenjungfrau, die ihre Einwilligung zur Ehe von ihrer Bezwingung abhängig macht, als seine sinnvolle Entsprechung fordert, daß der tapferste aller Recken sie überwindet.

851,3f.	Nur Gunther kann Brünhild aus dieser, ihr unverständlichen Situation helfen.
854,4	»wenn Du es tust« ist zu 4b zu ergänzen.
855,2	Hier, wie in der ganzen folgenden Szene, wird der wahre Sachverhalt verschleiert. Gunther formuliert den Vorwurf von 853,3, der eine Untersuchung der Vorgänge notwendig macht, sofort um (vgl. 857,3. 858,3 f.). Den Eid, daß er ihr nichts gesagt habe, kann Siegfried unbedenklich schwören (859 f.). Es scheint mir daher unerheblich, ob Siegfried 860,1 tatsächlich schwört oder nicht. Entscheidend ist, daß durch die Art der gerichtlichen Klärung eine Klärung der Hintergründe von vornherein ausgeschlossen wird. Die Sache freilich ist damit nicht aus der Welt. Immerhin bleiben die objektiven Beweisstücke, die Kriemhild in Händen hat. Über sie ist kein Wort gefallen. Über die Art der Beilegung sind die Umstehenden mit Recht befremdet: 861,4.
858,4	*irs niht = ir es niht* = ihr nichts davon (= dessen).
862	Siegfried verspricht, Kriemhild zu strafen. Vgl. 858,2 f., 894,2. Unter dem minnedienstlichen Dekor wird hier eine härtere, realistischere Schicht deutlich. Vgl. oben zu 655.
865,2	Die *helde* sind Gunther und Hagen.
867,1	Wörtl.: sollen wir Kuckucke aufziehen? – Trotz Reinigungseid und Freisprechung durch Gunther bleibt der Vorwurf bestehen. Nur der Erzähler weiß es besser (vgl. 869,4).
870	Diese Strophe setzt fort, was 774 bereits anklang (vgl. Anm.) und was später zunehmend wichtig wird: das Hortmotiv, und damit wird die Machtfrage thematisch. Vgl. 993.
875,4	Gemeint ist das Geheimnis der Verwundbarkeit Siegfrieds.
881,2	Der Erzähler mischt sich wieder ein: Gerade daß alles so perfekt abläuft und alle zeremoniellen Formen des Botenempfanges (878 ff.) beachtet werden, verhindert, daß Siegfried Verdacht schöpfen kann.
882 ff.	Die Szene steht parallel mit ähnlichen Szenen: 153 ff., 647 ff. Auf diese Typik, die ein bestimmtes Verhalten Siegfrieds einschließt, ist Hagens Plan berechnet.
894	Vgl. oben zu 862.
909,3	Der mit *wande* eingeleitete Satz ist nicht unmittelbar an das Vorhergehende kausal anzuschließen, sondern nur an eine darin enthaltene Vorstellung (*ungerne*).
926 ff.	Die Jagd wird, wie Hatto betont hat, nicht waidgerecht beschrieben; man gewinnt keine genaue Vorstellung.
932,2	dadurch, daß man ihm vorher ein Stück Wild zu fressen gegeben hat.
935,3	*halpful* = halb ausgereiftes Wildschwein. – 4 Wohl nicht Jägerlatein (de Boor); eher Stilisierung nach antikem Vorbild (Curtius).
953,2	Panther besaßen nach mittelalterlicher Vorstellung einen besonderen, süßlichen Geruch.
958 ff.	Die folgende Szene gehört zum Küchenhumor, der in der mittelalterlichen Dichtung nicht selten ist.
964 ff.	Das Folgende ist, worauf Verse wie 964,3 oder 966,2 hinweisen, Teil des Mordplanes.
968,1	Wörtlich ist diese Verwünschung kaum zu übersetzen. Entweder meint Siegfried mit dem Plural (*ir*) die Leute, die den Wein in den Spessart gebracht haben, oder er will vermeiden, Hagen direkt anzugreifen.
974,3	Siegfried setzt dadurch seine Konkurrenten noch mehr in den Vorteil, da er erst aufspringen muß.
978,1	Der mhd. Text formuliert viel allgemeiner, bezieht sich auf alle *tugende*, von

denen hier nur eine aktualisiert wird: Obwohl er Durst hat, trinkt er nicht vor Gunther.

980,4 Die Stelle läßt eines unberücksichtigt: es muß doch für sehr unwahrscheinlich gelten, daß Siegfried auf der Jagd dasselbe Gewand trägt wie im ursprünglich geplanten Krieg. Vgl. 907f.

990,1ff. Wie auch 995 beklagt Siegfried nicht, daß er sterben muß, sondern die Implikationen seines Todes: die Folgen für seine Frau und vor allem für seinen Sohn: daß er von der Hand seiner Verwandten ermordet worden ist, wirft einen Schatten über das ganze nachfolgende Geschlecht.

993 Vgl. oben zu 870.

1038,4 *guote burgære* hier übersetzt mit »Patrizier«, da es sich zweifellos nur um Vertreter der ersten Familien der Stadt handeln kann.

1043,2ff. Es handelt sich um das sog. Bahrrecht, eine Form des Gottesurteils, die auch in Hartmanns von Aue Iwein vorkommt. Hier dient es nur, Kriemhilds Verdacht zu bestärken, nicht aber die Täter dingfest zu machen.

1088ff. Ein befremdlicher Entschluß, wenn man bedenkt, daß Kriemhild somit bei den Mördern ihres Mannes bleibt. Auch das unmündige Kind spielt in diesem Zusammenhang seltsamerweise keine Rolle, wird lediglich den Nibelungen ans Herz gelegt (1090,3).

1095 Daß sie kein *geleite* hatten, besagt zweierlei: die Burgunden stellen ihnen keinen Geleitschutz; die *Sigmundes man* verzichten auf ihn. Denn *geleite* bedeutet beides: Schutz wie Verpflichtung dem Schützenden gegenüber. Nur Giselher begleitet die Gäste, nur von ihm nehmen sie es an.

1100 Brünhild bleibt nach dem Königinnenstreit fast ganz unberücksichtigt. Ihre Funktion ist erfüllt, ihre Rolle damit ausgespielt.

1102 Kriemhild erhält einen eigenen Witwensitz.

1107 Hier tritt erneut das Hortmotiv auf (vgl. 870, 993).

1109 Es bleibt unklar, ob die Helden das Motiv Hagens und Gunthers (Str. 1107f.) kennen. Str. 1110 scheint daraufhin zu deuten, daß sie ohne Hintergedanken nur die Aussöhnung der Geschwister im Auge haben.

1128,2ff. Eine neue Motivation für Hagens Hortraub: der Schatz ist zu gefährlich in den Händen der Frau eines Ermordeten.

1132 Im Folgenden spielen alle Beteiligten eine dubiose Rolle: Gunther verweist auf seinen Eid (1131), bricht ihn jedoch danach. Gernot zürnt zwar (1132,4), greift aber nicht ein. Giselher äußert seinen Unwillen (1133), schiebt jedoch einen Grund vor, weshalb er nicht handelt (1133,3). Kriemhild fleht Gernot an, ihr zu helfen. Er vertagt die Hilfe bis zur Rückkehr von der Reise, obwohl er offenbar weiß, daß Hagen den Hort in der Zwischenzeit in den Rhein senken wird (1134). Giselher erkennt sein Versagen (1138). Alle drei Könige wälzen die Schuld auf Hagen ab, der eine vorher abgesprochene) Zeitlang aus dem Lande geht. Hier, wo es um Machtinteressen geht, wird das höfische Regelsystem nur noch mit äußersten Schwierigkeiten aufrechterhalten: die Fadenscheinigkeit der Entschuldigungen und Entlastungen zeigt die unter dem höfischen Dekor zutage tretenden Realintentionen nur allzu deutlich.

1142,3 Kriemhild kann den Tod Siegfrieds nicht vergessen. Mit diesem Motiv ist die Verbindung zum zweiten Teil gegeben, der dann Kriemhild als Rächerin ihres Mannes zeigt.

Der Kampf um das Handschriftenproblem, der die Forschung des 19. Jahrhunderts bestimmt hatte, wurde zu Beginn des 20. Jahrhunderts abgelöst durch eine neue Forschungsrichtung, die stoffgeschichtliche, die am Nibelungenlied als einem Einzelwerk kaum interessiert war, sondern es nur als Glied einer Kette von Umformungen verstand, wobei es darum ging, aus den vorhandenen Fassungen jeweils das Echte, Ursprüngliche zu rekonstruieren. Dabei war man sich oftmals weder über die Ziele der Untersuchung noch über die Voraussetzungen im klaren und hielt, geblendet von den eigenen Hypothesen, Imaginationen schon für wissenschaftliche Ergebnisse. Sicherer Grund wurde nur an wenigen, für das bessere Verständnis des Nibelungenliedes selbst meist kaum erheblichen Stellen erreicht.

1. Die geschichtlichen Grundlagen

Das Nibelungenlied ist die Vereinigung zweier großer Sagenkreise, denen geschichtliche Ereignisse aus der Zeit der Völkerwanderungszeit zugrunde liegen dürften. Für den ersten Teil ist der historische Kern weniger leicht bestimmbar als für den zweiten. Das mittelrheinische Burgundenreich in der Wormser Gegend und die Namen der Könige Gunther und Giselher sind geschichtlich bezeugt. Als die Burgunden unter König Gundahari im Jahre 435/6 ihren Herrschaftsbereich in nordwestlicher Richtung gegen das römische Gallien ausdehnen wollten, wurden sie von dem weströmischen Heermeister Aetius geschlagen und wenig später von hunnischen Hilfstruppen des Aetius noch einmal und zwar entscheidend besiegt. In diesem Kampf fanden die Burgundenkönige den Tod; allerdings war der gegnerische Heerführer nicht Attila.

Für die märchenhaften Drachen- und Hortabenteuer des jungen Siegfried ist wohl kaum nach historischen Quellen zu suchen; Motive der Siegfriederzählung und der Brünhildhandlung jedoch hat man keimhaft in der Geschichte des merowingischen Königshauses vorgebildet sehen wollen. Wenn diese Auffassung richtig wäre, dann hätten Mythos und dichterische Phantasie die Konturen eines solchen historischen Kerns allerdings bis zur Unkenntlichkeit aufgelöst. Daher bleiben alle Versuche, das historische Substrat dennoch durch Rekonstruktion wiederzugewinnen, unbefriedigend hypothetisch. Meist wird in unzulässiger Weise von der Sage auf die Geschichte geschlossen, d. h. die dürftigen Umrisse des historisch Gesicherten werden durch die reichhaltigen Züge des in der Sage Überlieferten aufgefüllt.

2. Zur Sagengeschichte

Auf deutschem Gebiet ist das Nibelungenlied die älteste erhaltene Überlieferung des Nibelungenstoffes und, wenn wir von einem groben Popularisierungsversuch des 16. Jahrhunderts, dem Lied vom Hürnen Seyfried, absehen, zugleich auch die einzige. So ist unsere Vorstellung, wie Nibelungendichtung vor dem Nibelungenlied ausgesehen haben könnte, allein auf nordische Quellen angewiesen. Hier sind in Form stabreimender Heldenlieder frühe Ausformungen des Stoffes erhalten geblieben. So berichtete die Lieder-Edda (eine Sammlung um 1250) in 14 verschiedenen, z. T. sehr kurzen Liedern von den Taten und Schicksalen der Personen, die auch im Nibelungenlied wichtig sind: von Sigurd, Gunnar, Gudrun (Kriemhild), Brynhild und Atli (Etzel). Für den ersten Teil des Nibelungenliedes ist das nur bruchstückhaft überlieferte Alte Sigurdlied (19 Strophen erhalten; wohl aus dem 9. Jahrhundert) am wichtigsten, denn es erlaubt, jedenfalls im Umriß, die Rekonstruktion einer ursprünglicheren Fassung des Sagenkreises von Siegfrieds Tod.

Das Siegfried-Lied hat offenbar im Lauf seiner Tradierung viel weniger Umänderung erfahren als der Burgundenstoff. Schon das alte Sigurdlied der Edda kennt als konstituierende Elemente den Werbungsbetrug und den Frauenzank und damit die Ereignisse, die schließlich den Tod des Helden notwendig machen. Von den beiden Frauen steht freilich noch Brünhild im Mittelpunkt (im Nibelungenlied ist es umgekehrt Kriemhild), die spröde Heldenjungfrau, die sich (wie ein jüngerer Überlieferungsstrang erzählt) nur dem Überwinder der Waberlohe zu eigen geben will und die sich mit Siegfried als ihrem rechtmäßigen Herrn und Gatten im Tod vereint.

Im ganzen gilt für die stoffgeschichtliche Forschung (die im Anhang zum 2. Teil des Nibelungenliedes [Band 6039] ausführlicher behandelt wird, weil sie nur im Zusammenhang mit dem zweiten Teil des Nibelungenliedes darzustellen ist), daß ihre Möglichkeiten etwas erschöpft sind, ohne daß wirklich überzeugende Ergebnisse erzielt worden sind. »Es ist festzustellen, daß es der Forschung bisher nicht gelungen ist, den Entwicklungsgang des Stoffes über bestimmte rekonstruierte Vorstufen zweifelsfrei zu klären. Es scheint, daß eine solche Klärung nach Lage der Dinge auch gar nicht möglich sein wird« (Ihlenburg, S. 29).

DATIERUNG

Wie Wolframs Parzival, Hartmanns Iwein oder die Lieder Walthers von der Vogelweide erweisen sich auch die entscheidenden Fassungen des Nibelungenliedes, die um 1200 entstehen, als eine Frucht jener Jahrzehnte des ausgehenden 12. und beginnenden 13. Jahrhunderts, die man als Blütezeit der höfischen Dichtung zu bezeichnen pflegt. Aufgrund der Tatsache, daß das Nibelungenlied trotz seines heroischen Kerns ganz eindeutig in den Kreis der höfischen Dichtungen gehört – man vergleiche nur das höfische Zeremoniell, den Glanz höfischer Feste, die höfische Terminologie und schließlich die Kleiderstrophen –, wird man, bevor man nach weiteren zeitlichen Eingrenzungen sucht, als ungefähre Entstehungszeit angeben dürfen: um 1200.

Darüber hinaus hat die philologische Forschung noch einige andere Anhaltspunkte aufgespürt, deren keiner indessen erlaubt, die ungefähre Angabe wesentlich genauer zu machen. Das liegt zum einen an unserer grundsätzlichen Unkenntnis der Datierung mittelhochdeutscher Werke; zum anderen, bei dieser speziellen Überlieferung, an der Unkenntnis, in welcher Abfolge die einzelnen Fassungen entstanden sind. Im Parzival spielt Wolfram witzig auf den Küchenmeister Rumold an, der im Nibelungenlied 1465 ff. genannt wird (Parzival 8. Buch, 420,25 ff.). Ließe sich nun die Parzival-Stelle genau datieren, dann erhielte man einen Terminus ante quem für diese Stelle des Nibelungenliedes. Für die Datierung des Parzival ist eine Anspielung auf die Zerstörung der Erfurter Weingärten im Sommer 1203 wichtig; die Spuren, so sagt Wolfram im 7. Buch, seien noch immer zu sehen. Die Frage, wann diese Stelle geschrieben ist, ist abhängig von der Frage, wie lange die Spuren der Verwüstung noch zu erkennen waren. Über den Zeitraum, der benötigt wurde, in Erfurt die Trümmer zu beseitigen, können wir jedoch kaum eine Aussage treffen. Vielleicht ging es sehr schnell (dann wäre das 7. Buch vielleicht schon auf 1204 zu datieren) oder es dauerte Jahre (dann wäre es möglicherweise später anzusetzen). Zu gesicherten Ergebnissen, so läßt sich sehen, ist auf diese Weise nicht zu gelangen. Ähnliches gilt auch für eine andere Querverbindung zwischen Nibelungenlied und Parzival. Nibelungenlied 362 und 439 werden die Namen *Azagouc* und *Zazamanc* genannt, die auch im Parzival auftreten. In der Forschung ist man sich nicht darüber einig, wer diese Namen übernommen hat, Wolfram oder das Nibelungenlied. Erst wenn diese Frage entscheidbar wäre, dürfte man sie, vorausgesetzt die Primärstelle ließe sich datieren, für die Chronologie heranziehen. So wird man es bei einem *non liquet* belassen müssen und es lediglich für gerechtfertigt halten, die Entstehung der entscheidenden Fassungen des Nibelungenliedes für die Zeit um 1200 anzusetzen, wobei der Zeitraum nicht zu eng gefaßt werden darf.

ENTSTEHUNGSORT UND AUFTRAGGEBER

Alle wichtigen Handschriften des Nibelungenliedes sind im oberösterreichischen Raum entstanden. Das geht aus ihrem Sprachbestand eindeutig hervor. Die Reime der Nibelungenhandschriften gehören eindeutig in den mittelbayrisch-österreichischen Sprachbereich. Damit haben wir die Landschaft, in der das Lied entstand; die Suche nach dem Ort freilich erweist sich als ungleich schwieriger.

Die Handlung des Nibelungenliedes spielt nicht, wie die höfischen Artusromane, in einem märchenhaft verklärten Niemandsland, sondern in geographisch eindeutig bestimmbaren Gebieten, deren Zentren Worms am Rhein und Etzelburg (das heutige Gran) in Ungarn sind. Der Zug der Nibelungen ins Hunnenland läßt sich auf der Karte verfolgen. Von allen Landschaften jedoch, die sie berühren, wird uns nur das Gebiet zwischen Passau und Wien wirklich lebendig. Für diesen Teilabschnitt und besonders für die Stadt Passau läßt sich der Burgundenzug auf Grund der Fülle der genannten Ortschaften genau verfolgen, während die Landschaft des Rheinlandes, das Gebiet um Worms und Speyer im ganzen vage bleibt. (So wird z. B. der Wasgenwald, d. h. die Vogesen, auf dem rechten Rheinufer nahe bei Köln lokalisiert.)

Mit Passau wäre zugleich auch ein potentieller Auftraggeber verbunden: Bischof Wolfger von Erla (fälschlich Wolfger von Ellenbrechtskirchen genannt), der auch der Gönner Walthers von der Vogelweide war und von 1191 bis 1204 den Bischofsstuhl von Passau innehatte, dann zum Patriarchen von Aquileja erhoben wurde. Doch anders als bei Walther, der durch die berühmte Pelzrock-Rechnung vom 12. November 1203 eindeutig als zum Gefolge Wolfgers gehörig ausgewiesen ist, läßt sich für das Nibelungenlied nirgendwo deutlich eine Verbindung mit Wolfger nachweisen.

Eine Gestalt innerhalb des Werkes jedoch scheint die Beziehung herzustellen: Bischof Pilgrim von Passau, als historische Figur ein Amtsvorgänger Wolfgers (971–991), der im Nibelungenlied und in der Klage als Oheim Kriemhilds und ihrer Brüder auftritt.

Alle vollständigen Handschriften – mit Ausnahme einer sehr jungen, der sog. Piaristenhandschrift k – enthalten als Anhang ein umfängliches Gedicht von 4000 Versen in höfischen Reimpaaren, das sich selbst als *diu klage* bezeichnet. Dieses Gedicht, als literarisches Produkt von nur mittlerem Wert und lediglich vom allgemeinen Interesse am Nibelungenstoff profitierend, hat für die Forschung Gewicht, weil es die früheste Reaktion auf das Nibelungenlied darstellt: bereits in den ältesten Handschriften ist es als ein offenbar wichtiger Kommentar zum Hauptwerk enthalten. Die Klage beginnt dort, wo das Nibelungenlied schließt: der Waffenlärm ist verstummt, das furchtbare Morden hat ein Ende, die Überlebenden machen sich daran, die Toten aufzubahren und wortreich zu beklagen. In der Form der Rückblende werden die Ereignisse, die zu dem schrecklichen Untergang der Burgunden führten, kommentiert. Tränenreich und moralisierend bewahrt dieses Opus, das gewiß bald nach dem Nibelungenlied entstand, nichts von dem heroischen Geist, der trotz aller Neigung zu höfischer Stilisierung besonders den zweiten Teil des Epos charakterisiert.

Der Klagedichter, vielleicht ein Passauer Geistlicher, scheint nun eine wichtige Information gehabt zu haben: er weiß nämlich Auftraggeber und Schreiber der ältesten Fassung des Nibelungenstoffes anzugeben:

Von Pazowe der biscof Pilgerîn...
hiez scrîben ditze maere,
wie ez ergangen waere,
in latînischen buochstaben...
daz maere prieven dô began
sîn schrîber, meister Kuonrât.
getihtet man ez sît hât
dicke in tiuscher zungen. (V. 4295 ff.)

Es ist hier nicht der Ort, darauf einzugehen, wie die merkwürdige Wendung *in latînischen buochstaben* zu verstehen sei – sie hat zu scharfsinnigen, aber wohl irrigen Spekulationen über eine lateinische Nibelungias Anlaß gegeben –, wichtig ist jedoch, daß durch diese Stelle das Nibelungenlied ausdrücklich mit dem Passauer Bischofstuhl verbunden wird. Und wiewohl diese aufschlußreichen Strophen nur in der Klage stehen, die dem Nibelungenlied erst nachträglich hinzugefügt wurde, hat man in der Tatsache, daß Pilgrim im Nibelungenlied auftritt, eine versteckte Huldigung an den damals amtierenden Bischof und Mäzen Wolfger sehen wollen, dem seit einer Pilgerfahrt ins Heilige Land (1197) der Ehrentitel Pilgrim zustand.

Die Forschung ist sich jedoch in der Bewertung dieser Gestalt durchaus nicht einig; das zeigen z. B. die Folgerungen des englischen Germanisten A. T. Hatto. Im Anhang seiner (englischen) Nibelungenlied-Übersetzung bezeichnet Hatto die Klage als eine bestellte Arbeit, deren einziger Zweck gewesen sei, das unter dem Protektorat des österreichischen Adels irgendwo in Österreich, möglicherweise im Umkreis von Wien, entstandene schnell berühmt gewordene Epos an Passau zu binden, so daß also von der Klage die Gestalt des Bischofs Pilgrim in das Nibelungenlied gewandert sei. Auf einer Überlieferungsstufe des Liedes, die unmittelbar nach der Klage liegen müßte, wäre aus durchsichtigen Gründen der Bischof Pilgrim nachträglich in das Nibelungenlied eingefügt worden, um so seine Rolle in der inzwischen zum Nibelungenlied gehörigen Klage vorzubereiten (Hatto, S. 358 ff.).

Mit Sicherheit läßt sich kaum mehr sagen, als daß das Nibelungenlied im Donauland entstanden ist. Möglicherweise in Passau, vielleicht sogar unter dem Protektorat des Bischofs Wolfger von Erla; möglicherweise aber auch am Hofe eines weltlichen Herrn irgendwo im übrigen Österreich.

DER DICHTER

Als den Dichter des Nibelungenliedes pflegt man einen Mann zu bezeichnen, der um 1200 die verschiedenen Sagenkreise, welche teils die Geschichten von Brünhild und Siegfried, teils (davon unabhängig) den Untergang der Burgunden zum Thema hatten, zu einer einheitlichen Fassung verbunden haben soll.

Mehr als hypothetischen Charakter hat dieser Usus nicht. Ihn zur Gewißheit zu erhärten, setzte genauere Kenntnis der Epen-Genese voraus, als wir sie tatsächlich besitzen. Frühere Zeiten waren da optimistischer. Wichtiger scheint es mir, daß solch ein Mann – wenn dieses Verdienst nur einem einzigen zukommt – wie alle anderen, denen die Tradition wesentliche Impulse verdankt, sich nicht ein einziges Mal nennt. Alles spricht dafür, daß solche Anonymität in der Tradition der heroischen Dichtung, der Heldenepik, begründet liegt, die immer namenlos geblieben war, während sich die Dichter der höfischen Romane – einer ungleich komplizierteren, phantastischen, gleichsam elitären und modernen Gattung – durchaus nennen und vorstellen dürfen.

Dennoch hat es an Versuchen nicht gefehlt, einen solchen Mann namhaft zu machen: man hat im Laufe der Zeiten Wolfram von Eschenbach, Wirnt von Gravenberg, Rudolf von Ems, Konrad von Würzburg, den Kürenberger und Walther von der Vogelweide, ja schließlich den sagenhaften Heinrich von Ofterdingen durch den Verdacht der Autorschaft geehrt. Doch alle diese Versuche kommen über abwegige Spekulationen nicht hinaus. Kaum mehr Glück begleitete den Versuch, seinen sozialen Rang zu bestimmen. Hier gab es im Grunde nur drei Möglichkeiten: entweder könnte er ein Spielmann, das heißt modern ausgedrückt: ein Berufsdichter gewesen sein; oder ein ritterbürtiger Ministeriale, der das Geschäft des Dichtens gleichsam nebenbei betrieben hätte; oder aber ein Kleriker, Angehöriger also jenes Standes, der im Mittelalter das engste Verhältnis zum Buch, zum geschriebenen Wort, besaß.

Das 19. Jahrhundert glaubte fest an den wandernden Spielmann. Doch die gesamte Spielmannstheorie ist inzwischen als romantische Erfindung in Verruf geraten. Sie wurde abgelöst von der Argumentation, daß eine so genaue Kenntnis der höfischen Welt wie die, über die der Nibelungendichter verfügt, doch wohl nur einem Angehörigen des gleichen Standes, einem ritterbürtigen Ministerialen, zuzutrauen sei. Neuere Forschung hat indessen vor der allzu großzügigen Anwendung des Ritter-Begriffes gewarnt, die dem romantischen Wunschdenken entsprang, ›unseren‹ Nibelungendichter nicht als sozial kleinen Mann einstufen zu müssen.

Bliebe also die Möglichkeit, daß er ein Kleriker war. Allerdings kein Priester: denn für einen solchen können wir den Dichter kaum halten, die christliche Einkleidung der heidnischen Fabel bleibt gar zu äußerlich und konventionell. Kleriker aber waren auch die theologisch gebildeten Hofbeamten, die in den Kanzleien der weltlichen und geistlichen Großen ihre Dienste versahen. Noch einen Schritt weiter geht der englische Germanist Hatto, der in seiner Nibelungen-Übersetzung zu dieser Frage die jüngste kritische Bilanz gezogen hat. Hier wird nach sorgfältiger Argumentation die trotz aller Behutsamkeit der Formulierung für den orthodoxen Germanisten verwegene Vermutung gewagt, daß die unattraktivste der drei Möglichkeiten die wahrscheinlichste sei: Hatto hält den Nibelungendichter für einen Berufsdichter mit theologischer Bildung, der, praktisch dem Stand der Fahrenden zugehörig, wahrscheinlich die meiste Zeit seines Lebens seßhaft war (vgl. Hatto, S. 357).

Zur Form

1. Metrik

Das Nibelungenlied ist in einer nicht besonders komplizierten Strophenform erzählt: vier Langzeilen, deren jede durch eine Zäsur in zwei Halbzeilen geteilt wird (Anvers und Abvers), wobei die Abverse (aa, bb) – äußerst selten, wie in der 1. Strophe, auch die Anverse (Binnenreime) – paarweise reimen.

Das eigentliche Kennzeichen der Nibelungenstrophe ist der beschwerte Strophenschluß. Während die Abverse der drei ersten Zeilen sprachlich nur dreitaktig gefüllt sind – der vierte Takt kann als pausiert gelten –, ist die vierte Langzeile dadurch unterschieden und herausgehoben, daß ihr Abvers immer viertaktig gefüllt ist: die vierte Langzeile besitzt also eine Hebung mehr als die übrigen (acht statt sieben).

Der zweite Takt dieses Abverses wird überdies häufig mit nur einer einzigen langen Silbe gefüllt (*víl verliesén den líp*), so daß sich die Hebung des folgenden dritten Taktes unmittelbar anschließt. Solcher Strophenschluß faßt die Strophe akustisch als Sinneinheit zusammen und bietet sich daher an für wichtige Zusammenfassungen, Feststellungen grundsätzlicher Art und vor allem für die für das Nibelungenlied bezeichnenden Vorausdeutungen auf das kommende Unheil.
Die Reime sind in der Regel rein. Das Metrum des einzelnen Taktes ist meist regelmäßig alternierend gefaßt, auf jede Hebung folgt eine Senkung. Allerdings wird nicht selten von der Möglichkeit der »Füllungsfreiheit« Gebrauch gemacht: die Takte werden mitunter dreisilbig oder einsilbig gefüllt.
Der Auftakt wird frei behandelt, er kann ein-, zwei- oder auch dreisilbig sein. Für den Schluß der An- und Abverse lassen sich mehrere Möglichkeiten unterscheiden:

Abverse:	*und íst ein kǘnec hḗr*	= einsilbig voll
	fróuwe, lát uns séhen	= zweisilbig voll
Anverse:	*állen sînen wíllèn*	= zweisilbig klingend
	swaz ír der kǘnec ságetè	= dreisilbig klingend (selten).

Die ersten drei Abverse gelten, je nach Terminologie, als vierhebig stumpf (d. h. nur drei Hebungen sind sprachlich verwirklicht, die vierte pausiert) oder als dreihebig voll. Eine regelmäßige Nibelungenstrophe besteht also aus der dreimaligen Verbindung eines klingenden Anverses mit einem stumpfen bzw. vollen Abvers, und diese Sequenz wird dann durch eine vierte Zeile mit ebenfalls klingendem Anvers, aber vollem Abvers abgeschlossen.
Innerhalb der Epik begegnet uns diese – später häufig nachgeahmte und modifizierte – Strophenform nur im Nibelungenlied. Sie hat allerdings in der Lyrik einen Vorläufer: Der ritterliche Sänger von Kürenberg, der um 1150 bis 1170 in Österreich gedichtet hat, benutzt für seine Minnelieder die gleiche Strophenform, und stolz nennt er sie *»Kürnbergers wîse«*. Hat nun der Nibelungendichter des Kürnbergers lyrische Weise für sein Heldenepos übernommen oder fand er diese Strophenform schon in seiner Quelle vor? Mit Recht vermutet die Forschung hier ein irgendwie geartetes Abhängigkeitsverhältnis, nur ist bis heute ungeklärt, wer hier wen nachgeahmt hat: der Epiker den Lyriker, der ja deutlich Anspruch auf die Originalität dieser Erfindung erhebt, oder aber der Lyriker den Epiker, der diese Strophenform bereits in älteren Bearbeitungen der Siegfried- und Burgundenfabel vorgefunden haben mag?
Strophenschema:

(◡)| x́x| x́x| —́| x̀∧ ‖ (◡)| x́x| x́x| x́∧| ∧
(◡)| x́x| x́x| —́| x̀∧ ‖ (◡)| x́x| x́x| x́∧| ∧
(◡)| x́x| x́x| —́| x̀∧ ‖ (◡)| x́x| x́x| x́∧| ∧
(◡)| x́x| x́x| —́| x̀∧ ‖ (◡)| x́x| —́| x̀x | x́

2. Zur Aventiureneinteilung

Das Nibelungenlied ist uns in einer Folge von 39 Aventiuren überliefert. Diese Einteilung, vermutlich eine Erfindung der C*-Redaktion, hat sich allgemein durchgesetzt. Dabei entfallen 19 Aventiuren auf den ersten und 20 auf den zweiten Teil.
Fast alle Handschriften überliefern auch Kapitelüberschriften, die den Leser über den Inhalt der folgenden Aventiure informieren sollen. Auch sie scheinen recht alt zu sein.

Folgende Abkürzungen werden verwendet: acc. = Akkusativ, adj. = Adjektiv, adv. = Adverb, conj. = 1) Konjunktiv, 2) Konjunktion, dat. = Dativ, gen. = Genitiv, komp. = Komparativ, part. = Partizip, pl. = Plural, prät. = Präteritum, prät.-präs. = Präterito-präsens, präp. = Präposition, pron. = Pronom, pron.-subst. = Pronominalsubstantiv, refl. = reflexiv, subst. = Substantiv, stf. = starkes Femininum, stm. = starkes Maskulinum, stn. = starkes Neutrum, swf. = schwaches Femininum, swm. = schwaches Maskulinum, swn. = schwaches Neutrum.

abelouf stm. Ort, wo das Wild aus dem Wald läuft

aber adv. wiederum, abermals

adelvrî adj. frei durch Geburt

ahte stf. Zählung, Berechnung

ahten swv. Achtgeben. *ez ahtet mich =* mich kümmert, mir gilt

alher adv. bisher

alrêst adv. nun erst, jetzt erst recht (= *aller êhist*)

altgrîs adj. vor Alter grau

alwâr adj. ganz wahr

ander = *anderer*

anders adv. im übrigen, sonst

anderthalben adv. auf der anderen Seite

âne (+ acc. gen.) ohne

angest stf. Bedrängnis, Not, Besorgnis

angeste = *angestete*, prät. zu *angesten* in *angest* sein

antwerc stn. Maschine

arbeit stf. Anstrengung, Not, Mühsal (bes. im Kampf, aber auch im Minnedienst)

art stmf. Geschlecht, Herkunft, Art, angeborene Eigentümlichkeit

bâgen stv. streiten, zanken

balde adv. schnell, heftig, kühn

balt adj. mutig

bâren swv. auf die Bahre legen

barn stn. Kind

baz adv. Komp. von *guot*

bedorftes = *bedorfte si*

begân stv. tun, vollbringen

begegene adv. entgegen

begunde neben *began* Prät. zu *beginnen*

behaben swv. behaupten

behagen swv. stolz sein auf

behalten stv. behalten, aufbewahren

beheften swv. umstricken

beidenthalben adv. auf beiden Seiten

bejagen swv. erringen

bekennen swv. kennen, erkennen, kennenlernen, erfahren

beleiten = *beleiteten*

benemen stv. nehmen, rauben

bereiten = *bereiteten*

besarken swv. in den Sarg legen

bescheiden stv. auslegen, erklären

besenden swv. holen lassen, *sich besenden* = ein Heer sammeln

bestân stv. bestellen, bestehen, bleiben, angreifen, angehen

bevâhen stv. umfangen

bevinden stv. finden, erfahren

bevollen adv. vollständig

bewac prät. von *bewegen*

bewarn swv. behüten (+ gen. oder acc.) sich hüten vor

bewegen stv. verzichten auf (+ gen.)

bewîsen swv. unterweisen

bîe swf. Fensteröffnung

bezîte = *bî zîte*

bezoc stn. Unterfutter

biderbe adj. tapfer, tüchtig

bivilde stf. Begräbnis

billîche adv. mit Grund, von Rechts wegen

bîten stv. warten, säumen

blîde adj. froh, sanft, freundlich

blôz adj. bloß, ohne Kleider, ohne Waffen

borte swm. Gold- oder Seidenband

bœse adj. schlecht, schlimm, feige

botenbrôt stn. Botenlohn

bouc stm. Armring

bracke swm. Spürhund

brünne stf. Panzerhemd

buckel swmf. Metallbeschlag auf der Mitte des Schildes

büezen swv. ausbessern, ersetzen, vergelten, entschädigen, wiedergutmachen *búhurt* swv. ritterliches Turnier, wobei Schar gegen Schar mit eingelegter Lanze anreitet

burc stf. Burg, Stadt

burgære stm. Stadtbewohner

bürge swm. Bürge

bürge Plural von *burc*

buten prät. zu *bieten*

dâ adv. da, dort

dahten prät. zu *decken*

dagen swv. schweigen, verschweigen

danewert adv. seitwärts

danne adv. dann, (mit komp.) als

dannen adv. von da weg, fort

dannoch adv. danach noch

dar adv. dorthin

degen stm. Mann, Held, *degen* auch = *degenen*

debein indef. pron. irgendein, (im negativen Satz) kein

deist = *daz ist*

dewedere pron. einer von beiden

dest = *daz ist*

dicke adv. oft, häufig

diende = *dienende, dienende sîn* = *dienen*

dienest stmn. Dienst, Dienstleistung, Dienstbereitschaft (des Gefolgsmannes gegenüber dem Gefolgsherrn, des Ritters gegenüber der Dame), Aufmerksamkeit; *dienest sagen* = Gruß ausrichten

diet stf. Leute

diezen stv. schallen

dîn Genitiv des pron. *du*, poss. pron.

diu s. *eigendiu*

drin = *dar in*

dingen swv. unterhandeln

doln swv. ertragen, leiden

dôz stm. Lärm, Getöse

dôz prät. von *diezen*

dræjen swv. sich wirbelnd bewegen

drâte adv. schnell

dringen stv. sich drängen

dunken, mich dunket swv. es kommt mir vor

dûhte prät. zu *dunken*

durch präp. durch; wegen, um willen

durfen stv.-präs. Grund haben, brauchen, dürfen

dürkel adj. durchlöchert

duz stm. Schall

ê präp. vorher; adv. früher; conj. ehe, bevor

ê stf. Gesetz, Sitte, Brauch

ebene adv. gleichmäßig

ecke stf. Schneide

edel adj. von adliger Herkunft, edel, herrlich, kostbar

eigen adj. eigen, leibeigen, dienstbar

eigendiu stf. leibeigene Dienerin

eigenholde swm. Leibeigener

eigenman stm. Leibeigener

einec adj. einzig

ellen stn. Kraft, Mut Stärke

ellende adj. in bzw. aus fremdem Land, fremd, heimatlos

enbern stv. (+ gen.) ohne etwas sein, verzichten

enbîzen stv. essen

ende geben + gen. = vollständig und genau berichten

endelîche adv. vollständig, genau

engelten stv. (+ Gen.) bezahlen, büßen für

enlant = *in lant*

enpfüeren swv. für unwahr erklären

entweich prät. zu *entwîchen* stv. entweichen, entfliehen

enwâge stân auf der Kippe stehen, bedroht sein

erarnen swv. büßen, entgelten

erbarmen swv. zum Erbarmen bewegen

erbeite = *erbeitete*, prät. zu *erbeiten* swv. abwarten

erbeizen swv. vom Pferd steigen

erbîten stv. warten, erwarten

erbunden = *erbundenen* dat. pl. des part. prät.

erdiezen stv. ertönen

êre stf. Ansehen, Anerkennung, Geltung vor der Gesellschaft, Ehrerbietung; *nâch êren* wie es die *êre* erfordert und es *êre* einbringt

ergetzen swv. (+ acc. der Pers., gen. der Sache) vergessen machen, entschädigen

erheben stv. heben, (refl.) sich begeben

erhellen stv. ertönen

erkiesen stv. auswählen, bemerken (part. prät. *erkorn*)

erkrimmen stv. zerfleischen (prät. *erkrummen*)

erkunnen stv. erforschen, erkennen, erproben

ermanen swv. (+ gen.) erinnern

ernern swv. retten

ernest stm. Ernst, ernster Kampf

errechen stv. vollständig rächen

erriten stv. reitend einholen

erschal prät. zu *erschellen* swv. ertönen

ersehen stv. gewahr werden, bemerken

ersmielen swv. zu lächeln beginnen

ersprengen swv. aufjagen, aufstöbern

ertagen swv. Tag werden

ervellen swv. erlegen

ervollen swv. erfüllen

erwenden swv. abwenden, verkehren,
(+ gen.) abbringen von

erwinden stv. ablassen, aufhören

et adv. nun, nur, einmal, doch

etelîch adj. irgendein, manch

f s. unter *v*

gâch adj. eilig

gadem stn. Gemach, Saal

gan prät. zu *gunnen*

gar adj. bereit, fertig

gar adv. gänzlich, vollständig,
sämtlich

garzûn stm. Knappe

gebende stn. Band, Kopfschmuck der
Frauen

gebreste swm. Mangel

gebüte conj. prät. zu *gebieten*

gedinge swm. Zuversicht, Hoffnung,
Absicht

gedranc stm. Gedränge

gegensidele stn. Ehrenplatz auf dem
gegenüberliegenden Sitz

gehaben swv. halten, behaupten, refl.
sich befinden

gehaz adj. feindlich gesinnt

gehünde stn. Hundemeute

gein = *gegen*

gejegde stm. Jagd

gekleit = *geklaget*

gelæze stn. Benehmen

gelîche ligen (von den Schalen der
Waage) auf gleicher Höhe stehen

geleite stf. landesherrlicher Schutz auf
den Straßen

geligen stv. enden, aufhören

gelouben swv. glauben, (refl. + gen.)
verzichten auf

gelpf adj. übermütig

gelpf stm. Übermut

gelt stmn. Zahlung, Ersatz

gemeine adj. gemeinsam, allgemein

gemeit adj. froh, freudig, frisch

gemuot adj. gesinnt, gestimmt

genâde stf. Geneigtheit, Huld, Gunst der
Dame gegen den Ritter, Dank

genesen stv. mit dem Leben
davonkommen, am Leben bleiben

genieten swv. (refl. + gen.) sich
sättigen an

geniezen stv. (+ gen.) Nutzen haben
von; *genozzen* s. Anm. zu 932.

genôte adv. eifrig, sehr

genôz stm. Gleichstehender,
Gleichrangiger

ger stf. Begehren, Wunsch, Wille

gêr stm. Wurfspieß

gereht adj. (+ gen.) bereit zu

gereite stn. Reitzeug

gerihte stn. Rechtspflege,
Rechtshoheit

gereit prät. zu *gerîten* reiten

geren swv. begehren, erlangen

gerne adv. begierig, eifrig, gern

gerouwen part. prät. von *riuwen*

gesamenen swv. (refl.) sich versammeln

geseit = *gesaget*

gesidele stn. die Sitze

gesinde stn. Dienerschaft, Gefolge; als
swm. = einer vom Gefolge

gespenge stn. Spangen

gestân stv. bestehen, standhalten
(+ gen.) vor

gestraht part. prät. zu *strecken*

gesunt adj. unverletzt, am Leben

geswarn part. prät. zu *swern* schwören

geswîchen stv. (+ dat.) im Stich lassen,
verlassen

gevar adj. gefärbt, farbig

gevelle stn. unwegsame Stelle

geverte stn. Aufzug

gevriesch prät. zu *gevreischen* stv.
erfahren

gewahs adj. scharf

gewant stn. Kleidung, Rüstung

gewæte stn. Kleidung, Rüstung

gewerp stm. Werbung

geworhte prät. zu *gewürken* herstellen

gewürhte stn. Arbeit

gezam prät. von *zemen*

gezimber stn. Gebäude

gezogenlîche adv. wohlerzogen, mit
Anstand

gie = *gienc*

giht von *jehen*

gîsel stm. Gefangener, der gegen Geld
ausgelöst wird

gistu = *gibest du*

git = *gibet*

goltvar adj. goldfarbig

gouch stm. Kuckuck

gremelîch adj. leicht erzürnt, grimmig, furchtbar

grimme adj. wütend, grimmig

grimme adv. grimmig, furchtbar, sehr

grôze adv. sehr

grazlîch adj. groß

grazlîche adv. sehr

grüezen swv. ansprechen, grüßen

güetlîch adj. freundlich

gunnen prät.-präs. schenken, gernsehen, erlauben

guot adj. richtig, passend, tüchtig, gut, tapfer (äußere wie innere Qualitäten); *ez guot tuon* = sich auszeichnen

guot stn. Gutes; Besitz, Schätze

habte prät. zu *haben* halten

halt part. (in Konzessivsätzen) auch

harm stm. Hermelin

harte adv. sehr, gar

haven stm. Topf

haz stm. Feindschaft

heben stv. heben, aufheben, anfangen, (refl.) sich aufmachen

heil stn. Glück, glückliche Fügung

heimgesinde stn. Gesinde, das die Braut mitbekommt

heimlîch adj. vertraulich, heimlich

hellen stv. hallen, tönen

heln stv. verhehlen, verbergen

hendeblôz adj. bloß wie die Hand

her adv. hierher, bisher

her stn. Heer

hêr adj. vornehm, erhaben

herberge stf. Unterkunft, Quartier

herbergen swv. Unterkunft nehmen, unterbringen (mit Richtungsangabe = *in die stat*)

hergeselle swm. Gefährte im Krieg

hergesidele stn. Sitze für das allgemeine Volk

hêrlîch adj. vornehm, stattlich, schön

hermüede adj. vom Kriegszug müde

hêrre swm. Mann von hoher Herkunft, Gefolgs- und Landesherr, Ritter

hêrschaft stf. Herrlichkeit, Herrenmacht

herte adj. hart, fest, stark

herte stf. ernster Kampf

herte stf. Schulterblatt

hervart stf. Kriegszug

herverten swv. einen Kriegszug machen

hetens = *heten des*

hetens = *heten si*

hetes = *hete des*

hei = *hey* Interjektion

hie = *hienc*

hin adv. hin, dahin, hinweg

hînaht adv. in dieser Nacht

hinde swf. Hirschkuh

hinne adv. = *hie inne*

hinnen adv. von hier aus, von hier fort

hirz stm. Hirsch

Hiune swm. Hunne

hiunisch adj. hunnisch

hôch adj. vornehm, hoch, hochstrebend, freudig. *hôher muot* s. *muot*. *hôhiu minne* s. *minne*

hôchgemüete stn. = *her muot*

hôchgemuot adj. wer *hôhen muot* besitzt

hôchgezît stf. Fest

hôchvart stf. Stolz (oft in nicht negativem Sinne)

hôchverte adj. stolz, übermütig, hoffärtig

hôchverten stv. sich stolz, übermütig, hoffärtig verhalten

hof stm. Hof des Fürsten, Umgebung des Fürsten; *ze hove gân* = Auftreten vor bzw. von fürstlichen Personen

höveschen swv. höfisch auftreten, höfische Unterhaltung pflegen, höfische Abenteuer suchen

hövescheit stf. höfisches Benehmen, feine Bildung und Gesittung

hôhe adv. zu *hôch*

hôhen swv. *hôch* sein, freudig erregt sein

hœhen swv. *hôch* machen

holt adj. geneigt, freundlich, gewogen

hovegesinde stn. Hofdienerschaft

hovemære stn. Nachricht für den Hof

hovereise stf. Reise an den Hof

hovesite stm. Sitte, Brauch am Hofe

hovevart stf. = *hovereise*

hüeten swv. hüten, Acht haben, bewahren

hulde stf. Geneigtheit, Wohlwollen, Huld, Erlaubnis

huote stf. Aufsicht, Gewahrsam

huote prät. zu *hüeten*

hurt stm. Zusammenstoß im Rennen

hurteclîche adv. im Zusammenstoß beim Rennen

ieman pron.-subst. irgendjemand, (im abh. Satz) niemand

ieslîch pron. jeglicher, jeder

ietweder pron. jeder von beiden

iht subst. pron. (+ gen.) irgend etwas an, (im abh. Satz) nichts, etwa

ime = *in deme*

immer adv. immer, jemals (auch in Richtung auf die Zukunft)

inder adv. irgendwo, irgend

ine = *ich ne*

ingesinde stn. Dienerschaft, Gefolge

innen adv. *innen werden* (+ gen.) = gewahr werden

innerthalben adv. auf der inneren Seite

inre präp. innerhalb

inz = *in ez*

irren swv. (+ gen.) hindern an

iteniuwe adj. ganz neu

itewîzen swv. Vorwurf machen

jaches = *jach es* (s. *jehen*)

jâmer stmn. Herzeleid, schmerzliches Verlangen nach

jegde stn. Jagd

jehen stv. sagen, behaupten, gestehen, (+ gen.) etwas zugestehen

joch conj. auch

junc adj. jung (umfaßt einen größeren Zeitraum als im Nhd.)

kamerære stm. Kämmerer (Hofamt: Aufsicht über Geld, Waffen, Dienerschaft der Schlafgemächer)

kanzwagen stm. Lastwagen

kapfen swv. anschauen

kappe swf. Mantel mit Kapuze

kebese swf. Kebsweib, Nebenweib

kebesen swv. zum Kebsweib machen

kemenâte swf. heizbares Gemach, bes. für die Frauen, Schlafgemach

kiesen stv. sehen, merken, wählen

kint stn. Kind, Jüngling, Mädchen

kirchhof stn. Raum um die Kirche, Kirchhof

klâfter stf. = Längenmaß der ausgebreiteten Arme

kleine adj. fein, zierlich, unbedeutend

knappe swm. junger Mann, Knappe, Diener, junger Edelmann (der noch nicht Ritter ist)

kneht stm. im Gegensatz zum *hêrre* der Diener, Knappe. Da der Vasall seinem Dienstherren gegenüber ein *kneht* ist, auch = Ritter.

konemâc stm. Verwandter (seitens der Frau)

koste stf. Preis

kradem stm. Lärm

kraft stf. Körperkraft, Macht, Machtmittel, Mannschaft, Herrschaft, Besitz

kranc adj. schwach

kreftiger = *kreftigerer*

kuchenmeister stm. Küchenchef (Hofamt: Aufsicht über die Küche)

kundes = *kunde es*

kundez = *kunde ez*

künne stn. Geschlecht, Verwandte

kunnen prät. präs. verstehen, sich auf etwas verstehen, können

lantliute stm. plur. Landbewohner

laschte prät. zu *leschen*

laster stn. Schimpf, Schande

lâzen stv. lassen, überlassen, übergeben, hinterlassen, unterlassen

leben swv. leben, am Leben sein, erleben

ledec adj. (+ gen.) frei, ledig

ledeclîche adv. von *ledec*

leiden swv. verleiden, leid werden, leid sein

leider komp. zu adj. *leit*

leinen swv. lehnen

leiste = *leistete*

leit prät. zu *lîden*

leit adj. betrüblich, traurig, unangenehm

leit stn. Kränkung, Beleidigung, tiefer innerer Schmerz

leiter = *legete er*

leiten = *legeten*

leitschrîn stn. Reisetruhe

lewe swm. Löwe

liebe adv. (zum adj. *liep*) erfreulich, angenehm, willkommen

liebe stf. Freude, Wohlgefallen, Zuneigung

lieben swv. lieb sein, erfreulich sein, lieb werden

liep stn. Erfreuliches, Freude

lîhen stv. zu Lehen geben, leihen

lîhte adv. leichtlich, unschwer, vielleicht, sicherlich

lîhte adj. unbedeutend, wenig

lintrache swm. Lindwurm

lîp stm. äußere Erscheinung, Leben. Umschreibung der Person:

mîn lîp = ich; *Sîvrides lîp* =
Siegfried.

lîst = *ligest*

list stm. Geschicklichkeit, Kenntnis,
Klugheit (meist noch ohne
pejorativèn Sinn)

lit stn. Glied

lît = *liget*

liut stn. Volk

loben swv. rühmen, geloben,
verabreden, versprechen zu nehmen

lop stn. Ruhm

louc stm. Flamme

lougen swv. flammen

lougen swv. leugnen (+ gen. der Sache
und dat. der Person)

ludem stm. Lärm

ludem stm. Fischotter (?)

lûte = *lûtete*, prät. von *liuten* läuten

lûtertranc stm. ein Weingemisch

lützel adj. wenig, meist = gar nichts,
niemand

mâc stm. Verwandter

maget stf. Jungfrau, Mädchen,
Dienerin

magezoge swm. Erzieher

magtlîch adj. jungfraulich

maht stf. Kraft

man stm. Mann, Krieger, Held,
Mensch, Lehnsmann, Dienstmann,
Ehemann, Geliebter, Erwachsener

manen swv. mahnen, erinnern

manz = *man ez*

marc stf. Gewichtsmaß

marcgrâve Verwalter einer Grenzmark

mære adj. bekannt, berühmt

mære stn. Kunde, Bericht, Nachricht,
Geschichte

marke stf. Grenzland, Grenze

marmelstein stm. Marmor

marschalc stm. Hofbeamter, der die
Aufsicht über Pferde und Stallungen
hat

matraz stn. mit Wolle gefüttertes
Ruhebett

mâze stf. das rechte Maß, Maßhalten,
Mäßigung; Art und Weise

mæzlîche adv. mäßig, durchaus nicht

mein stn. Falschheit

meinen swv. im Sinn haben, bezwecken

meinrât stm. falscher Rat, Verrat

meinræte adj. verräterisch

meistec adj. zum größten Teil

meister stm. Leiter, Führer, Herr,
Handwerker

meisterschaft stf. Herrschaft,
Überlegenheit

meit = *maget*

merken swv. achtgeben auf

messe stf. Gewichtsmaß

messe stf. Messe, Gottesdienst

met stm. Meth, Honigwein

mettîne stf. Frühmesse

michel adj. groß, stark

miete stf. Belohnung

milte stf. Freigebigkeit (als solche eine
der wichtigsten Fürstentugenden),
Güte, Freundlichkeit

minne stf. Andenken, Erinnerung,
Liebe. *hôhiu minne* Terminus des höf.
Minnedienstes; »bezeichnet die
dienend entsinnlichte, huldigende
Liebe zu einer Dame, deren
gesellschaftliche und sittliche
Überlegenheit anerkannt wird« (de
Boor)

minre komp. weniger

missedienen swv. schlechten Dienst
erweisen

missegân stv. schlecht ergehen

missehagen swv. mißfallen

missevar adj. von übler Farbe

missewende stf. Unrecht

molte stf. Staub

môr stm. Pferd

mortmeile adj. mit dem Blut des
Ermordeten befleckt

müejen swv. Kummer machen, ärgern,
beschweren

müelîch adj. beschwerlich

müezen prät.-präs. müssen, sollen

mugen prät.-präs. imstande sein, die
Kraft haben, Grund und Ursache
haben, dürfen, Möglichkeit haben,
können

muose prät. von *müezen*

muot stm. Sinn, Seele, Gemüt, Herz,
Absicht, Gesinnung. *hôher muot* =
Hochgefühl, gehobenes
Selbstbewußtsein als Lebensstimmung
der höfischen Gesellschaft. Oft aber
auch ohne höfischen Beiklang =
große Zuversicht. *muot hân, daz* die
Hoffnung haben, daß

muoten swv. (+ gen.) begehren

muoten prät. von *müejen* = *muoteten*

nâch nach, entsprechend, gemäß

nahtselde stf. Nachtquartier

ne, en Negationspartikel, immer
angehängt (*sine*) oder vorangestellt
(*enkunde, nekan*), verstärkt durch *niht*.

neic prät von *nîgen*

neve stm. Geschwistersohn, aber auch
allgemein = Verwandter

nider stân absteigen (mit
Richtungsangabe)

niene = *nie ne* niemals

niht adv. nichts

nimmer adv. niemals (in Hinsicht auf
Zukünftiges oder Bevorstehendes)

ninder adv. nirgend

nît stm. Haß, Feindschaft

niuwemære stn. Neuigkeiten

niuwesliffen adj. neugeschliffen

niwan conj. nichts als, nur, außer

nohein kein

nôt stf. Bedrängnis, Mühe, Not,
Gefahr, Bedürfnis

obe conj. wenn, wenn auch, ob, ob
vielleicht

œheim stm. Mutterbruder

opfer stn. Opfergabe für einen
Verstorbenen

ors stn. Roß

ort stn. Spitze

palas stm. Hauptbau der mittelalterl.
Burg, Gebäude mit einem großen
Saal (der auch *palas* genannt wird) für
zeremonielle Gelegenheiten,
Zusammenkünfte, Feste, Essen.

pantel stn. Panther

pfellel stn. feiner Wollstoff

pfertgereite stn. Reitzeug

pflâgen prät. von *pflegen*

pflegen stv. sorgen für, behüten, tun,
umgehen mit

prîs stm. Ruhm, Ehre

prüeven swv. zurechtmachen,
bereiten, rüsten, prüfen, beurteilen,
erkennen

puneiz stm. Einzelne oder Viele reiten
mit dem eingelegten Speer
aufeinander los

rant stm. Rand des Schildes, Schild

raste stf. Meile

rât stm. Vorrat, Rat, Beratung; *des ist
rât* = dafür gibt es Abhilfe; *rât
haben* + gen. = verzichten auf.

rê stm. Totenbahre

recke swm. ursprünglich = Verbannter,
Kriegsdienste suchender Held, Held

rede stf. was einer sagt, Äußerung,
Erzählung, Nachricht

reht adj. recht, tüchtig, wahr

reht stn. Recht, Rechtsordnung,
Satzung

rehte adv. sehr

reiten = redeten

reise stf. Zug, Reise, Kriegszug,
Aufbruch

reislîche adj. wie auf einem Kriegszug

reit prät. von *rîten* stv. reiten

rennen swv. laufen lassen, sprengen

rîch adj. mächtig, gewaltig, vornehm

rihten prät. = *rihteten*

rihten swv. in eine Richtung bringen,
zurechtmachen, bereiten;
Recht sprechen

rihter = *rihte er*

rinc stm. Ring von Leuten, ›Umstand‹,
Zeugen einer Rechtshandlung

ringe adv. leicht, gering, wertlos

ritter stm. ursprünglich der
schwergepanzerte Reiter, in der
Dichtung = Vertreter eines
weltlichen Standes mit elitärer
Standesideologie.

ritterschaft stf. ritterliches Tun,
Gesamtheit der Ritter

riuhe stf. Rauchwerk

riuwen stv. betrüben, dauern,
verdrießen

rûmen swv. räumen, verlassen

ruochen swv. Rücksicht nehmen, sich
kümmern, (+ inf.) wollen oder
mögen, (+ gen.) begehren, haben
wollen

ruore stf. Meute

sâ adv. alsbald, gleich

sabenwîz weiß wie *saben* (feine
Leinwand)

sage stf. Gerede der Leute

sahs stn. Schneide

sal adj. trübe

sælde stf. Glück, Heil

sælec adj. beglückt, gesegnet

sam adv. ebenso wie

sân = *sâ*

sanfte adv. leicht, bequem

sant stm. Ufer

sarken swv. in den Sarg legen

schâchære stm. Räuber

schade swm. Schaden, Verlust

schaffære stm. Schaffner

schal stm. Lärm, bes. freudiger Lärm

schalte swf. Schiffsstange, Ruder

schapel stn. Kranz (Blumen, Edelsteine)

scharhaft adv. zu Scharen

scharmeister stm. Führer der Truppe

scheiden stv. trennen, befreien, schlichten

schelch stm. Riesenhirsch

schenke swm. Mundschenk (Hofamt)

schicken swv. zurechtmachen, rüsten, schicken

schiere adv. bald, gleich

schifmeister stm. Steuermann

schiltgespenge stn. Spangen des Schildes

schiltvezzel stm. Riemen zum Tragen des Schildes

schimpfen swv. scherzen

schîn adj. hell, sichtbar; *schîn tuon* = beweisen; *schîn werden* = sich zeigen

schônen (+ gen.) Rücksicht nehmen auf

schrê prät. zu *schrîen* stv. = schreien

schulde stf. Schuld, Vergehen, Grund, Ursache

schulten prät. zu *schelten*

sedel stm. Sitz bei Tisch, auf dem Pferd

segelseil stn. Halteseil des Segels

seic prät. zu *sîgen*

seine adv. selten, meist = nie

seltsæne adj. seltsam, wunderbar

sêr stn. Schmerz

sêre adv. mit Schmerz, heftig, sehr

sicherheit stf. Zusicherung, eidliche Versicherung

sichern swv. eidlich zusichern

sidelen swv. Sitze errichten lassen

sider adv. seitdem, später, nachher

sigelôs adj. besiegt

sîgen stv. sinken

sin stm. Verstand, Besinnung, Gedanke

sinnelôs adj. ohne Besinnung

sint adv. später, nachher, seitdem, darauf

sîme = *sîneme*

sippe adj. verwandt

sît adv. seitdem, später, nachher, dann; conj. seit, weil

site stm. Brauch, Gewohnheit, Art und Weise

sitzen stv. sitzen, angemessen sein, residieren, sich setzen

slâ stf. Spur

slâhen stv. schlagen, erschlagen

slahte stf. Art, Gattung; *deheiner slahte* = auf keine Weise

sliefen stv. schlüpfen, hineinschlüpfen (prät. *slouf*)

sliezen stv. zusammenfügen

smielen swv. lächeln

sneit prät. zu *snîden*

snel adj. kräftig, stark, behende

soln prät.-präs. schuldig, verpflichtet sein, sollen, müssen, werden

solt stm. Bezahlung, Belohnung

soltu = *solt du*

sorclîche adv. mit Besorgnis

sorge stf. Sorge, Besorgnis, Gefahr, Furcht

sorgen swv. in Besorgnis sein, fürchten

soum stm. Last eines Pferdes

soumære stm. Saumroß, Lastpferd

soumen swv. auf Saumrosse laden

soumschrîn stn. Truhe, die auf ein Saumroß geladen wird

spæhe adj. kunstreich, kunstfertig, klug

spange swf. Erzreif am Schild

spanne swf. Breite der ausgespannten Hand

sparn swv. schonen, sparen, zurückhalten

spehen swv. prüfend beobachten, beurteilen

spengen swv. mit Spangen versehen

spor swm. Sporn

stegereif stm. Steigbügel

stîc stm. Weg

stich stm. Zusammenprall mit den Lanzen

stolz adj. stolz, stattlich

strâle stf. Pfeil

strîchen stv. glätten, putzen

strûchen swv. straucheln

sturm stm. Kampf

süeze adj. lieblich

süeze stf. lieblicher Geruch

sumelîch pron. manch einer

sunderstarc adj. sehr stark

suochen swv. feindlich einfallen, angreifen, suchen, aufsuchen

suochman stm. Jäger, der das Wild aufstöbert

suone stf. Sühne, Versöhnung

sus adv. so, auf diese Weise

swâ adv. wo immer

swach adj. gering, wertlos, schlecht

swannen adv. woher auch

swar adv. wohin auch

swære adj. schwer, drückend, schmerzlich

swaz (+ gen.) was auch, wieviel

sweder welcher auch von beiden

sweher stm. Schwiegervater

sweifen stv. schwingen

swelch pron. wer auch

swenden swv. verschwenden

swenne conj. wann immer

swer pron. wer immer

swertdegen stm. Knappe, der Ritter wird

swertgenôz stm. wer zusammen mit einem anderen das Ritterschwert erhält

swie conj. wie auch immer

swinde adj. kräftig, stark, furchtbar

tageweide stf. Tagereise

tagezît stf. Dauer eines Tages

tal stn. ze tal = talabwärts, hinab

tan stm. Wald

tarnhût stf. unsichtbar machender Mantel

tarnkappe swf. dass.

teil stmn. Teil, Anteil; ein teil = ein wenig, sehr

tiure adj. vornehm, herrlich

tiuren swv. tiure machen, an Wert erhöhen

tiurlîch adj. ausgezeichnet, herrlich

tiusch adj. deutsch

tiuwer = tiuwerer, komp. zu tiure

tjoste stf. ritterlicher Zweikampf mit dem Speer, bei dem die Gegner gegeneinander reiten und den anderen mit einem Speerstoß aus dem Sattel zu werfen suchen.

tobelîche adv. rasend, wahnsinnig

torsten prät. zu turren, türren

tougen, tougenlîch, tougenlîche adv. heimlich, verborgen

trache swm. Drache

tragen stv. tragen, an sich tragen, bringen, davontragen, ertragen, hegen

trahen stm. Träne

treit = treget, von tragen

triuten swv. lieb haben, liebkosen, beischlafen

triutinne stf. Geliebte, Frau

triuwe stf. Treue, Aufrichtigkeit, Zuverlässigkeit, Versprechen

(wechselseitige Bindung von Gefolgsherrn und Gefolgsmann)

trôst stm. freudige Zuversicht, Vertrauen, Hilfe, Trost, Helfer, Beschützer

trôste = trôstete

trouwen swv. sich getrauen, glauben, auf etwas vertrauen (dazu troute = trouwete)

trüge stf. Trug, Mittel zum Trügen, Schminke, Schönheitsmittel

truhsæze swm. Truchseß (Hofamt: Aufsicht über den Tafeldienst und die Hofhaltung)

trumbe swf. Trompete

trunzûne stm. Splitter der Lanze

truoben swv. trübe werden

trût stm. Geliebter

trûten = trûteten

tugen prät.-präs. taugen, nützen, passen

tugent stf. Tauglichkeit, Tüchtigkeit, Trefflichkeit, feine Sitte, richtiges ritterlich-höfisches Verhalten, vorzügliche Anlage und gesellschaftliche Erziehung

tülle stf. Röhre, mit der die Schneide des Pfeils auf dem Schaft befestigt wird

tump adj. unerfahren, jung

turn stm. Turm

turren prät.-präs. sich getrauen, wagen

übermüete adj. (postitiv wie negativ) selbstsicher, übermütig; stf. Selbstsicherheit, Übermut, Ausgelassenheit

umben = umbe den

ünde stf. Welle, Flut

under präp. unter, zwischen, under wegen und under wîlen manchmal

understân stv. dazwischentreten, verhindern, ausweichen (prät. understuont)

undertân, undertænec adj. untergeben

underwinden stv. (refl. + gen.) an sich nehmen

unfuoge stf. Ungehörigkeit, Plumpheit des (unhöfischen) Benehmens

unerwant adj. unabwendbar

ungelîche adj. auf ungleiche Weise, verschieden

ungemach stm. Unruhe, Lärm, Unbequemlichkeit

ungemüete stn. Mißstimmung, Trauer

ungemuot adj. mißgestimmt, traurig

ungerne adv. mit Unlust

ungetrunken adj. ohne getrunken zu haben

ungefreut adj. traurig

ungefüege adj. übermäßig groß, gewaltig, stf. Ungeschicklichkeit, unangemessenes Verhalten

ungefuoge adv. sehr, gewaltig

ungesunt adj. verletzt, verwundet

unkraft stf. Ohnmacht

unkunde adj. unbekannt

unkunt adj. unbekannt, fremd

unlange adv. nicht lange

unmære adj. unlieb, zuwider, gleichgültig, unwichtig

unmâzen, unmæzlîche adv. außerordentlich

unmüezec adj. beschäftigt, tätig

unmuot stm. Mißstimmung, Unmut

unmuoze stf. Geschäftigkeit, Tätigkeit

unnâhen adv. nicht nahe, fern

unsorclîchen adv. unbesorgt, furchtlos

unverdaget adj. nicht verschwiegen

unverdienet adj. ohne Grund, ohne Schuld

unverseit adj. nicht versagt, gewährt

unfuoge stf. gewaltige Menge; Unschicklichkeit

unwert adj. gering

unze präp. bis

üppeclîche adj. unnütz

ûr stm. Auerochs

urbor stn. Ertrag (meist aus Grundbesitz)

urliuge stn. Krieg

urlouben swv. die Erlaubnis erteilen zu gehen

urloup stm. Erlaubnis, Abschied

ûze adv. außen, draußen

ûzer präp. aus

vâhen stv. fangen

valandinne stf. Teufelin

valant stm. Teufel

valde stf. Tuch zum Einschlagen von Kleidern

valevahs adj. blondhaarig

vanke swm. Funke

varen stv. sich zu Fuß, zu Pferd, zu Schiff etc. bewegen; *varendiu diet* = Spielleute, fahrendes Volk

vaste adv. fest, sehr

vedere stf. Pelzwerk

veige adj. dem Tode bestimmt

verchwunt adj. tödlich wund

verdagen swv. verschweigen

verdeit = *verdaget*

verderben stv. zugrunde gehen, umkommen

verderben swv. zugrunde richten

verenden swv. zu Ende bringen, vollbringen, (refl.) enden

verjehen stv. aussagen, behaupten, sagen (dazu das prät. *verjach*)

verkebesen swv. zum Kebsweib erklären

verkiesen stv. hinwegsehen über, aufgeben, verzichten, verzeihen

verklagen swv. aufhören zu klagen, verschmerzen

verligen stv. versäumen durch Liegen

vermelden swv. verraten

vermezzen stv. sich erkühnen

ferrân stm.)ein leichter Stoff, dessen Kette aus Seide, der Einschlag aus Wolle besteht((frz. ferrandine [LEXER])

verre adv. fern

versagen swv. abschlagen

versolt part. prät. von *versoln* = verdienen oder von *versolden* swv. bezahlen, beschenken

verschrôten swv. zerhauen

versinnen stv. gewahr werden, (refl.) sich besinnen

versitzen stv. versäumen

versmâhen, versmæhen swv. verachten, geringschätzen

versprechen stv. ablehnen

versteln stv. = *steln*

versüenen swv. gutmachen

versuochen swv. untersuchen, versuchen, erproben

verswenden swv. verbrauchen

verswingen stv. wegschwingen, verschenken

vertragen stv. ertragen, hingehen lassen

vervâhen stv. verfangen, nützen = *vervân*

verweisen swv. verwaisen

verwieren swv. mit Golddraht wirken

verwitewen swv. Witwe sein, werden

verzîhen stv. verzichten auf

vil adj. adv. (meist mit Genitiv) viel an

floite swf. Flöte

voget stm. Schirmherr, Fürst, Herrscher

volkomen stv. gänzlich kommen

volle swm. Fülle, Vollständigkeit, *den vollen* = reichlich

vollelîch adj. völlig

volsagen swv. zu Ende sagen, ganz sagen

volziehen stv. vollenden, beschaffen

vorhte = *vorhtete* prät. zu *vürhten*

vrâgtes = *vrâgte si*

vreischen stv. erfahren, vernehmen

vreislîch adj. schrecklich

vremeden swv. meiden

freude stf. wichtiger Begriff der ritterl. Welt = gehobenes Lebensgefühl der höfischen Gesellschaft

vremden = *vremde den*

vrevellîchen adv. unerschrocken, kühn

vride stm. Einstellung der Feindseligkeit, Waffenruhe

vriedel stm. Geliebter

vristen swv. am Leben halten

vriunt stm. Freund, Verwandter, Geliebter

frouwe stf. Herrin, Dame, Frau von Stand

vrum adj. nützlich, förderlich

vrum swm. Nutzen

frumen swm. fortbringen, nützen, vollbringen, tun, machen, bewirken

fuoge stf. höfischer Anstand, Schicklichkeit

für präp. von – hin, vor, vorbei an, gegen

fürbüege stn. Brustriemen des Pferdes

fürewîse adj. verirrt

fürgespenge stn. Spangen am Oberteil des Kleides

wâ adv. wo

wâfenrock stm. Kleid über dem Panzer

wâge stf. Waage

wæge adj. gewogen, geneigt

wagen swv. sich bewegen

wagen stm. Wagen

walten swv. (+ gen.) besitzen

waltreise stf. Zug in den Wald

wan adv. außer, nur, *niht wan* = nichts als

wan conj. denn, weil, (in Fragesätzen) warum nicht

wân stm. Hoffnung, Erwartung, unerfülltes Sehnen des Liebenden; Meinung, Absicht

wanc stm. Ausweichen

wâr = *wâ*

war adv. wohin

war stf. Aufmerksamkeit

wâr haben = recht haben, *wâr sagen* = das Richtige sagen, *zewâre* = in Wahrheit

warnen swv. vorbereiten, rüsten, warnen

warte stf. Ausschau, Wache, Vorposten, Anstand

warten swv. ausschauen, warten auf

warten = *warteten* prät. von *warten*

wât stf. Kleidung

wætlîch adj. schön, schmuck

wætlîche adv. wahrscheinlich, vermutlich, (im verneinten Satz) schwerlich, so leicht nicht

wazzerwint stn. Fahrtwind

wegen stv. sich neigen, Gegengewicht halten, veranschlagen

wegen swv. bewegen, schwingen

wel adj. rund

wellen prät.-präs. wollen, die Absicht haben, (oft Umschreibung des Futurs) werden

wênec adj. klein, wenig, nichts

wer stf. Verteidigung, Abwehr

werben stv. sich bewegen, tätig sein, handeln, betreiben, tun, zu gewinnen suchen

werlîche adj. streitbar

wern swv. währen, dauern

wern swv. gewähren

wern swv. wehren, verteidigen, abwehren

werren swv. hinderlich sein, stören

wert adj. wert, würdig

wert stm. Insel, Halbinsel, Werder

wert = *werdet*

wesse prät. von *wizzen*

wesser = *wesse er*

wîc stm. Kampf

widerkêre stf. Hin- und Herkehren (Terminus technicus dafür, daß die Helden durch die feindlichen Schlachtreihen durchbrechen und dann in umgekehrter Richtung wieder in die eigenen Reihen zurückkehren)

widersagen swv. Frieden aufsagen, Krieg ansagen

widerwinne swm. Feind

wîgant stm. Held

wilde adj. seltsam, fremd (= außerhalb des menschlichen Bereichs)

wil = *wil des, wil es*

wine stmf. Geliebter, Geliebte

wîp stn. Frau (im Gegensatz zum Mann), verheiratete Frau (im Gegensatz zur unverheirateten *juncfrouwe*)

wirs adv. schlimmer, *deste wirs* = um so schlimmer

wirt stm. Hausherr, Landesherr

wirtschaft stf. Bewirtung

wîs adj. erfahren, klug, gelehrt

wisent stm. Büffel

wîte, wîten adv. weithin, weit

witze stf. Besinnung, Verstand

wîzen stv. vorwerfen

wizzen prät.-präs. wissen, kennen

wol adv. (zu *guot*) gut, wohl, trefflich, sehr, mit Recht, sicherlich

wortræze adj. scharf mit dem Wort

wundern swv. mich wundert + gen. = ich wundere mich über

wunsch stm. (Inbegriff des Vollkommenen:) das Höchste an; Wunsch

wuof stm. Geschrei, Weheruf

wurken swv. schaffen, fertigmachen, vollbringen

zæme conj. prät. von *zemen*

zage swm. unentschlossener, mutloser, feiger Mensch

zehant adv. sogleich, auf der Stelle, alsbald

zeichen stn. Feldzeichen, Fahne, Erkennungszeichen, Mal

zein stm. Stäbchen

zemen stv. geziemen, angemessen sein, gefallen

zen = *ze den*; *zen Burgonden* = bei den Burgunden, dann = in Burgund

zerbliuwen swv. zerschlagen, dazu part. prät. *zerblouwen*

zergân stv. auseinandergehen, aufhören

zerinnen stv. *mir zerinnet* + Gen. = mir geht etwas aus, mir fehlt es an

zeren swv. von etwas leben

zerfuoren swv. in Unordnung bringen

zerstunt adv. sogleich

ziere adj. schön, stattlich = *zierlîch*

zîhen stv. beschuldigen, prät. = *zêch*

zins stm. Abgabe, Steuer

zîte adv. zeitig, *deste zîter* = um so zeitiger

zogen swv. ziehen, eilen, *mir zoget* + gen. = ich habe es eilig mit

zucken swv. heftig ziehen, ergreifen

züge conj. prät. von *ziehen*

zuht stf. Ziehen, Wohlerzogenheit, Anstand, feines höfisches Wesen; *mit zühten* = gemäß den Regeln höfischer Erziehung

zwiu = *ze wiu* weshalb

BIBLIOGRAPHISCHE HINWEISE

Aus der fast unübersehbaren Sekundärliteratur zum Nibelungenlied kann hier nur eine Auswahl getroffen werden. Eine relativ vollständige Bibliographie (bis 1965) bieten W. Krogmann und U. Pretzel, Bibliographie zum Nibelungenlied und zur Klage. ⁴1966. – Wichtige Aufsätze sind jetzt gesammelt in: Zur germanisch-deutschen Heldensage. Darmstadt 1961.

I. Editionen

1. LACHMANN, Karl: Der Nibelunge Not mit der Klage. Berlin 1826. Später wiederholt abgedruckt. – 6. Ausgabe = Unveränderter Nachdruck der 5. Ausgabe von 1878, Berlin 1960. (Nach Hs. A)

2. ZARNCKE, Friedrich: Das Nibelungenlied. Leipzig 1856. – 6. Auflage Leipzig 1887. (Nach Hs. C)

3. BARTSCH, Karl: Das Nibelungenlied (Deutsche Klassiker des Mittelalters. Mit Wort- und Sacherklärungen. Bd. 3). Leipzig 1866. 13. neu bearb. Auflage von H. de BOOR. Wiesbaden 1956. Mehrfach nachgedruckt. (Nach Hs. B)

4. BARTSCH, Karl: Der Nibelunge nôt, mit den Abweichungen von der Nibelunge liet, den Lesarten sämmtlicher Handschriften und einem Wörterbuche herausgegeben. Erster Theil. Text. Leipzig 1870. Zweiter Theil. Erste Hälfte. Lesarten. Leipzig 1876. Zweiter Theil. Zweite Hälfte. Wörterbuch. Leipzig 1880. (Nach Hs. B)

II. Übersetzungen

1. de BOOR, Helmut: Das Nibelungenlied. Zweisprachige Ausgabe (Sammlung Dieterich Bd 250). 1959.
2. HATTO, A.T.: The Nibelungenlied. A new translation (The Penguin Classics 137). Harmondsworth 1965.

III. Untersuchungen

Sekundärliteratur findet sich verzeichnet in der Bibliographie am Ende des 2. Bandes (Fischer Taschenbuch 6039).

DEUTSCHE LITERATUR DES MITTELALTERS

in zweisprachigen Studienausgaben

Althochdeutsche Literatur
Mit Proben aus dem Altniederdeutschen
Band 6455

Hartmann von Aue
Der arme Heinrich
Mittelhochdeutscher Text und Übertragung
Band 6488

Erec
Mittelhochdeutscher Text und Übertragung
Band 6017

Minnesang
Mittelhochdeutsche Texte mit Übertragung
und Anmerkungen. Band 6485

Das Nibelungenlied 1 und 2
Mittelhochdeutscher Text mit Übertragung
2 Bände: 6038 / 6039

Walther von der Vogelweide
Gedichte
Mittelhochdeutscher Text und Übertragung
Band 6052

Wernher der Gartenaere
Helmbrecht
Mittelhochdeutscher Text und Übertragung
Band 6024

Fischer Taschenbuch Verlag